公共经济学
若干概念辨析

朱柏铭 著

中国财经出版传媒集团
中国财政经济出版社

图书在版编目（CIP）数据

公共经济学若干概念辨析/朱柏铭著 .—北京：中国财政经济出版社，2016.5
ISBN 978-7-5095-6841-5

Ⅰ.①公… Ⅱ.①朱… Ⅲ.①公共经济学-研究 Ⅳ.①F062.6

中国版本图书馆 CIP 数据核字（2016）第 151935 号

责任编辑：周桂元　　　　　责任校对：张　凡
封面设计：逸品文化　　　　版式设计：董生平

中国财政经济出版社 出版

URL：http://www.cfeph.cn
E-mail：cfeph@cfeph.cn
（版权所有　翻印必究）
社址：北京市海淀区阜成路甲28号　邮政编码：100142
营销中心电话：88190406　北京财经书店电话：64033436　84041336
北京富生印刷厂印刷　各地新华书店经销
787×1092毫米　16开　27印张　428 000字
2016年7月第1版　2016年10月北京第2次印刷
定价：52.00元
ISBN 978-7-5095-6841-5/F·5502
（图书出现印装问题，本社负责调换）
本社质量投诉电话：010-88190744
打击盗版举报热线：010-88190492，QQ：634579818

序

  概念是科学研究的逻辑起点，正如哲学家维特根斯坦（Wittgenstein）所言，"概念引导我们探索"。可以将"概念"理解为人类在认识过程中，由感性认识上升到理性认识，把所感知事物的共同本质特点抽象出来加以概括的思维形式和构筑单位。明确概念，就是要明确概念的内涵与外延。内涵是概念所指事物的共同属性，外延是概念所反映对象的范围。明确概念内涵的逻辑方法是下定义，明确概念外延的逻辑方法是划分。没有正确把握概念，是无法很好地从事教学科研活动的。正因如此，浙江大学经济学院财政学系朱柏铭教授积多年之心得，完成了这本《公共经济学若干概念辨析》专著。

  一个科学的理论分析框架，应该具备四个要件，即一整套概念体系；核心概念之间的逻辑联系；与概念体系及其内在逻辑相适应的研究对象；概念体系及其理论框架包含的历史意义与价值判断。与其他学科一样，公共经济学也是由一整套概念体系及其内在逻辑关系构成的。然而，并非每一个概念都已臻于至善。有些"概念"缺失明确的定义，有些"概念"内涵不清，有些"概念"还只是习惯性的说法，缺乏严格的学术界定。而在公共经济学领域，概念的模糊与混乱问题尤其严重。这种情况的出现，有多方面的原因：

  一是公共经济学的历史不长。如果以1776年亚当·斯密的《国富论》出版为标志，至今只有240年的历史；如果以19世纪80年

公共经济学
若干概念辨析

代奥地利、意大利、瑞典等国公共产品理论兴起为标志，那只有 130 多年的历史。概念的发展是需要几代人共同努力探索的，只有经过时间的洗礼和艰苦探索，人们对事物的概念的认识才可能逐步明晰，但歧义仍然难免。以"公共产品"概念为例，这是公共经济学最核心的概念，也是争议至今的概念。主流的观点是萨缪尔森（P. Samuelson）的"消费论"，即从消费的角度，以是否具有消费时的非竞争性、非排他性去定义。然而，不少学者提出了别的判别标准，恩德勒（G. Enderle）提出了制度标准，巴泽尔（Y. Barzel）提出了产权标准，史卓顿（H. Stretton）及马莫罗（Marmolo）提出了供给标准，等等。其实，即便是萨缪尔森本人，对公共产品概念的认识也有一个发展的过程，1954 年他使用的是"集体消费产品"（Collective Consumption Goods）一词，1955 年使用"公共消费品"（Public Consumption Goods）一词，到 1958 年才使用公共产品（Public Goods）一词。这说明，概念的完善需要时间。

二是公共经济学的交叉性很强。它首先表现为学科之间的交叉。公共经济学虽为经济学大家庭中的一员，但是与政治学、公共管理、社会学、心理学等有着特殊紧密的联系，并且由于这些学科不同的概念体系的交叉，既相互联系，又互相影响，使得人们对相关概念的认识逐步深化。例如，经济学中的"公共产品"与公共管理中的"公共服务"，它们之间有许多共同之处，但在外延上并不完全等同。因为两个概念的出发点是不同的，前者以资源配置的效率要求为出发点去加以辨别，而后者以公共利益为出发点去形成认识，不同的认识与分析角度导致了结论上或多或少的差异。其次则是表现为理论与实务的交叉。不少名词或提法，在财税实务部门经常使用，但是在理论界尚不成为具有严格定义的概念。如"事权"、"民生财政"、"政府性基金"等。

三是经济学研究"范式"的转变。当下的经济学研究，流行实证分析，对基本概念的研究和探索相对忽视。实证分析有助于增强分析的准确性和逻辑性，提高说服力，是一种非常必要和重要的研究方法。但是，一些人对"实证分析"存在误区，以为实证分析就是计量分析，反过来，没有计量的分析就不是实证分析。其实，实证分析包含理论实证与经验实证，经验实证又包含案例分析与计量分析。这就是说，概念的准确界定不仅有助于加强理论实证，也有助于经验实证。不少研究成果，选题相同、方法一致、研究路径相近，而结论却迥异。究其原因，是对核心概念的外延界定不同，从而在数据获得和处理上差异太大。关于政府债务风险的分析，就是一个鲜活的例子。所以，概念的澄清可以为计量分析提供便利和准确。

本书选择了公共经济学领域的40个概念或术语进行辨析。这些概念或术语或是分歧较大，或是在公共经济学科中具有基础性地位，但它们对于公共经济学在我国的进一步发展完善起着关键性的作用，非常有必要厘清。本书对于每一个概念或术语，都采用"他人观点、几点疑问、我的看法、延伸思考和基本结论"这样五个部分进行论证和阐述，条理清楚，观点鲜明，相信对于人们认识和探讨公共经济学的概念问题是大有助益的。展现在诸位面前的这项成果，既有益于专业教学的开展，也有助于学术研究的推进。尤其是对于基础理论和概念名词的兴趣与探讨日益淡化的今天，作者能够潜心于概念和术语的探讨，能够致力于基础理论的研究，就更是难能可贵的了。

应当指出的是，概念辨析总是与研究者的评判标准和价值倾向紧密联系的。尽管朱柏铭教授在研究中特别注意"摆事实、讲道理"，但难免留下一些主观的烙印，同时书中的某些观点或许不能为广大同仁所接受，这些都是正常的和必然的，而且并不因此而影响本书的学术价值。研究本身就是一个学习、提高和深化的过程，真理总是越辩越明的。当然，作为他的导师，我也希望他今后能进一步深化研究，不断推出新的研究成果。

厦门大学　张馨
2016年2月17日

前　言

在笔者多年的教学过程中，经常遇到学生的质疑：同一个概念，在不同的文献中有不同的解释，而且意思相差甚远。自己在做研究的时候，也发现存在这种情况。有些概念，如果单个地看，似乎没有什么问题。但是，如果把几篇文献放在一起比较，就看出问题了。有些概念缺乏明确的定义，有些概念外延不清，有些概念缺乏建构的基本要件，等等。

汉语对于概念的用词是十分讲究的，强调选用恰当的语词以准确地表达概念。一座公共经济学的大厦，最基本的构件就是概念。如果概念不准确，无疑会影响大厦的坚固度和美感。笔者在迷茫之际突发奇想，对一些有歧义的概念作一番梳理和辨析，写成一本书，而且这样的书至今没有见过。或许这是一件有意义的事情。

可真要成书又不那么简单，从最初产生念头到如今完成书稿，前后经历了三个年头，不得不承认，进展是比较缓慢的，最困难是要形成有别于他人的属于自己的见解。为此，经常是茶饭不香、夜不成寐。客观上确有教务繁忙等因素，但主观上也有"不求快而求精，深思熟虑臻于完善"这样一种愿望。多年来，德国诗人海涅（H. Heine）的话深深地印在脑海里："跟孕育孩子一样，书，也是需要一定时间的，所有那些在仓促之间，在短短的几个星期里写出来的书，往往使我在心里对这样的作者产生一定的反感。一个正常的女人决不会不到九个月就生出孩子来的。"作如此解释，决无把本书自诩为"精品之作"的用意，无非想借此机会表白一下，笔者有这样一种追求而已。

全书选取了 40 个概念或术语进行辨析。选取的依据是：本身存有争议，本人自有主张。既不针对所持观点的学者，也不针对现有文献的载体。有些概念在学术界已经讨论了很多年，也基本上达成了共识，本书就不再专门讨论，如"公共财政"。有些概念的辨析则体现在别的词条中，如在探讨"Public Goods"时顺便讨论到"公共服务"。

若分类别看，大体有五种情况：第一类是学术界有认知上的分歧，需要重新定义。包括财政分权、财政幻觉、财政均等化、财政压力、财政职能、财政投融资、费用扣除标准、公共企业、公共选择理论、公债负担、经济租、纳税人、平衡预算乘数、税收中性原则、消费税、寻租、优值品、直接税、资本利得。第二类是尚未成为严格学术概念的术语。包括财政监督、民生财政、土地财政、事权、税收痛苦指数。第三类是习以为常的提法却不属于正式的概念。如"吃饭"财政、财政收入质量、公地悲剧、公共产品私人提供、以支定收、政府债务适度规模、政府性基金。第四类是需要拓展含义或者重新翻译的概念。包括税收法定原则、瓦格纳定理、外部性、"Public Goods"和"Block Transfer Payment"。第五类是与经济学之外的学科相关的概念。包括公共利益、行政成本、基本公共服务均等化、社会性别反应预算。

本书对所选的每一个概念或术语，都从五个层次去阐述和分析：他人观点、几点疑问、我的看法、延伸思考和基本结论。梳理和辨析之后的处理也有几种情况：一是保留原有的名词，作重新定义或者解释。二是拓展概念本身，如建议将"税收法定原则"拓展为"财政法定原则"。三是主张取消名词本身或者以别的名词替代，如以"事务"代替"事权"，以"纳税人监督"代理"财政监督"。

这种概念辨析与百科全书的写作风格不一样。百科全书上的词条往往由该领域比较权威的学者撰写，而且对与该词条相关的内容作全面的阐述。本书基本上只局限于概念辨析，在结构上，先介绍他人的观点，再陈述自己的见解。

这种概念辨析与常见的文献综述也不同。文献综述有述有评，这一点与本书有共同之处。但是，文献综述要对基本概念、研究方法、主要观点等作全面的述评，而不像本书那样，仅仅局限于概念的梳理和论述。当然，对概念的辨析必然涉及研究方法、基本观点甚至触及政策建议，但始终是围绕概念展开来的。

论著的价值在于创新。本书在结构布局上不像通常所见的专著那样自成体系，似乎有一种碎片化的感觉，这是选题本身所决定的。然而，内容的创新仍然是存在的。归结起来看，主要体现在以下三点：

第一，理论观点新。

首先表现在提出了许多独特的见解。例如，"优值品"的背后是偏好缺陷而不是市场缺陷。"外部性"表现为人们在心理上感受到的源于别人行为的以非自愿方式获得的效用，这个定义突破了难以或无法进行市场交换的交互关系不在经济学分析视野之内的框框，使得外部性的概念更能"解释真实的世界"。"税收法定原则"应该拓展为"财政法定原则"，因为法定的内容不仅局限于征税行为，必须延伸到分税和用税行为。"直接税"是直接体现纳税能力的税，不是不能转嫁或难以转嫁的税。"纳税人"包括三种人，即缴纳了税款同时由自己承担税款的人，自己没有缴纳税款但是实际上承担了税款的人，缴纳了税款但是最终把税款转嫁给别人的人。"资本利得"与普通所得之间的最大区别在于虽然耗费了劳动力却并不直接创造财富。

其次表现在澄清了一些容易混淆的概念。例如，"公共产品私人提供"与"公共产品市场提供"、"公共产品自愿提供"、"公共产品联合提供"等提法之间的区别。还有"公地悲剧"与负外部性，"寻租"与权力寻租，"税收中性原则"与税收超额负担、税收经济效率，"消费税"与销售税等概念之间的区别。

第二，分析角度新。

公共经济学是经济学的一个分支，因而在辨析概念时，仍然要遵循经济学研究的基本"范式"，如"经济人"假设、个体主义方法论。然而，这并不意味着排斥别的学科的分析方法。本书恰恰注重引入、吸纳其他学科的理念来界定相关概念的内涵与外延。例如，"公共选择理论"与"社会选择理论"的区别，是从经济学说史的角度去考察的。"公共利益"是从公共、利益等名词的语源考证入手的。"财政幻觉"则从"幻觉"的语意出发，推断它是一种财政事实所诱致的知觉体验。给"财政压力"下定义时，借鉴了心理学关于压力由压力源、压力反应和压力感三要素构成的理论。"行政成本"的界定引用了会计学上成本与费用有区别的理念。"财政收入质量"的论证是以国际标准化组织关于质量的普适性定义为出发点的。"基本公共服务均等化"是站在公共产品性价比的角度去分析的。

第三，政策建议新。

尽管研究主题是概念辨析，但是，也涉及政策建议。例如，"民生财政"、"土地财政"、"事权"等提法经常出现在媒体甚至文件中，但是，并不具备概念构成的基本要素，建议摒弃或者以"民生支出"、"事务"等提法取代。"政府性基金"终究不是具有规范意义的财政范畴，应该蜕变为"专用税"。在现代信息技术条件下，"以支定收"是非常有益的财政原则，替代"以收定支"原则几乎没有风险。"财政收入质量"更应注重来源的合意性分析，包括环境、构成及来源的分析。"费用扣除标准"应该细化为必要费用和税收宽免两个部分。"财政监督"是一个在逻辑上有问题的概念，建议启用"纳税人监督"的提法。"财政分权"不仅局限于财力下划，事务的上移同样是分权的表现。"财政均等化"要着眼于辖区之间人均财政支出的均等化，而非财政能力的均等化。

本书在写作过程中，引用了很多同行学者的观点，笔者的"灵感"是受他们启发的结果，衷心感谢各位！笔者对于任何一位学者，都不存褒贬的倾向。即便提出质疑甚至持否定性意见，也都是出于研究的需要。提出质疑，可能是原作者的观点确有纰漏，也可能是笔者理解不够准确或全面。如有曲解原文意思或者作者本意之处，在此深表歉意。

衷心感谢著名财政学家张馨教授在百忙之中为本书写了序。本书的出版受浙江大学不动产投资研究中心年度科研项目的资助，必须感谢中心领导史晋川教授和叶宏伟博士。感谢中国财政经济出版社经济理论出版中心周桂元主任为本书付出的辛勤努力。最后还要感谢吾妻王小丽对于经常失去郊游机会的宽容；也感谢儿子朱经纬自觉完成在国外的学业，整三年无须我操心。

朱柏铭

2016 年 2 月 20 日

目　录

1. **Public Goods**：译为"共享品"是否更贴切？ …………………（ 1 ）
2. 公共产品私人提供：与"市场提供"区别何在？ ………………（ 9 ）
3. 优值品：背后是市场缺陷还是偏好缺陷？ ……………………（ 19 ）
4. 公共选择理论：与社会选择理论、理性选择理论等同吗？ ……（ 30 ）
5. 公共利益：究竟为何物？ …………………………………………（ 45 ）
6. 外部性：能否拓展传统的解释？ …………………………………（ 54 ）
7. 公地悲剧：等同于"公共的悲剧"吗？ …………………………（ 66 ）
8. 经济租：都是垄断特权带来的吗？ ………………………………（ 76 ）
9. 寻租：就是"权力寻租"吗？ ……………………………………（ 85 ）
10. 财政职能：怎样认识和概括？ ……………………………………（ 96 ）
11. 以支定收：取代"以收定支"有风险吗？ ………………………（107）
12. "吃饭"财政：应该被肯定还是应该被否定？ …………………（120）
13. 民生财政：这个概念能否成立？ …………………………………（130）
14. 财政幻觉：是主动创造的还是制度派生的？ ……………………（142）
15. 财政投融资：可否改称"公共信用"？ …………………………（150）
16. 瓦格纳定律：还是"瓦格纳法则"？ ……………………………（160）
17. 行政成本：还是"行政费用"？ …………………………………（173）
18. 财政收入质量：其实质是什么？ …………………………………（185）
19. 政府性基金：可否蜕变为"专用税"？ …………………………（197）
20. 土地财政：是严格的学术概念吗？ ………………………………（214）
21. 税收痛苦指数：可否以"财政汲取率"取代？ …………………（223）
22. 税收法定主义：还是"财政法定主义"？ ………………………（233）

23. 税收中性原则：应当怎样理解？……………………………………（245）
24. 直接税：是税负不能转嫁的税吗？…………………………………（255）
25. 纳税人：其定义是否有缺陷？………………………………………（265）
26. 消费税：可否专指"特别消费税"？…………………………………（273）
27. 费用扣除标准：是否与免征额等同？………………………………（283）
28. 资本利得：与"普通所得"有实质性区别吗？………………………（291）
29. 政府债务适度规模："门槛阈值"是否灵验？………………………（302）
30. 公债负担：究竟存在不存在？………………………………………（312）
31. 财政监督：可否以"纳税人监督"取代之？…………………………（322）
32. 财政压力：指的是财政收支缺口吗？………………………………（332）
33. 社会性别反应预算："反应"二字能否省略？………………………（340）
34. 平衡预算乘数：分歧焦点在哪里？…………………………………（351）
35. 事权：还是"事务"？…………………………………………………（358）
36. 财政分权：分什么"权"及怎样"分"？………………………………（369）
37. 财政均等化：何种含义上的"均等"？………………………………（380）
38. 基本公共服务均等化：何种层面上的均等化？……………………（388）
39. Block Transfer Payment：合适的译名是什么？……………………（400）
40. 公共企业：与国有企业区别何在？…………………………………（410）

1 | Public Goods：
译为"共享品"是否更贴切？

Public Goods 是公共经济学中的核心概念之一，可是学术界对它的中文译名有很多，存在很大的差异。不同的译名体现出人们对其内涵有不同认识和理解。笔者认为，最贴切的译名应该是"共享品"。

一、他人观点

最为常见的译法是将 Public 译为"公共的"，Goods 译为"产品"或"物品"。如王传纶译成"公共产品"（1991），陶继侃译成"公共物品"（1992）。如今，在大量的文献资料中都可以看到公共产品或公共物品的说法。

还有一种是将 Public 译为"社会的"、"公有的"、"共同的"，将 Goods 译为"物品"或"品"。如刘永祯译成"社会物品"（1981），高鸿业译成"公有物品"（1981），汤敏、茅于轼译成"共同物品"（1989），平新乔译成"公共品"（1992）。

中国香港和台湾地区的学者常常将 Public 译为"公共的"或"社会的"，将 Goods 译为"财货"或"货物"。如香港学者薛天栋和台湾学者张则尧、于宗先都译成"公共财"（1983，1985，1986），大陆学者曹立瀛和王雍君则译成"公共财货"（1985，1995）。

早在 20 世纪 80 年代初，杨君昌就把 Public Goods 译为"公共商品"

(1982)；后来吴俊培在专门写成的论文中指出"Public Goods 的译名应是公共商品"，吴俊培（1994）认为，在市场经济背景下，从最终产品的角度看，政府是为居民生产"商品"（包括劳务）。"政府提供的商品"同样要有市场效率。能否划分出非政府提供莫属的产品？从市场效率的角度看，这样的划分是存在的。Public Goods 和 Private Goods 就是由这种划分形成的概念。译成中文，前者就是公共商品，后者就是私人商品。显然，"公有物品"、"公共货物"、"公共产品"等译名并未循着市场经济的思路来翻译。

郭庆旺等（1999）认为，从享用的主体性质来看，Public Goods 与 Private Goods 相对应，前者可翻译为"共用品"，后者译为"私用品"；从对公众的影响来说，Public Goods 与 Public Bads 相对应，前者可译为"公益品"，后者可译为"公害品"。杨志勇（1996）专门撰文表示赞同译为"共用品"，他认为，如果将 Public 译为"公共"，将难以区分"公共提供"和"公共生产"。"Public Goods"强调的是"公共提供"而不是"公共生产"。而用"公共"来译 Public，显然无法将二者区分开来，但用"共用"就很容易将这一问题解决了。将 Public Goods 译为"公共产品"可能会造成 Public Goods 仅仅是物质资料的误解。事实上，Public Goods 不仅指物质产品，更主要的还是指各种公共服务。用"产品"来译"Goods"实际上将 Public Goods 中的大量公共服务排除在外了，这显然是不准确的。

除此之外，还有几种并不常见的译法。如王绍光译为"共享物品"（1997），柯武刚、史漫飞译为"共享品"（2000）；毛寿龙（2000）则把 Private Goods 译为"私益物品"，而把 Public Goods 译为"公益物品"。

二、几点疑问

（一）Public Goods 中的"Public"是否有所特指？

从字面上看，将 Public 译为"公共的"，这不成问题。但是，公共经济学中的 Public Goods，"公共"的含义并非是集体所有或者公众所有，而是指公众共同消费，在时间上和数量上互不冲突、也不排斥。如果直译为"公共的"，容易产生歧义，使人误以为是指共同所有。如果译成"公有的"、"共同的"，那就更偏离了本意。至于译成"社会的"，仍然没有摆脱公众所有的意思，而且，Social 才是"社会的"意思。

（二） Public Goods 中的"Goods"仅仅是物化的产品吗？

如果把"Goods"译为"产品"，就把包含在其中的"服务"给舍弃掉了。尽管从字面上看，Goods 并没有"服务"的意思，英文中表达"服务"的词是 Service，但是，像国防、外交、气象之类的服务，是与公路、航标灯等产品一样，包含在 Public Goods 的定义域之内的。

至于把 Goods 译为"商品"，的确更符合市场经济的提法，问题在于，Public Goods 不是通过市场机制提供的，而是由公共部门提供的，换言之，它是一个市场领域之外的经济范畴。尽管公共部门可以模拟市场机制的方式提供，以提高供给效率；或者缩小公共部门的活动范围，尽可能让市场去提供，但是，模拟终究代替不了现实。Public Goods 与 Private Goods 在决策方式上绝不可能相同。对于 Private Goods，只需买卖双方取得一致意见，而对于 Public Goods，决策过程就要复杂得多，可能是全体一致通过，也可能是少数服从多数，还有可能是少数人说了算。

至于把 Goods 译为"财货"、"财"或者"货物"，在外延上能包含产品和服务两个部分，但是，中文中的"财货"、"财"一般是指财产，"货物"往往指用于出售的产品即商品，而且如此翻译给人的语感并不好。

三、我的看法

笔者认为，Public Goods 的中文译名多种多样，不仅仅是一个翻译技巧问题，而是反映出学术界对其基本内涵的理解有较大的差异。惟其如此，要准确地翻译 Public Goods，须从分析它的基本内涵入手。

（一）Public Goods 的本质特征是消费的非竞争性和非排他性

尽管国外经济学界对 Public Goods 的解释并不完全相同，但是在内涵上大同小异。只需看看公共经济学领域中具有权威性的几位学者所下的定义就可以归纳出它的本质特征。意大利学者马佐拉（U. Mazzola）早在 1890 年就指出，每个人都享受法律、秩序和公共健康服务带来的好处，这是公共需要的统一性。但每个人消费了多少 Public Goods 却不得而知，因为 Public Goods 的数量是不可分割和不可计算的，这种消费的不可分性使单一的市场价格无法形成。英国学者休谟（D. Hume）也较早认识到，某些对每个人都有益的事情，只能通过集体行动来完成，因此，称之为 Collective Consumption Goods 即集体消费品（1739）。美国学者萨缪尔森（P. Samuelson）用数学表达式对 Public Goods 下了一个定义，它是指这样一种 Goods，即每个人消费这种 Goods 不会导致别人对该 Goods 消费的减少（1954）。不过，当时他也使用 Collective Consumption Goods，翌年改称 Public Consumption Goods（1955），再后来，又将"消费"一词省略，成为 Public Goods。可见，无论休谟还是萨缪尔森，都是将 Public Goods 放在消费的语境中讨论的。马斯格雷夫（R. A. Musgrave）认为，Public Goods 是共享的，无法减少其他人的消费，不能排斥任一消费者的利益分享。在既定条件下，来自 Public Goods 的利益并不归属某些个人的产权，而市场也无法起作用（1973）。阿特金森（A. Atkinson）和斯蒂格利茨（J. Stiglitz）认为，Public Goods 有两个特征：第一，对它的使用进行收费是不可能的，或者是耗费极大的，换言之，将无贡献者排除在外是不可能的；第二，一个人的使用并不会使其他人能够消费的数量减少，换言之，将一个固定量供应给另一个人的成本为零（1980）。

由上述几种居支配地位的观点可以看出，Public Goods 具有共同消费的特征。它包含两层意思：第一，排斥别人对它的消费不可能，即便在技术上能够实现，若真正付诸实施，成本十分高昂，从而显得不经济。这就意味着，这类 Goods 只能进行整体消费。由此决定，每个消费者究竟消费了多少就无法测量或核算。既然不能核算对消费者提供的好处，那么，Public Goods 的提供就没有市场供求关系。同时，排斥他人的不可能又意味着不愿意支付代价的局外人也能从中受益，即导致"免费搭车"行为的产生。第二，排斥别人对它的消费不必要，增加一个消费者不会减少任何其他消费者对它的消费量，也即追加消费的边际成本为零。既然如此，任何消费者都不必将它占为己有，事实上也无法占为己有，因为消费者不能通过付费将它独占。

（二）人们质疑 Public Goods 具有"非竞争性和非排他性"的原因

多数公共经济学的教科书都认为，判断一种产品的类型，主要看它是否具有竞争性和排他性，如果具有非竞争性和非排他性，那是典型的公共产品或者说是纯公共产品。然而，对于这样的判别标准，理论界有人质疑。如罗彤（2002）提出的质疑，产品效用包括心理效用和生理效用，前者不可分割，后者是否可分割要看具体条件而定。心理效用的不可分割，自然没有消费上的竞争性。"举例说，一件时装的消费对模特而言，是竞争性的，她穿了别人就不能穿；但对于观众而言，则是非竞争性的，甲的观赏并不影响乙的观赏，那么谁能回答，这件时装消费上到底是竞争性还是非竞争性？"秦颖（2006）也认为"公共产品的本质属性并不必然是非竞争性和非排他性"，"非竞争性和非排他性是公共产品的阶段性特征而非充分条件"，"是市场经济条件下公共产品的技术性特征，社会共同需要是以社会伦理道德为基础的公共产品的本质，是决定公共产品的永久条件"。

笔者认为，这样的质疑未必成立。时装本身肯定具有竞争性，穿在模特甲身上的同时就不可能穿在模特乙的身上。但是，时装穿在模特身上产生的效果的确是具有非竞争性的。二者是不能混同的。社会共同需要是公共产品的本质特征，这个判断也难以成立。社会共同需要的概念本身是非常抽象的，阿罗不可能定理证明，个人偏好难以归纳成集体的偏好，所谓社会共同需要都是相对的，而且在不同的国家、同一国家的不同发展阶段，社会共同需要的范围、程度都是不同的。区分一种产品与另一种产品，要从分析产品的自然属性出发，而不应根据政府的是否供给的意愿出发。

从上述文字中可以看出，质疑者提出质疑时的标尺与被质疑者原先所用的标尺是不一致的。区分一种产品与另一种产品至少存在四种判断标准。一是自然属性的判断，萨缪尔森关于 Public Goods 具有非竞争性和非排他性的论断是基于自然属性的判断，往往与技术特征相关。二是需求弹性的判断，如果需求缺乏弹性，需求对价格不敏感，这时采用市场方式无法提供，只能由政府提供。三是社会伦理的判断，从公平角度考虑，政府要照顾低收入者，这时会考虑扩大 Public Goods 的范围，让他们在不必纳税或者少纳税的前提下享受较多的 Public Goods。四是供给能力的判断，如果政府有充裕的财政资金，而且非常强调民生的改善，那就可能多提供公共产品，如将义务教育、社会保障等都作为 Public Goods 看待。

上述四种标准中，后三种都是主观的。如果采用主观标准，那么 Public Goods 的范围就难以界定；只有第一种是客观的，尽管随着技术的变迁，其范围也是可以变化的，但是，这种变化的速度是缓慢的，幅度是不大的，各国之间的差异也是较小的。

四、延伸思考

Public Goods 与 Public Service 是等同、并列或者包含的关系吗？为了行文方便，此处将它们分别称为公共产品与公共服务。

关于这两个概念之间的关系，有人认为是等同和可以相互替换的，至少它们之间的界限是模糊的（萨瓦斯，2003）。也有人认为，公共产品就是政府提供的有形产出，公共服务就是政府提供的无形产出，两者是并列关系。"将公共产品和公共服务并列使用，不存在理论上和逻辑上的错误（夏光育，2009）。"还有人认为，两者是包含的关系，公共服务的外延包含了公共产品。"通过公共服务，可以提供公共产品，也可以提供混合产品或私人产品（王毓，2006）。"

这种认识上的差异，原因在于分析的视角不同。将公共产品与公共服务看作互相替代或并列的关系，都是把这两个概念放在资源配置的效率角度去审视的结果，强调这种产品和服务在消费中具有非竞争性和非排他性，市场失灵，政府必须承担供给的责任。而认为公共服务的外延包含了公共产品，那是从供给主体的职能的角度去判断的结果。判断一种服务是否属于公共服务，关键在于其提供方以及其所使用的权力与资源的性质，由公共组织机构使用公共权力与公共资源提供的就是公共服务（赵黎青，2004）。与此观点接近的一个定义是，公共服务"是以实现公共利益最大化为目标，提供各种物品（有形物品和无形物品）的活动（韩小威、尹栾玉，2010）"。"公共产品是解决资源配置的有效性问题，公共服务是解决公众利益的保障性问题（杜万松，2011）。"

侧重于从供给主体责任和供给目的去界定公共服务，比较符合公共管理的宗旨。但是，这样容易带来的一个后果是，会将公共服务的范围无限扩大，随之政府变成无限的政府。政府提供公共服务应以维护公共利益为目的，但是，公共利益本身是一个非常含糊的概念，强调所有涉及为公众利益服务的事务就是公共服务，那就给某些热衷于"造福人民"的政治家及其官员提供理论依据，为政府预算的扩大提供充分的理由。政府本身是不创造财富的，政府所有的活动，都以从公众那里征收税费为前提，公众从公共服务中得益，但是也从缴纳的税费中做出牺牲，一得一失，只有当公众觉得物有所值时，政府的活动才真正符合公共利益。

可见，只有从产品和服务的消费特征、市场效率角度去定义，公共服务才有意义。从这个角度看，公共产品与公共服务是等同的概念，Public Goods 与 Public Service 是可以互相替代的。

五、基本结论

倘若认定客观标准，那么张五常、杨志勇把 Public Goods 翻译成"共用品"柯武刚、史漫飞翻译成"共享品"，都是比较妥当的，这种产品（包含服务）是社会公众一起享用的，互不影响、互不排斥。相比较而言，"共享品"比"共用品"更合适，因为后者还容易使人误以为是一起使用，"共享"才体现出一起享用的意思，真正揭示出了 Public Goods 的本质特征。

话说回来，多年来人们已普遍接受了"公共产品"的译名。根据在中国期刊网上的搜索，截至 2015 年，采用"公共产品"、"公共物品"和"公共品"的文献分别为 25 万多篇、54 万多篇和 6 万多篇，而采用"共享品"的文献只有 323 篇。语言都是约定俗成的，既然如此，没有必要刻意改称"共享品"，但是，在阐述其概念时，必须明确共同享用的特征。

主要参考文献

1. 王传纶.西方财政金融思想发展［M］.西南财经大学出版社，1991.
2. 陶继侃.当代西方财政［M］.人民出版社，1992.
3. 刘永祯.西方财政学说史［M］.中国财政经济出版社，1981.
4. 萨缪尔森.高鸿业译.经济学［M］.商务印书馆，1981.
5. 汤敏，茅于轼.现代经济学前沿专题［M］.商务印书馆，1989.
6. 平新乔.财政原理与比较财政制度［M］.上海三联书店，1992.
7. 薛天栋.现代西方财政学［M］.上海人民出版社，1983.
8. 张则尧.财政学原理［M］.三民书局，1985.
9. 于宗先.经济学百科全书·财政学［Z］.联经出版社，1986.
10. 曹立赢.资本主义国家财政［M］.中国财政经济出版社，1985.
11. 王雍君.关于地方公共财货有效供应的几个问题［J］.财政研究，1995（9）.
12. 杨君昌.公共商品和财政职能［J］.财政研究，1982（6）.
13. 吴俊培.PUBLIC GOODS 的译名应是公共商品［J］.财政研究，1994（5）.
14. 郭庆旺等.公共经济学大辞典［Z］.经济科学出版社，1999.

15. 杨志勇. "PUBLIC GOODS"译为"公共"还是"共用"[J]. 经济学消息报, 1996-5-24.

16. 王绍光. 分权的底限[M]. 中国计划出版社, 1997.

17. 柯武刚, 史漫飞. 制度经济学[M]. 商务印书馆, 2000.

18. 毛寿龙, M. 麦金尼斯. 多中心体制与地方公共经济[M]. 上海三联书店, 2000.

19. D. Hume. A Treatise on Human Nature. Oxford University Press, 1975.

20. P. A. Samuelson. 1954, The Pure Theory of Public Expenditure, Review of Economics and Statistics, November. 36.

21. P. A. Samuelson. 1955, Diagrammatic Exposition of a Theory of Public Expenditure, Review of Economics and Statistics, November. 37.

22. R. A. 马斯格雷夫. 邓子基等译. 美国财政理论与实践[M]. 中国财政经济出版社, 1987.

23. 阿特金森, 斯蒂格利茨. 蔡江南译. 公共经济学[M]. 上海三联书店, 1994.

24. 罗彤. 对公私产品界定标准科学性、实用性的若干质疑[J]. 中央财经大学学报, 2002(7).

25. 秦颖. 论公共产品的本质[J]. 经济学家, 2006(3).

26. 李政军. 公共产品的性质与研究重心[J]. 江苏社会科学, 2011(5).

27. E. S. 萨瓦斯. 民营化与公私部门的伙伴关系[M]. 中国人民大学出版社, 2003.

28. 夏光育. 论"公共产品"和"公共服务"的并列使用[J]. 湖北经济学院学报, 2009(5).

29. 王毓. 政府公共服务改革：构建社会主义和谐社会的迫切要求[J]. 当代经理人, 2006(4).

30. 赵黎青. "公共服务"与"公共产品"是并列的吗？[J]. 学习时报, 2004-3-25.

31. 韩小威, 尹栾玉. 基本公共服务概念辨析[J]. 江汉论坛, 2010(9).

32. 杜万松. 公共产品、公共服务：关系与差异[J]. 中共中央党校学报, 2011(6).

2 公共产品私人提供：
与"市场提供"区别何在？

"公共产品私人提供"（The Private Provision of Public Goods）是很多文献中出现的提法，也是很多人赞成的观点。但是，一些文献经常将它与"公共产品市场提供"（The Market Provision of Public Goods）、"公共产品自愿提供"（The Voluntary Provision of Public Goods）、"公共产品联合提供"（The Joint Provision of Public Goods）等提法等同起来，甚至还容易与"公共产品的私人生产"（The Private Production of Public Goods）相混淆。本文就此做一个辨析。

一、他 人 观 点

吕恒立（2002）认为，公共产品私人供给的形式有三种：一是私人的完全供给，指公共产品的投资、生产以及修缮由私人来单独完成，私人通过收费的方式向消费者收取费用。二是私人与政府的联合供给，指在公共产品的生产和提供过程中私人和政府形成了某种联合。如政府对私人提供公共产品给予一定的补贴和优惠政策；再如政府和私人签订合同，私人负责生产，政府进行采购后再提供给公众。三是私人与社区的联合供给，指私人与社区通过有条件的联合来提供公共产品。社区可给予私人一些优惠政策，如提供场地等；或者社区从私人那里购买一定量的公共产品，再提供给社区成员等等。

岳军（2003）认为，所谓"公共产品的私人提供，指的是没有政府介入和强制的个人自愿提供公共产品的情形"。

吕达（2004）认为，公共物品私人供给可以采取两种形式：一方面通过把公共物品生产与供给分开，由私人组织生产，公共部门组织供给；另一方面可以通过界定产权、出租业务等契约形式供给。

樊丽明（2005，2006）在其著作中指出，公共品供给机制包括政府供给、市场供给和自愿供给等三种。公共品市场供给机制是营利组织根据市场需求，以营利为目的、以收费方式补偿支出的机制；政府供给机制则是在市场进行资源配置基础上进行，以公平为目的、以税收和公共收费为主要筹资手段，属"第二层次"的机制；而自愿供给机制是在市场、政府机制发生作用的基础上进行资源配置的，以利他为目的、以捐赠为主要方式，属"第三层次"的机制。她在与石绍宾合作的一篇文献中又指出，公共品供给机制的作用边界变迁依照历史发展顺序先后主要表现为两种趋向：一是私人供给转为政府供给，具体来说，又表现为两种路径：公共品市场供给转为政府供给，自愿供给转为政府供给；二是政府供给转为私人供给，这种转化同样也表现为两种路径：政府供给转为市场供给，政府供给转为自愿供给。

卓成刚、曾伟（2005）没有直接解释公共产品的市场提供，但是在回答政府怎样利用市场提供公共产品时，陈述了五种方式：（1）合约出租。政府主管部门与在竞争中获胜的私营企业就某种公共物品的生产签订合约，当私营企业完成任务并达到合约规定的标准，政府支付合约规定的报酬。（2）政府购买。政府通过合约将公共物品的生产委托给一个私人企业，可以看作政府向这个私人企业购买某产品。（3）特许经营。特许是一种私人团体为提供服务而从政府手中长期租赁资产的安排，私人团体在此期间有责任为特定的新固定投资提供资金，这些新的资产在合同期满时将返还给公共部门。（4）政府经济资助。当政府考虑到某些公共物品的社会收益与私人提供者私人收益之间的不对称时，会有选择地对提供这些公共物品的企业给予经济资助，以确保其提供对全体公民有效的公共服务。（5）政府参股。即私人投资生产的某些公共物品中，政府以一定的比例参股。

詹建芬（2008）认为公共产品的自愿供给，是相对于政府供给而言，包含了一切个人、企业和社会组织等供给主体，在农村公共产品形成过程中，涉及公共产品的提供、生产、服务活动及这种活动的结果。

二、几点疑问

（一）公共产品的市场提供、私人提供和自愿提供三者之间是什么关系？

樊丽明、石绍宾（2006）把市场供给和自愿供给都看成私人供给的两种具体方式，詹建芬（2008）却把以个人、企业和社会组织等为主体的供给都看成自愿供给。那么，市场提供、私人提供和自愿提供三者之间是什么关系？

（二）公共产品的联合提供属于私人提供吗？

按照吕恒立（2002）的观点，公共产品私人提供包含私人与政府的联合提供和与社区的联合提供；卓成刚、曾伟（2005）也认为，市场提供是指政府与私人部门的联合提供。联合提供与私人提供之间是什么关系？

（三）公共产品的自愿提供是否以利他为动机？

樊丽明（2005）对自愿供给机制的解释是，在市场、政府机制发生作用的基础上进行资源配置的，以利他为目的、以捐赠为主要方式。自愿供给行为是受利他动机支配的吗？

三、我的看法

（一）"公共产品市场提供"的外延比"公共产品私人提供"更为宽广

经济学中的"提供"（Provision）一词与"供给"同义，是指某一时间内和一定的价格水平下，生产者愿意生产并为市场供应商品或服务的行为。"公共产品市场提供"与"公共产品私人提供"之间有很大的共性，如都与个人及企业有关，都要遵循市场规则，等等。但是，它们之间又有区别。

"公共产品私人提供"是指具有价格排他性的准公共产品，完全以个人或私人企业为主体，按照市场规则组织生产及供给。公共产品私人提供的条件是：制度上允许私人部门进入，并允许有一定水平的盈利；技术上所提供的产品必须具有排他性，不存在"免费搭车"的空间。

公共产品的非竞争性和非排他性特征决定，私人部门不愿意提供这种产品，必须由政府提供。但是，这种传统的观念在理论上受到挑战。一些学者认为，公共产品的私人提供是可能的。德姆塞茨（Demsetz，1970）指出，在能够排除不付费者的情况下，私人企业能够有效地提供公共产品。他进一步认为，若一个产品是公共产品，那么对同一产品支付不同价格是满足竞争性均衡条件的。由于不同的消费者对同一公共产品有不同的偏好，因此可以通过价格歧视的方法对不同的消费者收费。① 戈尔丁（Goldin，1979）认为，在公共产品的消费上存在着"平等进入"（Equal Access）和"选择性进入"（Selective Access）两种情况。"平等进入"是指公共产品可由任何人来消费，如公园中的露天音乐会；"选择性进入"是指消费者只有在满足一定的约束条件——例如付费后才可以进行消费，如在音乐厅中举办的音乐会等。② 实践中，许多国家纷纷将准公共产品转由私人企业提供，以此减少政府社会资源的直接占有量，增加私人企业可配置的资源数量。

"公共产品市场提供"，是指以提高供给效率为目的，将市场意识和市场机制引入到公共产品的供给过程中。具体来说，一是按照市场运作方式去配置资源，评估和考核生产效率与供给效率；二是引入私人企业的管理经验和市场激励结构，注重后果导向性的绩效标准；三是消费者有在不同供给者之间选择的空间。

确切地说，公共产品市场提供是一种"市场化"的提供。"公共产品私人提供"的主体已经是个人或私人企业，但是，"公共产品市场提供"的主体可能仍然是政府，也可能是政府与私人的联合体，只不过政府尽可能遵循市场规则，并借助于市场机制去提供。

与私人产品的市场提供一样，公共产品市场提供要解决三个问题。第一，提供什么。政府与市场的边界要厘清，设法找到私人产品与公共产品的最佳组合点。为此，必须遵循效率标准，否则，二者的组合点不会达到最佳状态。第二，提供多少。提供的公共产品要符合消费者的偏好。为此，必须通过各种渠道和手段鼓励社会公众显示自己对于公共产品的偏好，并按照他们的意愿去决定公共产品的数量与结构。第三，怎样提供。尽可能通过与个人和私人企业合作提供。

由于"公共产品私人提供"必然服从于市场规则，所以，它必定是一种

---

① Demsetz, H. The Private Production of Public Goods [J]. Journal of law and Economics. 23（October）. 1970.

② Goldin, Kenneth D. Equal Access VS Selective Access: A Critiqque of Public Goods Theory. [J]. Public Choice. 29（spring），1979.

市场提供。这就是说,"公共产品市场提供"包含了"公共产品私人提供"。但是,市场提供的主体未必都是私人,政府与私人之间的联合也是市场主动。私人提供的主体是个人或私人企业,以追求利润为动机;市场提供的主体依然是政府,可以创办公共企业,也可以与私人企业合作,通过提供经费补助或者允许收费等方式,使其提供成本得到补偿并有一定水平的盈利,以激发他们提供的意愿。

一个典型的例子是杭州街头的遮阳篷,在每年的夏秋时节,市区主干道红绿灯附近的人行道都要安装遮阳篷,供市民享用。政府通过招标方式指定公司制作安装,中标者拥有遮阳篷上商业广告的经营权。最近几年,遮阳篷由浙江东方龙广告传媒有限公司出资制作,拆装、维护等一切涉及费用都由"东方龙"承担,按照市价,一个遮阳篷商业广告至少1万元。市区500来顶遮阳篷上的广告,即使只卖出一半,也有200多万元,一年就收回了成本。

在公共产品的政府提供中,政府以公共产品供给者甚至生产者的身份,直接与社会公众发生关系,其成本通过征税得到补偿,如图2-1所示。

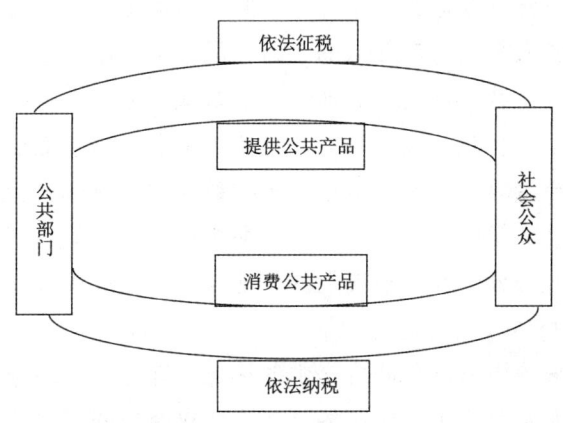

图2-1 公共产品政府提供

在公共产品的市场提供中,政府从供给者或生产者身份变成了组织者身份,通过私人企业向社会公众提供公共产品,但是依然直接向社会公众征税,如图2-2所示。

(二)公共产品的联合提供实质上是市场提供

公共产品联合提供,又叫做合作供给,是指政府与私人企业,以合同外包、特许经营、经费补助、协议回购等多种形式,组建"准一体化"的组织,

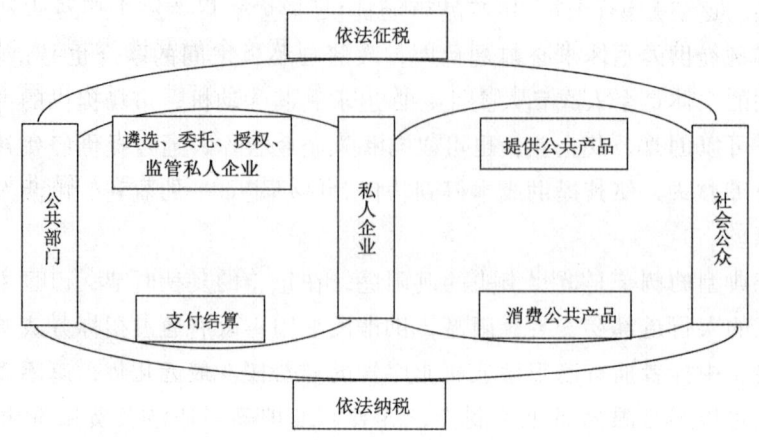

图 2-2 公共产品市场提供

共同提供公共产品。通常出现在一些准经营性基础设施（如公路、沼气发电等）领域。

私人企业为何愿意合作？一是有些公共产品的生产具有可分割性，只要生产是可分割的，私人企业具有介入的意愿，联合提供就存在可能，如公路工程的建设；二是有些公共产品具有排他性，这样就有可能向消费者收费，其产品就可以由不同的生产组织来提供。如果具备这两点，边际效益等于边际成本的市场均衡条件就会生效，市场主体追求利益最大化的目标就会成为可能。私人部门之所以不愿提供像国防、外交、治安那样的公共产品，就是因为，这类产品不存在生产上的可分割性和消费上的排他性，边际成本等于边际收益的市场均衡条件被打破了。

德姆塞茨还揭示出另一种联合提供的情况，即公共产品与私人产品是关联产品。例如，私人企业建了一座商场，政府要求企业同时完成该商场周边几十米范围内的林荫道和绿化。按理说，商场周边的林荫道和绿化属于纯公共产品，私人企业不愿意提供，但是，林荫道和绿化恰恰与商铺构成了一种关联产品关系，林荫道和绿化的修建能提升商铺的租金价值，这正是私人企业愿意与政府合作的原因。

（三）公共产品自愿提供未必是受利他动机驱使的结果

"公共产品自愿提供"是指供给主体愿意承担公共产品的生产与供给成本，容忍甚至鼓励别人"搭便车"消费的行为。与之相对应的应该是"非自愿提供"，如果消费者不肯付费，他就不愿意提供。市场的本质是不同市场主体以自愿交易的方式实现各自利益的最大化，从这个角度说，"私人提供"和"市场提供"都是以自愿为基础的，都可以看成自愿提供。当然，通常意义上的"公共产品自愿提供"，往往是启动道德、宗教、文化的力量，在高尚的觉悟支配下的行为，这种"自愿提供"与"市场提供"和"私人提供"之间是没有交集的。

现实中自愿提供的例子俯拾皆是。樊丽明、石绍宾（2006）的文章中提到，历史上美国的消防、对精神病人的照看、争取妇女权利、保护大自然、戒酒、计划生育以及历史教育等等，都是由非营利组织率先倡导或实施的。既然公共产品的非排他性特征使得供给成本难以得到补偿，为什么会存在"自愿提供"的现象？

社会学家给出的解释是，每个人都有利他的动机，人的内心深处存在奉献爱心的精神，捐出一点私有财产给他人和社会，是高尚品德的表现，或者是服从"上帝"旨意的结果。

不排除自愿提供是出于纯粹利他的可能。但是，从经济学角度看，原因可能更复杂一些。

一是公共产品消费者具有异质性。公共产品供给的效率条件（即 Samuelson 条件）是，消费公共产品与私人产品的边际替代率之和等于生产公共产品与私人产品的边际技术转换率。然而，这一条件假定了所有的消费者都是同质的，因为在主流经济学的"经济人"分析框架内，人是同质的，相互之间存在完全的可替代性。其实，由于受遗传、教育、环境等因素的影响，人的行为有很大的差异，即人是异质的。如果不满足同质假定，消费者可能对公共产品有较强的自愿供给倾向。

二是出于声望与口碑效应等非经济利益的需要。一个比较理性的人，总是从长远利益出发，努力树立起自身在群体中的声望和口碑，适当做出一点"牺牲"，免费为他人提供公共产品，正是这种动机的反映。正如布鲁贝克尔（Brubaker）所言，社区中某一成员虽然因为免费搭车享受了短期利益，但他会失去社区成员的信任而有损于自己的长期利益。出于这一考虑，社区成员免费搭车的动机就会大大减弱。[①]

[①] Brubaker, Farl. Free Ride, Free Revelation or Golden Rule [J]. Journal of Law and Economics. 18 (April), 1975.

三是出于群体成员之间互惠利他的需要。在一个相对狭小的群体中，人与人建立起以友好、互助的情感关系和合作模式，每一个人自愿提供公共产品的同时，又享受别人提供的公共产品。但是，能否实现互惠，取决于达成默契的成本大小，与地域范围、习俗文化等因素相关。正如马克思所述："节约用水和共同用水是基本的要求，这种要求，在西方，如弗兰德（今指比利时说荷兰语的一个地区——笔者注）和意大利，曾使私人企业家结成自愿的联合；但在东方，由于文明程度太低，幅员辽阔，不能产生自愿的联合。"①

政府提供与自愿提供构成两端，中间是市场提供，包括联合提供和私人提供，如图2-3所示。

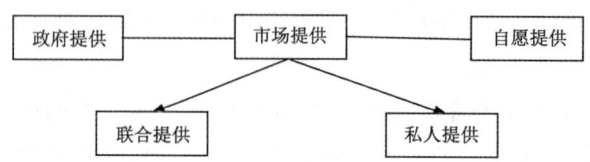

图 2-3 公共产品几种提供方式的关系

四、延 伸 思 考

吕达（2004）把公共产品的公共提供私人生产，归结为一种私人提供。这个观点值得讨论。

公共产品私人提供，那是指部分公共产品（主要是准公共产品）的供给主体由政府转为私人企业。而公共产品公共提供私人生产，供给者没有变化，依然是政府，只是生产者变成了私人企业。

公共提供（Public Provision），意味着政府没有放弃提供的职能。具体来说，一是确定哪些公共产品需要提供。要通过投票、民意调查等需求表达机制，弄清楚辖区内居民急需的公共产品的数量和质量。二是决定筹资方案。确定提供公共产品所必需的财政支持能力及资金筹措渠道。三是确定生产方式。即通过公开招标等方式，经过成本收益的对比，遴选出某一种或某一类公共产品的具体生产者。四是对生产结果进行监督和评估。对生产产品质量进行评估，如果不符合要求，督促改进甚至终止合约并追究相应责任。

---

① 马克思恩格斯选集（第2卷）[M].人民出版社，2012：64.

私人生产（Private Production）是指私人企业将各种资金和设备等有形资源与人力资源结合，形成产品和服务的过程。为政府生产与为市场生产，虽然都是生产行为，有许多产品是一样的，如文件夹、电脑等，但是，运作机制有一定的区别。为市场生产要根据市场供求的变化决定产量，而为政府生产必须服从于政府的采购量。但是，为政府生产也面临投标人之间的竞争，当然，有些私人企业还会开展寻租竞争。

进一步分析，公共提供私人生产的用意是什么？

一个原因是避免政府在公共产品生产上的不经济。政府自己生产，需要投入和耗费大量的人力与财力资源，结果财政支出规模居高不下、急剧膨胀，公务员及政府雇员越来越多，这是政府的"内部性"特征所决定的。为了防止出现X－低效率，政府通过公开招标、定向委托、邀标等形式，将公共产品的生产剥离出去，让私人企业承担。政府购买服务的目的就是希望多办事、少养人。有资料显示，美国政府部门修路聘请建筑工人的时薪大约为20美元，私人部门能在市场上找到时薪12—15美元的建筑工人。[①]

另一个原因是发挥私人企业的规模经济效应和范围经济效应。规模经济效应意味着，随着产量的增加，长期平均成本逐渐降低。像路灯、街心花园等都是纯公共产品，政府提供，但是，灯泡、路灯杆、花草植物却可以由私人企业生产。再如环境卫生由政府提供，但是垃圾的收集、运输、处理由私人企业负责。在美国，国家安全由政府负责，但是军队使用的武器装备却可以由私人公司生产。厂商的生产规模达到一定水平时，长期平均成本就下降了。

五、基 本 结 论

"公共产品私人提供"是指具有价格排他性的准公共产品，完全以个人或私人企业为主体，按照市场规则组织生产及供给。"公共产品市场提供"，是指以提高供给效率为目的，将市场意识和市场机制引入到公共产品的供给过程中。

"公共产品市场提供"的外延比"公共产品的私人提供"更宽广，私人提供的主体是个人或私人企业，以追求利润为动机；市场提供的主体依然是政

---

① 蒋旭峰等.美国公共服务供应：政府购买私人生产. http://www.71.cn/2013/0811/727162.shtml

府，可以创办公共企业，也可以与私人企业合作。"公共产品联合提供"是指政府与私人企业，以合同外包、特许经营、经费补助、协议回购等多种形式，组建"准一体化"的组织提供，实质上是一种市场提供。

"公共产品自愿提供"是指供给主体愿意承担公共产品的生产与供给成本，容忍甚至鼓励别人"搭便车"消费的行为。自愿提供未必是受利他动机驱使的结果，可能是基于公共产品消费者的异质性，也可能基于声望与口碑效应等非经济利益的需要，甚至可能是基于群体成员之间的互惠利他基础上。

把"公共产品公共提供私人生产"归结为一种私人提供是不正确的。公共提供私人生产的用意，一是为了避免政府在公共产品生产上的不经济，二是为了发挥私人企业的规模经济效应。

主要参考文献

1. 吕恒立.试论公共产品的私人供给[J].天津师范大学学报（社会科学版），2002（3）.

2. 岳军.公共产品供给制度分析[J].山东财政学院学报，2003（3）.

3. 吕达.公共物品的私人供给机制探析[J].江西社会科学，2004（11）.

4. 樊丽明.中国公共品市场与自愿供给分析[M].上海人民出版社，2005.

5. 樊丽明，石绍宾.公共品供给机制：作用边界变迁及影响因素[J].当代经济科学，2006（1）.

6. 卓成刚，曾伟.试论公共产品的市场供给方式[J].中国行政管理，2005（4）.

7. 詹建芬.公共产品自愿供给的理性和约束[J].农村经济，2008（12）.

3 优值品：
背后是市场缺陷还是偏好缺陷？

"Merit Goods"这一术语的中文译名较多，最常见的是"优值品"和"有益品"。不少公共经济学著作都会提到优值品，尤其在涉及公共政策时会将优值品作为政府干预的一个理由。笔者以往对它的解释是，那些个人评价低于社会合理评价的产品。类似的解释在国内学者的著作中也有，如蒋洪（2000）认为，优值品是"消费者对其效用的评价低于该产品应有的效用评价的产品或服务"。但是，这种解释经常被学生们所质疑：评价是谁进行的？尤其是社会合理的评价，评价的标准又是什么？

笔者试图对这个在理论界一直存在争议的概念作一番梳理和辨析，并探讨这个概念是否有可能进入公共经济学的领地。

一、他人观点

马斯格雷夫（R. A. Musgrave, 1957, 1959）是最早提出"优值品"概念的学者，在1957年《预算决定的多重理论》（A Multiple Theory of Budget Determination）中，他将优值品定义为"通过制定干预个人偏好的政策而提高生产的物品"。1959年，马斯格雷夫再一次指出，优值品是指对消费者有益但由于消费者的无知而消费不足的物品。

布伦南和罗马斯基（Brennan & Lomasky, 1983）是从个人偏好角度去分析的，认为一个人可能有一个以上的偏好顺序，即市场偏好、反映偏好和政治偏好。单一效用框架不足以解释真实世界的人们进行选择时的真实行为，所有人都有三种偏好顺序且三者之间是一致的。在某些情况下，投票支持反映偏好而非市场偏好可能是理性的，这将导致政府提供那些在市场上不"流行"但人们"想要"的物品，即优值品。

布朗和杰克逊（C. V. Brown & P. M. Jackson，2000）认为，优值品的特性是，个人愿意的消费量小于社会希望的消费量。"在一些情况下个人偏好已被扭曲，而扭曲的根源则是信息方面的原因，或者个人获得的信息不完善，或者是由于广告误导使信息被扭曲。扭曲的信息将导致无效的选择。"

杨君昌（2002）将优值品定义为"对人们身心健康有利的商品"，"如果人们对某种优值品的消费和使用不足，政府从父爱主义立场，要求人们增加该种商品的消费。如果人们因为经济条件有限而较少或甚至不消费和使用优值品，政府就会用补贴或强制性的免费提供的办法引导人们去消费和使用。"

赵志耘（2002）给优值品下的定义是："政府提供的、全体公民都应该享有的、不能因为不支付而受到排他威胁、时常在法律上强迫消费者必须消费的东西。从需求角度来说……是指出于社会原因的需求量大于出于私人原因的需求量的物品"。

余英（2008）介绍说，最近10多年来，优值品概念有了新的发展。一些学者认为优值品是政府通过制定干预个人"支付意愿"的政策而应该供给的物品。

曲创（2010）认为，可以把物品一分为三，把公益物品当作与私人物品与公共物品并列的第三种物品。

二、几点疑问

从上述文献中可以看出，优值品的几种定义分别与以下几个经济学术语紧密相关：一是信息和偏好，如马斯格雷夫（1957，1959），布朗和杰克逊（2000），布伦南和罗马斯基（1983）；二是收入限制，如杨君昌（2002）；三是外部性，如赵志耘（2002）。然而，这几种理解都给人留下一些疑问。

（一）如果因信息不完全导致消费选择失误，那么政府应该提供信息还是应该提供优值品？

父爱主义的政府之所以提供优值品，是因为消费者缺少足够的信息。但是，一个人为了作出正确的选择，事先去搜集足够多的信息，这是不明智的，他必须在信息搜索成本与可获得收益之间进行比较。反之，政府是否一定了解消费者在决策时所缺少的那些信息？如果是，那么政府提供信息比提供优值品更节省成本。况且，提供信息让消费者自由选择所产生的效率比直接提供优值品更高。

（二）政府提供优值品，企图改变的是消费者的个人偏好还是选择行为？

优值品的存在是以个人偏好被扭曲为前提吗？马斯格雷夫（1957，1959）举例说，教育是一种优值品，政府必须促进优值品的消费。因为个人或家庭可能忽视教育的福利，或不理解教育的价值，或难以预见教育投资决策的意义，因而不愿意投资教育。假如属于优值品的某种物品，在政府提供之前被消费者忽视了，政府提供之后却被认可并消费了。在这一过程中，政府改变的是个人偏好还是选择行为？

（三）把政府提供优值品看成消费者受收入限制不去消费的结果，是否暗含这种物品的价值一定是高的？

杨君昌（2002）将优值品定义为"对人们身心健康有利的商品"。在这个定义中，判别的主体是谁？判别的依据是什么？如果是政府，又凭什么知悉消费者不愿意选择是受收入水平的限制？

（四）如果被称作优值品的物品，具有"出于社会原因的需求量大于出于私人原因的需求量"的性质，那这种优值品与公共产品和外部性的区别何在？

赵志耘（2002）认为，优值品"是指出于社会原因的需求量大于出于私人原因的需求量的物品"。这个说法与外部性的含义相类似。其实，布朗和杰克逊（2000）也说过，"个人愿意的消费量小于社会希望的消费量"。众所周知，公共产品是具有正外部性的产品，如果是这样，二者怎么区分？

上述疑问有必要澄清，因为不仅涉及如何定义优值品，而且关系这个概念在公共经济学甚至在整个经济学体系中是否有立足之地的问题。试想：第一，如果是信息不完全造成的，那就没有讨论的意义，因为市场缺陷是经济学一直以来所承认的，也是现实中出现的。一些物品不被消费者选择，是信息不完全，那就从信息领域去研讨，不必专门定义为优值品。第二，如果是收入所限造成的或者效用的外溢性，那也没有必要讨论。因为公共经济学中专门讨论收入再分配和外部性问题，这是公共支出所要研究的内容，通过支出免费提供或者通过补贴使正外部性内部化。

三、我的看法

笔者认为，优值品是指消费者个人偏好中对不确定性的忽视，从而不愿意选择消费的产品或物品。这个定义有两个要素：一是个人偏好，二是选择行为。

（一）对不确定性的忽视是优值品存在的根源

从表象上看，"效用评价"一词是主观的，其实它的背后存在一个偏好问题。信息不完全只是假象，个人偏好才是实质所在。人的一生中，会有许多的风险（Risk）和不确定性（Uncertainty），如患病、失业、交通事故、灾害、寿命等。但是，二者又有区别。

风险是可以量化的，而不确定性是不可以量化的。人们可以分析风险发生的概率及其产生的影响。由于风险的概率是可以知道的，理论上保险公司可以通过计算确定的保险收益，提供相应的保险产品。不确定性只能进行假设分析，假定某些因素发生后带来什么影响。但是对不确定性事件，保险公司不愿意提供这种没有盈利把握的服务。所以，不确定性是指人们不可能预测未来将要发生的事件，由于缺乏历史数据和类似事件信息，人们不可能知道某一事件发生的概率，而风险是介于确定性与不确定性之间的一种状态，其概率是已知或可知的。

面对风险，人们有爱好、回避、中立三种态度。风险爱好者偏好追求风险，只求给自己带来最大的效用；风险回避者在预期收益率相同的情况下，喜欢低风险的资产，对于具有同样风险的资产，则偏爱具有高预期收益率的资产；风险中立者既不回避，也不主动追求，偏好走自己的路，不管风大小。

面对不确定性，人们往往持一种态度，即忽视。像基础教育、保险、疫苗注射等这类产品被消费者拒绝，是因为他们觉得事件发生的概率及防范后的预期收益都是不确定的。

从这个角度看，人会重视风险，但会忽视不确定性。

在这种态度的背后隐藏着一个偏好的缺陷问题。偏好是怎么形成的？偏好来源于遗传基因和社会制度因素。① 有的学者将偏好分为内层偏好和外层偏好。内层偏好即人类在长期演化的过程中形成了不随个体、时空改变的稳定的偏好，包括摄取能量的偏好、繁衍后代的性偏好等，它是由基因决定的，具有稳定性；外层偏好即因人和时空而异的偏好，它和文化相关，可以通过后天的学习而获得或改变。②

按照萨缪尔森（Samuelson，1938）提出的显示偏好理论，效用作为一种主观心理状态虽然观察不到，但我们可以观察消费者的行为。当消费者选择了某一消费品时，他的"偏好"就被显示了。因此，经济学家可以通过消费行为来观测和推断消费者内在的行为规范。该理论认为，如果消费束 A 先于消费束 B 被选择，那么消费者对消费束 A 的偏好就一定超过对 B 的偏好。

其实，效用与偏好是不同的。首先是形成偏好，然后在偏好满足的过程中，产生了效用；而效用的大小、正负又会强化、弱化甚至改变个体的偏好，因而，效用与偏好互相联系、互相影响。个体偏好是一个社会的、历史的、动态的范畴，是经济社会中的制度、资产、价格等的复合函数。偏好的形成与塑造离不开文化因素、社会经济制度、社会政治制度的制度因素和资产、价格、利率等其他因素的参与和渗透。偏好影响制度，制度也影响偏好，偏好和制度共生演化，它们各自影响着对方的发展。

---

① 弗吉尼亚大学医学院精神病学系的肯德勒（Kendler，2000）等人对吸烟消费偏好进行了系统的影响因素研究。研究结果显示：男性的习惯性抽烟行为（RTU）61%由先天的基因决定，20%归于后天的社会经历。女性的RTU在1925年前不高，1925年后来自基因遗传与社会经历各占50%，1940年后则63%源于遗传基因。苏利文（Sullivan PF，1999）等人的研究发现，吸烟偏好60%来源于基因遗传，20%归于子女共同受到的家庭环境，20%来于个人的社会经历。——转引自周小亮，笪贤流.效用、偏好与制度关系的理论探讨——反思消费者选择理论偏好稳定之假设［J］.学术月刊，2009（1）.

② 朱宪辰，黄凯南.基于生物学基础的行为假设与共同知识演化分析［J］.制度经济学研究，2004（4）.

（二）通过政府干预影响选择行为的可能性

有学者说，如果我们无法改变自己的偏好，那么就不要刻意去改变我们的行为。当偏好没有改变时，任何试图改变行为的做法都会产生心理应激反应。这个说法的背后有一个思想：行为（选择）取决于偏好。

根据古典的单一效用框架，只有当一个人可能推断个人的选择反映其最优的偏好时才符合效率标准。主流经济学的显示偏好理论，遵循着"我选择——我偏好；我偏好——我选择"的逻辑，隐约地将偏好与选择等同起来，二者可以自然顺畅地进行过渡。事实上，偏好与选择之间存在着过渡问题。

布罗姆利（1996）说，"偏好是一种心理状态以及结果或前景，而选择指一个行动、一个决策或一种策略。只有通过决定论的、或然论的或者博弈论的方法，才能把对结果的偏好转换成对策略的偏好。"① 因此，个人偏好形成后可以有选择行为也可以没有选择行为；反之，选择行为可能反映个人偏好也可能不反映个人偏好。

下面结合一个实际事例，分析偏好与行为如何共同作用，才使婚检、孕检服务成为优值品。

从1999年1月1日起，凡在浙江省范围内，所有居住时间超过半年的人，婚检费每对235元、孕检费每人70元都由政府埋单。

与婚检、孕检有关的无疑是年轻人，年轻人的特点是体质好，所以，他们总是忽略不确定性。如果婚检、孕检服务是市场化方式提供的，当事人在一般情况下会选择放弃，在他们看来，那种服务是医院变相赚钱的勾当，自己不会有不宜结婚的疾病以及不孕不育的可能性。这其中主要属于内层的偏好，因为很多年轻人结婚生育，很多没有做过医学检查，结果都很顺利。但是，一部分年轻人会在乎婚检、孕检服务，尽管他们的上一代同样是没有参加过婚检、孕检的，这归因于科学观念的普及和优生优育理念的强化，这种偏好的改变就属于外层的偏好。

在当事人中，男女青年对于婚检、孕检的偏好也会有区别。如果按照社会生物学家爱德华·威尔逊（E.O. Wilson）的观点推论，或许女青年更偏好接受。威尔逊认为，雌性生物和雄性生物在传播各自的基因时，获得的收益是一

---

① 丹尼尔·W.布罗姆利.经济利益与经济制度［M］.上海：上海人民出版社，1996.

样的，即子代包含父母方各一半的基因。但是，两性的生殖投资有差异。雌性性细胞数量少、质量大，例如人的卵子比精子大8500倍。雄性在雌性受孕后不再投资，雌性却要继续投资（分娩、哺乳、抚养）。[①]

年轻人总体忽略婚检、孕检服务以及男青年比女青年更容易忽略的偏好状况，是否一定会影响选择行为呢？不一定。因为影响选择行为的因素，除了偏好之外，还有其他。例如，父母的倾向、服务的价格、收入水平等等，因为选择是经济社会中的制度、资产、价格等的复合函数（可以用公式表示为：$U = F(C_i, E_i, S_i, W_i, R_i, P_i, \cdots)$）。在同等情况下，收入水平低的人可能选择不接受。

前面分析的是市场化条件，即非强制但收费。如果婚检、孕检服务实行政府干预，加入强制、免费因素后，情况又会怎样？在强制并免费条件下，所有当事人都会选择接受，其实内心的偏好未必改变；在强制但收费条件下，也选择接受，但是内心非常排斥；在非强制但免费条件下，依然会有一些人选择不接受。所以，政府干预，可能对偏好会有影响，但是对行为的影响更为直接和明显（见表3-1）。

表3-1　　　　婚检、孕检服务的接受条件与可能的结果

序号	条件	个人偏好	选择行为	自由度	效率
1	非强制—收费	忽视不确定性	多数不愿接受	低	低
2	非强制—免费	忽视不确定性	自愿接受	高	高
3	强制—收费	忽视不确定性	被迫接受	低	高
4	强制—免费	忽视不确定性	被迫接受	低	高

注：自由度是指个人接受或不接受的回旋余地。

政府通常作出的制度安排是第2种，即非强制——免费。非强制的政策，尊重当事人的个人偏好，无论是接纳还是排斥；免费的政策，主要是干预选择行为，在检查费用由政府承担的条件下，如果不考虑时间、交通及机会成本，是否适合结婚生育的甄别成本等于零，凡是比较理性的当事人，一般都会接受的。

[①] 爱德华·O.威尔逊著．毛盛贤，孙港波，刘晓君等译．社会生物学：新的综合[M]．北京：北京理工大学出版社，2008．

值得注意的是,强制在很多情况下是必要的。例如,社会保险制度是强制的,因为人们对商业保险的作用是低估的,尤其是在商业保险不够规范的情况下(如保险公司在揽保、理赔两个环节出现前恭后倨的现象)。人们不愿意接受商业保险,但是一旦出险,如果自身承担损失,可能会倾家荡产。这个时候就需要建立强制性的社会保险。

再如,机动车中的电子稳定控制系统(Electronic Stability Program,ESP),美国高速公路安全管理局(NHTSA)进行的研究表明,将 ESP 作为标准配置能降低 34% 的轿车单车事故、71% 的轿车翻车事故,而 SUV 的单车事故甚至能降低 59%。美国早在 2007 年就已经颁布法规,所有总重量在 4.5 吨以下的车辆,从 2012 年起必须装配 ESP。欧盟宣布从 2014 年 11 月 1 日起,在欧盟范围内所有新注册的轻型商用车、乘用车都必须要配备 ESP。加拿大、澳大利亚等国也有这样的规定。像安全气囊、ESP 这类产品,如果不是强制安装,多数消费者就不会主动购买并安装。

(三)"不确定性忽视论"与已有观点的区别

现在看来,被作为优值品的物品,不是跟信息完全、收入水平、外部性等基本概念相联系,而是与个人偏好对不确定性的忽视紧密相关。那么,"不确定性忽视论"与已有的几种观点有什么区别呢?

最大的区别在于,已有的三种观点多强调对备择品的关注,而"不确定性忽视论"强调对消费者自身的关注(见表 3-2)。

表 3-2 "不确定性忽视论"与三种观点的区别

观点	理论认识	政府干预
信息不完全论	对备择品不够了解而不消费	提供信息或者提供产品
收入限制论	正常估计备择品的效用,但支付能力有限	增加补贴或者免费提供
外部性论	对备择品给自身带来效用估计不足	增加补贴或者免费提供
不确定性忽视论	忽视未来事件,认为消费备择品没有必要	强制消费或免费提供

表 3-2 说明,优值品是经济学中相对独立的范畴,由于它往往是政府干预的对象,应该在公共经济学中有一席之地。

通过前面的分析,还可以看出,所谓"优值",并非产品本身的自然属性，它只是表明消费者的个人偏好存在问题，需要政府加以干预，让他们虽然不喜好，却也选择消费。

四、延伸思考

（一）优值品与公共产品有什么区别？

二者都是需要政府干预或提供的，但是，他们之间的区别也是显而易见的。

对于公共产品，消费者的偏好是没有缺陷的，与面对私人产品是一样的。之所以由政府提供，理论基础在于市场缺陷，非竞争性、非排他性的本质特征必然产生众多的"搭便车者"，从而使这种产品无法定价，市场主体的供给成本无法得到补偿。

对于优值品，消费者的偏好是存在缺陷的，即忽视自身可能遇到的种种不确定性，从而看不到这类产品对他带来的预期效用。而且，许多优值品如前述婚检、孕检服务，不具有非竞争性、非排他性的特质。出于理性的思维，或者出于父爱，政府强制消费者选择或者通过免费方式干预选择行为，从而是纠正偏好缺陷的不良后果。

在实际生活中，基础教育、社会保险等产品由政府提供，但是，从性质上看，它们并非属于公共产品（像基础教育服务在技术上容易排他），因而令人难以理解。通过上面的分析，不难看出，并非因为属于公共产品才由政府提供，而是属于优值品才由政府提供，基础教育既是强制的又是免费的，社会保险是强制的也是政府给予补贴的。

（二）劣值品是否与不确定性的忽视有关？

说到优值品的同时，经常会提到它的对立面——劣值品（Dismerit Goods）。最常见的解释，劣值品是指消费者的个人评价高于合理评价的产品和服务，如吸烟、吸毒等。

笔者认为，消费者对这种产品的效用估计太高，这也是与优值品概念的传统解释相对应的。但是，劣值品的背后仍然是偏好缺陷所致，表现在消费者忽视吸烟、赌博、吸毒、嫖娼、卖淫等行为对自身危害的不确定性。

以吸烟为例，尽管医学界拿出了诸多的证据证明，吸烟会对人体健康造成极大的危害，引发呼吸系统、消化系统、神经系统等人体各个方面的疾病，甚至缩短寿命。但是，吸烟者尤其是成瘾者未必接受。在他们眼里，之所以吸烟，一是生理的需要，烟碱能促进多巴胺的分泌，起到舒缓紧张、减轻焦虑的作用；二是社交的需要，递烟、点烟的行为能拉近人与人的空间和心理距离。不仅如此，他们还经常举出反例，如有几十年烟龄的人，体检结果是两肺清晰；每天抽烟一包的人，活到 90 多岁；等等。企图通过这些事例证明，吸烟是必需的，不一定会给自己带来健康的损害。

忽视不确定性，是偏好缺陷的表现。那这种偏好缺陷是如何形成的呢？有遗传的因素，肯德勒（Kendler，2000）、沙利文（Sullivan，1999）等学者的研究成果已经证明。也有文化的因素，在生活习俗和一些文艺作品中，吸烟常常与成熟、魅力、性感等人物品质联系起来。

与优值品类似，政府对于劣值品也是干预的，只不过与强制消费、免费消费等相反，采用的是禁止、征税等手段。

五、基本结论

优值品是指消费者个人偏好中对不确定性的忽视，从而不愿意选择消费的产品或物品。与"信息不完全论"、"收入限制论"、"外部性论"等相比较，最大的区别在于，已有的三种观点多强调对备择品的关注，而"不确定性忽视论"强调对消费者自身的关注。

政府通常采取非强制—免费或者强制—免费的方式进行干预，虽然无法改变消费者忽视不确定性的偏好缺陷，但是能影响选择行为，使之自愿接受或被迫接受，效率都是比较高的。

公共产品由政府提供的理论基础在于市场缺陷，优值品未必具有非竞争性、非排他性，政府提供是基于消费者的偏好缺陷，即忽视自身可能遇到的种种不确定性。现实中有些产品并非属于公共产品才由政府提供，而是属于优值品才由政府提供，如基础教育、社会保险等。

劣值品的背后是偏好缺陷，表现在消费者忽视吸烟、赌博、吸毒、嫖娼、卖淫等行为对自身危害的不确定性。政府采用禁止、征税等手段干预劣值品的消费。

主要参考文献

1. 蒋洪.财政学［M］.上海：上海财经大学出版社，2000.
2. 理查德·A.马斯格雷夫，佩吉·B.马斯格雷夫著.邓子基，邓力平译校.财政理论与实践（第五版）［M］.北京：中国财政经济出版社，2003.
3. Brennan, G., Lomasky, L. Institutional Aspects of "Merit Goods" Analysis［J］. Finanzarchiv 41, 1983.
4. C.V.布朗，P.M.杰克逊.张馨主译.公共部门经济学［M］.北京：中国人民大学出版社，2000.
5. 杨君昌.公共定价理论［M］.上海：上海财经大学出版社，2002.
6. 赵志耘.财政支出经济分析［M］.北京：中国财政经济出版社，2002.
7. 余英.有益品理论：回顾与思考［J］.财经科学，2008（12）.
8. 曲创.公共物品、物品的公共性与公共支出研究［M］.北京：经济科学出版社，2010.
9. 刘虹.有益品的性质与公共利益的识别［J］.当代财经，2007（8）.

4 公共选择理论：
与社会选择理论、理性选择理论等同吗？

《公共选择理论——政治的经济学》一书，开篇有这样一段话：公共选择理论（Public Choice Theory）在英文文献里又称作"公共选择"（Public Choice），"集体选择"（Collective Choice），"公共选择经济学"（Economics of Public Choice），"新政治经济学"（The New Political Economy），"政治的经济学"（Economics of Politics）或"政治的经济理论"（Economic Theory of Politics）等，是一门介于经济学和政治学之间的新的交叉学科。①

《维基百科》对"公共选择理论"这一词条的解释，有这样一句话：公共选择理论的基础之一是理性选择理论（Rational Choice），假设人们的行为都是出自从有限的可用手段里挑选达到目标的途径。另一个研究目标不同却有相同研究基础的学科则是实证政治理论（Positive Political Theory）。而社会选择理论（Social Choice Theory）也是一个相关联的研究领域。

那么，公共选择理论与社会选择理论是否就是同一个理论或者学术流派？公共选择理论和社会选择理论与理性选择理论之间又是什么关系？国内学者至今未见有说服力的辨析，往往将它们放在新政治经济学的大框架下进行讨论。这样做是否恰当呢？判断之前应作一番梳理。

---

① 方福前.公共选择理论——政治的经济学［M］.中国人民大学出版社，2000.

一、他　人　观　点

（一）关于公共选择理论与社会选择理论

理论界对于公共选择理论与社会选择理论关系的认识，至少存在三种看法：

第一，社会选择问题早就引起人们的关注，阿罗定理的提出标志着它真正成为一种理论。罗云峰、肖人彬（2003）认为，"社会选择理论（包括投票理论）的发展经历了中世纪时期、近代和现代三个历史阶段，传统的投票理论和伯格森（Bergson）、萨缪尔森（Samuelson）等人提出的新福利分析构成了社会选择理论的两大基本来源。社会选择理论已形成两大基本理论框架，即阿罗的社会福利函数框架和由需求理论演变而成的森的社会选择函数框架。"

赵定涛、扶元光（2005）认为，"人们对于社会选择问题的关注由来已久，18世纪法国数学家孔多塞发现的投票悖论就是萌芽。20世纪20年代，福利经济学的诞生激起了人们研究社会选择的热潮，至20世纪50年代，著名经济学家阿罗发表著作《社会选择与个人价值》，标志着社会选择理论的初步形成。"

聂智琪（2007）认为，"20世纪50年代，经济学家肯尼思·阿罗提出了著名的阿罗不可能性定理，这一定理以一种迥异于传统政治理论表达方式的高度抽象的数理推导形式证明：民主竟然无法同时兼顾最起码的公平与理性。""围绕这个定理则逐渐发展起一个新兴的理论——社会选择理论。""所谓社会选择（亦称集体选择），通常来讲是指将众多社会成员的个体偏好（利益）聚合为一个最终的社会偏好（利益）。""社会选择理论就是在假定个人偏好给定的前提下重点研究决策规则本身的特性，以及不同规则与最终结果之间的关系。"

第二，公共选择理论包含了社会选择理论，二者不是等同的关系。汪丁丁（2004）认为，"西方的新政治经济学区分于西方古典政治经济学，是以布坎南领导的公共选择理论和阿罗开创的社会选择理论为两条主要脉络。"

甘峰（2006）认为，公共选择理论包含了社会选择理论。"公共选择学派中阿罗（Arrow）的社会选择理论被看作一种宪政理论，因为他所关心的是政治制度的设计，注重的是集体决策之规则的后果，他提出的不可能性定理表明，有关集体决策的各种基本规则之间存在冲突。"

丁建峰（2011）在接受中国经济学教育科研网记者董金鹏的采访时，表达了公共选择学派不同于社会选择学派的观点。董金鹏问："有学者认为罗尔斯的正义理论应属道义选择而非公共选择，确实如此吗？"丁建峰答："应该说罗尔斯的正义理论大致上属于经济学中的社会选择学派，而不属于公共选择学派。""公共选择学派把社会正义看作博弈的结果。但罗尔斯恰恰不认为社会正义的观念是博弈的结果。因此，罗尔斯的理论基本上属于社会选择而不是公共选择，罗尔斯社会福利函数是具有理性计算能力的自利的人，在正义感的约束下进行选择的结果。"

第三，社会选择理论是归入规范性的公共选择理论之中的。聂智琪（2007）认为，"规范性的公共选择理论探究'国家的目标应该是什么以及如何实现这些目标'，而社会选择理论对社会选择过程的逻辑特征的探究，就是奠定在一系列的规范要求之上的，也即预先设定若干看似极其必要的规范性条件，然后通过数理推导从逻辑角度考察特定的社会选择的规则或过程能否满足这些条件。""至于社会选择理论与实证性的公共选择理论——主要以唐斯、奥尔森为代表，当然也包括布坎南的实证性研究——之间的区别，其实就是规范与实证之间的区别，因此很容易辨识。"

（二）关于公共选择理论、社会选择理论与理性选择理论

丘海雄、张应祥（1998）认为，理性选择理论"以宏观的社会系统行为作为研究的目标，以微观的个人行动作为研究的起点，以合理性说明目的的行动。合理性是行动者的行动基础，行动者的行动原则是最大限度地获取效益。通过研究个人的行动的结合如何产生制度结构，以及制度结构如何孕育社会系统行为，实现微观与宏观的连接"。

聂智琪（2007）认为，"理性选择理论的内涵比公共选择理论和社会选择理论要更为丰富。理性选择理论更多的是指一种研究方法，其核心在于以理性人为假设通过严格的逻辑演绎也即经济学模型的建构来解释人类的行为，因此有时也被直接称为理性选择方法，是继行为主义革命之后出现的又一场方法论上的革命。理性选择方法可以应用于理性人在个人性或集体性的环境下进行决策的问题，是公共选择理论和社会选择理论的方法论基础，而后两者关注的只是集体性环境下的决策问题。"

二、几点疑问

（一）社会选择就是集体选择，那公共选择是不是集体选择呢？

聂智琪（2007）说，"所谓社会选择（亦称集体选择），通常来讲是指将众多社会成员的个体偏好（利益）聚合为一个最终的社会偏好（利益）。"按照这个说法，社会选择与集体选择是可以相互替换的同义词。那公共选择是不是集体选择呢？方福前（2000）关于公共选择又称为集体选择的说法有没有根据呢？这三个概念之间的区分是从行为主体看还是行为方式看，抑或从政策主张出发？

（二）社会选择理论是否如公共选择理论那样有规范和实证的二重性？

公共选择理论有规范性公共选择理论和实证性公共选择理论之分，社会选择理论是被归入规范性公共选择理论之中的。"至于社会选择理论与实证性公共选择理论之间的区别，其实就是规范与实证之间的区别。"这个说法可以有两种解读：第一，社会选择理论只是与公共选择理论中的一部分相重合；第二，社会选择理论本身并不存在规范与实证的区分。令人怀疑的是，如果公共选择理论与社会选择理论在研究对象、假设条件等方面是完全一致的，那为什么存在两个名词？在公共选择理论逐渐往实证分析方向发展的同时，社会选择理论就没有发生这样的变化吗？

（三）公共选择理论和社会选择理论是以理性选择方法为基础的吗？

聂智琪（2007）说，"理性选择方法可以应用于理性人在个人性或集体性的环境下进行决策的问题，是公共选择理论和社会选择理论的方法论基础，而后两者关注的只是集体性环境下的决策问题。"这句话的前半部分似乎可以接受，但是，后半部分值得怀疑。可能存在的判断有两种：其一，"理性选择方法是公共选择理论和社会选择理论的方法论基础"；其二，"理性选择理论以公共选择理论和社会选择理论的方法论为基础"。究竟应该是哪一种，就要考察它们之间在研究方法演变中的渊源关系了。

三、我的看法

（一）从行为主体看，公共选择、社会选择都是一种集体选择

众所周知，公共选择是与市场选择相对应的概念。J. 布坎南说，"公共选择是政治上的观点，它以经济学家的工具和方法大量应用于集体或非市场决策而产生。"有"公共选择理论之父"之称的 D. 布莱克（D. Black）于 1948 年发表的奠基之作，取名就是《论集体决策原理》。这说明，公共选择理论从诞生之日开始就是一种集体选择。公共选择与市场选择相比具有不同的特点：一是市场选择以私人产品为对象，公共选择以公共产品为对象；二是市场选择是通过经济市场来完成，即消费者用"货币选票"购买私人产品，公共选择是通过一定政治程序的政治市场来实现，即消费者用投票购买公共产品。可见，无论是公共选择还是社会选择，在行为主体和行为方式上都是集体选择。

不过，从政策主张角度看，"集体选择"这个词的确有专门的含义。史蒂文斯（J. B. Stevens, 1999）在为他的《集体选择经济学》（"The Economics of Collective Choice"）一书写的中译本序中，陈述了为什么采用这个书名的缘由。"本书根植于公共选择分析和福利经济学这两门相互之间存在很大差异的学科。"公共选择分析家通常都是市场支持者，因为他们看到了政治决策的弱点和扭曲。福利经济学在它的政策处方上具有明显的干预主义色彩。"对我而言，似乎每种方法在缺少另一种方法时都是不完善的，它们在评价公共政策时都是有用甚至不可或缺的。"可见，史蒂文斯撰写《集体选择经济学》是为了矫正公共选择分析和福利经济学在政府缺陷和市场缺陷问题上的偏差，企图弥合二者在认识上的鸿沟。显然，这个意义上的集体选择就不能等同于公共选择，也不等同于社会选择。

（二）公共选择理论与社会选择理论的理论渊源是不完全相同的

从理论渊源看，公共选择理论与社会选择理论都起源于 18 世纪法国数学家伯劳德（J. D. Borda, 1781）和孔多塞（M. D. Condorcet, 1785）的杰作。公共选择理论作为一个学派则是由三位经济学家创建的，即布莱克（D. Black）（主要著作《论集体决策原理》（1948）和《委员会和选举理论》

(1958)），布坎南（J. Buchanan）（主要著作《政府财政的纯理论》（1949）、《社会选择、民主政治与自由市场》（1954）及《一致同意的计算》（与戈登·塔洛克合著，1962）），阿罗（K. Arrow）（主要著作《社会选择的个人价值》（1951））。尽管如此，两个学派在理论渊源上仍然是有差别的。

公共选择理论起源于公共财政问题。布坎南在二战前开始意识到，传统财政学家独立于政治活动过程考察税收和公共支出是不全面的，政治活动过程对于财政决策的模式具有重要的影响，公共财政理论是不能脱离政治活动的理论。从意识到传统财政理论的缺陷再到公共选择理论范式的变化，布坎南受到了瑞典学者维克塞尔（K. Wicksell）论著即《公共财政理论研究》（1896）的影响，以致布坎南把维克塞尔看作现代公共选择理论最重要的先驱。因为维克塞尔提出了公共选择理论的三个构成要素：方法论上的个人主义、人的经济学、交易政治学。

布坎南之后公共选择理论的发展，仍与公共财政理论的发展紧密相关。如奥尔森、哈丁（Hardin）、奥斯特洛姆（Ostrom）等对政府存在理由、"公地悲剧"、政府形态等问题的公共选择研究，华特·海奇（W. Hettich）和斯坦利·韦纳（S. Winer）关于课税的公共选择研究，查尔斯·蒂伯特（C. Tiebout）、罗伯特·英曼（R. Inman）和丹尼尔·鲁宾费尔德（D. Rubinfeld）关于"以足投票"、财政联邦主义与公共选择之关系的探讨。

社会选择理论起源于福利经济问题。斯密（A. Smith）传统的经济学侧重于资源配置效率。20 世纪 20 年代庇古（A. C. Pigou）首倡的福利经济学将分配问题与资源配置效率一并加以研究，认为"福利"即个人获得的效用不仅取决于财富的增长即经济效率，还取决于财富的分配即社会公平。1938 年伯格森（A. Bergson）提出社会福利函数，并在 1947 年由萨缪尔森（P. A. Samuelson）加以进一步说明，因而被称为伯格森—萨缪尔森社会福利函数，它是一种实值的福利函数。它认为，社会福利值 w（用序数表示）取决于被认为影响福利的所有可能的实值变量 z_i，即 $w = f(z_1, z_2, \cdots)$。从社会福利函数出发，只要能够将个人偏好拟合为社会偏好，那么就可以在社会福利曲线上找到一个"极佳"点，在这一点上既实现资源配置的帕累托最优，又能实现社会共同期望的收入分配。能否将个人偏好拟合为社会偏好呢？阿罗（K. J. Arrow）对此进行研究，提出了一种迥异的社会福利函数，即阿罗社会福利函数。假设用 X、Y、Z 等表示可供选择的方案，R_i 表示个人 i 的偏好关系，可以写出个人偏好顺序为 $(R_1, R_2, \cdots R_n)$，这是一个 n 维数组，或称之为一个剖面。令社会偏好

顺序为 R，如果建立一个函数关系使得个人偏好顺序集 $(R_1, R_2, \cdots R_n)$ 的每一个剖面都能转换成一个社会偏好顺序 R，即 $R = f(R_1, R_2, \cdots R_n)$。那么，它的函数值正好对应一种伯格森—萨缪尔森社会福利函数。通过严密的数学论证，阿罗得出结论：在每个社会成员对于社会秩序各有其特定偏好的前提下，要找出一个在逻辑上不与个人偏好相冲突的选择顺序是不可能的。这就是"阿罗不可能定理"。

后来，英国学者阿马蒂亚·森（A. Sen）将个人偏好分为与个人判断相关的偏好和与个人利益相关的偏好，相应地偏好加总也分为判断加总和利益加总，加总的结果分别为社会决策和社会福利判断。对社会决策而言，只寻求一种公平的方式处理个人判断偏好，达到某种社会可接受的选择即可，而不管这种选择从社会福利角度来看是不是最优的。而对于社会福利判断而言，则必须关注个人的各方面福利信息，寻求最优的社会福利判断。森把阿罗定理试图解决的问题区分为寻求合理的社会决策机制和最优社会福利判断两个方面，分别进行探讨，并取得了突破性的进展。

（三）公共选择理论与社会选择理论的研究主题各有侧重

总体来说，公共选择理论和社会选择理论都是采用经济学的方法分析集体决策过程。但是，公共选择理论强调政治决策如何进行，而社会选择理论侧重于研究怎样产生社会状态。

公共选择理论的研究主题与政治科学是一样的，正如丹尼斯·缪勒（D. Mueller）所说，"公共选择理论可以定义为非市场决策的经济学研究，或者简单地定义为是把经济学应用于政治科学。公共选择的主题与政治科学的主题是一样的：国家理论，投票规则，选民行为，政党政治，官僚体制等等。"保罗·萨缪尔森和威廉·诺德豪斯（P. A. Samuelson & W. D. Nordhaus，1999）也认为，"公共选择理论是一种研究政府决策方式的经济学和政治学。公共选择理论考察了不同选举机制运作的方式，指出了没有一种理想的机制能够将所有的个人偏好综合为社会选择；研究了当国家干预不能提高经济效率或改善收入分配不公平时所产生的政府失灵；还研究了国会议员的短视，缺乏严格预算，为竞选提供资金所导致的政府失灵等问题。"史蒂文斯（J. B. Stevens，1999）说，"公共选择在过去40年主要是在美国发展起来的，并很大程度来自安东尼·唐斯、詹姆斯·布坎南、戈登·塔洛克、威廉·尼斯卡宁、曼瑟·奥尔森和威廉·里克尔的开创性著作。除里克尔是政治学家外，其他人都是经济学家，然而他们的主题已经超越了市场，进入到政治决策过程。"

社会选择理论所研究的根本性问题是各种社会决策是否尊重个人偏好，能否对不同的社会状态进行公正的排序或以其他某种方式加以评价。《新帕尔格雷夫经济学大辞典》对"社会选择"词条的解释，"社会选择理论研究的是个人与社会之间的关系，其现代形式由阿罗开创。具体说来，它是把个人利益、个人判断或个人福利汇总为社会福利、社会判断或社会选择的某种总合概念。"①

产生这种差异的原因之一是两种理论的政治观不同。布坎南（J. M. Buchanan, 1988）归结了公共选择理论的两项核心要素："一是将政治视为交易的概念，二是所谓的'经济人'模型"。

公共选择理论与社会选择理论在"经济人"模型方面有共同之处，即都是假定个人以追求效用最大化为目标。在经济市场和政治市场上活动的是同一个人，不可能因为处在两个不同的市场上就根据完全不同的行为动机进行活动，即在经济市场上追求自身利益最大化，而在政治市场上自觉追求公共利益最大化；同一个人在两种场合受不同动机支配并追求不同的目标，是不可理解的，在逻辑上是自相矛盾的；这种政治经济截然对立的"善恶二元论"是不能成立的。

但是，社会选择理论和公共选择理论在政治观上存在重大差异。布坎南认为，社会选择理论并没有把政治视为复杂的交易，而是在其模型建构中纳入了一项由来已久的观念，即其中必然存在从外部即可察觉的最佳结果，并据此寻求社会福利的最大化，这就使一个"仁慈"的独裁者的存在被赋予了某种正当性。布坎南认为他所代表的公共选择理论与社会选择理论在规范性的政治观上存在本质性的区别，一为作为交易的政治观，二为有机体的政治观。

（四）社会选择理论与公共选择理论一样出现从规范分析到实证研究的趋势

初期的公共选择研究强调规范层面的分析。如布坎南与塔洛克合著的

---

① 约翰·伊特韦尔，默里·米尔盖特，彼得·纽曼. 新帕尔格雷夫经济学大辞典（第四卷）[M]. 北京：经济科学出版社，1996：409.

公共经济学
若干概念辨析

《一致同意的计算》，详细研究了为了促进共同利益而由市民设计的政治制度。布坎南把经济学中帕累托最优的规范运用于政治领域，从而构筑一个民主选择的帕累托最优。阿罗在《社会选择与个人价值》一书中提出，如何满足某种规范的理想制度？作为一种公理，也包含着帕累托最优。

公共选择理论中的罗切斯特学派（Rochester School）注重运用数理方法研究投票、利益集团和官员的行为，与布坎南、塔洛克等为代表的弗吉尼亚学派（Virginia School）形成差异。威廉·赖克（W. H. Riker）的《政治联盟的理论》（1962）运用博弈理论批评唐斯的《民主的经济理论》（1957），认为"有理性的、寻求自身利益的个人不会采取行动来实现他们共同的或集团的利益"。这一研究被称作政治行动的实证研究。

尽管罗切斯特学派倡导的数理分析方法遭到了布坎南的反对[①]，但是公共选择的第二代学者，热衷于模式和假设的经验实证。例如，有关利益集团的斯蒂格勒模型、佩茨曼模型、贝克尔模型，公共支出的微观经济模型，公共部门投入价格的鲍莫尔模型，莫里斯·费奥里纳（M. Fiorina）有关公民如何投票的研究；马丁·帕拉达姆（M. Paldam）有关政治景气循环的研究；斯蒂芬·麦吉（S. Magee）有关保护主义的研究，等等，均取材于经验的研究。社会学家马勒维尔和阿密斯（Marwell 和 Ames）也对有关公共产品的"免费搭车"（Free Rider）作了实证研究，探讨公共产品分配中"免费搭车"问题的严重程度以及采用何种政策可以在公共产品的供给方面增加公众的自愿贡献程度。

社会选择理论原本也属于规范研究的理论，主要采用公理化方法研究人们如何基于个人价值来确定一个社会的价值尺度和伦理判断。但是，在怎样才是公平的分配这个问题上存在很多争议，其中最有代表性的是"罗尔斯与豪尔绍尼之争"。美国政治哲学家、伦理学家约翰·罗尔斯（J. Rawls，1971）认为，社会福利水平不应该是社会成员的效用的简单加总，在社会成员之间的收入水平存在差距的情况下，富者的一单位效用与穷者的一单位效用是不等价的，一个社会应更加重视增加穷人的效用。而因在博弈论方面的贡献分享了 2004 年诺贝尔经济学奖的豪尔绍尼（J. Harsanyi，1955，1975），信奉早先的功利主义原则，论证了最大化社会效用总和的分配方

[①] 布坎南认为，这种方法会把经济学变成应用数学或工程学，经济学的本意会被自然科学的含意所取代。

案。虽然他们都作了严密的论证，但是谁也无法说服对方。人们逐渐发现，规范理论的内部争论不断发生，矛盾不可避免。于是，从20世纪80年代起，纷纷采用实验的方法测量人们对于不同社会福利水平的接纳程度。实证意义的社会选择理论诞生了。实证的社会选择函数描述的是一个社会是否以及如何可能在程序上（如投票机制）将个人选择合理地聚合成社会选择。按照加特纳（W. Gaertner, 2009）的说法，实证公共选择理论主要研究投票和选举的实验研究，实证的社会选择理论主要研究个体涉及公平诉求的社会福利判断。

基于"罗尔斯与豪尔绍尼之争"而开展实证的社会选择理论研究，最先是以色列和美国的学者，如以色列希伯来大学的西里尔（B. Hillel）、雅利（Yarri），美国行为经济学家、2002年诺贝尔经济学奖得主丹尼尔·卡尼曼（D. Kahneman），他们以学生为被试做了大规模的问卷调查。尽管至今没有得出一个统一的模型来概括实验结果，但是，社会选择理论越来越多地采用实验方法进行论证，这已经是一个不争的事实。

（五）理性选择理论并不是公共选择理论和社会选择理论的方法论基础

理性选择理论与公共选择理论和社会选择理论在假设前提上有共同之处。奠定科尔曼（J. Coleman）的理性选择理论的三个基础之一是经济学基础，[①]即以"理性人"为基本假设和出发点，以效益最大化为行动的目标。这与公共选择理论和社会选择理论以"经济人"为假设前提有共同之处。在社会学中，理性选择理论曾经长期处于边缘地位。自20世纪60年代起，一些学者开始以理性选择理论研究社会生活问题，如奥尔森（M. Olson）用于分析集体行动，贝克尔（G. S. Becker）用于分析政治和法律、犯罪与惩罚以及婚姻和家庭。由此可见，恰恰是经济学中的"经济人"假设被引入到社会学分析，才使得理性选择理论逐渐兴起。

必须承认，"理性人"假设与"经济人"假设之间是有一定差异的。理性选择理论继承了经济学的"经济人"假设，但是不断被社会学家们所修正。一是"工具理性"向"价值理性"的拓展，人的行为除了追求个人利益最大化，还受情感、责任、信仰等因素的影响。正像韦伯所说的"政治作为一种职业"，是出于义务与道德的要求，并非全为自利。二是用"有限理性"替代

---

① 另外两个是社会学方法论基础和交换理论的基础。

"完全理性"。任何个人不可能绝对理性，因为他掌握的信息和处理信息的能力是有限的，并不具有敏锐的眼光，没有正确无误的判断力，不可能全面比较和正确选择各种备选方案。三是将制度与文化由外在变量作为内在变量。制度和文化极为重要，它们对人的行为在动机和效果上起很大的作用。四是从行动者立场而非从外部立场来判断行为是否理性。局外人认为行动者的行动不够理性，并不反映行动者的本意。所以，"理性人"兼有"经济人"和"社会人"的性质，既追求最大利益又受社会关系的制约。但是，这种差异无法否认一个事实："理性人"是在"经济人"假设的基础上补充、修正而成的。既然如此，"理性选择理论是公共选择理论和社会选择理论的方法论基础"的判断失之偏颇，应该倒过来说，"理性选择理论以公共选择理论和社会选择理论的方法论为基础"。

从学科归类看，公共选择理论和社会选择理论都属于"政治的经济学"，是将经济学引入政治领域。阿罗、萨缪尔森和布坎南等人都是运用现代经济分析的工具来考察政治现象。而理性选择理论属于社会学，研究的对象涉及社会互动、社会关系、集团结构、社会行为、社会生活、社会过程、社会现象等方面。

在研究方法上，公共选择理论和社会选择理论呈现从规范分析向实证研究发展的趋势。传统的政治经济学主要借助于纯语言的分析和阐述，为使语言简洁和清晰，并保证逻辑的一致性，经济学大量引入数学分析工具。公共选择理论和社会选择理论也不例外。理性选择理论一直重视实证分析，强调用各种方法作经验实证，包括问卷、面谈、参与者观察及统计研究。这当然归因于社会学研究的传统。"社会学"一词是由孔德（Auguste Comte）首创的，他1838年在《实证哲学教程》中提出，社会学是一门利用经验考察与批判分析来研究人类社会结构与活动的学科。孔德设想用一种物理学的方法来统一所有的人文学科——包括历史、心理和经济学，从而建立经得起科学规则考验的学科，甚至试图用"社会物理学"来称呼这个新的学科。

四、延伸思考

有的学者如赵勇（1996）认为，社会选择是典型的群决策问题，社会选择是根据社会中成员的价值观及其对不同备选方案的排序产生社会的秩序，也就是把社会中各成员的偏好模式集结成单一的、社会整体的偏好。按照这个论述，又衍生出一个问题，即社会选择（或公共选择）与群决策之间是什么关系？二者能否等同？

群决策（Group Decision）已成为数学、政治学、经济学、社会心理学、行为科学、管理学和决策科学等多门学科研究的共同交叉点。Hwang（1987）给出的群决策定义是，把不同成员的关于方案集合中的方案偏好按照某种规则集结为决策群体的一致或妥协的群体偏好序。Luce 和 Raiffa（1955）认为，群决策问题是定义一个"公平"的方法集结个体的选择来达成一项社会决策。这两个定义中，前一个强调群决策过程是寻找每一个决策个体都能够认可的群体效用函数，后一个关注的重点是集结方法的"公平"性。

综合起来看，群决策是根据对群体中各成员偏好的分析和集结，求出群偏好作为决策依据的一种决策方法。豪尔绍尼（J. Harsanyi）根据群中成员的行为把群决策问题分成两大类：一大类是从伦理道德观念出发，追求群作为整体的利益的集体决策，它研究各成员间不存在根本利害冲突的群决策问题；另一大类是群中成员追求自身的利益和与其他人对立的价值，即成员间存在利益冲突的对策（或称博弈）问题。

泛化地说，社会选择理论属于群决策，但是，群决策还包含其他一些方式，如委员会决策、组织决策、团队决策、专家评估等。社会选择理论与其他的群决策方式之间存在两点区别：

第一，研究对象不同。社会选择理论研究是为了最大化社会福利函数或满足某些规范标准而整合个人偏好的问题；其他群决策方式研究拥有共同利益、不同的信息和决策能力的群体，如何联合起来充分利用群体成员的决策资源作出最佳决策。

第二，研究目的不同。社会选择理论追求偏好加总的规则和过程本身是否公平，结果只是集体的偏好是否体现了个体偏好。其他群决策方式也讨论规则本身，但是往往更多地要得出一个具体的结果，因为通常存在多套备择方案。

五、基 本 结 论

从行为主体和行为方式上看，公共选择和社会选择都是一种相对于市场选择的集体选择，都隶属于政治的经济学。两种理论在"经济人"假设、个人主义方法论等方面有共同之处。但是，公共选择理论起源于公共财政问题，偏重于政治决策过程的分析；社会选择理论起源于福利经济问题，偏重于共同确定社会状态的研究。

理性选择理论隶属于社会学，其理论渊源是社会转型问题，研究主题是个体行为与社会整体之间的关系。它以"理性人"为假设前提，是"经济人"假设引入到社会领域的产物，与公共选择理论和社会选择理论把"经济人"假设引入到政治领域的分析有相同之处（见表4-1）。

表4-1　公共选择理论、社会选择理论与理性选择理论的比较

比较		公共选择理论	社会选择理论	理性选择理论
共同点或相似点		以"经济人"为假设前提。		以"理性人"为假设前提，它是在"经济人"假设的基础上补充、修正而成的。
		从个体行为入手，分析个人偏好加总成集体偏好。		分析个人行为与社会整体之间的联系。
		呈现出从规范分析向实证研究发展的趋势。		利用经验考察与批判分析来研究，一直注重实证的分析。
差异	理论渊源	公共财政问题	福利经济问题	社会转型问题
	研究主题	政治决策如何进行	怎样产生社会状态	个体及其社会行为
	政治观	复杂的交易	仁慈的独裁	社会代理人
	学科归类	政治的经济学或者新政治经济学		社会学

主要参考文献

1. 方福前. 公共选择理论——政治的经济学 [M]. 中国人民大学出版社，2000.
2. 罗云峰，肖人彬. 社会选择的理论与进展 [M]. 科学出版社，2003.
3. 赵定涛，扶元光. 社会选择理论的新进展 [J]. 经济理论与经济管理，

2005（2）.

4. 聂智琪. 政治学视角下的社会选择理论：一个前提性的梳理［J］. 经济社会体制比较，2007（4）.

5. 汪丁丁. 中国的新政治经济学的可能依据——行为与意义的视角［J］. 社会科学战线，2004（3）.

6. 甘峰. 公共选择理论文献综述［J］. 中国经济学教学科研网 http：//bbs. cenet. org. cn/html/board92520/topic92205. htm，2006 - 06 - 08.

7. 董金鹏. 社会选择与正义理论——访青年学者丁建峰博士［J］. 中国经济学教学科研网 http：//www. cenet. org. cn/article. asp？articleid = 48355，2011 - 03 - 22.

8. 丁建峰. 社会选择的实证之维［J］. 经济评论，2010（1）.

9. 丘海雄，张应祥. 理性选择理论述评［J］. 中山大学学报（社会科学版），1998（1）.

10. 詹姆斯·科尔曼. 邓方译. 社会理论的基础［M］. 社会科学文献出版社，2008.

11. 乔·史蒂文斯. 杨晓维译. 集体选择经济学［M］. 上海三联书店，1999.

12. Amartya K. Sen. Collective Choice and Social Welfare［M］. Amsterdam：North - Holland，1970.

13. 丹尼斯·缪勒. 张军译. 公共选择［M］. 上海三联书店，1993.

14. 保罗·萨缪尔森，威廉·诺德豪斯. 萧琛译. 经济学［M］（第16版）. 华夏出版社，1999.

15. 詹姆斯·布坎南. 罗根基等译. 经济学家应该做什么［M］. 西南财经大学出版社，1988.

16. W. Gaertner. Empirical Social Choice. In a Primer in Social Choice Theory. Revised Edition. Oxford University Press，2009.

17. E. Ostrom. A Behavioral Approach to The Rational Choice Theory of Collective Action［J］. American Political Science Review，1998，92：1 - 22.

18. 赵勇. 模糊偏好下的一般可能性定理及其研究［J］. 华中理工大学学报，1996（8）.

19. J. M. Buchanan，G. Tullock. The Calculus of Consent［M］. Ann Arbor：University of Michigan Press，1962.

20. Hugh Stretton, Lionel Orchard. Public Goods, Public Enterprise in Public Chioce [M]. ST: Marth－s Press, INC, 1994.

21. Amartya. K. Sen. Rationality and Social Choice [J]. American Economic Review, 1996, 86.

22. 肯尼思·阿罗. 钱晓敏, 孟岳良译. 社会选择: 个性与多准则 [M]. 首都经济贸易大学出版社, 2000.

5 公共利益：究竟为何物？

公共利益（Public Interest）并非仅仅是一个经济学概念，还涉及政治、法律等多个学科，不同学科对于这一概念的理解存在很大的差异，迄今为止没有一个为大家所公认的定义，甚至有不少学者认为公共利益是一个含混不清的概念，难以明确界说。

一、他人观点

（一）关于公共利益能不能界定？

不少学者认为，给公共利益下定义是非常困难的。如安德森（2003）指出，"包括政治科学家在内，许多人都强调不可能对公共利益概念进行一个公认的和客观的厘定。"德博拉·斯通（2001）认为，"在何谓公共利益这个问题上，永远无法形成广泛的共识。公共利益如同一个空盒，每个人都可以将自己的理解装入其中。"中国台湾学者陈锐雄（1982）认为，"何谓公共利益，因非常抽象，可能言人人殊。"

（二）关于公共利益的定义

高家伟（1997）认为，公共利益是指一定范围内不特定多数人的共同利益。所谓"不特定多数人"是指不同级别的政府所能管辖或代表的人民。因级别不同，政府所代表的人民的数量当然也就不同。所谓"一定范围"是指不同级别的政府所管辖的地域范围，公共利益由此有国家利益和地方利益之分。所谓"共同"即是共同共有的意思，公共利益与一定地域内的每个人都直接相关。

张庆东（2001）认为，站在公众的立场上，公共利益是现实的，它表现为公众对公共产品的多层次、多样化、整体性的利益需求。这些需求与公众个人对私人产品的需求相区别。后者可以通过在市场中进行自由选择、自主决定而得到实现；而前者则需要集体行动、有组织的供给方式才能得到满足。

余敏江、梁莹（2006）认为，具有公共目的指向的共同利益实际上就是公共利益。因而，公共利益实质上就是，在一定社会条件下不特定多数人普遍享有的、不具有排他性、竞争性和营利性的共同利益。

王冰（2006）认为，在旧福利经济学家的眼中，公共利益就是社会总福利的最大化。在新福利经济学的视角下，根本就不存在公共利益。因为在多元化的社会中，在人们的利益和观念存在冲突的情况下，就很难得到一个大家都可以接受和认可的选择。契约论将对公共利益的追求从结果转移到程序上来，从实质正义转到程序正义上来。公共利益就是一组能够得到所有人全体一致同意的程序和规则。

（三）关于公共利益与个人利益的关系

边沁（Jeremy Benthan，1789）认为，公共利益是个人利益的总和，"共同体的利益是什么呢？是组成共同体的若干成员的利益的总和；不理解什么是个人利益，谈共同体的利益便毫无意义。"国家的目的是最大程度地促进公共利益，实现社会"最大多数人的最大幸福"。

杨通进（1998）认为，公共利益存在于个人利益之中，且它的真实性离不开个人利益的实现，但它不是个人利益的简单总和，也不可能完全归结和还原为具体的个人利益，而是个人利益的有机总和，这种利益总和使某种普遍合理的利益得以生成和延续。只有这种普遍合理的利益才有资格成为某个社会共同体行为的目标和衡量个人行为道德价值大小的根据。

陈晓春、胡扬名（2005）认为，公共利益是指社会或国家占绝对地位的集体利益，而不是个人利益的简单相加，也不是部门利益和团体利益。

（四）关于公共利益的种类

薛冰（2003）认为，公共利益发生并形成于个人利益之中，是在人们之间相互关系中存在和凸现出来的整体利益。大致可以把它区分为三种：第一，集结性公共利益，是社会成员的同质性需求；第二，互惠交换性公共利益，这种类型的公共利益发生和形成于以交换为基础的经济活动中；第三，补偿协调性公共利益，它是在对一部分人的利益加以分割去弥补另一部分人的利益中实现的公共利益。

二、几点疑问

（一）"公共"所指的"一定范围"就是指行政区域吗？

按照高家伟（1997）的理解，所谓"一定范围"是指不同级别的政府所管辖的地域范围，公共利益由此有国家利益和地方利益之分。按照这个理解，只能是行政区域内的公共利益才是公共利益。那么，跨行政区域的人们或者一个区域内部不同群体的共同利益就不是公共利益了？

（二）公共利益是公共产品的政治学或法学表述吗？

张庆东（2001）认为，"公共利益表现为公众对公共产品的多层次、多样化、整体性的利益需求"。这样的结论是否可靠？应该说，公共利益与公共产品之间有紧密的联系。但是，公共利益更多地表现为人们的一种共同需要，公共产品只是满足共同需要的物质手段，或者说只是公共利益客体。从逻辑构成看，除此之外，还有公共利益主体、公共利益内容等要素。

（三）公共利益与个人利益之间是什么关系？

边沁（1789）认为公共利益是个人利益的总和，这与亚当·斯密关于公共利益完全经由个体自主追求自身利益而自然达成的观点是一致的。那么，二者之间的具体关系是什么呢？杨通进（1998）认为公共利益不是个人利益的简单总和，也不可能完全归结和还原为具体的个人利益，而是个人利益的有机总和。可是并没有进一步说明，"有机总和"是什么含义，怎样加总才算得上是"有机加总"呢。

另外,陈晓春、胡扬名(2005)认为,公共利益是指社会或国家占绝对地位的集体利益。按照这个解释,只有以社会或国家为主体的利益才是公共利益。这与高家伟关于"公共利益有国家利益和地方利益之分"的说法有不一致的地方。

(四) 公共利益有哪些类别?

薛冰(2003)所指的集结性公共利益属于共同的利益,似乎不值得质疑,但是,互惠交换性公共利益和补偿协调性公共利益的提法究竟能否成立?前者涉及帕累托改进,后者涉及卡尔多-希克斯改进,如果这两种情况也称为公共利益,那它与社会福利之间有什么区别?

三、我的看法

(一) "公共"的判别须采用地域基础与人群范围双重标准

《辞源》曰:"公共,谓公众共同也。""公共"这一概念本身,是不确定的。因为人们无法知晓究竟多少私人之集合方能称为公共。《牛津高级英汉双解词典》对"公共"的解释是,Public 意指"公众的、与公众有关的",或"为公众的、公用的、公共的"。[①]

德国学者洛厚德(C. E. Leuthold)在 1884 年发表的《公共利益与行政法的公共诉讼》一文中认为,公益是任何人但不必是全部人们的利益,他主张把地域基础作为界定人群的标准。在一地域范围内,大多数人的利益就足以形成公益。相对的,居于少数人的利益,则称之为个别利益,个别利益必须屈服于大多数人之平均利益之下。这种见解的局限性在于难以解释其他区域的人跨区而受利益的可能性,例如跨区使用交通设施、文教设施等。随后,德国学者纽曼(J. Neumann)在其所发表的《在公私法中关于税捐制度、公益征收之公益的区别》一文中认为公益是一个不确定多数人的利益。只要大多数的不确定数目的利益人存在,即属公益。不确定多数人作为公共的概念,直至目前,仍在大多数情况下为人们所接受。[②]

---

① 牛津高级英汉双解词典 [Z]. 商务印书馆, 1997: 1196.
② 陈新民. 德国公法学基础理论(上)[M]. 山东人民出版社, 2001: 184, 184-185, 186.

（二）"利益"一词的考证与界定

明确了"公共"的含义后，为了准确厘定"公共利益"概念，还需回答何为"利益"。在中国古代典籍中，"利益"是两个具有独立意义的词。所谓"利"，表示使用农具采集果实或收割庄稼，引申为对人们有用的行为或事物；"益"，同"溢"，指水漫出容器，引申为增加或增值。《辞海》对利益的解释是好处。[①]

霍尔巴赫认为，"利益"是"我们每个人看作是对自己的幸福所不可缺少的东西"。[②] 罗·庞德则将"利益"界定为"人们个别地或通过集团、联合或亲属关系，谋求满足的一种需求或愿望，在安排各种关系和实施行为时必须将其估计进去"[③]。

综合上述观点，笔者认为，所谓利益，就是主体所认为的、客体对主体所具有的价值，它包括具体的、物质的利益和抽象的、精神的非物质利益两大类。

（三）公共利益是客观存在的

主流经济学中，个人利益是以个人效用函数表示的，它是以个人需求和偏好为基础，对个人利益相关的事物所进行的优劣排序；公共利益是以社会福利函数来表述的，以全社会成员的个人偏好为基础，对与大家利益相关的事物进行优劣排序。如果能够排出优劣顺序，说明公共利益存在。阿罗不可能性定理说明，如果同时承认两个公理和五个条件[④]，那么，在每个社会成员对于社会秩序各有其特定偏好的前提下，要找出一个在逻辑上不与个人偏好相冲突的选择顺序，是不可能的。由于个人偏好难以加总成集体偏好，社会福利函数的存在就被人们怀疑，公共利益也无从谈起。

正如布坎南所说，"根本就不存在公共利益这种东西。……对公共利益的说法我是不赞成的，既然独立的个人有其自身利益，那么，公共利益之说在我

---

① 夏征农.辞海［Z］.上海辞书出版社，2000.
② ［法］霍尔巴赫.自然的体系［M］.北京：商务印书馆，1999：259.
③ ［美］罗·庞德.通过法律的社会控制·法律的任务［M］.商务印书馆，1984：22.
④ 两条公理是指：完备性公理和传递性公理；五个假设条件是指：个人选择的自由，社会选择正相关于个人选择，不相关的选择方案具有独立性，定义域的非限制性，非个人独裁。

看来就是无稽之谈了。"①

但是，阿马蒂亚·森（A. Sen）发现，阿罗定理的证明是在缺乏充分的决策信息条件下进行的，随着个人信息的增加，难题有可能解决。当所有人都同意其中一项选择方案并非是最佳的情况下，阿罗的"投票悖论"就可以轻松地迎刃而解。阿马蒂亚·森对阿罗定理的突破，重新引燃了人们对公共利益的希望。

现实中，虽然每一个社会成员都有各自不同的偏好，但是，产生偏好重叠的空间依然存在。例如，对国家安全，那是全国民众都期盼的一种公共需要。如果范围缩小到某一辖区，仍然存在对治安、环境卫生等公共需要，个人的偏好首重是叠加的。这就说明，主要存在偏好的叠加，就有公共利益的存在空间。

（四）"公共利益"一词涉及价值判断

不同的人对具体利益看法可能截然相反，如有人认为纳税是利益，也有人认为偷税是利益。经济学视角中的"利益"是指用来满足人们生理和心理需要的物质或精神的产品。

《韦氏大词典》对"Interest"的定义，通常冠以"Something"、"The State of"、"A Feeling"之类的虚位用语，说明"利益"在实现时，须注入主体所理解的具体内容。一般人皆认为金钱是利益，甚至是"最大利益"，然而世界上却有人放弃财产，过着自由快乐的生活。这是由于价值抉择的不同。人们对利益没有共识。当一个人说什么是他的利益时，他实际上在作一种价值选择，而不仅是陈述一个公认的事实；当人们说什么是公共利益时，他们实际上在肯定一种价值体系或正义制度。

四、延伸思考

个体主义方法论看公共利益是否合适？

哈耶克认为："自由社会的共同福利或公共利益的概念，决不可定义为所要达到的已知的特定结果的总和，而只能定义为一种抽象的秩序。"②

---

① 经济学消息报编.追踪诺贝尔——诺贝尔经济学奖得主专访录［M］.北京：中国计划出版社，1998.

② 哈耶克.经济、科学与政治——哈耶克思想精粹［M］.南京：江苏人民出版社，2000：393.

德国学者阿尔弗莱德·弗得罗斯认为，公共利益既不是单个个人所欲求的利益的总和，也不是人类整体的利益，而是一个社会通过个人的合作而生产出来的事物价值的总和；而这种合作极为必要，其目的就在于使人们通过努力和劳动而能够建构他们自己的生活，进而使之与人之个性的尊严相一致。① 显然，弗得罗斯的观点也并没有否定个体利益的重要性，而是在肯定个体的自利本性和竞争性的同时还存在着合作的动机，而合作的出发点恰恰又是个体利益的实现。

方法论上的个体主义虽然也存在一些明显的局限，比如不同的个体偏好在存在冲突的情况下如何形成公共利益，这个方法论没能为我们提供令人信服的计算公式和程序。然而，毕竟，在社会学意义上，公共利益必须以个体利益为基础，并最终要落实到个体利益之上，否则就不能构成社会；在经济学意义上，市场经济中的个体尽管只是为了他们自身的利益最大化，但"最大限度地增进自身福利的竞争动力激励了人们节约资源、富有创造、聪明智慧和具有生产力，这最终提高了作为整体的社会的经济福利"；在法学和政治学意义上，现代法治的一个逻辑基点在于如何通过规范政府的权力和行政行为来维护个人的权利，因而法治便扮演着平衡公权与私权之间的关系、确立两者之间的边界的角色。这些都说明，方法论上的个体主义对于公共利益的界定和理解，是有相当的分析价值的。

站在个体主义的角度去审视，能使人更清楚地认识公共利益。

第一，公共利益不等于共同利益。与"共同利益"对应的英文单词是Common interest，《牛津高级英汉双解词典》的解释，"Common"是指"两个人或更多人，或者是团体、社会的绝大多数人所享有的东西，所做的事情，或是属于他们的东西、对他们有影响的东西。"② 可见，"Common"具有确定多数人的含义，与"Public"所指的不确定多数人的含义之间有区别。可以这样理解：在私人利益与公共利益之间，存在一个过渡的地带，那就是共同利益。即：私人利益⟷共同利益⟷公共利益。

按照这个思路，那么，薛冰所言的"互惠交换性公共利益"和"补偿协调性公共利益"，实际上都是共同利益。因为，互惠交换总是两个或者多个主

---

① 转引自［美］E. 博登海默.法理学：法律哲学与法律方法［M］.北京：中国政法大学出版社，1998：298，316.

② 牛津高级英汉双解词典.商务印书馆，1997：277，612.

体之间的交易，双方或多方通过交易得益，这是共同利益。但是，这种交易并不直接增进不确定多数人的利益，因此称不上是公共利益。同样，补偿协调也有明确的主体，一方或多方受损，另外一方或多方受益，尽管通过补偿，补偿方与被补偿方的利益都有所增进，但是与不确定多数人的利益没有直接的关系，所以只能称为共同利益。

第二，公共利益不等于政府利益。按照公共选择理论，官员和公务员也是"经济人"，他们有自己的利益和偏好。一个人在经济市场上追求利润，到了政治领域之后同样追求自身利益，无非表现为选票、权力、晋升机会等。正如布坎南所说，"如果把参与市场关系的个人当作是效用最大化者，那么，当个人在非市场内行事时，似乎没有理由假定个人的动机发生了变化。至少存在一个有力的假设，即当人由市场中的买者或卖者转变为政治过程中的投票人、纳税人、收益人、政治家或官员时，他的品行不会发生变化。"① 詹姆斯·穆勒也说，"假若把权力授予一群称之为代表的人，如果可能的话，他们也会像任何其他人一样，运用他们手中的权力谋求滋生的利益，而不是谋求社会的利益。"②

官员和公务员不一定是公共利益的化身，他们的行为动机可能追求自身利益，也可能追求公共利益。有时候在具体行为中难以将二者区分开来。甚至一些官员和公务员即便追求自身利益，如通过权力获得个人利益时，却仍然把自己打扮成公共利益的追求者。

传统的政府规制理论认为，政府规制的目的是为了维护社会的公共利益，这一理论的假设前提是：政府乃公共利益之代表者。后来，美国学者施蒂格勒提出了质疑，并认为在很多情况下，规制是为了维护被规制部门的利益需要，有时候规制者被被规制者所俘虏。规制的俘虏理论逐渐取代公益理论占据主导地位，就是因为人们发现，官员、公务员会追求自身的利益。

五、基 本 结 论

可以从经济学的角度对"公共利益"下一个定义：公共利益是在一定范围内对不特定多数人的有益的并能反映社会价值判断的一种"好处"。这个定义与高家伟（1997）的定义比较接近。不同之处在于：

---

① 布坎南.宪法经济学 [J].经济学动态，1992 (4).
② 丹尼斯·C.缪勒.公共选择理论 [M].北京：中国社会科学出版社.1999：303.

这一概念有以下几个属性：

第一，公共利益是客观存在的，它与"共同福利"、"共同利益"等一样，被当成一种价值取向，不是虚幻的东西。

第二，公共利益是一个与私人利益相对应的范畴。私人利益的获取不能违背圈内大多数人的价值判断，否则就被认为是公共利益受到侵害。

第三，公共利益具有共享性，它影响着共同体所有成员或绝大多数成员，不是特定的、部分人的利益。

主要参考文献

1. James E Anderson. Public Policy：making An Introduction，Houghton Miffin Company，2003：23.

2. Deborah Stone. Policy Paradox：The art of Political Decision Making，W. W. Norton Company，2001，Inc 23.

3. 陈锐雄.民法总则新论［M］.台北：三民书局，1982：913.

4. 边沁.道德与立法原理导论［M］.北京：商务印书馆，2000：158.

5. 高家伟.论市场经济体制下政府职能的界限［J］.法学家，1997（6）.

6. 杨通进.爱尔维修与霍尔巴赫论个人利益与社会利益［J］.中国青年政治学院学报，1998（4）.

7. 张庆东.公共利益：现代公共管理的本质问题［J］.云南行政学院学报，2001（4）.

8. 余敏江，梁莹.政府利益·公共利益·公共管理［J］.求索，2006（1）.

9. 王冰.福利经济学和契约论视角下的公共利益［N］.湖北日报，2006 - 12 - 17.

10. 薛冰.个人偏好与公共利益的形成——兼论阿罗不可能定理［J］.西北大学学报（哲社版），2003（11）.

11. 陈晓春，胡扬名.建设以公共利益为导向的服务型政府.光明日报［N］.2005 - 04 - 13.

12. 德博拉·斯通.顾建光译.政策悖论：政治决策中的艺术［M］.北京：中国人民大学出版社，2006.

13. 周义程.公共利益、公共事务和公共事业的概念界说［J］.南京社会科学，2007（1）.

6 外部性：
能否拓展传统的解释？

人们经常提及外部性（Externality），也有很多学者专门讨论外部性。但是，学界对外部性概念的界定并不一致。如盛洪认为，经济学曾经面临的和正在面临的问题都是外部性问题。而张五常和杨小凯却认为，外部性概念模糊不清、同义反复、没有意义。西托夫斯基（T. Scitovsky）认为，"外在经济概念是经济学文献中最令人费解的概念之一"。[①]

一、他 人 观 点

（一）主流经济学的解释

马歇尔（A. Marshall，1890）最先提出"外部经济"的概念。对于经济中出现的生产规模扩大，可以把它区分为两种类型：第一类，即生产的扩大依赖于产业的普遍发展；第二类，即生产的扩大来源于单个企业自身资源组织和管理的效率。我们把前一类称作"外部经济"，将后一类称作"内部经济"。

庇古（A. Pigou，1920）通过社会净边际产品和私人净边际产品这两个概念及其两者之间的差异，提出了"外部性"的概念，认为外部性可以是正的，

[①] 约翰·伊特韦尔，默里·米尔盖特，彼得·纽曼. 新帕尔格雷夫经济学大辞典（第二卷）[Z]. 北京：经济科学出版社，1996：280.

也可以是负的，并且提出通过征税和补贴矫正外部性的政策建议。

瓦伊纳（J. Viner，1931）认为，外部性可以分为技术外部性（Technological Externalities）和货币外部性（Pecuniary Externalities）。所谓技术外部性，是指完全由技术上的联系而非市场机制所产生的外部性，同市场价格体系并无直接关联；货币外部性是指通过市场机制的传导作用而产生的外部性，与市场价格体系的变动直接相关，是市场交互作用的副产品。

布坎南和斯塔布尔宾（Buchanan 和 Stubblebine，1962）用函数表达了外部性，只要某一个人的效用函数（或某一厂商的生产函数）所包含的变量是在另一个人（或厂商）的控制之下，即存在外部性。"外部性可以表达为：$U_A = U_A(X_1, X_2, \cdots, X_n, Y_1)$，$U_A$ 表示 A 的个人效用，它依赖于一系列的活动（$X_1, X_2, \cdots, X_n$），这些活动是 A 自身控制范围内的，但是 Y_1 是由另外一个人 B 所控制的行为，B 被假定为社会成员之一。"

鲍默尔和奥茨（Baumol 和 Oates，1988）认为，"如果某个经济主体的福利（效用或利润）中包含的某些真实变量的值是由他人选定的，而这些人不会特别注意到其行为对于其他主体的福利产生的影响，此时就出现了外部性。"他们进一步解释："对于某种商品，如果没有足够的激励形成一个潜在的市场，而这种市场的不存在会导致非帕累托最优的均衡，此时就出现了外部性。"

诺斯和托马斯（D. North 和 R. Thomas，1973）下的定义是：当某个（些）人的行为所引起的个人成本不等于社会成本，个人收益不等于社会收益时，就存在外部性。

米德（J. Meade，1973）下的定义是：外部经济（或不经济）是这样一种事件，它将可察觉的利益（或可察觉的损害）加于某个或某些人，而这个（些）人并没有完全赞同，从而直接或间接导致该决策的失误。

范里安（R. Varian，1984）的定义是：当一个个体的行为不是通过影响价格而影响另一个个体的环境时，就称之为外部性。

（二）产权经济学的解释

奈特（Knight，1924）认为，过度拥挤虽然与"外部不经济"有关，但产生"外部不经济"的原因是对稀缺资源缺乏产权界定，若将稀缺资源划定为私人所有，那么"外部不经济"将得以克服。

科斯（R. Coase，1960）认为，外部性的产生并不是市场制度的必然结果，而是由于产权没有界定清晰，有效的产权可以降低甚至消除外部性。科斯将外部性与产权问题相联系，但其产权是一个外生变量。

张五常（Cheung, 1970）认为，所有经济活动都可以看作是一种合约安排。一切私有产权都不是完全和绝对有效的，从而都在产权的边界处留下了一块公共区域，也就是某种外部效应。在产权没有明确界定的情况下谈外部性问题，这时，外部性概念是模糊不清的，到底是谁对谁产生外部性呢？之所以外部性概念模糊不清，是因为合约本身不完全性或不完善性，之所以不完全或不完善是由于获取信息是需要支付成本的。

巴泽尔（Barzel, 1989）认为，实际中产权是不可能完全界定清楚的。因为商品有很多属性，要将所有属性都界定清楚需要极高的交易费用，产权由不清晰到完全清晰的界定过程伴随着交易费用的消耗逐步增加以至无穷大。当界定产权的收益小于成本，清晰产权界定就不值得，从而产生了外部性问题。

杨小凯（2000）认为，第一，在交易成本为零的情况下，不同的产权安排都能导致资源配置的帕累托最优。既然交易成本为零，就不存在外部性，或者说外部性概念是没有意义的。第二，有了交易费用概念就不需要外部性概念，传统的外部性问题实质是交易费用问题，即节省界定产权的外生交易费用与节省产权界定不清引起的内生交易费用之间的两难冲突问题。第三，应该用内生交易费用与外生交易费用来替代外部性概念，或者说把外部性内生化。

二、几点疑问

（一）"外部性"表现为一种效用还是一种成本或收益？

在布坎南和斯塔布尔宾（Buchanan 和 Stubblebine, 1962）的"外部性"表达式中，U_A 表示 A 的个人效用，他们强调的是"效用"。鲍默尔和奥茨（Baumol 和 Oates, 1988）考察的则是某个经济主体的福利（效用或利润）。而诺斯和托马斯（D. North 和 R. Thomas, 1973）的定义明确，外部性表现在个人成本与社会成本、个人收益与社会收益的不一致。那么，究竟外部性的表现形式是什么？因为"效用"与"成本收益"之间虽有联系，却也有差异。

（二）外部性所涉及的利益主体有几个？

瓦伊纳（J. Viner, 1931）将外部性分为技术外部性和货币外部性。这种区分，标准在于外部性是否对社会总产出这一真实变量具有影响，即外部性是否会影响资源配置的效率。货币外部性可以通过价格的变化得以体现，对社会总产出这个真实变量不会造成影响；而技术外部性并不能够通过价格信号得到反映，在市场经济中，影响资源分配的行为如果不能被价格机制所调节，那么此行为将影响资源配置的效率，或者说将影响社会总产出。

这里有一个问题，即外部性所涉及的利益主体有几个？如果指的是行为主体对客体产生的影响，那这个"客体"可能是指交易的对方，也可能是交易双方之外的第三方；如果指的是交易价格之外的成本或收益，那就强调供求双方之外的第三方。要是动态地考察，这个第三方还可能是间接的承受者。货币外部性就是一种间接的影响，涉及多个利益受损者或者受益者。

（三）产权清晰的领域就没有外部性吗？

无论是奈特（Knight, 1924）、科斯（R. Coase, 1960），还是张五常（Cheung, 1970）、杨小凯（2000），都认为外部性的原因是产权不清，或者认为外部性存在的原因是界定产权的成本过高。

在许多情况下，产权清晰的领域没有外部性，因为否则就要赔偿损失。然而，在另外一些领域，虽然产权是清晰的，照样产生外部性。例如，估计对方有反应，事先防范，尽量不侵害对方；如果断定对方没有或者不敢吭声，就侵害。相邻而居的两户人家，中间并没有公用的空间，任何一方都可能对另一方产生侵害；中间只有一道围墙的纺纱厂与织布厂，任何一方都会向另一方排放废水或废气。或许，外部性并非都是由产权不清所引起的。

三、我的看法

在上述众多的观点中，笔者比较赞赏米德（J. Meade, 1973）的见解。他给外部性下的定义，是从决策成本与交易成本的角度来考察的，认为双方同意的交易是有效率的交易，同意与否不是一个心理问题，而是一个成本问题。受其启发，笔者试图拓展外部性的定义，将外部性解释为：人们在心理上感受到的源于别人行为的以非自愿方式获得的效用。如此定义乃基于以下几点理由。

（一）无论是正还是负，外部性都表现为一种效用

某人的行为对他人造成影响，这种影响不论是坏处还是好处，可能表现为

物质的,也可能表现在非物质的。坏处就是平时所说的"伤害(harm)",它可能是物质上的,如造纸厂排放的污水把农民种植的作物毒死了;它也可能是精神上的伤害,穆勒(J.S.Mill)举过一个经典的例子,在穆斯林聚居的闹市开设售卖猪肉的餐馆,就是对穆斯林的伤害。但是,无论坏处、好处,都是人们的心理感受。即便是农民种植的作物被造纸厂排放的污水毒死了,带来一定数量的损失,仍然是农民内心一种痛苦的感受。因此,外部性表现为一种效用。

如果把外部性归结为一种效用,就可以解释许多现在不便解释的现象。按照诺斯和托马斯(D. North 和 R. Thomas, 1973)的定义,负外部性的实质是产品的价格不能充分反映生产这种产品的社会边际成本,即 $MPC < MSC$,二者之差就是外部边际成本(MEC),即增加一个单位的某种产品给第三者带来的额外成本;正外部性的实质是产品的价格不能充分反映该种产品的社会边际收益,即 $MPB < MSB$,二者之差就是外部边际收益(MEB),即增加一个单位的某种产品给第三者所带来的额外收益。这个分析的特点是把外部性体现在"第三方"身上。造纸厂排放的污水毒死了农民种植的作物,造纸厂是纸张的"供给方",购买者是纸张的"需求方",农民既不是供给方,也不是需求方,本来与纸张的供求交易都无关,现在却由他承担交易价格之外的损失。

但是,现实中有很多现象与外部性相关,却又不能直接用传统的外部性理论来解释。例如,同一幢居民楼里,楼上住户把没有拧干水的衣物挂晒在窗外,结果,水滴落在楼下住户挂晒的棉被上。这个行为中,楼下住户不是"第三方",却是楼上住户的受损者。如果把外部性定义为一种效用,概念的解释力明显增强。外部性的承受者不一定局限于交易价格之外的第三方,可以是交易行为的对方,当然,也可以是供求双方之外的第三方。

瓦伊纳(J. Viner, 1931)所说的货币外部性,不仅涉及交易行为的对方,还通过间接的传递涉及第三方。比如,某城市的一些饭店宾馆纷纷熬制"骨头煲"这样一道菜,结果使农贸市场的猪骨头价格大幅度上扬。毫无疑问,饭店宾馆里点这道菜的顾客要多付出成本,连农贸市场里买猪骨头的市民会因价格上扬而受损。这种情况说明,该产品相对于人们的现实需求来说变得稀缺了。但按照传统的理论,又不能说饭店宾馆的行为直接给市民带来了负外部性。如果把外部性定义为是一种效用,这个例子中的市民就遭受了一种负效用,它源于饭店宾馆的行为,但那是通过价格传递的,是间接的。

(二)外部性是正还是负,取决于人们的内心评价

不同的人从同一行为中会产生不同的感受,如歌星在家中高歌劲曲,使追星族的年轻成员大饱耳福,可常年卧病在床的老人苦不堪言。之所以如此,是因为每个人的年龄、家庭出身、受教育程度、性格、爱好等都不一样。

还有一种情况,同一个人从同一行为中也会产生不同的感受,如某人身上喷香水,周边的人刚闻到香水味时有一种愉悦的感觉,随后逐渐消失了,甚至有难受的感觉。这倒是应验了经济学中的边际效用递减规律。

这说明,正外部性或者负外部性之间的边界不是绝对的,甚至不是清晰的,评判结果取决于人们内心的感受。边际效用递减就有生理或心理上的原因,即随着消费一种商品数量的不断增多,消费者接受的重复刺激程度越来越弱。

(三)外部性有时候只能从内心去感受,却无法量化

尽管存在争议,但是学术界在讨论外部性时经常以成本或收益表示,如果一种行为产生了额外的成本,那是负外部性;反之,则是正外部性。诺斯和托马斯(D. North 和 R. Thomas, 1973)把"外部性"概念形式化,对于建模分析非常有益。然而,实际中对外部边际成本(MEC)或外部边际收益(MEB)的确定是一件异常复杂的事情。以 MEC 为例,从产品生产到损害程度的货币化就不是很直接、很直观的过程。造纸厂排放污水毒死了农民的作物,这些作物如果正常被收割并出售,可以获得1万元收入。如今颗粒无收,那么,这1万元就是负外部性。这个例子中,外部性是可以计量的。但是,很多情况下,不易计量。往往先要确定生产过程产生污染的剂量,再看污染物在环境中的长期积聚,并且观察环境中污染物的暴露,然后确定由暴露所带来的损害,最后将损害的程度折算成货币成本。

其实,在很多场合,对他人产生的影响未必都能量化为成本与收益。某人抽烟使周边的人被动吸烟,这是一种消费行为的负外部性,但是,只能说抽烟者对周边的人造成了健康损害,至于损害了多少,难以折算成货币损失或者说寿命缩短了几分钟。

因此,可将外部性分为可计量的外部性与不可计量的外部性两种类型,前者可以用货币、时间等表示,后者却不能。

（四）是否实施具有外部性的行为，取决于当事人的心理预期

多位著名经济学家认为，外部性的产生源于产权不清晰，或者源于界定产权的费用大于所节省的交易费用。其实，有些产权清晰的领域，外部性现象依然存在。新制度经济学认为，在产权清晰的情形下不会出现外部性，一个重要的前提是，交易费用为零或者可以被忽略不计。而事实上，这个前提条件未必具备。

一位进修生在教室里抽烟，从来不吸烟的教师觉得难受，那是负外部性。而且，可以把该现象归因于教室这个公共场所产权不清晰所致。换一个场景，该进修生去该教师家里做客，未经教师同意就抽烟，这个时候，产权是清晰的，但是，外部性照样出现。

如果进修生顾及礼貌、文明等道德因素，担心教师对他产生不良的印象，他就会克服抽烟的冲动。如果教师认为进修生的行为有损他的健康，作出阻止其抽烟的反应，那么就会落下待人不客气的名声，于是就容忍对方抽烟的行为，甚至主动拿烟让他抽。这个时候，究竟还是不是外部性？虽然损害是客观存在的，只是难以量化，但是，这种"外部性"已经被教师认可。

鲍默尔和奥茨（Baumol 和 Oates，1988）认为，"如果某个经济主体的福利（效用或利润）中包含的某些真实变量的值是由他人选定的，而这些人不会特别注意到其行为对于其他主体的福利产生的影响，此时就出现了外部性。"按照这个定义，似乎产生外部性的行为主体是无意的。但是，从进修生到教师家里抽烟的例子看，产生外部性的行为是否发生，取决于行为者与承受者内心的博弈。

在可能出现负外部性的情况下，作为行为者，如果预期承受者不会或不敢对负效用作出抗议或赔偿的反应，他就大胆地实施该行为，即便此时此地的产权是清晰的；反之，他就不实施。作为承受者，如果预期的维权成本（包括所受的名誉损失）高于负效用本身，他就忍耐，不作出反应；反之，他就作出反应。

在可能出现正外部性的情况下，作为行为者如果预期给他人带去的正效用不如给自身带来的正效用，他就不作为；反之，他就作为。作为承受者，如果从他人的行为中白白地获得一种正效用，他就作出赞赏、表扬行为人的反应；反之，就不作出反应。

因此，外部性又可分为无意的外部性与有意的外部性两种类型，前者是指

行为者事先没有意识到某一行为可能对他人产生副效用，后者是指行为者虽然意识到某一行为可能对他人产生副效用，但他预期对方不会或者不敢作出抗议或赔偿的反应，仍然实施该行为。

从社会管理的角度看，要通过制定法律阻止有意的外部性行为，但是，又不能完全依靠法律消除或者矫正外部性。正如边沁（Jeremy Bentham）所言，"每项可望有益于整个共同体（包括他本人在内）的事，每个人都应当去做，但并非每项这样的事立法者都应当强迫他做。每项可能有害于整个共同体（包括他本人在内）的事，每个人都应当避免去做，但并非每项这样的事立法者都应当强迫他不做。"[1]

这个时候，就要启用另外一个工具，即崇尚道德。让行为者的行为在道德的规范下进行，尽量改变他的行为策略。曾有一位学生向笔者反映：临考期间，她好不容易抢占了自修教室里的一个座位，未料前排一男一女两位同学长时间窃窃私语，严重影响她复习迎考。这种外部性无法通过公共部门的介入而矫正，也无法通过她与那两位同学的谈判而矫正。笔者认为，这个时候道德就显得非常重要。所以，道德可以弥补法律的不足，只是它对负外部性的预防，以内化成行为者的一种信念为前提。

（五）人们对外部性的评价，有时候会在市场价格中体现出来

在商品房交易过程中，如果认定噪音、废气等对一套住房有污染，那么，这套住房的价格就会比较低。这表明购买者对负外部性的忍受已经通过相对便宜的房价获得补偿。其实，住房价格是由多个因素共同决定的，购买者支付的是一个综合价格。

将特征价格模型（Hedonic Price Model）应用于产品价格评估，就是基于这样理念。产品具有一组特征与属性，而每个特征都会影响消费者对产品的选择，并对产品的最终价格产生影响。若将产品内在的不同特征用相对应的价格来分别表示，则每一个价格都对应着不同的内在特征，这就是产品的特征价格，而产品的最终价格就是这些特征价格的结合。若将住房视为一种产品，辖区内的不同住房也具有自身不同的特征属性，从而产生了不同的价格。正外部性因素（如好的学区、便捷的交通等）是住房价格抬升的因素，出售者获得一种补偿；而负外部性因素（如噪音、废气等）是住房价格下降的因素，购

---

[1] 边沁.时殷弘译.道德与立法原理导论[M].北京：商务印书馆，2000：58.

买者获得一种补偿。外部性在市场价格中得到反映，但根源仍然是人们的心理评价。

综上所述，笔者认为，"外部性"的概念不是多余的，但它只是人们在心理上感受到的源于别人行为的以非自愿方式获得的效用。

《新帕尔格雷夫经济学大辞典》在解释"外在经济"时说，"某些时候，外在经济也指消费活动，或对消费活动的不花代价的副作用。但是，这个意思在这里不加考虑。"① 这是因为按照主流经济学的观点，经济学分析的只是以市场和价格关系来表达、体现的人与人之间的交互关系，最为典型的就是商品、劳动力、资本等的交易，而那些难以或无法进行市场交换的交互关系则不在经济学的分析视野之内。然而，经济学发展到今天，越来越强调"解释真实的世界"，其分析视野正在扩展，外部性概念的解释也应该突破传统的框框。

四、延伸思考

"外部性"与"外部经济"是否是同一个概念？

《新帕尔格雷夫经济学大辞典》分别用"外在经济"（External Economies）和"外在性"（Externalities）两个词来解释，但只对"外在经济"给出了定义性解释，而对"外在性"并没有作明确的定义性解释。"外在经济（不经济）或生产中的正的（负的）外在效应，是一个生产者的产出或投入对另一个生产者的不付代价的副作用。"②

"外部经济"的概念最早是由马歇尔（Alfred Marshall）于1890年出版的《经济学原理》一书中提出来的。马歇尔认为，除了土地、劳动和资本这三种生产要素之外，还有第四种生产要素，即"工业组织"。"我们可以把因任何一种货物的生产规模之扩大而发生的经济分为两类：第一是有赖于这工业的一般发达的经济；第二是有赖于从事这工业的个别企业的资源、组织和效率的经济。我们可称前者为外部经济，后者为内部经济。"他进一步指出："本篇的一般论断表明以下两点：第一，任何货物的总生产量之增加，一般会增大这样

---

① 约翰·伊特韦尔，默里·米尔盖特，彼得·纽曼. 新帕尔格雷夫经济学大辞典（第二卷）[Z]. 北京：经济科学出版社，1996：280.

② 约翰·伊特韦尔，默里·米尔盖特，彼得·纽曼. 新帕尔格雷夫经济学大辞典（第二卷）[Z]. 北京：经济科学出版社，1996：280-284.

一个代表性企业的规模，因而就会增加它所有的内部经济；第二，总生产量的增加，常会增加它所获得的外部经济，因而使它能花费在比例上较以前为少的劳动和代价来制造货物。"①

庞古（Arthur Pigou）在1920出版的《福利经济学》一书中，对外部性问题作了深入分析。庞古提出了"社会净边际产品"和"私人净边际产品"这两个重要的概念。社会净边际产品是"任何用途或地方的资源边际增量带来的有形物品或客观服务的净产品总和，而不管这种产品的每一部分被谁获得"。私人净边际产品则是"任何用途或地方的资源边际增量带来的有形物品或客观服务的净产品总和中的这样一部分，该部分首先——即出售以前——由资源的投资人所获得。这有时等于，有时大于，有时小于社会净边际产品"②。庞古进一步指出，"一般来说，实业家只对其经营活动的私人净边际产品感兴趣，对社会净边际产品不感兴趣。……除非私人净边际产品与社会净边际产品相等，否则，自利心往往不会使社会净边际产品的价值相等。所以，在这两种净边际产品相背离时，自利心往往不会使国民所得达到最大值；因而可以预计，对正常经济过程的某些特殊干预行为，不会减少而是会增加国民所得。"③

庞古认为，如果私人净边际产品大于社会净边际产品（即存在负外部性），国家可以采取征税的方式（即所谓的庞古税）；如果私人净边际产品小于社会净边际产品（即存在正外部性），则可以给予奖励金（即庞古补贴）。

可见，马歇尔的"外部经济"是有赖于该产业的普遍发展所造成的经济，是从企业的规模报酬引申而来的，其实质是指行业规模变化引起的效应。与此相对应，内部经济是有赖于某产业的个别企业本身资源、组织和经营效率所带来的，是企业改变自己的生产规模而引起的效应。所以，马歇尔的外部经济是从企业到行业的一个延伸关系，这种理解与企业长期平均成本曲线分析相对应，也是马歇尔外部经济概念的真正意义所在。

庞古通过分析私人净边际产品与社会净边际产品的背离来阐释外部性，前者是个别企业在生产中追加一个单位生产要素所获得的产品，后者是指从全社会来看在生产中追加一个单位生产要素所增加的产品。从二者的差异中可以看出，个别企业追加一个单位生产要素并不考虑行业规模，尽管当行业规模不同

---

① 马歇尔.朱志泰等译.经济学原理（上）[M].北京：商务印书馆，1964：279-280.
② 庞古著.金镝译.福利经济学 [M].北京：华夏出版社，2007：146-147.
③ 庞古著.金镝译.福利经济学 [M].北京：华夏出版社，2007：185.

时，每追加一个单位的生产要素，企业所增加的产品是不同的，但增加的不是社会净边际产品，这一点说明了"外部性"不考虑行业的外部经济问题。当私人净边际产品小于社会净边际产品时，就产生外部性，但是这个"外部"已经超越了行业，是全社会视角的"外部"。应该说，庇古的"外部性"，并不是马歇尔"外部经济"的翻版，而是一种超越。

五、基 本 结 论

现实中有很多现象与外部性相关，却又不能直接用传统的外部性理论来解释。这是因为按照主流经济学的观点，难以或无法进行市场交换的交互关系不在经济学的研究范围之内。

笔者认为，经济学发展到今天，越来越强调"解释真实的世界"，其分析视野正在扩展，外部性概念的解释也应该突破传统的框框。"外部性"是人们在心理上感受到的源于别人行为的以非自愿方式获得的效用。

主要参考文献

1. 马歇尔著.朱志泰等译.经济学原理 [M].北京：商务印书馆，1964.
2. 庇古著.金镝译.福利经济学 [M].北京：华夏出版社，2007.
3. J. Viner. Cost Curves and Supply Curves：Zeitschrift für Nationalökonomie. 1931（3），Reprinted in AEA Readings（1952）.
4. Buchanan J. M. and Stubblebine W. C：Externality [J]. Economic. 1962，（29）.
5. Baumol W. J., Oates W. E. The Theory of Environmental Policy (2th ed.) [M]. Cambridge：Cambridge University Press，1988.
6. D. C. North & R. P. Thomas. The Rise of the Western World. Cambridge University Press. 1973.
7. 詹姆斯·米德著.施仁译.效率、公平与产权 [M].北京：北京经济学院出版社，1992.
8. Varian Ronald. Microeconomic Analysis. Norton & Company，1984.
9. Knight F. H. Some Fallacies in the Interpretation of Social Cost [J]. Quarterly Journal of Economics，1924（38）.

10. Coase R. H. The Problem of Social Cost [J]. Journal of Law and Economics, 1960 (3).

11. Cheung S N S. The Structure of a Contract and the Theory of a Non – Exclusive Resource [J]. Journal of Law and Economics, 1970 (13).

12. Barzel Y. Economic Analysis of Property Rights [M]. New York: Cambridge University Press, 1989.

13. 杨小凯,张永生.新兴古典经济学和超边际分析 [M].中国人民大学出版社,2000.

14. 徐桂华,杨定华.外部性理论的演变与发展 [J].社会科学,2004 (3).

15. 约翰·伊特韦尔,默里·米尔盖特,彼得·纽曼.新帕尔格雷夫经济学大辞典(第二卷)[Z].北京:经济科学出版社,1996.

16. 张宏军.西方外部性理论研究述评 [J].经济问题,2007.

17. 罗士俐.外部性理论的困境及其出路 [J].当代经济研究,2009 (10).

18. 胡石清,乌家培.外部性的本质与分类 [J].当代财经,2011 (10).

7 公地悲剧：
等同于"公共的悲剧"吗？

"公地悲剧"（The Tragedy of the Commons）这个概念已经被人们广泛应用于经济学、资源环境理论、博弈理论、心理学和社会学等各个领域。但是它的中文译名并不一致，如"公共地悲剧"、"大锅饭悲剧"、"哈丁悲剧"等。同时，对于这个概念的内在逻辑，也存在一些不同的理解。

一、他人观点

加勒特·哈丁（Garret Hardin，1968）在《科学》杂志上发表文章《公地悲剧》。在该文中他描述了这样一种场景：一群牧民一起在公共草场上放牧。一个牧民想多养一只羊增加其个人收益，虽然他明知草场上羊的数量已经太多，再增加羊的数目，将使草场的质量下降。牧民将如何取舍？如果每个人都从自己私利出发，肯定会选择多养羊获取收益，因为草场退化的代价由大家负担。每一位牧民都如此思考时，"公地悲剧"就上演了——草场持续退化，直至无法养羊，最终导致所有牧民破产。

李晓峰（2004）的解读是：在涉及公共资源使用时，由于产权的无排他性特征，使得个人在决策时只考虑个人的边际收益，而不考虑其行动给别人造成的损失和所带来的社会成本，最终造成一个给予他们无限制放牧权的经济系统的崩溃。他还介绍了G.杰弗森（Gary Jefferson）的观点，认为并非只有自然资源才能成为"公地",公地的本质特征在于决定资产使用方式的产权结构,如果某种资产的产权安排决定了很多人都能不同程度地使用这种资产,那么这种资产就具有公地的特性。公地经济是一种由若干层次产权没有完全界定清楚的经济主体构成的经济制度,这种经济制度产生了大量的寻租行为,从而使经济体系失效。

陈新岗(2005)的解释是:"公地"作为一项资源或财产有许多拥有者,他们中的每一个都有使用权,但没有权利阻止其他人使用,从而造成资源过度使用和枯竭。……之所以叫悲剧,是因为每个当事人都知道资源将由于过度使用而枯竭,但每个人对阻止事态的继续恶化都感到无能为力,而且都抱着"及时捞一把"的心态加剧事态的恶化。……"公地悲剧"说明的是产权不明,使得企业和个人使用资源的直接成本小于社会所需付出的成本,而使资源被过度使用。

阿耶·L. 希尔曼(2006)的描述:当两个人在同一条河里捕鱼时,由于他们为了捕到同一条河里的鱼而竞争,因此可能相互间也存在负的外部性。他们每个人都可能因为捕捞量太大而耗尽未来的渔业资源。这类外部性被称作公地悲剧。"公共地"是指共同所有权或者说缺乏私人所有权,其"悲剧"就是公共资源的耗竭。

高鸿业(2007)在其教材《西方经济学(微观部分)》中这样表述:由于边际私人收益和边际社会收益的差别造成了公地的悲剧。当个人决定增加奶牛的数量时,仅仅把边际私人收益与边际私人成本进行比较,而忽略了这样一个事实,即他所增加的奶牛将使得所有其他村民放牧奶牛的收益均下降。

朱宇江(2013)认为,"公地悲剧"是指在单一产权状态下,每个产权的使用者都对其他人具有非排他性,从而导致资源的过度使用,进而有可能最终破坏资源。

二、几点疑问

(一)"公地悲剧"与"公共的悲剧"是同一个意思吗?

"公共的悲剧"(Public Tragedy)最早可以追溯到古希腊哲学家亚里士多德的断言:"凡是属于最多数人的公共事物常常是最少受人照顾的事物,人们关怀着自己的所有,而忽视公共的事物;对于公共的一切,他至多只留心到其中对他个人多少有些相关的事物。"大卫·休谟（David Hume）于 1740 年阐述了"公共的悲剧"的完整含义：即在一个经济社会中，如果有公共产品存在，"搭便车"的出现就不可避免，但如果所有社会成员都成为搭便车者，最后的结果则是没有一个人能享受到公共产品的好处。

哈丁所说的"公地悲剧"与亚里士多德和休谟所称的"公共的悲剧"之间有区别吗？

（二）"公地悲剧"仅仅源于共同所有权本身或者公产的私人利用吗？

几乎所有的文献在讨论"公地悲剧"时，都是考察牲畜与资源的关系（如羊与草场），"悲剧"的发生是否与参与放牧的人数多少有关？在羊群总量既定的前提下，一户牧民放牧与多户牧民放牧，对草场的影响是否有所不同？

（三）"公地悲剧"与"负外部性"是同义反复吗？

阿耶·L. 希尔曼（2006）认为，两个人在同一条河里捕鱼时，他们之间存在负的外部性。这类外部性被称作公地悲剧。高鸿业（2007）也认为，由于边际私人收益和边际社会收益的差别造成了公地的悲剧。既然如此，那么，"公地悲剧"这个术语与"负外部性"之间还有没有区别？

三、我的看法

（一）"公地的悲剧"不同于"公共的悲剧"

"公共的悲剧"与"公地悲剧"，字面上看相差不多，而且背后都是一个私人边际成本（收益）与社会边际成本（收益）不对称的问题。但是，二者之间仍然有区别。

休谟所说的"公共的悲剧"，针对的是公共产品消费过程中个人"搭便车"的行为，这是由公共产品的非排他性特征所决定的。非排他性意味着在技术上无法把那种不愿意付费的人排除在外，或者技术上可以排他但是排他成本很高。因此，公共产品的提供者可能承担所有的成本，但是他只获得个人的收益；而其他人不需要承担成本，却白白地获得额外的收益。

哈丁所言的"公地悲剧"描述的是资源被过度使用从而面临或已经出现耗竭的局面，而这种结果的原因是产权不明，导致参与者将过度使用资源的成本让社会分摊，收益归自己。因此，牛羊的放牧者只承担个人的成本，却获得所有的收益，而其他人没有收益却要承担一部分外溢的成本。如果"其他人"也是放牧者，同样有这种动机，最终草场退化，酿成"悲剧"。

哈丁在文中清楚地写道："如果一个牧民在他的畜群中增加一头牲畜，在公地上放牧，那么，他所得到的全部直接利益实际上要减去由于公地必须负担多一头牲畜所造成整个放牧质量的损失。但是这个牧民不会感到这种损失，因为这一项负担被使用公地的每一个牧民分担了。由此他受到极大的鼓励，一再增加牲畜，公地上的其他牧民也这样做。这样，公地就因过度放牧、缺乏保护和水土流失被毁坏掉。毫无疑问，在这件事情上，每个牧民只是考虑自己的最大利益，而他们的整体作用却使全体牧民破了产。"

可见，"公共的悲剧"意味着某个人承担社会边际成本，却获得私人边际收益，其他人获得外部边际收益；而"公地悲剧"意味着某个人只承担私人边际成本，却获得社会边际收益，其他人承担外部边际成本。如表7-1所示。

表7-1　　　　"公共的悲剧"与"公地的悲剧"的比较

	某个人		其他个人	
	成本（C）	收益（B）	成本（C）	收益（B）
"公共的悲剧" （多铺一公里路）	MSC （=MPC+MEC）	MPB	0	MEB
"公地悲剧" （多放牧一头羊）	MPC	MSB （=MPB+MEB）	MEC	0

注：MPC表示私人边际成本，MSC表示社会边际成本，MEC表示外部边际成本，MPB表示私人边际收益，MSB表示社会边际收益，MEB表示外部边际收益。

（二）"悲剧"的发生与参与主体的数量有关

正如G.杰弗森（Gary·Jefferson）所说，公地的本质特征在于决定资产使用方式的产权结构，如果某种资产的产权安排决定了很多人都能不同程度地使用这种资产，那么这种资产就具有公地的特性。资源或资产的非排他性是导致其最终耗竭的根源。

然而，"悲剧"的发生还与参与主体的数量有关。针对如何防止公地的污染，哈丁提出的对策是共同赞成的相互强制甚至由政府强制，而不是私有化。如他针对人口的增长，提出的对策是控制人口增长而不是出生证的私有化。①

从哈丁的《公地的悲剧》和《对〈公地的悲剧〉一文的再思考》两篇论文可以看出，"公地悲剧"的假定前提有三个：一是经济人假定。"作为一个理性的存在，每个牧民都在追求其利益的最大化"。二是"公地具有自由使用权"。不付费、自由使用且不受任何限制。三是"有限的世界"。"每个人都被锁进一个强迫他无限制地增加自己畜群量的系统——在一个有限的世界"，即人口和牲畜的增长超过了土地承载力。

或然结果有两种：一是"公地，如果有什么合理性，只在低人口密度下才存在"。二是"公地的自由使用权给所有人带来的只是毁灭"，"陷入公地逻辑的个人自由，带来的仅仅是大众的毁灭"。

这里"低人口密度"可以理解为参与放牧的主体数量较少。为什么"悲剧"的发生与此有关？放牧人数越少，可能羊群总量也少，对草场的破坏程度就越小，如果一个草场只有一个放牧者，这个时候就不再是"公地"，产权的非排他性不再存在。如果放牧者数量多，即便羊群总量与一个放牧者时相等，草场退化的可能性大大增加，原因是放牧者数量多的情况下，阻止别人过度使用的成本大大提高了。奥尔森关于集团内部成员数量越多形成集体行动的可能性越小的理论和科斯的交易费用理论，在这里都是适用的。

（三）"公地悲剧"与"负外部性"之间仍然有区别

二者的共同性是源于产权问题。外部性的经典定义是，一个人的效用函数的自变量中包含着其他人的行为，从而使得一个生产者或消费者的活动"附带地"产生一些好的或不好的影响。其中产生不好的影响，称为负外部性。以科斯为代表的新制度学派则认为，公共悲剧的发生源于公共产权的归属不清或缺乏制度性的产权安排，由此引发外部性。

严格地说，"公地悲剧"只是在某种规定和制度体系下的公有资源使用不当的灾难，即该规定和制度体系不足以制止对公产的滥用。所以，美国学者认为，公地悲剧发生的根源在于："当个人按自己的方式处置公共资源时，真正

---

① 参见加勒特·哈丁."公地的悲剧"一文的再思考.// [美] 赫尔曼·E.戴利，肯尼思·N.汤森.珍惜地球 [M].商务印书馆，2001：161-172.

7 公地悲剧：等同于"公共的悲剧"吗？

的公地悲剧才会发生。"①

但是，二者之间在程度上还是有区别。

负外部性是在私人边际成本小于社会边际成本的情况下出现的，它的存在会使个人决策的产量大于社会有效率的产量（即社会边际成本等于社会边际收益时的产量）。如图7-1所示。

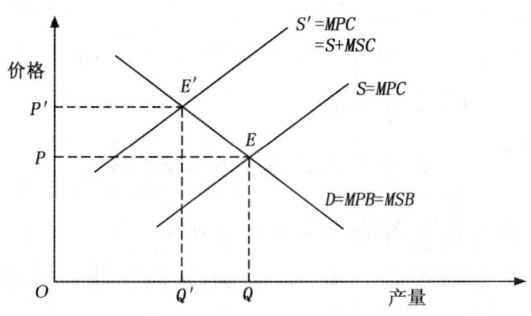

图7-1 负外部性与产量过剩

假定社会边际收益等于私人边际收益，即 $MSB = MPB$，那么 S 线与 D 线相交于 E 点，分别形成价格 P 和产量 Q。然而，反映社会边际成本 MSC 的曲线应为 S'，它与 D 线相交形成均衡点 E'，E' 点所决定的均衡价格 P' 和均衡产量 Q' 才符合资源配置的效率要求。S 线与 S' 线之间的距离就是外部边际成本 MEC，即 $S' = S + MEC = MPC + MEC$。从 E 点到 E' 点，不难看出价格 P' 高于 P，而产量 Q' 却小于 Q，这说明负外部效应的存在会引起产量过多。

"公地悲剧"也是成本外溢的情况。即放牧者只承担个人的成本，却获得所有的收益，而其他人没有收益却要承担一部分外溢的成本。但是，它是指所有的放牧者都有这种动机和行为，最终导致资源耗竭的结果，或者说导致资源的生产能力降低，甚至不再具有任何生产能力。如图7-2所示。

纵轴表示牧民的成本和收益，横轴表示牲畜数量，由于草原资源总量有限，且产权难以清晰界定，因而，增加牲畜的数量将使牧民的边际收益曲线向右下方倾斜。假定畜牧的边际成本曲线是 S，此时社会边际成本曲线与私人边际成本曲线重合。对于牧民来说，只要私人边际收益大于私人边际成本，牲畜数量还会继续增加，直到两者相等，即在 E 点实现均衡，这时牲畜的数量

---

① 参见肯尼思·N.汤森.稳定经济与命令经济.//[美]赫尔曼·E.戴利，肯尼思·N.汤森.珍惜地球[M].商务印书馆，2001：314.

为 Q_1。

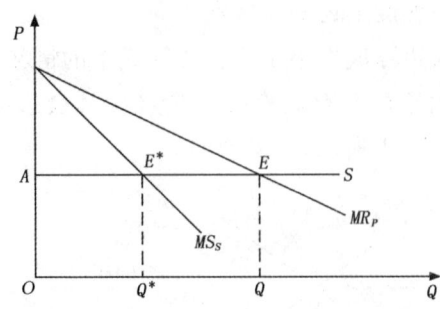

图 7–2 公共资源配置低效率

然而，从全社会看，有效率的牲畜数量在 Q^* 点，在这一点上社会边际收益等于社会边际成本。超过这一点之后，社会边际收益就会低于社会边际成本，草原资源将逐渐枯竭。

假设 n 个牧民共同拥有一片草地，每个牧民都有在草地上放牧的权利，且自己决定养多少只羊。g_i 代表第 i 个牧民养羊的数量。其中 $i=1,2,\cdots,n$。$G=\sum g_i$ 代表 n 个牧民养羊的总数量；v 代表每只羊的平均价值。一个重要的假设：v 是 G 的函数，$v=v(G)$。因为每一只羊至少要有一定数量的草才不会被饿死，因此，有一个最大的可存活数量 G_{max}，即当 $G<G_{max}$ 时，$v(G)>0$；当 $G\geqslant G_{max}$ 时，$v(G)=0$。

当草地上的羊很少时，增加一只羊也许不会对其他羊的价值有太大的影响，但是随着养羊数量的不断增加，每只羊的价值就会下降。因此，假定：

$$\partial v/\partial G<0,\ \partial^2 v/\partial G^2<0$$

$v(G)$ 是减函数的含义：随着羊的个数增加，单位平均价值随之降低。$v'(G)$ 是减函数含义：随着羊的个数增加，每只羊的边际价值也随之降低。

每个牧民面临的问题是选择 g_i，使自己的利润最大化。假设购买一只羊羔的价格为 c，那么，利润函数便为：

$$\pi_i(g_1,\cdots,g_i,\cdots,g_n)=g_iv(\sum g_i)-g_ic\quad(i=1,2,\cdots,n)$$

最优化一阶条件为：

$$\partial\pi_i/\partial g_i=v(G)+g_iv'(G)-c=0\quad(i=1,2,\cdots,n)$$

将 n 个式子相加，再两边同时除以 n，得出：

$$v(G)+Gv'(G)/n-c=0$$

全社会最优的饲养量用 G^* 表示，全社会最优的目标是社会总利润最大化，即：$\pi^* = G^*v(G^*) - G^*c$

最优化一阶条件为：

$v(G^*) + G^*v'(G^*) - c = 0$

如果在 $v(G) + Gv'(G)/n = c$ 的两边同时加上 $(n-1)Gv'(G)/n$，则

$v(G) + Gv'(G) = c + (n-1)Gv'(G)/n$

由于 $v(G)$ 和 $v'(G)$ 都是减函数，于是，通过上式与 $v(G^*) + G^*v'(G^*) = c$ 的比较可以推断出：$G^* < G$。

这说明社会最优放牧量小于各个牧民个体最优放牧量的总和。公有草地被过度使用了，这就是公地悲剧。

四、延伸思考

"公地悲剧"说明了人们过度利用公共资源的恶果，但是在现实中还有资源未被充分利用的情况，这就是"反公地悲剧"。

反公地悲剧（The Tragedy of Anticommons）是1998年美国密歇根大学Heller教授首次提出的。1993年，Heller观察到莫斯科街头的一种奇怪现象：商贩宁愿在街头搭建众多的售货摊来卖商品，也不愿搬进大量空置的沿街店铺。他通过调研发现，造成这一现象的根源在于转型中的俄罗斯政府没有把这些店铺的完整产权赋予某个权利所有者，而是分别给了在计划经济时期利益相关的不同部门：6个单位享有店铺的出售权、3个单位有出租权、5个单位有收取售款权、5个单位有收租权、3个单位有决定使用权、1个单位拥有占有权。支离破碎的产权结构使得每个权利人在没有得到其中任何一个权利所有者的许可下，都无法单独使用或出租该店铺，从而出现了店铺资源难以利用和大量闲置的反公地悲剧现象。

詹姆斯·布坎南（James Buchanan）和庸炯（Yong Joon）在《对称悲剧：公地和反公地》一文中，对于"反公地悲剧"理论的对称性作了系统的研究。他们把"公地"理论和"反公地"理论放在一个框架下，并证明两者之间的"对称性"关系。他们认为，在"公地悲剧"导致的资源过度使用和"反公地悲剧"导致的资源使用不足之间应做出有效的协调，只有这样，资源使用者和资源排他者相互之间才能获得一种利益均衡。美国经济学家舒尔茨（Schulz）、帕里斯（Parisi）和迪波特（Depoorter）也对"反公地悲剧"理论

的对称性进行了模型验证，他们认为"公地悲剧"和"反公地悲剧"是由一个统一的产权概念分离出来的，使用权和排他权都有相关产权所有者不遵守的边界，它们组成了"对称"关系。两种"悲剧"都是对一体化产权的偏离，产生的原因在于使用权和排他权的不一致。对于"公地悲剧"而言，有有效的使用权，却没有明确或无效的排他权；对于"反公地悲剧"来说，有有效的排他权，却无明确的独立使用权。

但是，笔者却怀疑使用权与排他权之间的非对称是否是产生"悲剧"的根本原因。"悲剧"的产生，源于围绕行使权利引发的利益冲突，供体和受体均拥有合法权利，只是权利发生了冲突。以四个人共有的公共池塘为例，A（渔民）、B（企业主）、C（游客）、D（农民）分别拥有养鱼权、排污权、游泳权和灌溉权，不论哪一方履行自己的使用权，都会阻碍另外三方中的任何一方获得收益，从而形成"反公地悲剧"。在这个过程中，A（渔民）、B（企业主）、C（游客）、D（农民）对池塘的排他权是一致的、平等的，如果存在不对称，那是他们相互之间对池塘的使用权或者收益权不一致。

五、基 本 结 论

哈丁所言的"公地悲剧"描述的是资源被过度使用从而面临或已经出现耗竭的局面，与休谟所说的"公共的悲剧"有区别。后者针对的是公共产品消费过程中个人"搭便车"的行为。

"公地悲剧"也是成本外溢的情况，但是在程度上比一般的外部性更严重。即参与者的行为不仅有成本外溢现象，而且最终导致资源的耗竭，或者导致资源的生产能力降低，甚至不再具有任何生产能力。

"反公地悲剧"的原因在于使用权和排他权之间不对称的观点值得商榷。原因可能是围绕行使权利引发的利益冲突，参与者和其他人均拥有合法的使用权或者收益权，但是内部发生了冲突。

主要参考文献

1. G. Hardin. The Tragedy of the Commons [J]. Science, vol.162, 1968.
2. 李晓峰.从"公地悲剧"到"反公地悲剧"[J].经济经纬，2004（3）.
3. 陈新岗."公地悲剧"与"反公地悲剧"理论在中国的应用研究[J].

山东社会科学，2005（3）.

4. 阿耶·L. 希尔曼著. 王国华译. 公共财政与公共政策［M］. 北京：中国社会科学出版社，2006.

5. 高鸿业. 西方经济学（微观部分）［M］. 北京：中国人民大学出版社，2007.

6. 朱宇江."公地悲剧"与"反公地悲剧"对称性论证述评［J］. 山西大学学报（哲学社会科学版），2013（5）.

7. 张维迎. 博弈论与信息经济学［M］. 上海：上海三联书店，1996.

8. M. Heller. The Tragedy of the Anti-Commons: Property in the Transition from Marx to Market［J］. Harvard Law Review, No. 3, 1998.

9. Parisi F., Schulz N., Depoorter B. Duality in Property: Commons and Anticommons［J］. International Review of Law and Economics, 2005, 25（4）.

10. Buchanan J. M, Yoon Y. J. Symmetric Tragedies: Commons and Anticommons［J］. Journal of Law and Economics. 2000, 43（1）.

8 经济租：
都是垄断特权带来的吗？

经济租（Economic Rent）是寻租活动的追求目标。然而，对于"经济租"概念的理解，一直存在一些误解，如有人把经济租等同于垄断利润，也有人将经济租看作见不得阳光的利益。究竟什么是经济租？其来源又是什么？租金、准租金、经济租、超额利润、经济利润等概念之间是怎样的关系呢？

一、他人观点

（一）关于经济租的定义

马歇尔（A. Marshall，1890）认为，就长期而言，所有的生产要素（包括土地）都可以改变，但短期只有某些生产要素（如劳动、原材料等）可以改变。生产要素若在短期内收入变化了而供应量却不变，那么该收入就称为准租金。后来准租金又称经济租金，或简称租金。

阿尔钦（A. Alchian，1996）认为，在早期的经济学家那里，"租金"是指对土地使用的支付；特别是李嘉图把租金称作对"使用土壤的天然而不可毁灭的肥力所作的支付。"在经济理论中，如果一种可供使用的资源量长久地不受为使用这种资源所作的支付额多寡的影响，这种支付就被称作"经济租"，如果可供使用的资源量只是暂时不受对其支付额多寡的影响，这种支付就被称作"准租"。

平狄克（R. S. Pindyck，2000）将经济租金定义为"厂商对某生产要素的支付超过该生产要素目前所得报酬的部分"。

迈克尔·帕金（M. Parkin，2004）认为，经济租是指在生产要素所有者获取的收入中，超过这种要素的机会成本的剩余。

范里安（H. R. Varian，2006）将经济租金定义为，支付给生产要素的报酬超出为获得该要素而必须支付的最低报酬的部分。

（二）关于经济租的性质与种类

布坎南（J. M. Buchanan，1988）认为，在有秩序的市场结构中，经济租金的潜在吸引力使资源所有者和把资源用于生产的企业家产生了动力。我们可以把那种行为叫做"寻求利润"。"寻求租金"一词是要描述这样一种制度背景中的行为，在那里，个人竭力使价值极大化造成社会浪费而不是社会剩余。

荣敬本（1995）认为，租金是泛指政府干预或政府管制市场竞争而形成的级差收入，即超过机会成本的差价。

贺卫（1994）认为，除了自然的原因和企业家的创新所形成的租金外，政府的无意创租、被动创租和主动创租是租金产生的三条途径。自然原因形成的租金是不会消散的，而由人为的原因形成的租金，只要取消管制，允许人们进行平等的自由竞争，该租金就会逐渐消散。

段万春、贺卫（2001）认为，在有秩序的市场结构中，经济租金（即超额利润）的潜在吸引力使资源所有者和把资源用于生产的企业家产生了动力。寻求利润的企业家始终力图找到新的机会赚取经济租金和更充分地利用现有机会。寻租理论将与政府有关的垄断所带来的超额利润称为租金，而把除此之外的原因（如创新）形成的租金称为利润，寻利与寻租由此而区分。

卡普林斯基（R. Kaplinsky，2008）将经济租区分为内生经济租和外生经济租两大类：内生经济租包括技术经济租、人力资源租、组织机构经济租、营销品牌经济租、关系经济租；外生经济租包括资源经济租、政策经济租、基础设施经济租、金融租等。

二、几点疑问

（一）经济租与地租、租金、准租金等概念之间是什么关系？

马歇尔（1890）提出了"准租金"的概念。又说，"后来准租金又称经济租金，或简称租金。"阿尔钦（1996）也有"经济租"、"准租"等说法。这些名词术语，究竟是翻译上的差异还是本身词义有很大的差别？

（二）经济租是否等同于超额利润？

平狄克（2000）、迈克尔·帕金（2004）、范里安（2006）对经济租下的定义意思基本相同，即要素收入与要素机会成本之差。那么，经济租是否等同于超额利润呢？

（三）为什么有时候说"寻求租金"，有时候又说"寻求利润"？

经济租又称超额利润。但是，布坎南（1988）把有利于社会的行为称为"寻求利润"，而把资源浪费的行为称为"寻求租金"。段万春、贺卫（2001）也对寻利与寻租加以区分。这样做的用意是什么？

（四）经济租应该怎样分类？

贺卫（1994）认为，除了自然的原因和企业家的创新所形成的租金外，政府创租也是租金产生的途径。卡普林斯基（2008）又将经济租区分为内生的和外生的两大类，每一类又有很多种。经济租应当怎样分类？

三、我的看法

（一）"经济租"是比地租、租金、准租金等更为宽泛的概念

"经济租"的概念最先起源于地租，地主凭借土地所有权，将土地租赁给别人而获得的收入。地主得到地租收入，并不是因为他在生产过程中作出了贡献，而是因为他拥有土地的独占权。后来，人们把任何具有固定供给特征的要素收入（譬如天生的金嗓子、地下的煤炭等）都称为"租金"。

地租和租金两个概念有一个共同的特点，即要素供给具有绝对性和天然性。要素供给数量是"上帝"决定的，是天然的。无论要素价格怎么改变，要素供给曲线始终是垂直的。而且，土地、金嗓子、煤炭等供给弹性很小甚至为零，但是人们对这些资源或要素的需求却是增长的，因此，供给呈现出稀缺性。正是这个稀缺性导致了租金。

再后来,"租金"一词开始泛化,出现了"准租金"(Quasi Rent)的概念。这是因为,上述地租和租金均与资源供给固定不变相联系。这里的固定不变无论在短期还是长期(经济学意义上的)都适用。然而,在现实生活中会出现这样的情况:有些要素在短期是固定的,在长期却是可变的。例如,某厂商的生产规模在短期内不能变动,其厂房、机器设备等要素对厂商来说是固定的,不能中途退出转到其他用途上去。这些要素的收入类似于租金,所以被称为"准租金"。因此,所谓准租金就是对供给量暂时固定不变的生产要素的支付,即固定生产要素的收益。

"准租金"与地租和租金的区别是,它仅限于固定资本在短期内的收入,而地租和租金是供给弹性为零的生产要素在长期内会存在的并且由需求所决定的收入。因为从长期来看,价格必须补偿平均成本(包括预付资本及其利息),故短期内作为准租金的租金在长期内看作固定资本折旧费及其利息收入。

"经济租"的概念就更加宽泛了,相当于"生产者剩余",即生产者实际得到的价格与生产者愿意接受的最低价格之间的差额。此时,要素供给曲线依然是固定的,无非不要求垂直。要素供给曲线之下的收入代表要素的机会成本。因此,"经济租"就是要素全部服务收入与要素机会成本之差。经济租所依据的固定要素供给曲线具有一般性,如果要素供给曲线被特殊化为垂直,那么"经济租"就变成一般意义的"租金"了。所以,"租金"是特殊的"经济租",而不是相反。

(二)经济租与超额利润是等同的概念

在西方经济学理论中,一般将利润分为正常利润和超额利润两类。其中,"正常利润是企业家才能的价格,也是企业家才能这种生产要素所得到的收入。它包括在成本之中,其性质与工资相类似"。"超额利润又称纯粹利润或经济利润。它是指在企业利润中超过正常利润的那部分利润。"[①]

经济学上所谓的经济利润(Economic Profit)或者说是超额利润(Excess Profit),是指厂商的总收益和经济成本之间的差额。当某厂商经济利润为0时,意味着他仍然得到了正常利润。但无论从哪个意义上来说,经济利润都不应包括在成本之内。用公式表示:

---

① 胡学勤.现代西方经济学(理论、政策)[M].开封:河南大学出版社,1996.

经济利润 = 总收益 − 经济成本
      = 总收益 − （会计成本 + 机会成本）
      = （总收益 − 会计成本）− 机会成本
      = 会计利润 − 机会成本

从公式可以看出，经济利润与会计利润（Accounting Profit）之间的区别就在于，经济利润考虑了机会成本，而会计利润只考虑了会计成本。

所谓会计成本，是指生产者从市场上购入各种生产要素支付给要素所有者的费用，包括工资、原材料、燃料、运费、地租、贷款利息、各种税收等，这一切要求厂商以货币形式支付，并作为成本项目反映在会计账面上，所以称为会计成本。

所谓机会成本，是指生产者因使用自己的生产要素，不必以货币对外支付而实际应负担的成本。一个厂商的销售收入，如果只减去会计成本，所得到的是会计利润。正常利润（Normal Profit）是让一个厂商继续留在原产业继续经营所必需的最低报酬。如果一个企业家得不到正常利润，他将关掉这个企业，经营他业。因此，正常利润是厂商自有的企业才能的隐性成本，也应该包括在经济成本之内。

（三）相较于寻利活动，寻租互动是灰色的

在竞争性市场中，如果短期经济利润大于零，就会有更多的厂商进入该行业，此时商品价格下降到边际成本之上，消费者有望以最低价格购买商品，消费者福利增加；如果经济利润等于或小于零，说明资源投入过多了，就会有一部分厂商退出该行业，直到该行业超额利润消失，厂商只能获得正常利润为止。所以，寻求经济租（超额利润）是厂商在市场经济条件下正常运作的行为，而且这种行为能创造财富，增进社会的福利。

然而，在某些情况下，经济租的存在是某个厂商依靠垄断特权对其他厂商进入某个行业进行限制的结果。此时，"经济租"被视为由于政府对经济活动的直接干预（如实行进出口限额、对企业发放特别许可证、实行价格管制等），抑制市场竞争，人为地造成稀缺所形成的价差收入。这类寻求经济租的活动，会使寻租者处于垄断地位，造成的效率损失是多方面的。一是与完全竞争状态相比垄断导致产量减少、价格上升；二是由于缺乏竞争，垄断企业的平均成本高于完全竞争企业，内部存在X—低效率；三是企业为争取垄断特权耗费时间、精力、金钱等真实的资源，这些资源本来可以生产产品，如今用于非生产性领域，从而造成社会资源的浪费。

经济学把前一种寻求经济租的行为，称为寻求利润，简称寻利；后一种寻求经济租的行为，称为寻求租金，简称寻租。

（四）经济租可分为市场垄断的经济租和特权垄断的经济租

关于经济租的来源，曾经有不少学者探讨过，并提出了相关的概念。较为常见的是李嘉图租金、熊彼特租金、组织租金等。"李嘉图租金"是由于短期内资源供给所带来的经济租金，它是企业拥有独特资源要素的结果，这种独特资源要素往往同时具备有价值、稀缺和不可替代等特质。"熊彼特租金"是企业通过新商业、新技术、新供应源和新的组织模式的创新获得的经济租金。"组织租金"是指企业契约组织生产的收益大于要素所有者单干所产生的收益总和的余额。

上述几种租金，都是在竞争性市场中，企业通过独特的资源禀赋、技术创新和组织结构改变以获得产品的独特性或降低成本，从而达到排挤竞争对手并获得独占地位的目的。这种因企业家行为而引起的垄断给企业带来的高额利润，都可以归结为是一种垄断租金。

但是，除此之外，还存在另外一种垄断租金，即通过行政特权的庇护获得垄断地位从而获得的高额利润。阿尔钦（A. Alchian）对这种垄断租金作如下解释：任何一个这样的卖者，他的潜在的财富由于对其他潜在的竞争者进行人为的、或者非自然不可避免的限制而得到增加。……这种潜在财富的增加就是一种"垄断"租金。垄断者是否能实现这种财富的增加，取决于设置这些限制的竞争成本高低。比如，"垄断租金"的竞争会把它们转移支付给设置限制的政治家，而它们又往往耗散于政治家们在为争夺这些好处的授予权而展开的竞争中。[①]

笔者认为，可以作这样的划分：

经济租 = 超额利润 = 垄断租金

垄断租金 = 市场垄断租金 + 特权垄断租金

阿尔钦所言的垄断租金，就是指特权垄断租金。公共选择学派所言的"寻租"也是寻求特权垄断租金，是一种非生产性租金。但是，国际贸易学派

---

① 约翰·伊特韦尔，默里·米尔盖特，彼得·纽曼.新帕尔格雷夫经济学大辞典（第四卷）[Z].北京：经济科学出版社，1996：153.

所说的"DUP"虽然也是非生产性租金,却不一定是特权垄断租金。

四、延伸思考

西方经济学将利润分为正常利润与经济利润,马克思经济学将利润分为平均利润和超额利润。但是前者所称的经济利润(又称为超额利润),与后者所称的超额利润是完全不同的概念。

(一) 两种"超额利润"概念的差异

新古典学派的创始人马歇尔把利润看成企业家才能的报酬,即企业家为自己的企业提供组织和管理活动所应该获得的报酬,这个报酬被称为正常利润。

马歇尔还提出了经济利润的概念。经济利润是指企业总收益超过经济成本的余额。经济利润是使厂商获利最大的决策工具,因而又称为超额利润。超额利润是由于厂商采用先进技术、节约成本和科学管理,从而优胜于同行业其他厂商而形成的。

马克思认为,在资本主义社会,利润之所以在观念上被当作全部预付资本的产物,有两个原因:第一,商品价值中的不变资本和可变资本之和采取了成本价格的形式,因此,剩余价值好像是由全部预付资本产生的。第二,工资表现为劳动的价值,好像工人的全部劳动都得到了报酬,因此,剩余价值也好像是由资本产生的了。

马克思认为,经济系统平衡状态下的最大利润是平均利润。资本的自由竞争,使利润按资本平均化,单位资本所获得的最大利润相等。如果本行业的利润率比另外一个行业的利润率低,就会有一部分厂商从本行业转移到利润率高的行业去,从而使所考察的行业的商品产量下降,商品价格提高,进而使利润率提高,而另外那个行业的利润率将有所下降,这个过程一直进行到全社会所有行业的利润率相等为止;这个过程,就称为利润按资本的平均化过程。

在马克思的利润理论中,也有超额利润的概念,那是指超过平均利润的那部分利润。它的获得有两种情况:一是在按市场价值或市场价格出售时,生产条件最好的人可以获得;二是人为垄断或自然垄断形成的。

由此可见,从利润的性质看,西方经济学强调利润是要素所有者获得的一种报酬,马克思经济学则强调利润是剩余价值的转化形式;从概念的外延看,西方经济学区分了正常利润和经济利润,马克思经济学区分了平均利润和超额利润，虽然经济利润也称为超额利润，但它与马克思所说的超额利润有不同的含义；从动态考察看，西方经济学侧重于分析利润最大化的条件即边际成本等于边际收益，而马克思经济学侧重于分析平均利润的形成过程。

（二）正常利润包含在成本中的观点成立吗？

企业家既是生产的组织者，又是生产要素的购买者，他根据各要素的边际生产力来决定自己所愿意提供的价格，使生产要素的需求价格与其边际生产力相等。包括企业家劳动在内的每一种劳动都有自己的供给价格，它是由"培养、训练和保持有效率的劳动与精力所用的成本"[1] 决定的。对每一种劳动来说，由生产成本决定的供给价格和由边际生产力决定的需求价格的均衡点，就是该劳动的均衡价格，就是该劳动在国民收入中应得的份额。[2]

由于成本是指厂商生产一定数量的某种产品所必须支付的费用，也即购买各种生产要素和支付其他费用的货币支出。企业家的组织和管理活动与劳动在本质上没有多大区别，因此，"决定正常利润与正常工资的原因方面有根本一致性"。因而，正常利润与地租、利息、工资一样，包含在成本之中。

有学者认为，正常利润包含在成本之中这个结论存在三个问题："第一，成本是支出，而利润是一种收入，两者方向都不一致，怎么可以叠加在一起都算作成本呢？""第二，已经规定总收益减去总成本等于总利润，总利润应该包括所有利润，没有必要把所谓的'正常利润'藏在成本里。""第三，成本里的'正常利润'怎么确定呢？没有人作出合理的计算。"[3]

笔者认为，如果把正常利润看成企业家才能这一要素的报酬，那么它是一种成本，这个说法是成立的，因为它是企业家为自己支付报酬所构成的一种货币支出；正常利润仅仅是企业家个人获得的正常报酬，所以不应该也没有必要纳入企业总利润之中；至于成本中的正常利润怎么确定，马歇尔说得很清楚，是企业家才能的需求价格和其边际生产力共同决定的。

五、基 本 结 论

"经济租"比地租、租金、准租金等更为宽泛的概念。它与经济利润

---

[1] 马歇尔.经济学原理（下卷）[M].北京：商务印书馆，1965：204.
[2] 马歇尔.经济学原理（下卷）[M].北京：商务印书馆，1965：283.
[3] 陆善民.利润"均衡"化与利润平均化 [J].http：//www.chinavalue.net 2007-02-28.

(Economic Profit)、超额利润（Excess Profit）是同义的，是指厂商的总收益和经济成本之间的差额。

经济利润 = 总收益 – 经济成本
　　　　= 总收益 –（会计成本 + 机会成本）
　　　　=（总收益 – 会计成本）– 机会成本
　　　　= 会计利润 – 机会成本

由于在竞争市场条件下，经济租会耗散。只有在垄断市场条件下，经济租才会存在。因此，经济租等同于垄断租金。但是，垄断租金又可以分为市场垄断租金和特权垄断租金。公共选择学派所言的"寻租"也是寻求特权垄断租金，是一种非生产性租金。但是，国际贸易学派所说的"DUP"虽然也是非生产性租金，却不一定是特权垄断租金。

主要参考文献

1. 马歇尔著.朱志泰译.经济学原理［M］.北京：商务印书馆，1964.

2. 约翰·伊特韦尔，默里·米尔盖特，彼得·纽曼.新帕尔格雷夫经济学大辞典（第四卷）［Z］.北京：经济科学出版社，1996.

3. 平狄克等著.张军等译.微观经济学［M］.中国人民大学出版社，2000.

4. 罗宾·巴德，迈克尔·帕金著.王秋石，李胜兰等译.微观经济学原理［M］.中国人民大学出版社，2004.

5. 哈尔·R.范里安著.费方域等译.微观经济学：现代观点（第6版）［M］.上海人民出版社，2006.

6. 布坎南.寻求租金与寻求利润［J］.经济社会体制比较，1988（6）.

7. 荣敬本."腐败：权力与金钱的交换"序言［J］.经济社会体制比较，1995（4）.

8. 段万春，贺卫.试论寻利与寻租［J］.经济问题探索，2001（4）.

9. R.卡普林斯基著.顾秀林译.夹缝中的全球化：贫困和不平等中的生存与发展［M］.北京：知识产权出版社，2008.

10. 朱柏铭.西方经济学与马克思主义经济学的利润理论：并不存在非此即彼的关系［N］.社会科学报，2008 – 02 – 21.

9 寻租：
就是"权力寻租"吗？

寻租（Rent-seeking）理论起源于戈登·塔洛克《关税、垄断与偷窃的福利成本》（1967）一文，1974年克鲁格发表《寻租社会的政治经济学》，分析由于政府对外贸的管制而产生的对"租金"的争夺。此后寻租问题的研究逐渐兴起，并成为经济学理论的一个分支。尽管"寻租"概念也为政治学、行政学、社会学、法学等学科所应用，但寻租理论却面临着一个尴尬的现实，那就是"寻租"一词并没有公认的定义。

一、他人观点

（一）国外学者的定义

1. 公共选择学派的定义

塔洛克（G. Tullock，1994）给出的定义是，寻租是指通过政治过程获得特权从而构成对他人利益的损害大于租金获得者收益的行为。

布坎南（J. Buchanan，1996）把寻租定义成："这样一种制度背景中的经济行为，在那里，追求满足私利的个人尽力使价值最大化的行为造成的是社会浪费而不是社会剩余。""那些本可以用于价值生产的资源被用于只不过是为了决定分配结果的竞争，……寻租从总体上看没有配置价值，是一种纯粹的社会浪费。"

柯兰得尔（David C. Colander，1988）给寻租下的定义是，为了争夺人为的财富转移而浪费资源的活动。

托利森（Robert. D. Tollison，1990）认为，"定义寻租的最好方法是把它定义为花费稀缺资源追求纯粹转移的行为"，"当厂商花费真实资源从事游说等活动以攫取垄断租金时，从社会的角度看，这些支出并没有创造价值。这种竞争人为制造的转移收入的浪费资源的活动，就是我们所称的寻租。"

2. 国际贸易学派的定义

安·克鲁格（A. Krueger，1999）指出，"寻租是为了取得许可证和配额以获得额外收益而进行的疏通活动。""在多数市场导向的经济中，政府对经济活动的管制比比皆是。这些管制导致各种形式的租金，以及人们经常为这些租金而展开竞争。在某些场合，这种竞争是完全合法的；在另一些场合，寻租采取其他形式，如贿赂、腐败、走私和黑市。"

巴格瓦蒂（Bhagwati，1982，1983）提出了比寻租概念更为宽泛的概念："直接非生产性寻利活动"（Directly Unproductive Profit - seeking Activities，DUP），即通过从事非生产性（即就其立即产生的最初的影响而言）活动而获利的方法。"非生产性"的含义是，这些活动产生金钱收益，但并不生产包括在正常效用函数中的产品与劳务，也不生产投入这些产品与劳务的投入品。"他批评塔洛克等寻租论者的定义过分强调要素收入和寻求租金，没有表明DUP活动与其他经济活动的根本区别。他不认为没有产出的活动一定会造成资源浪费，所以他使用了"直接意义上的（Directly）"一词加以限定，其目的是要把寻租研究控制在经济分析层次上，将制度因素排除出去。

（二）国内学者的定义

贺卫（1994）认为，当一个企业成功地进行创新活动时，该企业就能享受高于其他企业的超额收入，这种活动可称为"创租活动"，或称为"寻利活动"。某些个人或利益集团为了牟取自身的经济利益而对政府决策及其实施过程施展影响，这类活动非但不能增进社会财富，反而白白地消耗了社会经济资源，减少了社会福利。这时，人们追求的是既得的社会利益，其活动的性质就变成了"寻租"。

刘启君（2005）认为，寻租是指市场主体利用甚至制造制度缺陷谋求经济租的行为。他将完全由市场决定的资源要素的价格称为"一般租金"，并且认为最终实现的价格与一般租金之间的"差额"才是经济租。如果谋取"额外收益"的行为促使初始制度环境远离了完全竞争市场制度，才是寻租行为。

刘劲松（2009）认为，从广义上讲寻租是指人类社会中非生产性的追求经济利益的活动，或者说是指那种维护既得的经济利益或是对既得利益进行再分配的非生产性活动；从狭义上讲是指利用行政法律手段阻碍生产要素在不同产业之间自由竞争以维护或攫取既得利益的行为。寻租活动可以采取合法的形式和非法形式等。合法的活动如企业向政府争取优惠待遇，或者利用特殊政策维护自身的独家垄断地位；非法的行为如偷盗抢劫、行贿受贿、走私贩毒等。

二、几点疑问

（一）寻租活动的主体和客体分别是谁？

国外学者的定义，基本上回避寻租活动的主体问题。国内学者的定义倒是有所提到，但是并不统一，如贺卫（1994）指"某些个人或利益集团"，刘启君（2005）提"市场主体"。问题是，"某些个人或利益集团"与"市场主体"两种提法之间差异很大。至于寻租的客体，只有克鲁格隐约地提到是政府。那么，寻租活动的主体和客体分别是谁呢？

（二）寻租与DUP的本质区别是什么？

巴格瓦蒂所指的"直接非生产性寻利活动（DUP）"，与"寻租"有重合之处，但是比"寻租"更加宽泛，而且二者都是无直接产出的活动。那么它们之间的区别在哪里？"直接非生产性寻利活动"中的"利"与"寻租"中的"租"是同一个意思吗？如果不是，那该怎样区分？还有，"直接非生产性寻利活动"与"寻租"对社会福利产生的影响又有什么区别？

（三）寻租与创租是什么关系？

克鲁格在谈到"寻租"时，认为在市场经济中，存在政府对经济活动的许多管制，这些管制导致各种形式的租金，以及人们经常为这些租金而展开竞争。这就是说，先有管制，再有租金，然后有寻租活动。这个逻辑关系能否成立？

（四）寻租是否必然降低经济效率？

公共选择学派的学者，侧重于从资源浪费角度去定义寻租；而国际贸易学派的学者，考察问题的视野更宽泛，认为没有产出的活动不一定会造成资源浪费。国内学者贺卫、刘劲松的定义似乎更接近于国际贸易学派，把"寻利"与"寻租"加以区分。这就有必要讨论，寻租是否一定会浪费资源从而降低效率？

（五）寻租活动等同于非法的腐败行为吗？

公共选择学派的学者，虽然没有明确说寻租是非法的，但是他们强调后果是浪费资源的，"对他人利益的损害大于租金获得者收益"（塔洛克语），字里行间看得出，他们不可能倾向于寻租是合法的活动。克鲁格明确说，"在某些场合，这种竞争是完全合法的。"刘劲松也认为，"寻租活动可以采取合法的形式和非法形式等。"寻租活动究竟是合法的还是非法的，如果是非法的，能否与腐败等同？

三、我的看法

（一）寻租活动的主体和客体分别是"追求利益的社会成员"和"权力拥有者"

寻租是一种人的活动，那一定有行为主体和客体。作为一个概念的定义，主客体是谁有必要予以界定。

寻租者是谁？泛化地说，所有的社会成员都可能是寻租者，包括企业家、个人、政府官员等。所以，用"人们"一词是合适的。但是，具体一点看，寻租者首先应当是一个利益追求者，如果某个人对利益根本不在乎，已经超越一般人的价值目标，那很难称为寻租者。这样一来，可以把寻租主体界定为"追求利益的社会成员"。

寻租的客体又是谁？必定是能够给予寻租者利益的人。通常很容易想到是政府官员，因为政府官员动用权力阻止其他人进入，庇护的结果是寻租者获得垄断地位，从而获得经济租。经济租的存在有一个先决条件，那就是供给不足。可能是某种资源、生产要素，也可能是机会，包括晋升机会、准入市场的机会，比别人优先进入的机会，等等，只要供给不足，就会有阿谀奉承甚至行贿等活动。而掌握资源、要素、机会的人，未必就是政府官员，普通公务员甚至是护士、教师等身份的人，也可以利用职业优势给别人以机会。当然，他们手中的权力是官员授予的,是官员的代理人。这样,可以将寻租的客体界定为"权力拥有者"。

(二)"DUP"是一个比"寻租"更宽泛的概念

公共选择学派的学者特别强调寻租与垄断特权相关联,寻租是寻求垄断特权的庇护并获取经济租的活动。寻租者将本来应该用于创造财富的资源(时间、精力、金钱等)用于寻找垄断特权,千方百计去影响垄断特权的初始分配,并获取最大的垄断特权;当别人拥有垄断特权时,企图跻身其中取代别人;当自己拥有垄断特权时,又尽力维护自己的地位,防止被别人取代。所以,寻租这个概念包含两个关键性的要素:一是垄断特权,二是浪费资源。

国际贸易学派的学者所说的 DUP,目的是寻求非生产性的利益。非生产性,这与公共选择学派的看法是一致的,但是,所获取的方式途径是不一样的。DUP 的发生有几种途径:寻利者试图对政府官员制定的法规和政策施加影响,尽可能有利于自己获取最大的利益;寻利者试图逃避法规和政策的约束,尽可能获得利益;寻利者利用制度的漏洞,以"钻空子"的方式获利。如果是后两种情况,就不一定对社会福利产生不利的影响。这一点,巴格瓦蒂分析得很透彻。

根据 DUP 活动与市场条件的关系,巴格瓦蒂将其划分为四大类:第一类 DUP 活动在其发生前后,市场条件都是扭曲的,即这类活动既不加剧也不减弱市场扭曲;第二类 DUP 活动由市场扭曲引起,但其结果有助于对市场条件的矫正;第三类 DUP 活动是使市场扭曲从无到有的活动,这类活动以塔洛克意义上的寻租活动最为典型;第四类 DUP 活动的发生并不直接影响市场秩序。所以,DUP 这个概念强调包含两个关键性的要素:一是不一定借助垄断特权,二是未必伤害社会福利(见表 9-1)。

表 9-1 寻租与 DUP 的比较

	寻租	DUP
共同点	都是寻求非生产性经济租的活动。	
不同点	通过垄断特权获得。	可能通过垄断特权获得,也可能通过其他途径获得。
	必定造成资源的浪费。	有的加剧市场扭曲,有的客观上反而矫正市场条件的扭曲。

值得注意的是，寻利的"利"与寻租的"租"本身都是一种经济租，但是，寻利的空间范围比寻租广泛得多。如果企业和个人通过公平交易、扩大投资、技术发明、节省成本等方式获得超额利润，那是直接生产性的寻利活动（Directly Productive Profit - seeking Activities，DPP）。寻求非生产性经济租的活动中，只有借助于垄断特权的才是寻租。所以，人们寻求利益的活动包含 DPP 和 DUP 两个部分，而寻租包含 DUP 之中，如图 9 - 1 所示。

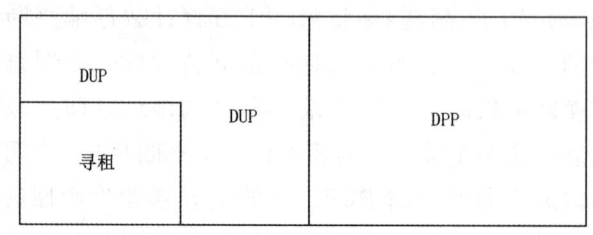

图 9 - 1　寻租与寻利

（三）寻租是以创租为前提条件的

创租（Rent - creating）又叫抽租，最先是美国学者麦克切斯内（F. McChesney，1987）提出来的，意即权力拥有者以权力为资本，参与经济活动，从中收取贿赂并与寻租者共同分享经济租的活动。麦克切斯内指出了创租的两种情况：一是政府以对某些私人或利益集团有利的经济管制政策作为诱饵，引诱这些利益集团向他们进贡；二是政府以颁行不利于甚至有害于某些私人或利益集团的经济管制政策相威胁，迫使这些利益集团向他们进贡。① 国内学者贺卫将创租按其来源分为政府无意创租、政府被动创租和政府主动创租三类。

显然，麦克切斯内所说的创租或抽租，都是政府主动的行为。而贺卫则认为除了主动创租之外，还有无意的创租和被动的创租。其中："政府无意创租是指政府为解决市场失灵而干预社会经济生活时产生了租金。""政府被动创租是由于政府的无意创租，给经济人带来了寻租的良机。"

表象看，两种情况都是存在的。举例来说，为了弥补市场缺陷，政府会有准入、配额、许可证、补贴、订购等行为，结果产生了租金；一些国家为了实现从计划价格到市场价格的转变，在规定的期限内设置了一个"两轨并存"的过渡期，结果产生了租金。但是，这两种情况，都不符合创租的定义。贺卫

---

① 有时候学术界将前者称为政府的创租行为，将后者称为政府的抽租行为。

在《寻租经济学》一书中说,"所谓设租是指权力拥有者利用权力获得非生产性经济利益的行为。"可见,这个定义下,只有一种创租行为,即主动创租。这与麦克切斯内的分析是一致的。

那么,前面所述的两个例子怎么解释?政府行为或者政策实施产生了租金,但是有租金并不意味着创租行为。如果要防止某些人从中得益,那就要设法规范政府行为或者完善政策。例如,准入、配额、许可证、补贴、订购等行为必须是公开招标的;价格双轨制条件下,不允许物资局官员倒卖紧俏物资;等等。

如果认同创租行为是政府主动的,那么寻租与创租的关系就比较清楚了,即先有创租再有寻租,但是,反过来寻租又有可能诱导权力拥有者去创租。反寻租活动,首先应先反政府官员的创租活动。假如政府干预过程中不存在创租活动,寻租活动没有了,但是"直接非生产性寻利活动"依然会存在,只要这个社会存在经济租。

(四) 寻租会降低经济效率

如前所述,经济租的存在是因为供给不足。如果有人通过寻租活动,抢到机会或者减少等待的时间,这样就可以改善效率。例如,某人申办执照需要排队,经济学认为,等待的时间纯属浪费,因为这个资源并没有转移给生产者(政府)。于是,他通过贿赂的方式,从而使自己优先得到办理。

这个例子看起来是提高效率的,但是,提高的是个人的效率而非全社会的效率。贿赂活动减少了自己的排队时间,但是别人排队的时间反而增加了,难以保证行贿者一定是所有人中对时间最在乎的那一个。动态地看,执照办理者故意拖延速度,引诱更多的寻租者贿赂自己。更有甚者,假如执照办理者不顾资质条件,完全视贿赂多少发放,那对社会的危害就更大了。

由于寻租是借助于垄断特权的,而垄断必然引起社会福利成本,即所减少的消费者剩余并没有完全为生产者所获得,从而形成哈伯格三角形(Harberger Triangle),如图 9-2 中 △ABE 的面积。

因此,寻租活动对于寻租者个人来说是收益大于成本的正和博弈,但对于社会来说是弊大于利的负和博弈。

(五) 非法的寻租活动不等同于非法的腐败行为

寻租和 DUP 都是追求经济租的活动,但是追求经济租未必都是非法的行

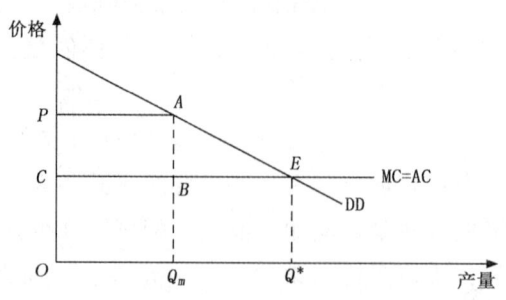

图 9-2 垄断的福利成本

为，只有借助于垄断特权获取经济租的行为是非法的。因此，刘劲松所谓"寻租活动可以采取合法的形式和非法形式"观点就值得商榷。

虽然寻租是非法的，但是它与同样是非法的腐败行为仍然不能等同。关于什么是腐败，比较权威的定义有两个：一是约瑟夫·奈（Joseph. Nye，1967）认为，"腐败是因考虑个人的金钱或地位而偏离作为公共角色所具有的正式职责的行为。"二是谢莱法和韦欣尼（A. Shleifer & R. Vishny，1993）认为，"腐败是政府官员为了个人利益而出售政府生产的物品，如执照、通行证、签证等。"这两个定义有一个共同点，都是政府官员利用公权谋取私利。从这个意义上说，腐败可以等同于前面所说的创租或抽租。某人去贿赂官员，对行贿者来说是"寻租"活动，对受贿者来说则是腐败行为或创租行为。美国著名学者苏珊·罗斯·艾克曼（Susan. Rose - Ackerman，1975）曾经这样描述：在委托—代理关系中，如果第三方试图影响代理人以获取经济租，他就可能向代理人支付一笔钱，而代理人并不把这笔钱交给委托人。这里，代理人是创租者即腐败者，第三方是寻租者。

尽管不能以寻租的概念去替代腐败的概念，但是，寻租与腐败都会涉及非法支付行为。苏珊·罗斯—艾克曼认为，判断腐败的关键是非法支付，哪怕该支付符合委托人的目标和利益。寻租活动，最初可能只是游说、奉承、谄媚，但是只要寻租者占据垄断地位并获取垄断收益，一定会向权力拥有者支付一笔钱或物，只不过是时间迟早而已。在苏珊·罗斯-艾克曼的分析框架中，假如"第三方"与"代理人"自小就相识，而且多年来交情笃深，如今在经济业务的交往中，"第三方"的确得到了"代理人"的庇护，此时怎样区分"交情深"与"寻租"？笔者认为，还得看在一个较长的时期内有否发生非法支付（见表 9-2）。

表 9-2　　　　　　　　　　寻租与人情往来的区别

	寻租活动	人情往来
方式	单方面赠送，得不到回赠	互有赠送与收取
数量	较大的数额而且是净支付	数额较小而且支付与回收基本对等
实质	存在权力庇护	不存在权力庇护

四、延伸思考

在一些论文和媒体报道中，经常出现"权力寻租"一词。那么，"权力寻租"与"寻租"是同一个概念吗？

"百度百科"的解释，权力寻租是指握有公权者以权力为筹码谋求获取自身经济利益的一种非生产性活动。权力寻租是把权力商品化，或曰以权力为资本，去参与商品交换和市场竞争，谋取金钱和物质利益。蔡恩泽（1999）认为，权力寻租是指政府官员利用手中权力染指税收征管、特价管制、原始股发行、进出口配额、工程发包、生产许可证发放、土地批租、产品鉴定等经济活动，从中寻求直接的非生产性利润。[1] 江博（2004）认为，权力寻租是既得利益集团或个人用"手中的权力影响公共决策的过程"而为自己牟利的一种活动。[2]

上述三种定义有一个共同点，即所指的权力寻租主体是权力拥有者。不难看出，"权力寻租"不是传统意义上的"寻租"，而是麦克切斯内（F. McChesney）所说的创租。

笔者认为，既然有了"创租"或"抽租"的概念，就没有必要再确立"权力寻租"的概念，否则就是同义反复。如果一定要在"寻租"前面加上"权力"二字，那倒可以作另外一种理解。

如前所述，寻租和 DUP 两种活动的寻求对象都是经济租，简单地说，二者都是寻"租"的活动。但是，毕竟前者是借助于垄断特权获取的，后者是逃避制度约束或者靠钻制度的漏洞等途径获取的。一些人持寻租未必非法、寻

---

[1] 蔡恩泽. 透析"权力寻租"[J]. 党风与廉政, 1999 (7).
[2] 江博. 权力寻租与腐败及其对策分析 [J]. 理论月刊, 2004 (5).

租未必浪费资源、寻租未必降低效率等观点,就是因为没有把"寻租"和"DUP"加以区分。如果在"寻租"前面加上"权力"二字,那就明确是靠垄断特权的庇护而获利,这个时候的"权力寻租"就是完全不同于 DUP 的那种非生产性寻求经济租的活动,是严格意义上的"寻租"了。

概括地说,"权力寻租"这个概念有两种理解:一是指权力拥有者以权力为资本获取经济租的活动,二是指追求利益的社会成员借助于垄断权力获取经济租的活动。前者的行为主体是设租者,后者的行为主体是寻租者。

五、基 本 结 论

寻租是指追求利益的社会成员通过游说、行贿等活动,促使权力拥有者帮助自己确立垄断地位,以获得经济租的活动。

从活动目的看,寻租和 DUP 都是寻求经济租的,但是,前者是借助于垄断特权获取的,后者是逃避制度约束或者靠钻制度的漏洞等途径获取。这是判别寻租是否非法、是否浪费资源、是否降低效率的关键所在。

寻租与创租的区别在于活动主体不同。一般来说,是先有创租再有寻租,但是,反过来寻租又有可能诱导权力拥有者去创租。

"权力寻租"这个概念可以有两种理解:一是指权力拥有者以权力为资本获取经济租的活动,二是指追求利益的社会成员借助于垄断权力获取经济租的活动。

主要参考文献

1. 塔洛克.朱大可译.寻租——对寻租活动的经济学分析 [M].成都:西南财经大学出版社,1999.
2. 布坎南.寻求租金和寻求利润 [J].经济社会体制比较,1988 (5).
3. 布坎南.许志良译.宪法经济学 [M].上海:三联书店,1996.
4. 柯兰德尔.寻租理论导论 [J].经济社会体制比较,1988 (5).
5. 罗伯特·托利森.寻租的福利分析与实证分析 [J].经济学动态,1990 (5).
6. 转引自许纯祯.西方经济学 [M].北京:高等教育出版社,1999.
7. 约翰·伊特韦尔,默里·米尔盖特,彼得·纽曼.新帕尔格雷夫经济学大辞典（第一卷）［Z］.北京：经济科学出版社，1996：913-914.

8. 贺卫."寻租理论"与我国市场经济体制建设［J］.昆明工学院学报.1994（4）.

9. 贺卫.寻租经济学［M］.北京：中国发展出版社，1999.

10. 刘启君.寻租行为定义问题的再认识［J］.湖北社会科学.2005（3）.

11. 刘劲松.租金与寻租理论评述［J］.东北财经大学学报，2009（5）.

12. 麦克切斯内.经济管制理论中的抽租与创租［J］.法律研究杂志.1987（1）.

13. Joseph S. Nye, Jr. Corruption and Political Development: A Cost-Benefit Analysis. American Political Science Review, No. 2. 1967.

14. A. Shleifer, R. W. Vishny, Corruption. Quarterly Journal of Economics, vol. 108. 1993.

15. 苏珊·罗斯·艾克曼著.王江等译.腐败与政府［M］.北京：新华出版社，2000.

16. 张军.腐败能改善经济效率吗［N］.东方早报.2011-3-27.

17. 张军.特权与优惠的经济学分析［M］.立信会计出版社，1995.

18. 柯兰德尔著.马春文，宋春艳译.新古典政治经济学：寻租和DUP行动分析［M］.长春出版社，2005.

19. 李政军.寻租与DUP活动：一个比较分析［J］.江汉论坛，2000（9）.

20. 李军.我国的DUP活动分析［J］.经济研究，1989（8）.

10 财政职能：
怎样认识和概括？

在中国，财政职能（Fiscal Function）问题一向为理论界所关注。尽管组织过多次专题讨论，发表了不少专题论文，也产生了一些真知灼见，但是终究众说纷纭，莫衷一是。笔者在此着重探讨财政职能的内涵及其科学概括的问题。

一、他人观点

中国财政学界早在20世纪50年代就开展关于财政职能问题的讨论，基本上认定财政有分配和监督两个职能；70年代末到1992年这一段时间，认定财政除了分配职能和监督职能之外，还有调节职能；1992年党的十四大以后，对社会主义市场经济下的财政职能，无论是院校学者还是财政实务人员，都认同马斯格雷夫（R. A. Musgrave）的财政职能理论，当然，具体的表述又有一定的差异。有的主张直接引用马斯格雷夫的三职能说，即资源配置职能、收入分配职能、经济稳定职能，也有学者强调要结合中国的实际，提出资源配置职能、收入分配职能、经济稳定及监督管理职能。

其实，迄今为止学者们对于财政职能内涵的认识和概括，仍各执一词、莫衷一是。较有代表性的观点罗列如下：

姜维壮（1992）认为，"在不同的国家和不同的历史条件下，财政具有不同职能。"因为"财政作为以国家为主体的分配关系，在被国家运用于实现某种政策目标和社会使命的过程，受具体的政治、经济、思想认识等种种因素的影响和制约。"

杨良初（1993）认为，"经济体制的不同和政府职能不同，必然导致政府财政职能范围、内容和运作方式的不同。"计划经济和市场经济两种体制下，财政职能存在明显区别。"财政分配职能的比较：财力的高度集中和财力的相对分散"；"国家财政宏观调控职能的比较：强化直接调控和强化间接调控"；"财政管理监督职能的比较：财政分配与财政监督相结合的直接管理和行政监督与财政分配与财政监督相分离的间接管理和法律监督"。

田夫（1993）认为，"社会主义市场经济体制下新财政的职能：一是保证国家机器正常运转和各项公共支出的需要；二是保证基础产业、重点建设的投入，支持"瓶颈"产业的发展；三是公平社会分配，调节行业之间、地区之间的收入分配水平；四是运用财税政策和经济杠杆，调整产业结构，促进生产要素的优化配置和经济效益的提高；五是通过财政政策和货币政策的协调运用，调节社会供需总量。"

张馨（2001）认为，在20世纪50和60年代，计划经济体制正处于建立和巩固的阶段，此时从"使命"和"作用"的角度去看待财政职能问题；70年代80年代初，财政职能的"功能观"兴起；随着市场化进程的深化，中国财政职能论逐步转到强调效率、公平和稳定的"职责观"上来了。

杨灿明（2006）认为，财政职能就是资金保障职能。从古至今，财政客观固有的功能就是保障政府的资金需要。资源配置、收入分配、经济稳定三大职能属于政府的经济职能，而不是财政的职能。履行三大职能的主体并不仅仅是财政部门一家。财政部门只是为政府部门的运作提供足够的资金，以实现这三大职能。

李森（2007）认为，研究财政职能问题应注意职责和功能两个层次，通过纵向分析把握财政的功能，通过横向分析把握财政的职责，使抽象的功能体现为具体的职责，实现职责和功能的统一。一般意义上的财政职能是满足社会公共需要，市场经济条件下财政职能的个性体现可以概括为弥补市场不足、提供公共产品。

孙世强、王斌（2010）认为，综观东西方学界关于财政职能的理论研究，迄今为止还没有哪位学者将经济正义职能列为财政的一项职能来研究。经济正义作为第四大职能，具有前三大职能不可替代的特性。经济正义职能主要采用制度安排、组织公共生产和预算安排三个方面传导机制和手段来实现。

刘谊军、焦丽（2011）认为，中西方各阶段财政职能理论都是特定时代的产物，未充分揭示出财政的本质属性。财政职能应当是财政在社会经济活动中所具有的职责和功能，促进经济正义为财政职能之根本职能，其他职能无一不是从这一根本职能的母体中衍生出来的。整个财政职能的结构应当是一个递进的层级系统，并且有一定的逻辑顺序和重点。

朱长才（2014）认为，中国财政职能仍为四大项，即资源配置、收入分配、调控稳定和监督管理，但其中第三项职能已由原来的"经济稳定"改为"调控稳定"，主要是考虑党的十八届三中全会之后，中国财政在国家治理中的地位和作用发生了重大变化。财政不仅要调控经济，保持经济稳定，还要通过科学的制度安排和有效的政策实施，维护国家政权稳固和社会稳定，保障国家长治久安。"经济稳定职能"升级为"调控稳定职能"之后，要在保留原有经济属性的同时，突出财政职能的政治属性和社会属性。另三项职能的名称虽然不变，但其具体内容也要相应地进行拓展和深化。

二、几点疑问

（一）财政职能与财政作用有区别吗？

田夫（1993）所概括的五大职能，朱长才（2014）主张将原来的"经济稳定"改为"调控稳定"，是否存在把财政职能与财政作用混为一谈的嫌疑？

假如把财政职能界定为财政所具备的固有功能，并将财政作用看成是人们在理性认识的基础上，结合具体的条件，运用财政职能所取得的效果，那么，姜维壮教授（1992）关于"在不同的国家和不同的历史条件下，财政具有不同职能"的观点，似乎是将财政作用与财政职能等同起来了。

（二）财政职能与政府职能范围有区别吗？

杨良初（1993）认为，"经济体制的不同和政府职能不同，必然导致政府财政职能范围、内容和运作方式的不同。"有的学者试图对西方老牌资本主义国家、后起资本主义国家及发展中国家的财政职能进行比较，或者对计划经济体制下与市场经济体制下的财政职能进行比较。能否认为，他们都是对不同社会形态和不同经济水平及体制下的政府职能范围的比较，而不是对财政职能本身的比较?

(三) 财政职能与财政部门职责有区别吗?

田夫 (1993) 认为,社会主义市场经济体制下新财政有五大职能,杨灿明 (2006) 认为,财政职能就是资金保障职能。这样去认识财政职能,是否误把财政职能与财政职责部门混淆了?

(四) 马斯格雷夫的三大职能是财政职能还是政府职能?

杨灿明 (2006) 认为,资源配置、收入分配、经济稳定三大职能属于政府的经济职能,而不是财政的职能。财政职能就是资金保障职能。从理论上讲,除了财政部门,其他政府部门都是生产或提供公共商品与劳务的,唯独财政部门没有这一功能,它的功能就是为其他部门生产或提供公共商品和劳务提供财力保障。

在大多数人都认同马斯格雷夫三大职能理论的背景下,杨灿明教授的这个观点有振聋发聩之效。不过,仔细想想仍有疑问。先看资源配置职能,公共产品的提供是其重要内容之一,如果没有财政部门提供财力保障,其他政府部门就不易甚至完全不可能提供公共产品。那么,"保障"本身是否是"提供"的应有之义?另外,外部性的矫正也是这一职能的重要内容之一,财政部门对具有正外部性的行为提供补贴,能否将其视为是资金保障功能?再看收入分配职能和经济稳定职能,通过征税限制高收入者的收入以及经济过热时期削减支出增加税收的行为,能否理解为"资金保障"?

三、我的看法

(一) "客观性"使得财政职能有别于财政作用、政府职能范围和财政部门职责

究竟什么是财政职能?汉语中的"职能"一词指的是人、事物、机构本身所具备的固有功能;在英语里,"职能"与"功能"也是同一个单词,即"Function"。据此推断,财政职能的内涵应为财政这一事物本身所具备的固有功能。从哲学的角度看,所谓"固有的功能",无非指这种功能是客观存在的,不以人们的意志为转移,具有自发性和不变性,正如每一个健康人的嘴都

有饮食和语言的功能一样，是生来俱有的。

1. 财政职能与财政作用不同

对财政职能的研究应注重事物本身的内在性，而对财政作用的考察必须限定在具体的时间、空间和特定的条件之下。财政作用有正负之分，财政职能却无正负之别。

国家的性质和社会经济条件对财政作用具有决定性的影响。中国社会主义财政的作用与西方资本主义财政的作用就不同，中国财政在新民主主义革命时期与在社会主义建设时期，在计划经济时期与在市场经济时期的作用也不同；同理，西方国家财政在古典经济学派时期与在凯恩斯主义时期作用也不一样。不同时期的财政作用不完全相同，但是，财政职能却不存在什么差别，只不过有些职能可能受时代的局限性未被人们认识而呈隐性状态，或者出于某种原因，有些职能得到了发挥，有些职能得不到发挥而已。比如，在古典经济学派占据主导地位的时期，西方各国财政对经济的调节职能被人为地限制起来了，没有发挥的机会，直到20世纪30年代凯恩斯主义兴起，调节职能才为人们所重视。

2. 财政职能与政府职能范围不同

财政职能所要回答的是财政具有哪些内在的功能，而政府职能范围是指在社会经济生活中，政府应当具体承担哪些事务。政府职能范围是可以变化的，它的大小受许多因素的制约，其中最关键的是经济体制模式。在计划经济体制下，由于存在这样一个前提假定——政府无所不能而且政府的活动效率最高，因而政府职能范围无所不包，大至社会安全、重点建设、生产经营，小到吃饭喝水、读书看报、理发洗澡，几乎延伸到社会经济生活的各个角落。而在市场经济体制下，市场起基础性作用，凡能依靠市场机制完成的事务，尽量通过市场解决，只有在市场失效的领域，才有必要也允许政府介入，政府应承担非政府部门所不应承担的事务（如国防、治安）和不愿承担的事务（如防疫、造林）以及无力承担的事务（如大型水利设施、核电站）。财政是为实现政府职能服务的，政府职能范围可以制约财政收支的规模与结构，但是制约不了财政职能本身。

3. 财政职能与财政部门职责有区别

从理论上看，职责是人或机构在特定的条件下所肩负的历史使命，它由某一主体赋予另一主体，体现人们的主观意志。具有自觉性和可变性。财政职能是财政固有功能的抽象概括，蕴涵着财政规律；而财政部门的职责是通过财政收支活动，促进社会经济的正常运行和健康发展。可以说，财政职能是财政部门开展财政工作的基础和依据，但是它与财政部门职责不是一回事。在不同的历史时期，财政职能是不变的，但是财政部门职责可能大不一样。比如，我国新民主主义革命时期，根据地财政部门的职责就是保障革命战争的经费供给；而在社会主义建设时期，财政部门不仅要负责部分资金的筹集与供应，而且要有意识地调节、监督经济活动。

（二）中国传统财政理论中的三大职能与马斯格雷夫的三大职能之间没有不可逾越的鸿沟

1. 中西方财政职能理论的比较

中国传统财政理论认为财政职能有三个：分配（含筹集资金与供应资金）、调节和监督；西方财政理论认为财政职能也有三个，即由美国学者马斯格雷夫（R. A. Musgrave）于1959年率先提出的财政三职能——资源配置、收入分配和经济稳定。从字面上看，二者迥然不同。然而，仔细分析一下，就会发现它们有着很强的共性。

首先，在分配和调节职能中已经包含了资源配置职能。政府通过组织收入安排支出，举办国防、治安、教科文卫等事业，并承担基础设施、重点工程建设，这与资源配置职能中提供公共产品的含义是相同的；财政调节产业结构、产品结构、地区生产力结构，这与资源配置职能中政府运用经济变量对市场进行参数调节也是一致的。

其次，调节职能中已经包含了收入分配职能。调节职能的重要内容之一是调节社会各阶层、各成员的收入水平，而收入分配职能的含义也是利用累进的所得税制度和转移支出制度，对按生产要素分配的社会收入状况进行再调节，以消除过大的收入差距，实现收入分配的均等化。

最后，调节和监督职能与经济稳定职能也有共同之处。调节、监督的最终目的是把微观经济活动纳入宏观经济管理的轨道，以实现经济总量的平衡和结构的协调，这与利用财政政策工具谋求充分就业与物价稳定具有异曲同工之理。

诚然，中西方财政职能之间也存在一定的差异，而这种差异主要是概括的出发点和现实背景不同所致。中国传统理论对财政职能的抽象是从财政概念本身出发的，认为财政是以国家为主体的分配，因而以组织收入和安排支出为核心内容的分配职能是财政的基本职能。同时，由于在计划经济体制下，财政是实施指令性计划的工具，因而又强调财政具有调节和监督的职能。西方财政理论则是从经济运行角度去概括财政职能的，旨在说明财政在促进经济正常运行中所具备的功能，资源配置、收入分配及经济稳定都是财政弥补市场缺陷能力的具体体现。

2. 财政职能本身是不具阶级性的

正视这一点，有助于我们科学地概括财政职能。随着中国市场经济的发展，传统财政职能的概括需要更新，这几乎已成共识。然而，如何概括与市场经济体制相适应的财政职能，至今尚未形成统一的认识。依笔者所见，马斯格雷夫的三职能说，就是对市场经济条件下财政职能的最好概括：

第一，这三大职能的提出都以市场有缺陷、政府必须适当干预为理论基础和现实背景。马斯格雷夫在20世纪50年代末提出三大职能，迅即在西方财政界被公认为是权威，这不是一件偶然的事。因为在50年代，公共经济与私人经济一样具有并起并坐的地位，政府的经济活动对于市场经济的运行和发展究竟起怎样的作用，这是当时迫切需要回答的问题。中国虽然已把让市场机制在资源配置中起基础性作用当成一项基本的国策，但是实践已经证明，市场机制不是万能的，社会主义市场机制同样存在缺陷。财政必须在弥补市场缺陷方面发挥其内在的功能。

第二，突出了财政协调社会收入分配的功能。市场经济条件下，人们的报酬是以提供的生产要素多少为前提和标准取得的，由于各人的"贡献"能力大小不一，加上垄断势力的存在及年龄、性别等方面的差异，必然造成不同社会成员在初次收入分配中得到的份额多少不一，甚至相差悬殊，过大的收入差距会影响经济增长和社会稳定。因而，适当调节收入差距，是各国政府十分关注的一项任务。而在众多的宏观经济调节手段中，影响力度最大、见效最快的当首推财政手段，它通过累进的所得税制度和转移支付制度，分别从高和从低两个方面限制过高的收入，增加过低的收入。因而，突出财政的收入分配职能意义重大。

第三，强调了财政促进经济稳定的功能。经济稳定是经济增长和发展的前提。强调财政的经济稳定功能，不仅有助于制定有效的财政政策，而且有助于实现财政政策与货币政策等其他宏观经济政策的协调配合。

马斯格雷夫对财政职能的概括是成功的，我们可以采取"拿来主义"的态度。如此断言，绝不是蓄意宣扬西方资本主义的东西，更无意为西方财政学者涂脂抹粉，而是因为财政职能从质的规定性上看，是不存在阶级性的，是任何制度下的财政所共有的功能，正如白种人、黄种人、黑种人的嘴都有饮食和语言的功能一样。在财政基础理论的研究中，抹杀阶级性是错误的，但是人为地夸大阶级性也是不对的。撇开现成的具有共性的东西不用，绞尽脑汁、挖空心思硬要去概括出几个职能，以显示出中国特色，这是不明智的，历史的教训也够深刻的，必须记住。当然，我们不否认对资源配置、收入分配、经济稳定三大财政职能，赋予更符合中国实际的具体内容。

3. 马斯格雷夫三大职能易被误解的原因

苏中一（1994）认为，财政具有资源配置、收入分配和经济稳定三大职能的概括，"忽略了对财政征集收入和安排支出职能的明确表述"。

马斯格雷夫所称的资源配置职能，是指通过财政收支活动，调节资源分配的数量和方向，使社会总资源在私人产品和公共产品之间得到合理的分配、有效地使用。因此，资源配置职能实际上论述的是财政收入和财政支出的必要性及其数量界限问题，只不过他将财政支出看成是政府提供公共产品的成本，将财政收入看成是成本补偿的资金来源，财政收支规模以社会总资源达到最有效的利用为前提。收入分配职能中同样包含着组织收入、安排支出的意思。因为收入分配职能怎样实现，一是"对高所得家庭征收累进所得税和对低收入家庭给予补助"，二是"对那些属于高所得消费的商品征税，而对属于低所得消费的其他便宜物品实行补助政策"[①]。经济稳定职能更是如此，财政作用于社会总供给与总需求，总是通过收支规模与结构的变化进行的，离开了收入和支出，财政政策就无从谈起。由此可见，马斯格雷夫的三职能中都暗含着财政组织收入和安排支出的功能，与中国传统的三大职能相比较，无非不是就财政本身论收入和支出，而是以公平与效率为准则，站在经济运行与发展的高度去讨论的，从而真正摆正了财政与经济的关系。这正是我们在理论上和方法上值得学习和借鉴的地方。

之所以资源配置、收入分配、经济稳定三大职能被认为是政府的经济职能，而不是财政的职能，还与西方学者对"财政"一词的理解有关。众所周知，西方学者经常把财政等同于公共部门经济。这样，财政的职能与公共部门的经济职能之间就有较为共同的认识和理解。按照中国传统理论，财政只是一个分配范畴，因而特别强调组织收入、安排支出或者保障资金供给。

---

① R. A. Musgrave., P. B. Musgrave（1980）. Public Finance in Theory and Practice，New York：McGraw-Hill. Page. 13.

四、延伸思考

(一) 经济正义是财政职能还是财政原则?

孙世强、王斌（2010）主张将经济正义列为财政的一项职能来研究。刘谊军、焦丽（2011）更认为，促进经济正义为财政职能之根本职能，其他职能无一不是从这一根本职能的母体中衍生出来的。

究竟什么是经济正义？学者何建华（2005）的解释，它是关于社会经济活动和经济制度的正义，是指人们在经济制度安排、经济活动中产生的正义观念、正义原则以及对经济活动和经济发展的目的、过程、手段、结果所体现的复杂关系所作的合理性评判。[①] 经济正义主要体现在两大方面：一是产权正义，即人们享有并自主行使自己的财产权利、经济自由，并履行契约约定的一系列义务，服从相应的制度安排；二是分配正义，既包含由机会公平、程序正义和公平竞争带来的收入分配的合理差距，又包含使最大多数人福利增长的人道主义关怀。

财政作为一种国家或政府的经济行为，体现政府与其他经济主体以及各经济主体之间的利益关系，它的价值在于满足整个社会的公共需要，体现公众意志和社会绝大多数人的偏好，从而实现包括权利公平、分配公平等在内的公平正义。

政府与市场要有合理的分工，政府的任务主要是弥补市场缺陷，支出规模不能过大，从而实现帕累托最优或者帕累托改进；政府征税必须获得纳税人的同意，"有税必有法、无法不成税"；税款的使用要符合纳税人的偏好，有限的财政经费要用在民众最迫切需要满足的公共产品上面；无论税款的征收还是财政经费的分配，都必须向社会公开，实现财政透明。凡此种种，都是经济正义的体现。总之，经济正义的具体内容非常丰富，都会或明或暗地体现出来。然而，经济正义毕竟是一种财政原则，是财政制度设计及财政行为所追求的精神境界，并不是财政具有的内在功能。

马斯格雷夫提出的资源配置、收入分配、经济稳定等三大职能，分别与效率、公平和稳定等三大原则相对应，实际上已经包含了经济正义。

[①] 何建华.经济正义：当代伦理学面临的重大课题 [J].伦理学研究，2005（4）.

（二）怎样理解马斯格雷夫的三大职能仅仅是指公共财政职能？

或许有人会说，马斯格雷夫的三职能是针对公共财政提出来的，中国财政除了公共财政之外，还包括国有资产财政，因而不能完全套用。关于这一点，有必要作些说明：

所谓的"国有资产财政职能"，实际上并不都是财政的职能。"国有资产财政职能"有哪些？一是价值管理职能，二是调节国家与国有企业利益分配关系的职能，三是国有资产经营和再投资管理职能（杨良初，1993）。很显然，价值管理（含清产核资、调剂资产余缺、股票债券发行的审批等）职能与国有资产经营和再投资管理职能是国有资产管理部门的工作职责，唯有国家与国有企业利益关系的调节与政府财政有关。随着国有企业产权制度的改革，国家与国有企业之间的利益分配关系可以通过征税与分利（如承包利润或股息、红利等具体形式）的方式处理，其中分利是国有企业财务分配的内容，只有征税才是财政职能的体现。

五、基本结论

从内涵上看，财政职能是指财政这一事物本身所具备的固有功能。正是"客观性"特质，才使它与有别于财政作用、政府职能范围和财政部门职责。

中国传统财政理论中的三大职能（分配、调节和监督）与马斯格雷夫的三大职能（资源配置、收入分配和经济稳定）之间没有不可逾越的鸿沟，但是由于中国传统理论多将财政视为分配范畴，而西方学者常把财政看作公共部门经济，因而，容易对马斯格雷夫的三大职能产生一些误解，实际上，那是对市场经济条件下财政职能的最好概括。

经济正义是一种财政原则，是财政制度设计及财政行为所追求的精神境界，并不是财政具有的内在功能。

主要参考文献

1. 姜维壮.对财政职能的再认识［J］.湖北财政研究，1992（4）.

2. 杨灿明.市场经济与财政职能之国际比较［J］.中南财经大学学报，1993（2）.

3. 杨良初. 两种体制下财政职能比较 [J]. 财经问题研究, 1993 (10).

4. 田夫. 新形势下财政职能转换的思路 [J]. 贵州财政与会计, 1993 (10).

5. 张馨. 我国财政职能观评述 [J]. 财经问题研究, 2001 (11).

6. 杨灿明. 财政职能辨析 [J]. 财政研究, 2006 (7).

7. 李森. 关于财政职能理论的反思 [J]. 云南财经大学学报, 2007 (6).

8. 孙世强, 王斌. 经济正义: 财政职能的扩展 [J]. 学术月刊, 2010 (2).

9. 刘谊军, 焦丽. 促进经济正义乃财政之根本职能 [J]. 经济与管理研究, 2011 (7).

10. 朱长才. 新形势下财政职能的重新定位 [J]. 财政研究, 2014 (7).

11. 苏中一. 市场经济条件下财政职能探析 [J]. 财经论丛, 1994 (4).

11 以支定收：
取代"以收定支"有风险吗？

"以收定支"（Expenditure is Determined by Revenue）与"量入为出"（Keeping Expenditures Within the Limits of Revenues）之间，以及相应的"以支定收"与"量出为入"之间，只是提法不同，内涵没有差别，所以，在此将相关论点一并罗列和讨论。

尽管量入为出与量出为入同为处理财政收支关系的原则，但在中国，量入为出一向被奉为不可违反的财政格言，量出为入却一直处于受贬的地位。进入20世纪90年代以来，中国财政学界关于奉行"量入为出"原则还是遵循"量出为入"原则，一直存在争论。那么，在安排财政预算时，究竟应该"以收定支"（量入为出）还是"以支定收"（量出为入）？如果实行"以支定收"（量出为入），是否有很大的风险？

一、他人观点

商立平（1990）认为，中国财政收支失衡的深层原因在于坚持了"量入为出"的原则，主张用"量出为入"原则取代之。黄明（1991）就此提出商榷意见，认为"还是应该坚持'量入为出'原则"。潘石（1991）针对商立平与黄明的争论，认为"'量入为出'与'量出为入'各有其利弊，但二者并不截然对立、根本排斥，而可以互相补充、互相结合起来。"

张馨（1993）认为，"以支定收"原则并不与"赤字预算"原则必然相联系，"以收定支"也并不意味着"预算平衡"。中国财政实行"以支定收"已经具有可能性，当然，从"以收定支"原则向"以支定收"原则转换，必须要有一个过渡时期。

王金秀（2000）认为，"量出为入和量入为出都可成为政府预算原则，但要根据理财主体的经济形态加以选择。""在资源配置阶段，政府总预算的开放性要求量出制入。在资源使用阶段，单位预算的封闭性使收入成为决定性因素，必须实行量入为出原则。"

高培勇（2001）认为，市场经济要首先按照社会共同需要界定政府职能，再界定财政支出规模，以此为基础确定财政收入规模，因此应该"以支定收"。邓子基（2002）认为，"以支定收"是自由资本主义时期的产物，不适合今天的中国，中国应该以"以收定支"为主，以"以支定收"为辅。靳俐（2002）不同意邓子基关于"从我国国情出发，仍须主要坚持'以收定支'的原则"的观点，认为"'以支定收'财政观是市场经济下的必然选择。"

王强、叶姗（2006）在对美国1985年《平衡预算和紧急赤字控制法》第252条所确定的"量入为出"原则和同样规定"量入为出"原则的中国《预算法》第3、27、28条进行比较后，认为"我国应该以'量入为出'为财政平衡目标，以'以支定收'为出发点，体现'收'与'支'之间的对立统一"。

段炳德（2007）通过实证研究发现，"我国财政收支具有长期的均衡关系，并且财政收入单方向引起财政支出，说明我国传统的财政观念还是以收定支的。"

匡小平、卢小祁（2011）认为，地方政府采用"以支定收"的理财思想更加适应市场经济条件下地方政府构建公共财政框架的需要。主要有以下四方面的原因：一是"以支定收"原则与市场经济条件下地方政府的职能转变行为相一致；二是"以支定收"原则是构建公共财政框架的基础；三是"以支定收"原则解决了地方政府收入数量与规模界定不清的问题；四是"以支定收"原则能够有效控制地方财政赤字。

徐阳光（2015）认为，随着中国体制转轨的完成，传统"量入为出"基础上的平衡局限性日益突出，中国的预算将逐步转向"以支定收"基础上的平衡。我国新《预算法》通过具体规则制度的修正，较为隐蔽地贯彻了"以支定收"基础上的预算平衡原则。

二、几点疑问

（一）两大原则中"支"（出）或"收"（入）是针对哪个层面而言的？

多数学者在讨论"以支定收"（量出为入）还是"以收定支"（量入为出）时，是站在一国总体预算安排层面上的，如商立平（1990）、张馨（1993）、高培勇（2001）、邓子基（2002）等；而王金秀（2000）认为，政府总预算和单位预算的安排要分开来讨论，两种原则可以同时被采用；匡小平、卢小祁（2011）则是从地方预算的安排考虑，主张采用"以支定收"的理财思想。那么，两种原则的应用，是否存在层面上的差异？

（二）缘何"以支定收"（量出为入）的原则逐渐为人们所推崇？

不少学者强调市场经济条件下，应该更新观念，采用"以支定收"（量出为入）的原则，如高培勇（2001）、靳俐（2002）、匡小平（2011）、徐阳光（2015）等。莫非"以收定支"（量入为出）与自然经济或计划经济，"以支定收"（量出为入）与市场经济之间存在着内在的联系？

（三）是什么原因使一些学者担忧甚至惧怕"以支定收"（量出为入）？

"量入为出"与财政平衡、"量出为入"与财政赤字，它们之间并没有必然的联系，在这一点上，学者们之间是有共识的。如张馨（1993）明确指出，"以支定收"原则并不与"赤字预算"原则必然相联系，"以收定支"也并不意味着"预算平衡"。即便是不主张实行"量出为入"原则的黄明和邓子基，也持同样的看法。黄明（1991）承认"从理论上说，'量入为出'与'量出为入'两种原则都以平衡财政收支为目标，至少是不涉及赤字财政政策问题。"邓子基（2002）也认为，"不能说'以收定支'就不能安排赤字，就不能有赤字；反之，也不能说，'以支定收'原则上可以安排赤字，不要财政平衡。"既然如此，为什么要对"以支定收"（量出为入）表示担忧呢？

三、我 的 看 法

（一）两大原则中"支"（出）或"收"（入）都是针对一国总体预算而言的

"百度百科"对"量入为出"、"量出为入"和"以支定收"的解释都比较笼统，"量入为出"是根据国家财政收入的规模确定财政支出规模的财政管理原则，"量出为入"是根据国家每年所需要的经费来规定相应的课征收入的财政原则，"以支定收"是根据政府支出的规模安排政府收入的规模。相比之下，对"以收定支"的解释比较具体。所谓"以收定支"的财政预算是指除基本的人员工资、公用办公经费由财政部门按编制和统一标准拨付外，其余部分包括部分日常经费、专项经费等则由财政部门按年度下达的行政性收费、罚没收入和其他政府非税收入（预算内收入和预算外收入）、"指标性"收入计划核定，具体比例也各不相同，这即是"以收定支"的核心内容。

在中国，很早就有"量入为出"与"量出为入"思想的论述。西周末年，《礼记·王制》提出，"用地小大，视年之丰耗。以三十年之通制国用，量入以为出"。这是"量入为出"理财观的最早记载。关于"量出为入"，《汉书·食货志上》就有"量吏禄，度官用，以赋于民"的记载。但这时还没有形成完整的理论。《旧唐书·杨炎传》记载，宰相杨炎在建议推行"两税法"时说："凡百役之费，一钱之敛，先度其数而赋于人，量出以制入。"到了清朝末年，黄遵宪提出，"权一岁入，量入为出；权一岁出，量出为入，多取非盈，寡取非绌，上下流通，无壅无积，是在筹国计"。这就把"量入为出"与"量出为入"结合了起来。从这些文献资料看，"量入为出"还是"量出为入"，都是针对一国财政预算而言的。

王金秀（2000）主张在编制政府总预算时奉行"量出为入"原则，而在编制单位预算时遵循"量入为出"原则。初看起来，两种原则得到结合。问题是，总预算的基础是单位预算。如今都是各预算单位编制单位预算，单位预算汇总成各职能部门的部门预算，部门预算再由财政部门汇总为政府预算。单位预算和部门预算的编制依据是单位与部门在未来一年中所要履行的职责。"量出为入"，字面上是根据支出组织收入，支出的基础恰恰就是各部门、各单位的职责或者说要完成的任务。假如政府总预算的编制必须遵循"量出为入",那么,单位预算的编制坚持"量入为出"就失去意义,因为所谓的"量入为出"只是单位花钱不能突破经人大批准的预算总额,那不是真正的"量入为出"。单位和部门履行职责需要花费多少财政资金,客观上已经决定。如果必须坚持"量入为出",那么为了防止出现经费缺口,只能不办事、少办事或者变相借债。

(二) 长期占据主导地位的"量入为出"原则何以发生动摇?

"量入为出"原则有悠久的历史,在整个封建社会一直居于支配地位,并始终不失为三千多年来经常为人们称道的财政格言。新中国成立以后,在财政实践上也从未放弃过"量入为出"的指导思想,甚至还把它总结为搞好财政工作的成功经验。

历史上,"量入为出"原则对于妥当处理财政收支关系、推动经济发展起了一定的作用。然而,这一传统理财原则正逐渐失去其指导意义。"量入为出"的一个基本前提就是根据一定时期内财政收入的数量安排财政支出,支出的规模要随着收入规模的变化而变化。现实却是,财政支出已不再严格受财政收入的制约,财政支出规模超过财政收入规模,出现一定规模的财政赤字,那是一种常态。

究竟是现实脱离了原则,还是原则背离了现实?不少人认为没有很好地坚持"量入为出"原则是出现赤字的真正原因。因为从政府预算的执行情况看,每年的预算收入计划基本上都能完成,但每年的支出都超出指标,突破预算,尤其是从1986年开始还在预算安排上每年留下一个支大于收的差额。那么,财政支出的增长怎么会过快呢?在经济危机时期,固然因为实行扩张型财政政策,人为地增加了财政支出,但是,有很多年份,政府强调要压缩支出,结果也总是难收实效。笔者认为,原因在于削减支出难上加难!社会保障支出供不应求,这是人口结构变化的结果;教科文支出不仅不能压缩,反而要逐年增加,这是经济发展和社会进步的客观要求;国防支出在财政总支出中的比重并不算高,不可能继续压缩;债务支出的增长是举债规模不断扩大的结果。由此可见,财政支出的增长超过财政收入的增长是迫不得已的,在预算安排上留一个支大于收的缺口也是出于无奈。这可能预示着,对于"量入为出"原则,咱们不是不坚持,而是无法继续坚持。

从历史上看,"量出为入"原则的产生比"量入为出"要晚得多,杨炎为

公共经济学
若干概念辨析

什么提出要"量出以制入"？值得人们注意的是，在他所处的时代，商品货币关系已有一定的基础。但也只是基础，并不是发达的商品货币经济。惟其如此，杨炎提出并实施"量出以制入"后，不到30年就被迫放弃了，此后，没有其他理财家再成功地运用这一原则。在欧洲，直到19世纪后期，理论上才有"以支定收"（量出为入）之说。那时正是商品货币经济较快发展、资本主义生产关系得以确立的时期。进入20世纪以后，各国纷纷抛弃传统的"以收定支"（量入为出）原则，改而奉行"以支定收"（量出为入）原则。至今，西方发达国家无论是经济景气时期还是萧条时期，财政预算的安排都遵循"以支定收"（量出为入）原则。因此，就"以支定收"（量出为入）原则的产生看，与市场经济有不解之缘。随着经济模式的转换，"以收定支"（量入为出）原则也逐渐被"以支定收"（量出为入）原则所取代。

为什么在漫长的封建社会及新中国成立后相当长一个时期内，"量入为出"都是行之有效的良好准则？而在实行市场经济的今天却失去了它继续发挥作用的功能？其实，奥妙就在于"量入为出"原则带有浓厚的自然经济色彩，市场经济体制冲垮了它赖以作用的基础。

首先，"量入为出"是与自然经济占统治地位的国家观相适应的。纵观中国古代经济思想史，主张通过政府的力量推动生产发展的观点始终不占主导地位；至于西方早期的经济学者，更明确认为国家的活动应是非生产性的，政府不必干预经济。与这种国家观相呼应，财政分配的任务主要是保障国家的安全和社会秩序的稳定，这样，"以收定支"（量入为出）自然成为不可违反的财政信条。其次，在自然经济条件下，社会财富直接表现为形形色色的物品，财政分配也以实物形式为重，尤其是在中国封建社会，财政收入主要来源于农业，作物收成好坏又难预料，以致在原则上只能而且必须在获取实物收入之后才能规划支出（国用），所以，"以收定支"（量入为出）便成为极为普通而又相当实用的理财准则，实际上，除此之外也不可能采用别的原则。

至于新中国成立后的30年里，"以收定支"（量入为出）仍有它的可行性，也是与当时的历史背景和经济环境分不开的。一是片面强调财政收入对财政支出的决定作用，把收入看成绝对的第一性，是矛盾的主要方面，看不到支出的地位和作用，更看不到支出对收入的影响作用。二是财政以筹集建设资金为首要任务，客观上不需要财政成为调控经济运行的手段，而且为片面追求年度收支平衡，预算的执行和管理往往通过强硬的指令性行政命令方式去保证。

三是社会闲置资金较小,对公债发行及国际经济往来颇有忌讳,从而客观上要求财政支出必须严格限制在正常财政收入的框框内。

市场经济体制基本确立后,情况发生了很大变化。首先,市场机制作用的结果决定政府必须运用一定的财力调控宏观经济,从而使财政担负起调节经济的重任,这样,财政供给已超出传统的狭隘范围。其次,人们逐渐认识到财政收支是对立统一的,支出在收支矛盾中同样居于重要地位,并且收支之间是互相制约的,不仅已有的收入是支出的源泉,而且现实的支出又会转化成将来的收入。最后,财政分配完全借助于货币形式,使预算收支的执行往往同时进行,再加上信用制度的健全和对外开放,即使发生赤字,也可通过举借内外债进行弥补,从而使财政收入不再成为财政支出不可超越的天然屏障。

(三) "以支定收"(量出为入)原则的优点和现实意义

1. "以支定收"(量出为入)原则的优点

第一,"以支定收"(量出为入)更能保证政府职能的顺利实现。组织财政收入是为了安排财政支出,而安排财政支出又是为了在财力上保证政府职能的顺利实现。在市场经济条件下,政府职能能否顺利实现,不仅影响国家的安全和社会的安定,而且直接关系到国民经济的正常运行和整个社会的协调发展,这就是说,使财政支出达到合理的规模不仅仅是财政本身的问题,而是事关社会经济全局的问题。既然如此,财政收入应更多地服从于财政支出,把满足合理的财政支出作为组织财政收入的出发点和归宿点。就此意义而言,"以支定收"(量出为入)是为了达到财政分配的目的——满足政府实现其职能的需要而想方设法筹集资金的原则,是对于突破常规具有一定开拓意义的原则,能与全方位开放的市场经济发展要求相适应。

第二,"以支定收"(量出为入)更能强化财政地位,增强财政工作的主动性。市场经济的一个重要特征是利益主体多元化,在这种条件下,如果财政缺乏一定的权威性,组织财政收入便会障碍重重。"以支定收"(量出为入)原则对于树立财政权威能起一定配合作用,因为财政收入的规模直接与政府履行其职能的财力需要量挂钩,从而把财政与政治统一起来了,肯定了财政在国家治理中的重要地位,只有从这个高度,才能真正集中必要的财力,并对各经济主体起监督管理作用。同时,把财政收入看成财政而支出所决定的被动结果,也能摆脱"以收定支"(量入为出)原则指导下,组织到多少收入就算多少出现收不抵支时再"挖挖补补"的窘迫境地。

财政原则是处理财政关系的理性准则。既然"以收定支"(量入为出)带有浓厚的自然经济色彩,"以支定收"(量出为入)更适应市场经济的运行要求,那么我们就不应继续死守"以收定支"(量入为出)原则,而应顺应历史发展的潮流,按照"以支定收"(量出为入)原则处理市场经济中的财政关系。

2. 奉行"以支定收"(量出为入)原则的现实意义

第一,有助于端正对财政收支的认识,改变"重收轻支"的倾向。多年来,从实际部门到理论界,多把收入看作矛盾的主要方面,表现出对支出的相对轻视,这种对收支地位认识上的偏差,造成财政支出的管理成为薄弱环节,财政资金的浪费或使用上的低效益。奉行"以支定收"(量出为入)原则,把财政支出摆在首要位置,能使人们正视支出在收支矛盾中的重要地位,并注重从支出出发研究收入,从而有利于财政工作重心的移动。

第二,有助于协调财政支出结构,强化宏观调控职能。我国的财政支出一直呈现结构失调状态,支出膨胀与支出不足同时并存,经常性支出与资本性支出及其内部之间的比例不协调。这种状况与对支出的安排缺乏主动性有关。奉行"以支定收"(量出为入)原则,便于以政府职能范围及其内部结构为依据,对财政支出结构进行优化设计和事前协调。

第三,有助于财政资金统筹使用。多年来,中国对一些政府性基金收入和专项收入,实行"以收定支、专款专用"的原则。结果,不少财政资金分散在各职能部门和单位内,而且处于沉淀状态,"打酱油的钱不能买醋"。"以支定收"(量出为入)可以资金使用"碎片化",盘活各领域"沉睡"的财政资金,把"零钱"化为"整钱",统筹用于发展急需的重点领域和优先保障民生支出,增加资金有效供给。令人欣喜的是,中央已经明确,"三年内逐步取消一般公共预算中以收定支的规定,2016年先行取消城市维护建设税以及矿产资源补偿费、探矿权采矿权使用费和价款、草原植被恢复费、海域使用金等专项收入专款专用。"①

(三)"以支定收"(量出为入)的"支"(出)受到严格约束的

1. "以支定收"(量出为入)原则与量力而行方针是不矛盾的

---

① 参见2015年6月16日《国务院关于印发推进财政资金统筹使用方案的通知》(国发〔2015〕35号)。

尽管"量入为出"与财政平衡、"量出为入"与财政赤字,它们之间并没有必然的联系,其实在这一点上,学者们之间是有共识的。但是,人们对"以支定收"(量出为入)原则仍存"担忧"乃至"惧怕"。黄明(1991)说,"如果不是以收定支,我们目前支出的需要量很大,从哪些方面去组织收入来保证支出?"邓子基(2002)认为,"财政收入的有限性与财政支出的无限性即公共产品的无限需求与有限供给之间存在着尖锐矛盾。如果实行'以支定收',无疑会使财政工作陷于十分被动的局面。"可见,对于"以支定收"(量出为入)原则的惧怕,来源于它与量力而行的冲突。奉行"以支定收"(量出为入)原则就会财政支出突破财力、物力的可能去办一些暂时还做不到的事情。

"量力而行"的本意是指按照自己能力的大小去做,不要勉强。多指在符合自己能力的范围内做事。放在经济领域中去考察,量力而行的所谓"力",一般是指经济国力,包括国家在一定历史时期全部可用的人财物力之和,即使它仅仅指财力,那也是指综合财力,政府所直接掌握的财力仅仅是全社会可用总财力的一部分。可见,"以支定收"(量出为入)仅仅是处理财政收支矛盾的技术原则,量力而行是经济建设的政策原则,即使财政奉行"以支定收"(量出为入),仍不能说明违背了量力而行的总原则。

2."以支定收"(量出为入)的"支"(出)不是不受约束的"支"(出)

邓子基(2002)认为,"以支定收"的预算原则在西方国家充分发挥作用,那是有一系列前提条件的,包括政府预算具有很强的法治性,议会也形成强有力的制约,有健全的考核体系和支出评价方法。而中国国情决定了目前不具备这些条件,所以不能"以支定收"。

邓教授的担忧具有一定的代表性。传统的财政学教科书总认为,中国是发展中国家,要办的事情很多,建设资金需要量很大,而现有的生产力水平加上众多的人口等因素,致使真正可供支配的财力有限,如果奉行"以支定收"(量出为入)原则,势必陷入尴尬的境地。

其实,这种担忧是不必要的。首先,有必要正确认识"需要"。经济学所言之"需要"不是人们主观希望的需要,主张奉行"以支定收"(量出为入)原则决非是指以主观需要的支出为依据去组织收入,这里的"需要"即支出仍然是建立在现实的经济水平之上的,不是脱离现实基础的财政支出。其次,有必要再次强调"以支定收"(量出为入)仅仅是安排年度财政收支计划的技术原则，在一个确定的时期内（如一年），总可确定一个比较合理的支出规模，这种支出规模是有限度的，而不可能是"无限的"，要办的事情很多这是事实，但总有轻重缓急，从来没有希冀在一年或几年内就办好。

可见，"以支定收"（量出为入）的有效性是建立在"支"（出）的合理基础上的。能否把财政支出规模建立在合理的或者是比较合理的基础上，关键在于政府职能范围的界定和干预程度的确定。如果按照市场经济的要求，政府活动的范围、方向及力度都是以市场缺陷的弥补为出发点，那么，一定时期内，财政支出的需要量是相对稳定的，财政支出规模不会使相应的财政收入成为超越现实可能的"无限量"。比如，公共产品的供给，哪些是政府提供，哪些是市场提供，哪些由第三部门提供，这些边界要划清，不能一说公共产品，就要由政府包揽。再如，基本公共服务均等化，城乡之间、东西部之间都需要均等化，但是，均等到什么程度，何时实现，这些也需要明确，不能不顾条件，盲目实现均等化。政府职能在范围和力度上实现规范化、科学化，这是实行"以支定收"（量出为入）原则的先决条件。

应当注意的是，支出必须经过立法机关的授权，并且施行过程自始至终必须处于立法机关监督之下。既然支出的目的是满足公共需要，而不是政府自家的需要或哪一个人的需要，那么，政府支出必须得到广大人民的同意。然后，根据支出需要组织政府收入。收入采取的方式是税还是费，及其征收依据、征收对象和收入规模，同样必须接受立法机关监督。这就说明，在支出方向确定之后，才可能科学、客观地确定支出规模，并对其进行严格控制；更重要的是，取得收入的渠道才能相应明确下来并加以规范。

这样，"以支定收"（量出为入）的"支"（出）就受到严格约束，而不是无边无际的。所以，"以支定收"（量出为入）并不会引起需要与可能的矛盾。

四、延伸思考

在大数据和云计算的时代，"以支定收"（量出为入）的风险防范有望得到技术支撑和保证。

所谓大数据（Big Data），是指体量特别大、数据类别特别大的数据集，并且这样的数据集无法用传统数据库工具对其内容进行抓取、管理和处理。大数据的规模用"庞大"一词难以形容，也不能用 G 或 T 来衡量，起始计量单位至少是 P（1000 个 T）、E（100 万个 T）或 Z（10 亿个 T）；数据类别大、数据源多，数据种类和格式已冲破了以前所限定的结构化数据范畴，囊括了半结构化和非结构化数据；数据处理速度快，真实性及安全性得以保证。所谓云计算（Cloud Computing），是一种基于互联网的计算方式，通过这种方式，共享的软硬件资源和信息可以按需求提供给计算机和其他设备。大数据和云计算如同一个硬币的两个方面，互为一体。

大数据为政府职能转变和工作效率提高提供技术条件。政府掌握着大量、关键的数据，然而，长期以来，由于信息技术、体制机制等限制，各级政府及其部门之间的信息网络往往自成体系，相互割裂，相互之间的数据难以实现互通和共享，导致政府掌握的数据大多处于割裂和休眠状态。同时许多数据往往需要重复采集，数据采集成本较高。随着大数据和云计算技术的发展，建设统一的政府信息系统平台成为可能。通过统一的信息平台，实现数据的标准、格式的统一和共享，利用大数据技术，数据获取、处理及分析响应时间大幅减少，工作效率明显提高，有利于压缩政府开支，降低行政成本。数据统一和共享所产生的大数据，通过数据挖掘等技术，能够有效提高政府部门决策的科学化水平和服务效率。

凭借大数据，公共卫生、教育、城市规划、交通服务能够得到改善，基于大数据分析结论的政府公共服务决策能够更好地满足民众的需求。这就意味着，"以支定收"（量出为入）的"支"（出）究竟是多少，内部结构怎样，预期绩效如何，这些都能得到及时、精准的预测和分析。

在这方面，重庆市已经有成功的尝试。[①] 重庆市自 2012 年起，逐步使核查数据由"碎片化"向"系统化"发展，先后整合了民政、公安、人力社保、国土房管、金融、保险、工商、税务、住房公积金管理等部门和机构的有关户籍、机动车、就业、保险、住房、存款、证券、个体工商户、纳税、公积金等 16 类数据。这些信息全部联网，经过数据分析，设定比对项、比对值，只要在系统中输入申请人姓名和身份证号码，所有信息一目了然。凡含有不符合申请条件的因素，如有车的，或月消费明显高于低保金额度的，系统都会立即显示，让低保申领接受多方位筛查，"死人保"、"富人保"、"关系保"、"福利保"、"轮流保"就会被剔除，"富人开着豪车领低保，穷人流泪盼救济"的现象极少发生。在江津区，该综合系统对全区 4.3 万户低保家庭的经济状况进行

---

① 邓勇.数据管理成重庆财政"新常态".中国财经报网，2014-09-11.

了核查,一下便筛查出 500 多户不符合低保条件而被终止低保资格。重庆充分利用现有大数据筛查手段,低保人数已从 2008 年年末的 190 万人下降为目前的 110 万人。

在大数据的运用方面,该市财政已将公开招投标、企业补助资金发放等作为首要审核条件,及时将不良信用企业剔除出拟入围或拟补助对象的范围,既确保了财政监督执法的权威性,又确保了财政在公开招投标、补助资金分配等关键业务环节上的决策科学性和操作规范性,实现将企业信息体系建设成果充分运用到财政重大决策中去的最终目的。特别是在工程建设领域成效凸显,"串标"、"围标"等诚信缺失问题得到有效制止。

由此可见,借助于现代信息技术,"以支定收"(量出为入)的"支"(出)一定可以建立在合理的基础之上,从而把风险降到最低。

五、基 本 结 论

综上所述,如果要对"以支定收"(量出为入)重新下一个定义,可以表述为:在厘清政府职能范围并接受立法机关严格审核的基础上,依托现代信息技术的分析,根据一定时期内(如一年)政府需要花费的财政支出(规模、结构和预期绩效),确定合理收入规模的财政原则。这个定义有几个要点:

第一,财政支出的方向是与市场经济条件下政府职能范围相适应的,并且要接受立法机关严格审核。

第二,财政支出的规模、结构和预期绩效,不是某一个人拍脑袋随意决定的,而是建立在现代信息技术(如大数据和云计算)的预测和分析之上的。

第三,将政府收入规模控制在支出规模之内,不多收、不乱收。

主要参考文献

1. 商立平.财政收支失衡的深层原因及对策[J].财贸经济,1990(10).
2. 黄明.还是应该坚持"量入为出"的原则:同商立平同志商榷[J].财贸经济,1991(3).
3. 潘石.应实行"量入为出"与"量出为入"相结合的原则——与黄明、商立平同志商榷[J].财贸经济,1991(10).

4. 张馨.论我国预算的"以支定收"原则 [J].财经论丛,1993(6).

5. 王金秀.政府预算理论分析——收支平衡与否和收支孰决原则及其组合 [J].中南财经大学学报,2000(3).

6. 高培勇.应当确立"以支定收"的财政观 [J].财政研究,2001(1).

7. 邓子基.以收定支还是以支定收 [J].财政研究,2002(3).

8. 靳俐.以支定收和以收定支之辨析——与邓子基教授商榷 [J].财政研究,2002(6).

9. 王强,叶姗.政府理财观的抉择:"量入为出"与"以支定收"——源于美国1985年《平衡预算和紧急赤字控制法》第252条之启示 [J].法学杂志,2006(2).

10. 段炳德."以支定收"还是"以收定支":我国财政收支关系的实证研究 [J].北京工商大学学报,2007(1).

11. 匡小平,卢小祁.地方政府以支定收理财原则的数量分析——以江西省为例 [J].地方财政研究,2011(1).

12. 徐阳光.如何实现"以支定收"——新《预算法》理财观解读 [J].税务研究,2015(1).

13. 赵磊,马丽敏,周春阳.大数据对政府数据管理能力新要求研究 [J].综合经济杂志,2014(3).

12 "吃饭"财政：
应该被肯定还是应该被否定？

"吃饭"财政，这是经常出现于报端的一个术语，大体是指财政支出主要用于满足党政机关、事业单位人员经费和公用经费的需要。对"吃饭"财政这样一种支出结构状态，人们大多对它持否定态度，认为"吃饭"财政意味着财政把经费用于"人吃马喂"，对经济增长和社会发展没有什么贡献。笔者却认为，对于"吃饭"财政（Dinner Finance）不能简单地予以肯定或否定，而应当用市场经济的眼光去分析。

一、他人观点

关于"吃饭"财政问题的讨论，集中在 2000 年前后，主要因为当时财政收支规模较小，而支出结构上用于生产建设的支出比重逐渐缩小。

赵理峰（2000）认为，所谓"吃饭"财政是指财政资金只能维持国家机关的运转，只能供养一批"吃皇粮"的人，缺乏用于建设的资金，也就是说财政的经济建设职能基本丧失。

陈吉利（2000）认为，所谓"吃饭"财政是指一级政府的财政收入仅够国家机关、事业单位的公务人员的工资、一般性办公费用等方面的支出。

常向东（2000）认为，"吃饭"财政是指财政支出主要用于购买性、消费性支出。事实上，当今世界各国财政支出极少仅限于"吃饭"领域，而是除用于"吃饭"之外，还用于投资性和转移性支出。

李安华（2001）认为，所谓"吃饭"，是对发工资的形象说法。各地在编制财政预算时，最先安排工资预算，人头经费打足了再安排公用经费，最后安排经济建设支出。

李小芳（2004）认为，"吃饭"财政是指预算内收入只能用来发工资，没有财力做别的事情，但实际上预算内收入根本不够"吃饭"，"吃饭"财政还吃掉了本来用于公共建设的预算外资金。

于树军（2006）认为，"吃饭"财政的陈腐观念可以休矣，因为"吃饭"财政不符合公共财政的现代理念，"吃饭"财政不符合精简机构、提高效率的改革精神，"吃饭"财政不利于财政资金合理、科学的支出。

二、几点疑问

（一）"吃饭"财政究竟是指什么？

赵理峰（2000）、李安华（2001）和李小芳（2004）的理解有共同之处，都认为"吃饭"财政是指财政资金用于供养人员经费。陈吉利（2000）认为，除了工资支出之外，还包括一般性办公费用。常向东（2000）则认为，"吃饭"财政是指财政支出主要用于购买性、消费性支出。从涉及范围看，最小的是指人员经费；最宽的是购买性、消费性支出。

上述关于"吃饭"财政的解释，至少可以有三种指向：一是指行政事业单位的人员经费占财政支出比重很高的支出结构状态；二是指行政事业单位经费（含人员经费和公用经费）占财政支出比重很高的支出结构状态；三是指经常性支出在财政支出中占主要地位、资本性支出居于次要地位的支出结构状态。

这样，问题的焦点就在于："吃饭"究竟是指那一部分支出？另外，"吃饭"的费用在财政支出中的比重大体占多少才称得上"高"？

（二）如何看待"吃饭"财政？

1. 管"吃饭"是不是财政的"分内事"？

于树军（2006）把"吃饭"财政看成是陈腐观念，认为"吃饭"财政不符合公共财政的现代理念，不符合精简机构、提高效率的改革精神，不利于财政资金合理、科学的支出。"三条罪状"能否成立,关键在于是不是符合公共财政的现代理念,因为公共财政的特征之一是将私人部门的效率原则引入到公共经济活动中。如果"吃饭"财政不背离公共财政的理念,那么,就不能简单地予以否定。

2. 财政管好"吃饭"是不是搞建设?

赵理峰(2000)认为,在"吃饭"财政模式下,财政缺乏用于建设的资金,也就是说财政的经济建设职能基本丧失。为什么把财政管"吃饭"与搞建设联系起来?是否因为中国一度将"一要吃饭、二要建设"作为财政工作的指导方针?或者因为人们习惯于把安排资本性支出理解为"搞建设"?

三、我 的 看 法

(一)"吃饭"财政是指一种以经常性支出为主的财政支出结构

1. "吃饭"的指向主要是"经常性支出"

常向东(2000)将购买性、消费性支出与投资性、转移性支出相对应的论述,有必要作进一步的明确。财政支出的划分有多种标准,按经济性质划分和按补偿程度划分,都是较为常见的两种方法。前者把财政支出分为经常性支出与资本性支出,后者把财政支出分为购买性支出与转移性支出。

经常性支出是指维持公共部门运转或保障人们基本生活所必需的支出;资本性支出是指用于购买或生产使用年限在一年以上的耐久品所需的支出。购买支出是指能够获得相应商品和劳务的支出;转移支出是指公共部门对企业和家庭的补助支出。按经济性质分类和按补偿程度分类,存在一定程度的交叉。如国际货币基金组织(IMF)对经常性支出与资本性支出的细分,商品和服务支出属于经常性支出,但是,按照补偿程度划分,它又属于购买性支出(见表12-1)。

中国自 2007 年起实行新的政府收支分类体系,将财政支出分为基本支出与项目支出两部分,基本支出是指为保障行政事业单位正常运转、完成日常工作任务而编制的年度支出计划,包括人员经费和日常公用经费,其中:人员经费包括基本工资、补助工资、其他工资、职工福利费和社会保障费等;公用经费包括公务费、小型设备购置费和修缮费、业务费和业务招待费等。项目支出是指为完成特定的工作任务或事业发展目标,在基本预算支出以外,财政预算专款安排的支出，包括基本建设、有关事业发展专项计划、专项业务费、大型修缮、大型购置、大型会议等项目支出。

表 12-1　　　　　　　　　　经常性支出与资本性支出

经常性支出	资本性支出
（1）商品和服务支出	（1）固定资本资产购买
（2）利息支付	（2）存货购买
（3）补贴和其他经常性转让	（3）土地和无形资产的购买
	（4）资本转让

资料来源：国际货币基金组织.政府财政统计年鉴（2001）.

这种划分与前述经常性支出和资本性支出的分类是相对应的。不过，它们之间也存在一定的差异。如项目支出中的专项业务费、大型会议费等不属于资本性支出，归类到经常性支出中更合适。这是因为，基本支出与项目支出的划分更偏重于资金来源和划拨方式，基本支出通常按照人员和类别确定标准，每年都会发生；项目支出按照特定的事件或决策而设立，未必每年都设立，但是某个项目一旦被设立，可能跨年度才能完成。

尽管存在这种微小的差异，总体看，基本支出与经常性支出仍然是对应的。如果将"吃饭"财政的含义界定为经常性支出在财政支出中占主要地位、资本性支出居于次要地位的支出结构状态，既符合财政支出分类的国际惯例，也切合我国的实际。

2. 经常性支出比重高是各国的常态

纵观世界各国的财政支出结构，不难发现，随着财政支出总量的增加，经常性支出所占的比重也在逐渐提高。自 20 世纪 50 年代中期以来，在大多数工业化国家，国防支出和一般公共服务支出的增长并不突出，但是教科文卫支出、社会保障支出都有较大幅度地增长。如果把教科文卫支出和社会保障支出定义为"社会支出"的话，那么就会发现，无论以当年价格计算还是以不变价格计算，主要发达国家中，社会支出占财政支出之比逐渐上升，而且超过财政支出占 GDP 之比的上升幅度。由此可见，经常性支出占财政支出比重的提高是一个普遍的现象，这表明，现代市场经济条件下的财政更接近于一种管"吃饭"的财政。从占比情况看，如果经常性支出的比重超过 50%，就可以认为是"吃饭"财政（见表 12-2）。

表 12-2　　1994 年 30 个国家经常性支出与资本性支出对比

经常性支出（%）	资本性支出（%）	国　　家
95 以上	5 以下	美国、瑞典、比利时、意大利、澳大利亚、南非、巴西、俄罗斯
90—95	5—10	西班牙、土耳其、英国、德国
85—90	10—15	印度、加纳、巴基斯坦
80—85	15—20	中国（1998）、韩国、马来西亚、肯尼亚、埃及、菲律宾、智利
70—80	20—30	泰国、新加坡
65—70	30—35	赞比亚
55—65	35—45	印度尼西亚

资料来源：世界银行.1995 年世界发展报告［M］.北京：中国财政经济出版社，1995；世界银行.1996 年世界发展报告［M］.北京：中国财政经济出版社，1996.

（二）对于"吃饭"财政不能简单地予以肯定或否定

1. 财政管"吃饭"符合公共财政的理念

市场经济条件下的财政支出结构中，经常性支出占财政支出的比重不断提高，这是有理论依据的。公共财政的理论和实践告诉人们，公共产品与私人产品一样是满足人类需要所必不可少的，但因其具有非竞争性和非排他性等特征，一般不可能由私人部门依靠市场规则去提供，主要由公共部门依靠非市场的方式去提供。市场经济条件下的财政以弥补"市场缺陷"为己任，财政支出就是为政府提供公共产品作财力保证。公共部门由国家政权机关及其所属的事业单位和公共企业所组成，其中国家政权机关负责提供纯公共产品，事业单位和公共企业提供准公共产品。可见，保证公共部门正常运转及适度发展所需的经费，是政府财政义不容辞的职责，从这个角度看，任何国家的财政都是管"吃饭"的，诸如国防、治安、外交、行政管理、义务教育、公共卫生、社会保障等方面的经费理所应当由财政来解决，倘若财政不管"吃饭"，硬让私人部门来管，结果必定是降低资源配置的效率。

现实经济生活中，因财政不管"吃饭"或"吃饭"没有管"饱"，导致一些扭曲行为及其后果的事例常有所见。比如"希望工程",从某种意义上说,是应当由政府通过财政拨款解决的事务,由于财政教育投入不足,不得不推向社会通过启动道德的力量去解决。再比如,城镇居民普遍安装防盗门、防盗窗,家家户户都装在"铁笼子"中,这里实际上折射出由于财政拨款不足导致政府无力彻底解决社会治安这个问题。

随着经济的高速增长,人们生活水平逐渐提高,对公共产品的需求也急剧增加。财政支出中经常性支出所占比重的增加,表明政府逐渐放弃提供私人产品,转向提供更多的公共产品。总之,由相对忽视"吃饭"到越来越重视"吃饭",既符合公共部门与私人部门分别提供公共产品和私人产品这一资源配置原则,又与世界各国财政支出结构演变的趋势相一致,这是值得肯定的。

2. 管好"吃饭"同样是搞建设

管"吃饭"与搞建设,二者之间是不对立的,财政管好"吃饭"也是搞建设,经常性支出与经济建设有着密切的关系。科学技术是第一生产力已成为共识,技术进步对经济增长的贡献程度已成为衡量一国经济竞争力的重要标志。关于教育对经济的作用,世界银行得出这样的结论:"劳动力受教育的平均时间增加1年,GDP就会增加9%,这是指头3年的教育,即受3年教育与不受教育相比,能使GDP提高27%,后3年的收益减为使GDP增加4%,即其后3年的教育,可使GDP增加12%。"[①] 卫生支出能恢复劳动者的体力和脑力,文化支出能丰富劳动者的精神生活,也能提高劳动者素质。社会保障支出能为劳动力资源的自由流动和重新组合创造良好的条件。一般公共服务支出能创造出一个良好的投资与生产环境。

人们对"吃饭"财政颇有微词,一个重要原因是"吃饭"问题管得不那么好,主要表现在经常性支出有缺位也有越位。前述"希望工程"、"铁笼子"等现象就是经常性支出缺位的表现,在此不再赘言。经常性支出浪费严重现象也很突出。政府雇员冗员充斥,公共服务支出居高不下,如众所周知。就连教科文卫事业费浪费也是惊人的。谁都不能否认,中国财政对教科文卫事业的投入与需求相比尚有很大差距,然而,就在这一领域,同样存在资源浪费,有些甚至相当严重。这说明,中国经常性支出存在较大的问题,"吃饭"问题不管好的话的确算不上在搞建设。

---

① 世界银行.1991年世界发展报告[M].北京:中国财政经济出版社,1991.

公共经济学
若干概念辨析

怎样才能管好"吃饭"？这是一个很复杂的理论和现实问题。但归根到底是一个支出范围与标准的问题。支出范围的界定是管好"吃饭"的前提。如何界定？理论依据只有一条，即看它是否属于公共产品（含准公共产品），属于公共产品的项目就全额拨款或部分拨款，否则就不安排款项，舍此别无选择。过去，财政理论界未接受公共产品理论，对公共产品与私人产品的本质区别视而不见，以致财政支出范围模糊不清。表现为，一方面不安排足够的经费保障公共产品或准公共产品的提供，另一方面却花费很大的代价去生产或提供私人产品。从成本收益角度看，这是缺乏效率的。在市场经济条件下，对经常性支出的性质需要作重新认识，倘若运用公共产品理论进行分析，那么经常性支出就是政府提供公共产品的成本，这种成本的补偿来源即为税收。国内外财政实践的经验与教训都证明，只有以公共产品理论为基础，才能科学界定经常性支出的范围。

至于支出标准，笔者强调的是"要足额"。凡属于靠财政拨款维持其运行的部门或单位，一定要充分保证其经费。"乱收费"、"乱摊派"、"乱罚款"曾经是我国经济生活中的一大顽症，一个重要的原因便是财政拨款不足。本应完全依靠财政供养的单位，财政拨款额很少，留下一大缺口，让单位自搞创收"找米下锅"，于是乎，"三乱"之风盛行于世。杜绝"三乱"，的确要多管齐下，但是财政拨足款项是前提，只有开前门方能堵偏门。

可以说，财政支出改革的方向，不是要推翻"吃饭"财政模式，而是要管好"吃饭"。

3. 财政只管"吃饭"是不够的

或许是对计划经济体制下的"生产财政"存有反感的缘故，理论界有人主张市场经济条件下，财政应当彻底退出投资领域，只管"吃饭"即可。这种观点也是值得商榷的。"生产财政"的缺陷是政府直接介入了私人产品的生产与提供，但财政彻底退出投资领域只管"吃饭"也是不够的。奴隶制、封建制国家的财政支出中尚且有一些疏浚河道、修筑马路之类的资本性支出。财政学之父亚当·斯密反对政府干预经济，但他所倡导的"廉价政府"，除了"保护社会使不受其他独立社会的侵犯"，"尽可能保护社会上的每个人使不受社会上任何其他人的侵害"两项职能之外，还有"建设并维持某些公共事业及某些公共设施"这一条。当今世界各国的财政支出中，都有一定比例的资本性支出。

与企业的资本性支出相比较，财政安排的资本性支出是一种社会资本支出，如基础产业、基础设施、高新技术产业等领域的支出，社会资本项目的特点是具有明显的外部性和先导性，但其成本往往难以通过价格回收，且投资数量大、风险高。一般情况下，企业不愿投资或无力投资，只有以弥补市场缺陷为己任的政府财政，才必须也有可能承担投资的责任。

对于发展中国家而言社会资本支出尤为重要，正如英国经济学家罗森斯坦·罗丹（P. Rosenstein – Rodan）所言，发展中国家应当优先发展基础产业，否则，当加工工业发展之后会出现"瓶颈"，延续发展的进程，虽然基础产业具有很强的外在性，投资周期长，但是对于整个国民经济系统的长期稳定发展是必不可少的。之所以如此，是因为社会资本支出与私人资本支出之间存在一种函数关系。

社会资本支出中最主要的支出莫过于基础设施投资支出，因为基础设施对于一个国家、一个地区乃至一个城市的发展具有决定性的意义。改革开放以来，我国基础设施已有很大改善，然而"瓶颈"效应仍明显存在。财政所面临的资本性支出压力是相当大的。如果财政仅仅管"吃饭"，那么基础设施必将成为富国强民的最大障碍。

或许有人会说，基础设施是一种混合产品（准公共产品），其投资责任未必由政府承担，可以推向市场，由企业甚至个人去承办。理论上看，的确如此，而且已经有不少地区正在实践。然而，基础设施究竟由市场提供好还是政府提供好，这要取决于哪种方法给社会带来的净效益大。赞成市场提供的人可能更多地看到了税收的效率损失（即税收额外负担），却相对忽视了收费的效率损失，即由于过路要收费，车流量比不收费时要减少，由此使社会损失了一部分消费效益。

现实生活中由于公路设卡收费而运量不足的现象时有所见，经常可以看到宽敞平坦的收费公路上车辆稀稀落落，而旁边与它平行的普通公路上车辆熙熙攘攘的状况，这显然是资源没有得到充分利用的表现。引入市场机制或许能迅速改变交通落后的面貌，但未必符合资源配置的效率要求。或许正是这个原因，在一些发展中国家及发达国家的战后恢复阶段，财政支出中基础设施投资支出都比较多。

总之，无论从中国基础设施滞后的现状看，还是从当前宏观经济的走势看，财政安排一定比例的资本性支出是不可或缺的。

四、延伸思考

"吃饭"财政一直为社会各界所诟病,重要原因之一是大量的财政经费被用于供养党政机关和事业单位的工作人员,与普通民众可以享受的公共产品或准公共产品没有直接的关系。这就涉及一个"财政供养率"的问题。

理论界对中国财政供养率是否偏高存在不同的说法。通常,人们认为中国财政供养率太高,财政供养人口过多。影响较大的是 2005 年 3 月全国政协十届三次会议上,全国政协委员和国务院参事任玉岭给出的数字:"我们的官民比已达到 26∶1,比西汉时高出了 306 倍,比清末高出了 35 倍。即使是同改革开放初期的 67∶1 和 10 年前的 40∶1 相比,吃皇粮者所占总人口的比重攀升之快,也是史无前例的,令人堪忧!"同年 6 月,中央党校教授周天勇接受媒体采访时说,中国财政供养的人员,包括党政机关的公务员,行业协会、学校、医院和科研单位的行政管理人员,国有企业中有公务员性质的官员,工商管理、派出所、城管等机构的执法人员,县、乡、村基层中靠收费和罚款供养的非编制管理人员,享受机关离退休干部的人员等,总共近 7000 万人。按照这样的计算,中国的官民比例不是 1∶26,而是高达 1∶18。① 然而,陈广桂(2003)、程文浩和卢大鹏(2010)就财政供养率问题作了专门的实证研究,纵向、横向对比分析的结果是:中国的财政供养率并不算太高。

由于统计口径的差异,加之受生产力状况、经济制度、民族文化、国民素质等因素的影响,不同国家有不同的财政供养率,甚至同一国家在不同阶段有不同的财政供养率,这都是正常的。问题的关键在于财政经费所供养的人,有否为民众提供公共产品。不论财政供养率的具体数据是多少,党政机关人员中,整天忙于会议、应酬、出差、出国考察的人员偏多,为社会公众直接提供服务的人员如警察、市场秩序监督人员、产品质量检查人员则不是偏多而是偏少,这是无可辩驳的事实。即便在事业单位中,同样存在这种情况,在许多老牌的大学里,非教学人员远远超过教学人员,有教学资质的高水平教师总是不够;医院里,一线的医生和护士经常短缺。

这当然与财政供养人员本身不愿意提供艰苦、繁杂的一线服务,喜欢坐在大院里从事后台工作分不开,但是,与部门内部岗位设置、从业人员专业知识

---

① 中国的官民比到底是多少? [N]. 中国网. http://view.QQ.com 2006-08-12.

甚至寻租活动都有关。其背后涉及行政管理体制、事业单位管理体制等非常棘手的问题。

五、基本结论

"吃饭"财政的含义界定为经常性支出在财政支出中占主要地位、资本性支出居于次要地位的支出结构状态。纵观世界各国的财政支出结构，随着财政支出规模的扩大，经常性支出所占的比重也在逐渐提高。

对于"吃饭"财政不能简单地予以肯定或否定。财政管"吃饭"符合公共财政的理念，管好"吃饭"同样是搞建设，但是，财政只管"吃饭"是不够的。

主要参考文献

1. 赵理峰. 对我国财政收支结构调整的若干思考 [J]. 湖南财政与会计, 2000 (7).

2. 陈吉利. 浅谈非公有制经济的发展 [J]. 广西社会主义学院学报, 2000 (5).

3. 常向东. 试论建立现代公共财政——兼析关于公共财政的几种观点 [J]. 兰州商学院学报, 2000 (1).

4. 李安华. "吃饭财政"的错位. 中国财政 [J]. 2001 (7).

5. 李小芳. 改善中西部地区乡镇财政的几点建议 [J]. 乡镇经济, 2004 (3).

6. 文刀. 质疑"先吃饭后建设"财政支付原则 [N]. 经济学消息报, 2001-2-9.

7. 于树军. 质疑"吃饭财政" [J]. 人民网·中国人大新闻, http：//npc.people.com.cn/GB/15217/4261623.html 2006-4-2.

8. 陈广桂. 中国财政供养率问题的初步研究 [J]. 当代经济科学, 2003 (4).

9. 程文浩, 卢大鹏. 中国财政供养的规模及影响变量 [J]. 中国社会科学, 2010 (2).

13 民生财政：这个概念能否成立？

近年来,"民生财政"的提法时有所见,一些地方甚至把它作为财政改革的目标模式。应当承认,在与民众生活直接相关的支出方面,财政多安排一些,让改革开放的成果让大家分享,促进和谐社会的建设,这是无可非议的。然而,如果炮制出来的所谓"新概念",缺乏实质性的内容创新,无法替代已有的相关概念,那就失去其意义。"民生财政"(The People's Livelihood Finance)就属于这样的"新概念"。

一、他 人 观 点

究竟什么是民生财政,理论界没有确切而公认的定义。目前,主要有以下几种不同观点：

(一) 将民生财政视为一种财政支出结构模式

安体富(2008)提出以"民生方面的支出占到相当高的比例,甚至处于主导地位"作为判断是否是民生财政的基本标准。所谓民生财政,就是指在整个财政支出中,用于教育、医疗卫生、社保和就业、环保、公共安全等民生方面的支出占到相当高的比例,甚至处于主导地位。

高培勇(2008)认为,财政应当关注民生并致力于改善民生,保障民生,但不能包揽民生。为此，他设计了一个关于民生财政的基本分析框架，即学有所教——全面提高民族素质；劳有所得——促进就业的财税政策；病有所医——公共财政视角下的医疗卫生体制改革；老有所养——应对老年中国；住有所居——住房保障制度建设等。

吕炜（2012）认为，民生财政是指整个财政支出中，用于教育、医疗卫生、社保和就业、环保、公共安全等民生方面的支出占到相当高的比例，甚至处于主导地位。"

（二）将民生财政视为公共财政的变种

张馨（2009）从制度基础角度分析，认为民生财政以公共财政为制度基础，本性就是公共财政。然而，"民生财政"是中国现阶段特有的财政基本运作模式，"民生财政"有着特定的内涵，它集中在关注民生最直接最急需的问题上，"公共财政"是更为一般性的概念。

贾康等（2011）认为，所谓"民生财政"，不可能是游离于或是作为替代物而对立于"公共财政"的另一事物，中国20世纪90年代后期以来为决策层所肯定，我们一向在致力于发展、健全的公共财政，其实就是民生财政。在公共财政支出中，如试图以笼统的"民生支出"概念，划出总支出中截然分明的一块（一个绝对额或占比），称为民生支出，其余部分则作为反义词而被称为"非民生支出"，这极易引出专门概念的混乱和实际工作中的无所适从。因为公共财政与民生财政，本为同一事物的两种称呼；所有的财政支出，都应是直接、间接地服务于民生的。

（三）将民生财政作为与公共财政相并列的一种模式

张佐（2007）认为，民生财政是指立足以人为本，着眼又好又快发展，满足社会民生需要，以逐步实现基本公共服务均等化为口径，界定政府财政职能范围，并以此构建政府的财政收支体系，从而提供国民待遇和机会均等服务的财政。从"建设财政"到"公共财政"，再到"民生财政"，这是财政体制不断改革、不断进行适应性调整的结果。财政改革应当确立从公共财政转向民生财政的基本方向。

崔惠民、张厚明（2011）认为，民生财政与公共财政是一脉相承的，应该说民生财政是公共财政在当代中国的深化，但民生财政与公共财政在指导思想、社会背景和目标取向等方面是各有侧重的财政制度。

(四) 将民生财政视为"人本财政"

刘尚希 (2008) 认为,民生财政的实质是"人本财政",促进每一个社会成员全面发展,实现社会公平正义的财政,不仅承载人文关怀的终极诉求,而且具有"普世性的基本价值"。民生财政应当是这样的财政,它是在促进经济增长基础上的国民消费水平的提高,防范消费差距过大,推进基本消费平等化,增加社会幸福指数的财政。不论用什么概念或提法来表达,只要是始终关注社会终极目标,那就是民生财政。

(五) 将民生财政视为"民主财政"

潘洪其 (2008) 认为,"民生财政的实质是民主财政,构建纳税人权利保障的正当程序比解决民生的善意更重要"。

乔新生 (2008) 认为,"民生财政即民主财政,它是在民主宪政体制下,实现国家财富的社会成员共享"。

卢现祥、罗小芳 (2010) 认为,"只有健全民生性公共产品的民主决策机制,才能在正确反映民生偏好的基础上较好地解决民生问题","民生财政涉及民众在财政中的话语权和诉求渠道,它不是一个简单的数字问题,更重要的是一种机制、一种制度安排"。

二、几点疑问

(一) 界定民生支出的依据是什么?

安体富 (2008)、吕炜 (2012) 认为,如果财政用于教育、医疗卫生、社保和就业、环保、公共安全等民生方面的支出占到相当高的比例甚至处于主导地位,就是民生财政。那别的支出与民生是否有关?

(二) 公共财政与"民生财政"是递进的关系吗?

张佐 (2007) 主张"财政改革应当确立从公共财政转向民生财政的基本方向",崔惠民、张厚明 (2011) 认为,"民生财政是公共财政在当代中国的深化"。显然,在他们看来,公共财政与民生财政是一种递进的关系。它们之间究竟是什么关系?

（三）只有"民生财政"才强调人本或民主吗？

刘尚希（2008）认为，民生财政的实质是"人本财政"，促进每一个社会成员全面发展，实现社会公平正义。潘洪其（2008）、乔新生（2008）、卢现祥等（2010）都强调民生财政是一种民主财政。民生财政是突出人本或民主的，别的财政模式如公共财政是不是也强调人本或民主？如果是，它们之间的区别在哪里？

三、我 的 看 法

（一）"民生财政"的概念是不成立的

1. 民生支出与非民生支出之间不存在明确的边界

在上述几种观点中，官方和媒体比较倾向的是第一种观点，如 2010 年 3 月 27 日新华社发布一则新闻，根据财政部《关于 2009 年中央和地方预算执行情况与 2010 年中央和地方预算草案的报告》，"2010 年中央财政用在教育、医疗卫生、社保和就业、保障性住房、文化方面的民生支出安排合计 8077.82 亿元。"一些地方政府也要求财政用于这五个领域的支出必须占新增财力的 70% 或 80% 以上。

问题是，只将教育、医疗卫生、社保和就业、保障性住房、文化方面的支出看作民生支出，这种认识是否有失偏颇？为什么财政花费在公共安全、交通建设、行政服务等方面的支出就不算民生支出？难道这些支出与人民的生计不是直接相关吗？2007 年实行的政府收支分类体系，按照支出功能把财政支出划分为一般公共服务、外交、国防、公共安全、教育、科学技术、文化娱乐、社会保障和就业、医疗卫生、环境保护、城乡社区事务、农林水事务、交通运输、工业商业金融事务等各项支出。试问，上述诸项支出哪一项与"人民的生计"无关？外交和国防支出，表面看来不是直接用在民众身上，但是，从支出效果看，提供了全国性的公共产品，跟任何人都有关，或许是最重要的民生支出。

大概高层官员也意识到这一点，后来，财政部将教育、科技、文化体育与传媒、社会保障和就业、医疗卫生、节能环保、城乡社区事务、农林水事务、交通运输、商业服务业等事务、国土资源气象等事务、住房保障支出、粮油物资储备管理事务 13 个方面确定为财政民生支出统计范围。这种做法恰好说明，民生支出与非民生支出之间并没有明确的边界。

2. 民生支出不等于民生财政

财政是一个分配范畴，涉及支出、收入、预算、体制、效率、公平等多个方面。既然称为财政，怎么就以支出来取代呢？中国长期存在财政收入体系混乱的现象，那些以政府名义征收的名目繁多却未纳入政府预算收入，与"人民的生计"没有关系吗？上下级政府之间财权财力的划分，涉及基本公共服务均等化的实现、区域之间外部性的矫正，与"人民的生计"同样是息息相关的。无论收入还是支出，只要是政府的，就必须公开预算，其收入来源于何处、支出用于何方、分配是否公平、花钱效果怎样，均须接受人大的约束和舆论的监督，如果"民生财政"的概念成立，这些都是该范畴的应有之义。

3. 公共财政本身就是重人本、重民主的财政

"民生"一词最早出现在《左传·宣公十二年》，所谓"民生在勤，勤则不匮。"这里的"民"，就是百姓的意思。孙中山在《民生主义》中解释为"民生就是人民的生活，社会的生存，国民的生计，群众的生命。"

"民生"的英文单词是"The People's Livelihood"。《辞海》对于"民生"的解释是"人民的生计"。现代意义上的民生概念有广义和狭义之分。广义上的民生概念是指，凡是同民众的生计直接或间接相关的事情，都属于民生事务；狭义上的民生概念主要是从社会层面上着眼的，主要是指民众的基本生存和生活状态，以及民众的基本发展机会、基本发展能力和基本权益保护的状况，等等。

从这个角度看，张佐（2007）关于民生财政"立足以人为本"以及刘尚希（2008）关于民生财政的实质是"人本财政"的观点都是正确的。然而，不能因为强调财政支出要重视民生，就起名为"民生财政"；同样，也不能因为强调财政决策要重视民主，就起名为"民主财政"。

民生财政与公共财政是什么关系呢？

学术界对于公共财政的论述见仁见智，笔者的理解，公共财政的关键在于"公共"二字。这个词至少包含几层意思：第一，这种财政模式的运作主体是公共部门，追求的目标是民众的共同利益，与追求利润的私人部门和追求道义的第三部门不一样；第二，这种财政模式以保障公共产品的供给为己任，因为民众需要消费公共产品却又难以依靠市场提供；第三，这种财政模式下在运作过程中，其收入与支出，无论规模还是结构的确定，事先都要符合民众的偏

好，最终也是由民众说了算，具体通过民众的代表组成的机构——议会来决定；第四，这种财政的所有规则和制度都是公开、透明的，政府必须接受民众的监督，并按照预期的绩效目标，及时纠错、纠偏。

不难看出，公共财政中已经暗含了民生为本的意思。正如张馨（2008）教授所言，民生财政以公共财政为制度基础，本性就是公共财政，虽然它集中关注民生最直接最急需的问题，但是"公共财政"是更为一般性的概念。

民生财政与民主财政又是什么关系呢？

詹姆斯·布坎南（James M. Buchanan）在1967年出版的《民主财政论》中指出，民主财政的要义为在宪法的框架内有效控制政府的一切收支活动，政府通过征税获得的财政收入能够合理地使用，以维护公民的合法权益。[①] 国内学者刘云龙（2001）认为，"民主财政的含义至少包括两个方面的内容：一是用民主投票的方法来确定公共收支规模和类型，充分反映和满足居民的偏好，并对公共财政活动进行民主监督和民主管理；二是用联邦主义框架下地方自治的方法确保地方政府提供公共物品的优先性和自主性，及时满足居民的偏好。"[②]

可见，民主财政实质上是政府的财政收支要尊重民众的意愿，民众是财政规模和结构的决定者。如果这样的民主财政得以实现，那么，财政支出主要用于改善民生的目标也就实现了。从这个角度看，潘洪其（2008）、乔新生（2008）、卢现祥等（2010）都强调民生财政是一种民主财政的观点是正确的。只不过，财政反映民众的偏好，民众决定财政的规模和结构，这是公共财政的应有之义。只要真正确立起公共财政模式，无论民主财政还是民生财政，自然就确立起来了。公共财政，必定是一种民政为本的财政、民众作主的财政。

建立公共财政的基本框架，那是自1997年以来财政学界争论10多年之后逐渐占据主流地位的观点。既然公共财政与市场经济相适应的财政模式，如今再强调打造"民生财政"，不免有叠床架屋之感，学术界花费笔墨和精力去争论一番，没有多大的价值。

（二）打造"民生财政"的或有风险

概念不清、边界模糊，就给用款部门和单位提供了机会主义行为的条件。

[①] （美）詹姆斯·M. 布坎南著. 穆怀朋译. 民主财政论[M]. 商务印书馆，2002.
[②] 刘云龙. 民主机制与民主财政——政府间财政分工及分工方式[M]. 中国城市出版社，2001：5.

机会主义行为是指在信息不对称条件下，代理人不顾委托人的利益，牟取自身利益的最大化。纳税人将税款交给政府，让政府提供公共产品，这个过程中存在着一连串的委托——代理关系。无论是上下级政府之间事权与财力的划分，还是政府职能部门预算的编制，或者公共商品与工程的采购，均受到自身利益追求和信息不对称两大因素的羁绊。一些用款部门与单位经常借"民生"之口，向财政部门索要更多的经费，至于究竟有多少用于民生，又有多少真正改善了民生，那可能是一笔说不清、道不明的糊涂账。不仅如此，还会造成很大的风险。

1. 有可能使财政支出的范围无限扩大

市场经济条件下，财政支出的边界是由市场缺陷所决定的，政府不是无限的政府。在打造"民生财政"的口号下，一些本不属于政府承担的支出项目，也被纳入到了预算，要求由财政开支。许多部门和单位假借改善民生的理由编列预算，纷纷向财政部门要钱。比如，近年来各地文化支出增长迅速，就是因为不再区分大众文化和娱乐文化，把戏曲、电影、综艺晚会等方面的支出都归到民生支出中。照理，戏曲、电影等是娱乐文化，属于通过市场方式提供的服务，如今却由政府包揽，是超越边界的表现。一个更为极端的事例是，某县政府竟然把农民住宅外墙粉刷的费用也纳入政府预算之中了。

2. 有可能使宏观税率下降的空间大大缩小

关于宏观税负水平的高低，尤其是对于"福布斯税收痛苦指数排行榜"一直存在争议。但是，根据财政部向全国人大递交的预算报告，2014年一般预算收入140350亿元（其中税收收入103768亿元），政府性基金收入54093亿元，社保基金收入39187亿元，三项合计233630亿元，当年全国GDP为636463亿元，据此计算，2014年宏观税负已高达36.71%。OECD国家宏观税负是38.9%，最低的日本是33.4%，最高的瑞典是54.9%。根据杭州娃哈哈集团有限公司董事长宗庆后反映，如今实体经济的实际税负并不轻，这也是许多实体企业抽调资本进入房地产领域的重要原因之一。任何一个国家和地区，减税的空间来自于对财政支出的控制。民生财政使得财政支出的增加有"充分"的理由，在这样的背景下，所有的支出都没有控制和压缩的余地，减税也就失去操作的空间。

3. 有可能使地方政府对土地的依赖依然严重

自1994年起实行的分税制体制，制度设计的初衷就是提高中央政府在财力分配中的比重，同时更多地将支出责任下放给地方政府，以此增强中央宏观调控能力。非对称性财政体制的实施，确如当年所希望的那样，极大地提高了中央政府的调控能力，但与此同时，地方政府的财力日趋下降。尽管近几年地方财政收入占全国财政收入的比重有所提高，但是，东部一些地区因农业转移人口市民化等原因导致的财政支出压力仍然很大。例如，浙江省温州市乐清市，2013 年财政总收入 102 亿元，可用财力 51 亿元，仅占财政总收入的50%。该市户籍人数就有 128 万人，外来人口最高峰时达到 81.5 万人。当年仅教育支出达 17 亿元，占地方可用财力的 1/3，其中用于外来人员子女教育的大约是 6 亿元。当地方政府一般公共预算的财力不足以抵补其支出的时候，就会设法扩大政府性基金预算的规模。途径之一便是谋求土地出让金收入。一些地方官员发现，把生地（农用土地）变为熟地（建设用地），既能来钱，又有政绩。我国自 2002 年 5 月建立土地使用权出让"招拍挂"机制，其中拍卖和挂牌两种安排作为一种价格发现机制，将开发商置于信息对称的环境下，面对面地竞价和博弈，通过市场竞争机制显示出他们的保留价格，从而确保土地以最高出让价格成交。土地出让金成为政府性基金预算中最大的收入，大约占75%。不难发现，北京、上海、广州、深圳等房价最高的一线城市，正是城市基础设施和生活环境最好的城市，或者说，是民生问题解决得比较好的城市。如果全国的城市纷纷打造"民生财政"，地方政府对土地的依赖恐怕只会有增无减。

4. 有可能使上下级政府之间的利益冲突更加突出

分税制体制的一个缺陷是上下级政府之间的支出责任划分不够清楚。以农业转移人口基本公共服务均等化为例，在 1994 年分税制体制中，并没有明确是中央事务还是地方事务。通常的做法是：属地管理、同等待遇。地方政府为农业转移人口提供基本公共服务，财政支出压力是明显的。例如，提供免费卡介苗、脊灰疫苗、百白破三联制剂、麻疹疫苗、乙肝疫苗、乙脑疫苗、流脑疫苗等"七苗"计划免疫服务，如不考虑人工费用和注射用具的费用，仅疫苗成本就需要 20 元/人。2015 年 2 月 3 日国务院发布《关于改革和完善中央对地方转移支付制度的意见》明确指出，"建立财政转移支付同农业转移人口市民化挂钩机制，促进地区间基本公共服务均等化。"但是，如何挂钩、挂钩多少，具体实施方案还未明确。在这种状况下，过于强调"民生财政"，上下级之间推诿支出责任的现象会有增无减，利益的冲突可能会更加严重。

依笔者之见，面对改善民生的重任，政府财政的任务不是一味地增加支出的数量，而是优化民生支出的内部结构并提高支出效率，这也是防范"民生财政"之风险的根本措施。

优化财政民生支出结构是防范风险的路径之一。就拿教育、医疗卫生、社保和就业、保障性住房、文化等五大项目的支出来说。在教育支出中，对高等教育的投入已经不少，有些甚至过多，而对初等教育的投入相对不足；学历学位教育支出偏多，职业培训教育支出相对不足。再如文化支出中，综艺晚会等娱乐文化的支出偏多，而博物馆、纪念馆、革命烈士陵园等大众文化的支出偏少。就财政部门来说，当务之急是要对民生支出进行结构分析，按照公共产品、准公共产品、私人产品的性质进行梳理，明确公共部门、私人部门乃至第三部门的支出边界，防止部门之间的职责交叉、重叠，尤其要防止公共部门大包大揽。不少人总认为，民生问题应该依靠政府的力量去解决，这种观点是站不住脚的。教育服务、医疗卫生服务、社保和就业服务、保障性住房及文化产品，如果予以细分，有些属于纯公共产品，具有非竞争性、非排他性；也有些属于准公共产品，具有非竞争性和排他性。理论上，只有纯公共产品才必须由政府提供，因为私人部门不愿提供。至于准公共产品性质的服务，可以由政府提供，也可以由私人部门提供，甚至可以公私合作提供。从市场经济国家的经验看，最好不要由政府包揽。中国是一个人口大国，如果读书、看病、就业、居住、看戏等全部依赖政府，那是无法想象的，最终财政支出占GDP的比例必然比北欧的福利国家还要高。在全社会可供配置的资源总量中，公共部门的支出规模过大，必然挤占私人部门的活动空间。经济理论界已经公认，这样的格局并不好。

提高财政民生支出效率是防范风险的又一条路径。在医疗卫生支出中，医疗设备档次过高，普通患者使用不起；在保障性住房支出中，住房户型结构不好、价格偏高。诸如此类的事例较为普遍。还有一个问题是，很多地方住房公积金资金大量闲置沉淀，使用效率不高，有些地方资金使用率不足20%。财政部门如何通过少量的保障性住房支出，带动数额不小却处于沉淀状态的住房公积金，这是迫切需要研究的问题。民生支出取得良好效果的实例也存在。如从2003年7月开始，浙江省衢州市人民政府要求每个乡镇免费开办家政服务培训班，组织愿意从事家政服务的女子学习有关家政服务方面的知识、法律常识、简单的英语对话及保姆应具备的技能等。接受过初级家政服务培训后外出当保姆的衢州妇女已经有1万多人，"衢州保姆"俨然成为衢州的一个品牌。在杭州市场上的"衢州保姆"与其他地区的保姆相比，月工资高出200元左右。衢州市各乡镇的保姆培训符合民众的意愿，把有限的经费花在弱势群体最需要的地方,提高他们外出挣钱的本领,这是一种"授人以渔"而非"授人以鱼"的做法,非常值得称道。

四、延伸思考

刘尚希(2008)认为,"民生财政是在促进经济增长基础上的国民消费水平的提高,防范消费差距过大,推进基本消费平等化,增加社会幸福指数的财政。"

这个观点强调运用财政工具着力解决人民群众最关心、最直接、最现实的利益问题,使民众共享改革发展成果,是体现公平正义和以人为本、构建和谐社会的最基本要求。这样的理解,更多的是从社会公平、正义角度去考察的,具有较强的现实意义。不过,给人的感觉,民生财政特别强调国民的消费。

财政的确与消费有关,但是,它首先强调的是社会公共消费,而不是个人消费,或者说,是通过实现公共消费再实现个人消费的。那么,民生财政与消费性财政是什么关系呢?

"百度百科"专门有一个词条解释消费型财政,"消费型财政是指财政收入主要用于满足国家行政、国防、社会福利等支出需要的国家财政。消费型财政支出范围较小,财政收入占国民收入的比重较低。它的重要特点是:财政不承担或很少承担经济建设的投资,扩大再生产的投资由企业或个人负责。"显然,这不是民生财政倡导者的本意。如果财政促进经济增长基础上的国民消费水平的提高就是民生财政,那么,计划经济时代与消费型财政相对的生产型财政,承担很多经济建设的投资,那是有助于经济增长的,是不是民生财政?

就财政支出对居民消费的影响而言,可能存在两类效应,即替代效应(Substitute Effect)和互补效应(Complement Effect);从影响方向来说,也可能存在两类效应:如果财政支出增加带来居民消费的总水平下降,则称财政支出对居民消费具有挤出效应(Crowding-out Effect),反之则具有挤入效应(Crowding-in Effect)。早在1971年,贝利(Bailey)就关注了财政支出与居民消费之间的关系,研究发现公共部门提供的商品和服务挤出了 θ ($0<\theta<1$)单位的私人消费,财政支出与居民消费是替代关系。[①] 1981年巴罗(Barro)

[①] Bailey, M. J. National Income and the Price Level, 2nd edition [M]. New York: McGraw-Hill, 1971.

在贝利（1971）的基础上进行更深入研究，结论是：就短期而言，当财政支出增加时，产出和消费会随之出现暂时性的增加；就长期而言，财政支出增加虽然也会使产出与消费增加，但这种财政支出推动的产出与消费增加效应比短期中的增加效应更小，也就是说，财政支出的增加会通过财富效应和替代效应挤出一定的私人消费。财政支出与居民消费之间的关系是互补还是替代，财政支出的增加是挤入还是挤出居民的消费，直接关系到财政政策实施的效果。[①]此后，在早期研究基础上，国内外学者又对这一问题从不同角度进行了大量研究，并形成了一定的研究体系。然而，由于在研究中采用的消费理论不同、计量方法不同、研究的国家或地区类型不同、研究的时期不同等原因，得出的结果存在很大的差异。

财政支出能否提高国民的消费水平、防范消费差距过大、推进基本消费平等化，就取决于挤出效应与挤入效应的对比。不同宏观经济环境下的财政支出，就会产生不同的效应；相同宏观经济背景下，不同的财政规模、结构及经费使用绩效，也会产生不同的效应。这是一个非常复杂的问题。

五、基本结论

提出"民生财政"概念的初衷是希望优化财政支出结构，使财政活动推进民生的改善。然而，这一概念的内涵是不确定的，外延边界是不清晰的。实际上，并没有跳出"公共财政"概念的框架，甚至存在同义反复的情况。如果一味强调所谓的"民生财政"，还存在一些风险。因此，笔者完全赞同杨志勇教授的观点："如果现在民生财政的概念界定不清楚的话，最好就是放弃这个概念。"[②]

主要参考文献

1. 安体富. 民生财政：我国财政支出结构调整的历史性转折 [J]. 地方财政研究，2008（5）

2. 高培勇. 财政与民生 [M]. 中国财政经济出版社，2008.

---

① Barro, R. J. Output Effects of Government Purchases [J]. Journal of Political Economy, 1981 (89).
② 乔欣. "民生财政"这个筐 [J]. 新理财（政府理财），2014（11）.

3. 吕炜.民生财政：中国财政改革的新坐标［M］.中国社会科学出版社，2012.

4. 张馨.论民生财政［J］.财政研究，2009（1）.

5. 贾康，梁季，张立承."民生财政"论析［J］.中共中央党校学报，2011（2）.

6. 张佐.公共财政转向民生财政现状分析［J］.社会主义论坛，2007（8）.

7. 崔惠民，张厚明.公共财政走向民生财政：基本公共服务均等化的选择［J］.经济问题探索，2011（6）.

8. 刘尚希.论民生财政［J］.财政研究，2008（8）.

9. 潘洪其.民生问题的实质是民主问题［J］.学习月刊，2008（5）.

10. 乔新生.公共财政革故鼎新［J］.中国财政，2008（8）.

11. 卢现祥，罗小芳.我国财政体制的制度分析［J］.江汉论坛，2010（5）.

12. 赵宇.应该尽快建立我国的民生财政［M］.全国高校财政学教学研讨会论文集，2008.

13. 李广舜.民生财政刍议［J］.吉林工商学院学报，2010（1）.

14. 郝硕博，李上炸.对民生财政的思考［J］.山东经济，2009（11）.

14 财政幻觉:
是主动创造的还是制度派生的?

财政幻觉(Fiscal Illusion)的思想渊源可以追溯到约翰·斯图亚特·穆勒(J.S. Mill),他认为相对于直接税,纳税人通常会低估间接税的税收负担,从而导致"过多"的公共支出。20世纪初意大利学者埃米尔凯尔·普维安尼(Amilcare Puviani)第一次明确提出"财政幻觉"这个概念。尼斯卡宁(Niskanen, 1978)、皮考克(A. Peacock, 1987)、格罗斯曼(P. J. Grossman, 1990)等学者在公共支出模型中引入财政幻觉变量,运用不同国家不同时期的资料对政府支出与财政幻觉之间的关系进行了实证分析。由于衡量财政幻觉的变量不同,得出的结论也不尽相同。

一、他人观点

普维安尼(1897,1903)认为,所谓财政幻觉,就是使纳税人觉得所承受的负担比实际的负担要轻,使受益人觉得供给他们的公共产品的价值比实际的价值要大。

布坎南和瓦格纳(J. M. Buchanan 和 R. E. Wagner, 1977)对财政幻觉的理解独具一格。他们认为,以举债代替当期税收融资,降低投票者对公共产品所感觉到的价格,因而投票者对这类产品的需求也就增加了。Jean – Robert Tyran 和 Rupert Sausgruber(2000)则运用实验经济学的方法,设计了一个实验性的竞争市场以考察财政幻觉产生的原因及后果,证实了税制结构是产生财政幻觉的一个原因。

张铭洪、罗振华(2002)认为,财政幻觉是指"由于财政收支过程的混沌性产生的对税收负担的错觉,投票者——纳税人往往低估税收价格,导致对公共产品的需求增加,以至于支持了较高的公共支出水平。"而且认为,财政幻觉包括税收体系中内生的幻觉、政府债务融资所产生的幻觉、政府间转移支付所产生的幻觉等三种类型。

科诺里(Sara Conno,2003)认为,财政幻觉是指投票者不能充分理解政府支出增长时税收的真正含义,从而将选票投给实行高支出政策的候选人。

刘金全等(2004)认为,如果经济行为个体在纳税过程中,当税制结构的某些特征导致纳税人低估了他们实际支付的税额时,可能促使他们对政府提供的公共产品产生过度需求,此时我们称财政支出需求当中出现了"财政幻觉"。他们还认为,财政幻觉有"预期幻觉"和"赤字幻觉"之分。

徐诗举(2009)对财政幻觉作了分类,按照其对纳税人的影响不同,财政幻觉分为乐观幻觉和悲观幻觉。乐观幻觉是指纳税人低估公共产品价格(税收),悲观幻觉是指纳税人高估公共产品价格(税收)。按照其产生的原因划分,财政幻觉包括政府主动创造幻觉和财政制度派生幻觉。政府主动创造幻觉是指政府有意造成纳税人产生税收负担的错觉,财政制度派生幻觉是指财政制度本身会使纳税人产生税收负担错觉。

二、几点疑问

(一) 政府能主动创造财政幻觉吗?

综合各方所述,产生财政幻觉的原因有很多,如间接税为主的税制、公债融资代替征税、本级依赖上级的财政转移支付、公共资源(财产收入)对税收的替代、依靠通货膨胀、夸大特定支出项目的重要性、预算收支不透明等。

假如选民(纳税人)是理性的,当政府提供大量公共产品的时候,理性的选民会意识到政府本身并不创造财富,公共支出的背后是税收。即便政府以举债代替征税,即期税负减轻了,但是,他们马上会预期未来的税负可能增加,在这种情形下,不太可能产生高估公共产品价值或者低估税收负担的幻觉。

除非在财税知识不普及的社会，人们可能产生幻觉。但是，现代民主社会，税收、预算、支出等概念越来越为人们所了解和熟悉，财政幻觉会越来越少。再如夸大特定支出项目的重要性、预算收支不透明，靠这种"愚民"政策，在科学昌明、政治民主的今天，加之议会和媒体强有力的监督，又能骗得了多少选民或纳税人？即使能骗，又能骗得了几回？

一些学者认为，西方财政幻觉假说局限于政府主动创造的乐观幻觉的范围，是基于这样的逻辑：政府为了获得选票，在尽可能增加公共支出的同时减少税收，使纳税人低估实际的税收负担或者高估实际的公共产品成本。然而，这种推理是建立在选民（纳税人）是非理性人的假设条件之下。举例来说，美国民主党候选人为了拉拢中低收入者的选票，总是希望增加社会福利支出；共和党候选人则代表富有阶层的利益，总是希望减少税收。可是，广大选民并不为他们的宣讲所迷惑，还是根据自己的判断而投票。这样看来，财政幻觉不是政府能主动创造的。

政府主动创造财政幻觉，那是普维安尼的理论。而他的财政幻觉假说建立在国家是"垄断的"这样一种假定之上，即国家是一个机构，通过它，一个集团的人，即有权的人，把自己的意志强加给另一集团的人，即那些被统治的人。这实质是一种强权政治理论。

(二) 悲观的财政幻觉是否可能存在？

徐诗举（2009）认为，在现实世界中，财政幻觉并不都是乐观的，也有悲观。他认为产生悲观幻觉的主要是三种情况：将财政收入集中在少数几个税种上，没有享受到税收优惠的纳税人，财政对生产者提供了补贴而消费者未能感觉到这种支出的存在。

笔者对此存有疑问：第一，将财政收入集中在少数几个税种上会产生多缴税的幻觉，换言之，如果实行多税种、普遍征的税制就不会产生幻觉。这是难以令人信服的。纳税人对税负轻重的感受是基于微观的税负而非宏观的税负，有时候恰恰是税种数量多，反而产生税负重的感觉。第二，享受税收优惠的人会产生乐观的感觉，但是并不能由此推断，没有享受优惠的人一定产生悲观的感觉，尤其在享受优惠的群体很小的情况下。第三，财政对生产者实行补贴的同时，往往对其产品进行限价，消费者从限价中得益，与获得"暗补"能产生同样的感觉。

三、我 的 看 法

(一) 财政幻觉的含义与来源

幻觉（Illusion）是指没有相应的客观刺激时所出现的知觉体验。换言之，幻觉是一种主观体验，主体的感受与知觉相似。幻觉与错觉的不同之处在于前者没有客观刺激的存在。

幻觉具有两个主要特点：第一，幻觉是一种感受，由于缺乏相应的现实刺激，所以客观检验结果证明这种感受是虚幻的，但就当事人自身体验而言，却并不感到虚幻。第二，虽然幻觉源于主观体验，没有客观现实根源，但某些当事人坚信其感受来自客观现实。

根据这一词义，财政幻觉的讨论应该局限于某一种或某几种客观事实所诱致的，而且是在民主体制这个假设条件之下。按照这个理解，所有政府主观引诱的因素都排除在外。

如果说，专制体制下的财政幻觉既包括财政制度派生的，又包括政府主动创造的，那么，民主体制下的财政幻觉是以承认选民（纳税人）是理性人、财政信息比较充分为前提，都是财政事实诱致的幻觉。大体包含如下三种：

一是纳税人与负税人分离诱致的幻觉。由于很多人没有直接缴税，感觉不到肩头的压力，误以为自己只是公共产品的纯粹享用者，与付费没有关系。纳税人与负税人的分离，当然源于间接税为主体的税收制度。按照布坎南的意见，在公共选择中，公司并不直接投票，即不直接参与财政选择过程，所以，必须将公司所得税划为间接税，公司是抽象的法人，只是形式上的纳税人，实际负担落在各个股东头上。但是，很多人觉得那是公司缴纳的，与自己无关。还有一种情况，国家侧重于对物征税而较少对人征税，这样，也会产生税负不高的幻觉。

二是公共资源（财产）收入对税收的替代诱致的幻觉。根据2012年世界银行、国际金融公司和普华永道公司发布的报告，中东地区的税负水平明显较低。平均而言，在中东地区，一家中型企业只要承担23.6%的总税收负担，远低于全球平均44.7%的水平，是税收负担最低的地区，科威特、卡塔尔、巴林、沙特和阿联酋基本没有公司所得税，不征收消费税及其他税种。个中原因很简单，他们都是富油国，财政收入不需要通过征税获得，来自石油的收益取代了税收，纳税人容易产生财政幻觉。中国土地出让收益抵充城市公共设施的成本，也是一种幻觉。

三是碎片化的财政支出诱致的幻觉。公共产品分项决策机制。政府在制定公共产品供给方案时，往往先由不同的职能部门分别提出需要实施的项目，而且提议者会陈述充分的理由；审批时如果投票者对一揽子方案进行表决，完全赞成或反对，都是不妥的，为避免这种尴尬，通常会逐一审查甚至表决。所有项目加总之后的支出规模很大，但是就每个项目单个来看，都是非常必要的，其支出额度也不算多，都会忽视背后的成本，这个时候也产生一种幻觉。

（二）财政幻觉是由财政事实诱致的

为什么笔者强调财政幻觉是由财政事实诱致的？因为一些国家只能这样实行的税收制度。相比于所得税，征收间接税更容易，凡有交易行为就会有税源，就会有税收收入，无论该交易行为是否盈利。如果征收所得税，从销售收入到应纳税所得额，这一计算过程是非常复杂的，假如稽查系统不完善，发生逃税的可能性非常大。同样，相比于对人税，对物税容易征收。个人所得税的征收难度超过公司所得税。公共资源（财产）收入的替代和公共产品分项决策所产生的幻觉，也都是基于具体的财政现实。

如果认定财政幻觉是由财政事实所诱致的，那么债务融资和粘蝇纸效应就不能算是这种含义上的财政幻觉。

债务融资代替征税，涉及李嘉图等价定理，长期来充满争议。虽说纳税人可能是理性的预期者，但是，在税收负担不会均匀地分布在每个消费者身上、消费者的边际消费倾向也不一致，而且公债具有资产效应，个人在持有公债时，往往认为是自己的资产（财富）增加了，而不认为是未来的纳税义务增加了。这些因素可能产生债务融资带来的幻觉。问题是，政府长期以债务融资，必然会使选民意识到，最终，公债还是要通过税收偿还的。

粘蝇纸效应（Flypaper Effect）是指在纵向转移支付条件下，本级政府往往会认为来自上级政府的补助是由其他地区的居民纳税人部分支付的，而没有意识到本级政府已经向上级政府解缴了财政收入，从而导致本级财政支出规模比在没有转移支付时更大的情形。这个过程中，是否存在幻觉？东部地区，每年上解中央的财政收入比较多，获得的补助反而少，不会产生占便宜的幻觉；西部地区似乎会有。但是，一般性转移支付主要是保障辖区政府提供基本公共服务所需，获得补助是因为当地的自然条件、经济基础决定财政自给率不高；

至于专项转移支付可能产生幻觉。不过，这种幻觉不是客观现实本身诱致的，倒像是政府主动创造的，每次都强调统筹发展，通过基本公共服务的均等化，实现和谐发展。

四、延伸思考

如果对财政幻觉进行经验检验，用什么指标合适？自尼斯卡宁（Niskanen, 1978）以来，一些经济学家在公共支出模型中引入财政幻觉变量，对政府支出与财政幻觉之间的关系进行实证分析。常用的几个变量（指标）是债务（赤字）幻觉变量、税收的可察觉性或不可察觉性、税制结构的复杂性（赫芬达尔指数）。验证结果怎样呢？缪勒（D. C. Muller）一针见血地指出："尽管其有直觉上的吸引力，财政幻觉假说缺乏强有力的经验支持，可能是由于文献中财政幻觉的定义和模型化相当模糊。"[①]

债务（赤字）幻觉变量是用政府财政收入/政府财政支出来表示的，财政收入不包含国内外债务部分，比值大于1表示政府财政盈余，小于1表示财政赤字，等于1则表示财政收支平衡。比值越小，就表明政府财政赤字越大，公债融资就越多。实际上，政府财政收入/政府财政支出经常被用于衡量一国或地区财政自给能力，比值越小，就表明本级财政自给能力越低。在比值小于1的情况下，并非一定实行公债融资，就地方政府来说，它可以向上级申请转移支付。就算中央财政只能通过公债发行弥补赤字，也未必产生财政幻觉。所以，不能认为政府财政收入/政府财政支出与政府支出是正相关关系。这个前面已有论述。

税收的可察觉性或不可察觉性，前者用间接税/税收收入来表示，其与政府支出应是正相关的；后者用直接税/税收收入来表示，其与政府支出应是负相关的。这个指标应该说是有意义的。但是，纳税人是否可察觉到税负，与传统意义上的直接税、间接税划分有差异。增值税是附在价格之上的价外税，最终由消费者承担，稍有税收知识的人都可以察觉到；消费税如果是终点型的，消费者也能察觉到；关税是否可察觉到取决于课税对象，如果对行李物品征税，很容易感受到；财产税系列中的契税、车船税、车辆购置税、房产税等都是可察觉的，只不过是部分人有感觉而已。

---

① 转引自张铭洪，罗振华.西方财政幻觉假说研究述评 [J].财政研究，2002 (8).

考虑到税收可能被公共资源（财产）收入所替代，建议改为财政压力可察觉性指标，用（可察觉的税收收入与非税收入）/财政总收入来表示，数值越大，财政幻觉越小。

赫芬达尔指数，又称赫芬达尔—赫希曼指数（Herfindahl - Hirschman Index，简称 HHI），原本是一种测量产业集中度的综合指数，它是指一个行业中各市场竞争主体所占行业总收入或总资产百分比的平方和，用来计量市场份额的变化，即市场中厂商规模的离散度。用到税收领域，是指各个税种占全部税收收入比重的平方和，数值越小，表示税制结构越复杂。从理论上说，其与政府支出应是负相关的。事实上，即便税种的集中度高，也未必约束政府支出的扩张。2012 年，中国增值税、营业税和消费税等税种的收入占全部税收收入的比重超过 70%。

借用 HHI 指数衡量政府支出的碎片化程度倒是一个思路。设 X 为政府总支出，X_i 为第 i 个项目的支出，$S_i = X_i/X$ 为第 i 个项目支出占总支出的比重，n 为支出项目数。则有：

$$HHI = \sum_{i=1}^{N} (X_i/X)^2 = \sum_{i=1}^{N} S_i^2$$

如果 HHI 数值越小，表明支出的离散度越高，支出幻觉越明显。政府支出有"类、款、项、目"四级，一般可分析"款"和"项"两级。

综上所述，笔者主张用两个指标作为检验财政幻觉的指标：一是财政压力可察觉性指标，二是衡量支出离散度的赫芬达尔—赫希曼指数。

五、基本结论

财政幻觉是指扩大支出能给自己带来好处，而忽视税收负担也可能同时增加，以至于感觉政府提供的公共产品价值高于实际的价值。

如果说，专制体制下的财政幻觉既包括财政制度派生的，又包括政府主动创造的，那么，民主体制下的财政幻觉是以承认选民（纳税人）是理性人、财政信息比较充分为前提，都是财政事实诱致的幻觉。大体包含如下三种：一是纳税人与负税人分离诱致的幻觉，二是公共资源（财产）收入对税收的替代诱致的幻觉，三是碎片化（Fragmented）的财政支出诱致的幻觉。

如果认定财政幻觉是由财政事实所诱致的，那么债务融资和粘蝇纸效应就不能算是这种含义上的财政幻觉。

笔者主张用两个指标作为检验财政幻觉的指标：一是财政压力可察觉性指标，二是衡量支出离散度的赫芬达尔—赫希曼指数。

主要参考文献

1. Puviani, Amilcare (1897). Teoria della illusione nelle entrate publiche. Perugia.

2. Puviani, Amilcare (1903). Teoria della illusione Finanziaria. Palermo. German translation: Die Illusionen in deröffentlichen Finanzwirtschaft.

3. 布坎南，瓦格纳著.刘廷安，罗光译.赤字中的民主 [M].北京：北京经济学院出版社，1988.

4. Rupert Sausgruber, Jean-Robert Tyran. Testing the Mill Hypothesisof Fiscal Illusion [J]. Public Choice, 2005, 122: 39–68.

5. 张铭洪，罗振华.西方财政幻觉假说研究述评 [J].财政研究，2002 (8).

6. 萨拉·科诺里，阿里斯泰尔·曼洛著.崔军，孙晓峰，徐明圣译.公共部门经济学 [M].中国财政经济出版社，2003.

7. 刘金全，潘雷，何筱薇.我国积极财政政策的"财政幻觉"分解与计量检验 [J].财经研究，2004 (12).

8. 徐诗举.对西方财政幻觉假说的拓展 [J].财政研究，2009 (1).

9. 孙琳，汤蛟伶.税制结构、"财政幻觉"和政府规模膨胀 [J].中央财经大学学报，2010 (11).

15 财政投融资：
可否改称"公共信用"？

"财政投融资"（The Fiscal Investment and Loan Programme）是近年来频频见诸报端的一个术语，甚至在党的纲领性文件中也出现这样的提法。然而，理论界对财政投融资范畴的认识并不完全一致，这种状况在一定程度上影响着财政投融资的发展，因而有必要作些探讨。

一、他人观点

从笔者手头拥有的资料看，以下几种观点是近年来对财政投融资的认识比较有代表性的：

日本学者井手文雄（1990）将投融资解释为：以特定的财政资金，对指定的特别会计、政府关系机关和各种特殊法人进行投资和借贷，以促进社会资本的形成。也就是说，它是政府为实现一定的产业政策和其他政策目标，通过国家信用方式筹集资金，由财政统一掌握管理，并根据国民经济和社会发展规划，以出资（入股）或融资（贷款方式），将资金投向急需发展的部门、企业或事业的一种资金融通活动，所以它也称为政策性金融。

王朝才（1993）在介绍日本财政投融资制度时作了一个解释："日本财政投融资指以实物资本形成为目的的政府金融活动，具体讲，就是以政府信用为基础筹集资金，以出资（入股）或融资方式将资金投入政府企业、地方政府、民间企业以及居民家庭的金融活动";"理解日本财政投融资的含义,应全面把握以下三点:以政府信用为基础筹集资金,以实物资本形成为目的的财政支出,采取出资或融资方式使用资金"。他还认为,财政投融资与财政信用基本上是一致的,但它不包括财政信用中以填补财政赤字为目的而发行的赤字公债;与财政投资相比,目的是一样的,即形成实物资本,但它并不包括财政投资中的无偿拨款投资。

齐海鹏、付伯颖(1993)认为,"财政投融资是政府为实现一定的产业政策和财政政策目标,通过国家信用方式把各种闲散资金集中起来,统一由财政部门掌握管理,根据经济和社会计划,采用直接或间接贷款方式,支持企业或事业单位发展生产和事业的一种资金活动"。他们还建议我国财政投融资在运用上应采取两种方式:一是直接投资,即对纳入财政投融资体系的财政预算资金,采取无偿投资的办法;二是融资方式,具体包括贷款和认购有价证券,其中贷款又分为直接贷款和间接贷款,前者为直接向国有企业提供贷款,后者通过政府金融机构向社会急需的领域贷款。

李杰刚(1994)曾专门探讨过财政投融资的概念,"财政投融资概念可从以下几方面定义:一是从事财政投融资的主体为何,二是这是一种什么样的经济活动,三是这种经济活动有何突出特点。……财政投融资应该是财政参与的筹集、融通资金并按照一定的标准投向特定用途的经济活动。此经济活动的主体是政府(中央和地方);活动的内容是'投融资',即资金的投放与筹集;活动的特性表现为这种资金的流通体现着一定财政性质,即是带有财政性质的金融信用活动。由此完整的财政投融资概念可以归纳为:它是以财政手段筹集使用资金,主要体现政府意图的财政性金融信用活动"。

汪德孝、刘俊(1996)对财政投融资体系的基本特征及构造机理作了较为具体的描述:"财政投融资,简单地说,就是政府的金融活动,即由财政部门管理的政策性金融资金。"财政投融资具有以下几个基本特征:第一,投融资的主体是政府;第二,以政府信用为基础筹资;第三,资金运用采取有偿方式;第四,最终形成使用单位的固定资产。"财政投融资的资金来源系统包括投融资资本金、资本金增值和融资三部分。资本金是指投融资制度建立之初财政拨付的资金以及后来年份财政预算安排的资金;资本金增值是运用财政投融资资金的收益和使用单位交纳的使用费;财政融资主要是筹集融通的各种保险基金、邮政储蓄存款、政府担保债务和发行的各种政府债券等。财政投融资的资金运用系统分为投资和融资两大类,其中融资是最主要的方式……其方式是以贷款和认购有价证券为主，投资是政府直接将资金提供给有关部门和使用单位。"

上述几种观点，总体看来还是比较接近的，但是也不难看出存在一定的分歧，至少有这样几个问题需要加以澄清："融资"二字该如何理解？"投资"是无偿的还是有偿的？财政投融资的运用是否最终一定要形成实物资本（固定资产）？"财政投融资"的提法取代"财政信用"意义何在？

二、几 点 疑 问

（一）究竟何谓"融资"？何谓"投资"？

从前面罗列的几种观点看，对"融资"的理解有两种：一种看法，"融资"仅仅是一个资金运用的范畴，与"投资"共同构成资金运用的两种方式，融资的内容主要是发放贷款和认购有价证券（齐海鹏、付伯颖，1993）；另一种看法，"融资"既是筹集社会性资金的方式，同时也是资金运用的最主要方式（汪德孝、刘俊，1996）。按照我国人们习惯的理解，"融资"与"投资"是有区别的，以资金增值为目的运用资金为"投资"，以还本付息为承诺吸收资金为"融资"。常用的融资手段为向银行贷款和发行有价证券，其中前者为间接融资，后者为直接融资。这样看来，发放贷款（无论是直接贷款还是间接贷款）和认购有价证券，对于财政投融资机构而言，不能算作是"融资"，恰恰相反，是一种"投资"（财政投融资机构发放贷款和认购有价证券虽然不一定是为了增值，但只要能获取较高的社会效益，也是一种投资）。当然，对于它下属的政府金融机构或企事业单位而言，从财政投融资机构获得款项，又是一种融资，但政府金融机构将款项转贷给企事业单位，又不能称作为"融资"。

（二）财政投融资中的"投资"是无偿的还是有偿的？

王朝才（1993）认为无偿拨款投资是财政投资的内容之一，不能称为财政投融资的内容；而齐海鹏、付伯颖（1993）认为无偿拨款投资应成为财政投融资的内容之一。笔者认为，"投资"是无偿的还是有偿的，关键取决于两点：第一，政府预算与财政投融资计划之间的关系如何？第二，划拨给财政投融资的预算资金，能否以有偿的方式运用？先看第一点，现代各国的复式预算通常由经常预算和资本预算构成。实行财政投融资制度比较成功的国家一般也需要编制一个预算（计划），如果资本预算支出全部转入财政投融资预算，那么财政投融资中的一部分投资可能是无偿的，因为纳入资本预算范围的项目往往没有直接经济效益但有可观的社会效益，更何况资本预算的收入，有一部分也来自于税收、特别课征或者经常预算的结余转入。如果资本预算与财政投融资预算联系很少，且后者的资金来源主要靠"融资"取得，那么"投资"应当是有偿的。再看第二点，如果预算定期或定额划拨给财政投融资以一定的资金，虽然这种资金是无偿取得的，但仍可有偿使用。这是因为财政投融资的运行领域为基础性项目，与政府预算和银行信贷的运行区域即公益性项目、竞争性项目有本质的区别。用现代经济学原理解释，公益性项目、竞争性项目分别为纯公共产品和纯私人产品，基础性项目则属于混合产品，以低息形式有偿使用资金，符合资源配置的效率原则。实际上，预算拨款在财政投融资制度创建时比较可观，但到后来会逐渐减少显得微不足道。比如日本，与财政投融资拨款有关的产业投资特别会计资金，在1953年财政投融资制度建立初期，占资金来源总额的14%，到1980年下降为0.1%；与此相对应，资金运用中无偿投资所占比重越来越小，1970年为6.3%，1984年下降到1%。

（三）财政投融资的运用是否以形成实物资本为目的？

关于这一点，王朝才（1993）和汪德孝、刘俊（1996）都持肯定态度。笔者认为未必如此。建立财政投融资制度的目的在于实现一定的财政政策和产业政策目标，这一点理论界人士已成共识，至于这种政策目标是什么，那要根据不同历史时期的不同经济状况作出回答。纵观日本财政投融资资金使用重点的变化过程，一个明显的特点就是以形成生产型基础设施为中心逐渐转化为增进国民福利为中心，在1955—1970年的经济高速增长时期，财政投融资重点投向基础设施（即所谓"社会先行资本"），如交通运输、通讯设施、环境及水土治理；进入70年代以后，财政投融资贷款重点转到住宅和社会性基础设施方面。

很显然，把生活环境的改善、文教卫生福利事业的发展看成是一种实物资本，那是十分牵强的。也许，把实物资本的形成看作资金运用的最终目标，是基于财政投融资主要运作于基础性领域这一界定所得出的结论。从理论上看，基础性项目的投入一般都能形成实物资本，然而在实际生活中，公共产品、混合产品与私人产品三者之间的界限并不一定很清楚。依笔者之见，要说财政投融资的目的是什么，那就是实现特定的政策目标。虽然这样概括略显笼统，却能反映出建立财政投融资制度的初衷，也能适应资金使用重点的变化。

三、我的看法

（一）以"财政投融资"取代"财政信用"是一大进步

笔者认为，汉语对于概念的用词是十分讲究的，强调选用恰当的语词以准确地表达概念。记得在 20 世纪 80 年代中期到 90 年代初期，中国一般把政府金融活动称之为"财政信用"，后来不再提"财政信用"了，而改称"财政投融资"。提法的改变有什么意义呢？"财政信用"的提法，的确不够科学和妥帖，它很容易使人误解为"财政"加"信用"。在中国，传统的"国家分配论"曾长期占据主导地位，"财政分配无偿，银行信贷有偿"的观念根深蒂固，如今财政也搞"信贷"，岂不是越俎代庖？！虽说目前人们已经接受发行公债、发放财政周转金等形式，但是对"财政信用"的提法不免仍心存疑虑。加之在实际生活中，一些地方财政信用部门受利益驱动，将资金用于"短平快"的竞争性领域，以致金融界大声疾呼：对于"财政信用"，必须在理论上完全否定，在实践上彻底取缔！事实上，政府金融活动在中国不是没有存在的必要。活动不够规范是无法否认的，但要彻底取缔是与经济改革和发展的要求相背离的。既然"财政信用"不可或缺，而这个提法又容易使人误解，怎么办？只好改一个名称。由于日本财政投融资比较成功，于是就引入"财政投融资"这一术语。① 笔者认为，以"财政投融资"取代"财政信用"，更重要的意义不在于避免给人造成误解，而在于以此为契机，使政府金融活动从运作到管理都在原来的基础上上一个台阶，即走向规范化。在这一点上，笔者十分赞成李杰刚（1994）在另外一篇文章中的观点："据估算全国财政信用的规模在千亿元以上，它已成为我国整个信用队伍中的主力军之一，理所当然地称为构建财政投融资体系的最重要的组成部分。另一方面，由于财政信用本身具有一些缺陷和不足，它已渐渐不能适应经济形势的发展，需要提高上升层次。财政投融资能够涵盖目前财政信用的职能作用，它是财政信用发展的归宿。"

通过以上分析，财政投融资可定义为：财政投融资即政府金融活动，是指

---

① 据说是从日本引入的，但是英文表述为"The Fiscal Investment and Loan Programme"，直译应为"财政投资和贷款计划"，为何称为"财政投融资"，令人蹊跷。

政府为实现特定的政策目标，遵循信用原则将各种资金集中起来，由财政部门进行规范化管理，直接或间接贷放给企事业单位的活动。这个定义包含三个基本要素：第一，财政投融资的主体是政府，具体由财政部门负责管理财政投融资机构及其下属政策性金融机构的金融活动；第二，财政投融资以实现特定的政策目标为目的，不以盈利为首要目标，主要运作于基础性领域；第三，财政投融资遵循信用原则进行筹资和用资，筹资对象主要为成本低廉、稳定可靠的社会性资金，用资方式主要为直接或间接的优惠贷款。

（二）"公共信用"的提法比"财政投融资"更贴切

自古以来，中国就有涵盖"融资"与"投资"之意的语词，即"信用"。我们没有理由认为不可以从国外引进一些经济名词或术语，只是觉得放弃"信用"这样能为国人普遍接受和理解的语词，而从国外引进什么"投融资"的提法，未必算是高明。起名一定要把事物的本质特征反映出来，政府金融活动与银行金融活动的本质区别就在于它是集政策性与有偿性于一身的，然而，这一本质特征却难以从"财政投融资"的提法中直观地反映出来。另外，1994年组建的中国农业发展银行、中国进出口银行和国家开发银行，至今仍归属于中国人民银行，虽然它们的业务特点也是融政策性与有偿性于一体，但是在现行体制下，"财政投融资"的提法不能涵盖它们的金融活动。

有没有比"财政投融资"更妥当的提法呢？笔者认为"公共信用"（public credit）一词比"财政投融资"更贴切。[①]

第一，这个提法反映出信用活动的主体是政府。市场经济条件下，从事经济活动的部门有两类：一类是由企业和家庭组成的私人部门，另一类是由政府机关、事业单位及公营企业组成的公共部门。凡是以"公共"命名的经济活动，一般都是以政府为主体的，如公共财政、公共产品、公共支出、公共债务、公共选择等。一种信用活动不论是以财政部门为依托还是以银行部门为依托，只要代表政府这一主体，那就属于公共信用。所以，"公共"二字反映了政府金融活动的政策性特征。

第二，这个提法反映出政府金融活动的运作机理。如前所述，"信用"一

---

① 马克思在分析现代公债制度产生时，曾使用过"公共信用制度"一词，只是他认为公共信用制度就是国债制度。参见中共中央编译局.马克思恩格斯全集（第23卷）[M].北京：人民出版社，2006：822.

词比较为国人所理解和接受，它不仅反映出资金运作包括筹资（信用）和用资（信用）两个环节，更重要的是它反映出这种筹资用资活动是以还本付息为条件的，即是有偿的。至此，我们可以认为，全社会的信用体系是由公共信用与私人信用两部分构成的，其中公共信用集政策性与有偿性于一身，私人信用（银行信用、民间信用等）则融盈利性与有偿性于一体。

四、延伸思考

1998年年底，为了整顿金融秩序、防范金融风险，国务院办公厅发文要求全国所有财政周转金一律只收不贷。自此以后，学术界对财政投融资的讨论慢慢降温，甚至有人觉得财政投融资已经不复存在。事实上，以政府为主体的信用活动一直存在。

如财政贴息，即政府为支持特定领域或区域发展，根据国家宏观经济形势和政策目标，对承贷企业的银行贷款利息给予的补贴。主要有两种方式：一是财政将贴息资金直接拨付给受益企业；二是财政将贴息资金拨付给贷款银行，由贷款银行以政策性优惠利率向企业提供贷款，受益企业按照实际发生的利率计算和确认利息费用。自1998年以来，财政贴息政策一直是刺激内需、促进经济转型升级的重要手段。因为它在一定程度上可以矫正扩张性财政政策所引起的"挤出效应"。

再如地方政府融资平台贷款，2008年以来，在积极财政政策和适度宽松货币政策的指引下，地方政府融资平台出现了快速发展的势头。各类政府融资平台公司，其实往往都由政府筹划、组建设立并直接或间接出资，主要负责人由政府或相关部门领导兼任，受政府委托从事开发、建设等任务，名为独立法人，实为政府附属单位。地方政府往往通过多个融资平台从多家银行获得信贷，形成"多头融资、多头授信"的格局。地方政府以财政拨款、土地划拨、股权划拨等形式出资占比约20%，其余筹资则主要依靠银行贷款。地方政府融资平台贷款余额为7.38万亿元。

又如企业贷款担保风险补偿资金，这是基于中小企业规模小、实力弱、信誉度不高，银行从自身风险控制出发，对其贷款有严格的抵押和担保要求。考虑到担保业具有公益服务性质，政府安排部分财政资金，为中小企业提供贷款担保或再担保。通常，经担保机构担保的融资较中小企业直接申请贷款更有优势。以往担保机构在给小企业进行贷款担保时，面临的风险较大。因为中小企业管理不够规范,财务报表可信度差,担保机构很难真正了解企业的经营状况。一旦贷款收不回来,银行势必要求担保机构偿还,贷款风险转嫁给了担保机构。因此,担保机构给小企业担保积极性不高。

由于缺乏基本的运作制度,也没有专门的管理机构,以致现在出现不少问题。拿地方政府融资平台贷款来说,一些地方贷款规模超过了财政偿还能力。浙江省政府早在2005年1月就发布《关于加强地方政府性债务管理的通知》,规定了三条警戒线:负债率(债务余额/当年地区生产总值)不得超过10%,债务率(债务余额/当年可支配财力)不得超过100%,偿债率(年度还本付息额/当年可支配财力)不得超过15%。事实上,许多地方都突破了三条警戒线。截至2009年末,浙江省政府性债务负债率为20.15%,高出警戒线10.15个百分点;债务率为97.46%,低于警戒线2.54个百分点;偿债率为28.58%,高出警戒线13.58个百分点。值得关注的是,在全省69个市县中,负债率超过警戒线的36个,债务率超过警戒线的有29个,偿债率超过警戒线的有40个,负债率、债务率、偿债率三个指标均超过警戒线的市县有29个。作为银行,难以对政府融资平台贷款进行风险评估。银行在很大程度上不是按照企业法人贷款的标准分析,而是基于对地方政府财政收支状况和偿还能力的判断,但又由于并不真正掌握其总体负债规模和偿债能力,既无法做到对借款人信用评级,更不可能实现对具体贷款的债信评级。特别是对于没有自营收入的公益性项目,项目本身需要政府回购,但在无法全面掌握地方政府融资总量、负债规模、可持续财税收入等情况的背景下,银行无法准确评估地方政府的真实财力。这使得银行与政府融资平台之间存在严重的信息不对称,银行发放贷款时存在着较大的盲目性。另外,银行难以监测资金流向。虽然融资平台是借款主体,但其所承贷的资金通过划转到达财政专户或关联企业后,实际上发挥着土地储备、基础设施建设、搭桥融资(如填补项目建设中的财政到位资金缺口)等多重职能。地方政府融资平台贷款主要靠政府承诺担保(如出具"安慰函")、土地质押和项目收费权质押等,但在实际操作中,均难以落实执行。

最近几年,新型的财政投融资的模式更是不断涌现。如公共私营合作制模式(Public–Private–Partnership,PPP),即政府与社会资本之间通过特许经营、购买服务、股权合作等方式,建立的利益共享、风险分担及长期合作的关系。再如政府产业基金,通过财政资金的杠杆放大作用,吸引民间资本和金融资本参与新兴产业培育发展,浙江省等地已经有一大批国内知名投资管理机构与政府合作设立了子基金。

既然财政周转金被清理之后,财政投融资活动依然存在,而且在某些领域规模很大,那就要正视它。日本的财政投融资被认为是比较成功的典范,但是,20世纪80年代以后,在资金筹措和资金使用领域都存在突出的问题。自90年代中期开始,日本政府着手财政投融资体制的改革,主要内容包括撤销"资金运用部"、放开资金投资渠道限制、按照市场原则发行机构债券、重新界定资金使用领域、实施财政投融资绩效分析、公开披露财政投融资计划信息等(王涌、杨宝泰,2005)。

借鉴日本的经验,中国对于财政投融资,可以起一个合适的名称,但是这不是最重要的,比名称更要紧的是构建运作制度和监管机制。笔者赞成杨玉霞等学者提出的"试编财政投融资预算"等建议(杨玉霞、张颖,2006),总之,对于财政投融资,不是要简单地予以取缔或者禁止,而是引导和规范。

五、基本结论

财政投融资可定义为:财政投融资即政府金融活动,是指政府为实现特定的政策目标,遵循信用原则将各种资金集中起来,由财政部门进行规范化管理,直接或间接贷放给企事业单位的活动。

"公共信用"的提法比"财政投融资"更贴切。因为这个提法反映出信用活动的主体是政府,也反映出政府金融活动的运作机理。

既然财政周转金被清理之后,财政投融资活动依然存在,而且在某些领域规模很大。如财政贴息、地方政府融资平台贷款、公共私营合作制模式(PPP)、政府产业基金等等,既然存在,就要正视它,并通过完善运作制度和监管机制使之规范化。

主要参考文献

1. (日)井手文雄.陈秉良译.日本现代财政学[M].中国财政经济出版社,1990.

2. 王朝才.日本财政投融资制度的意义、特点及其借鉴思考[J].财政研究,1993(9).

3. 齐海鹏,付伯颖.建立我国财政投融资体系的思考[J].财经问题研究,

1993（9）.

4. 李杰刚.财政投融资初探［J］.财经研究，1994（9）.

5. 汪德孝，刘俊.进一步完善我国财政投融资体系的思考［J］.财经理论与实践，1996（4）.

6. 李杰刚.论当代中国财政投融资体系的构建与完善［J］.财经研究，1994（11）.

7. 赵萌.完善财政投融资体系 协调我国财政政策与货币政策［J］.财政与税务，2005（2）.

8. 王涌，杨宝泰.日本财政投融资制度改革刍议［J］.天津师范大学学报（社科版），2005（6）.

9. 杨玉霞，张颖.日本财政投融资制度及对我国的启示［J］.日本研究，2006（3）.

16 瓦格纳定律：还是"瓦格纳法则"？

19世纪80年代德国著名经济学家瓦格纳（A. Wanger）在对欧洲国家和美国、日本等国的资料进行分析后得出结论，"社会经济的发展必然导致财政支出规模的不断扩大"。这一思想集中反映在《公共财政的三点精粹》（Three Extracts on Public Finance）一文中，该文被翻译成英文后收录在由马斯格雷夫（R. A. Musgrave）和皮考克（A. T. Peacock）于1958年出版的《公共财政经典文献》中[①]。然而，英语国家的学者对"瓦格纳法则"（Wagner's Law）的正确性和有效性展开了长期激烈的争论，尤其是自20世纪90年代以来，随着计量经济学的发展，这一理论的验证成为可能，学术界的争论更趋激烈。

一、他人观点

马斯格雷夫（R. A. Musgrave，1969）对瓦格纳法则的研究是成就最大、影响范围最广的，他和瓦格纳一样，把"结构性"因素作为解释政府增长的核心，不同于瓦格纳的是，马斯格雷夫是直接通过考察人均收入来衡量发展的。马斯格雷夫在做了大量的研究后指出，瓦格纳法则所指的对象应该是公共支出（在GDP中的）份额的时序性上升，即它应被表述为：随着人均收入的

[①] 马斯格雷夫（R. A. Musgrave），皮考克（A. T. Peacock）著，刘守刚等译. 财政理论史上的经典文献 [M]. 上海财经大学出版社有限公司，2015.

提高，公共支出的相对规模也随之提高。

古普塔（Gupta，1968）通过对不同国家公共支出与国民生产总值（GNP）之间的关系进行分析，然后进行横向比较，得出结论：不同国家公共支出与 GNP 的关系并非都是线性关系。在中等发达国家，公共收入与 GNP 为线性关系，而欧美等发达国家则为非线性关系。对于收入水平特别高或特别低的国家，变量公共支出与 GNP 存在微小的线性关系。

伯德（R. M. Bird，1970，1971）认为，"对瓦格纳法则的现代解释是：随着在工业化国家中人均收入的增加，他们的公共部门增长也就变得越来越重要。"瓦格纳法则是否被接受或者被拒绝，取决于来自发达国家或欠发达国家的证据是否充分，因为这个法则或许不适用于这些国家。

赫伯（B. P. Herber，1975）认为，随着工业化和经济增长的实现，人均公共产品的产出量增长速度大于平均分配的收入增长速度，这是瓦格纳法则本质性的前提假设。随着时间的推移，真正平均分配的公共产品与平均收入的增长有弹性相关的联系。赫伯还认为，在前工业化和后工业化阶段，瓦格纳法则是不适用的，因为政府规模会随着人均收入的增长而相对缩小。

郭希林（2005）认为，"瓦格纳法则"所揭示的公共支出不断增长的现象只适用于特定的经济发展阶段，并且公共支出的规模也不会永远持续地增长下去，它应当存在一个合适的极值。因为它由以下三个因素（变量）影响所使然。政府职能范围的逻辑态势决定公共支出，政府行政规模和运作方式的逻辑态势决定公共支出规模，政府实际收入能力的逻辑态势决定公共支出规模。

李永友、裴育（2005）认为，对公共支出持续增长的关注影响最大的是 1883 年瓦格纳的开创性研究。瓦格纳指出，公共支出持续增长是国民产出增长的结果，国民产出的增长引致了公共支出的持续上升。他的观点被后人归结为关于公共支出持续增长的一个定律，即所谓的瓦格纳定律。

欧林宏（2008）则从资源配置角度提出了三个含义的瓦格纳法则。他认为，反映瓦格纳法则的两个变量并非是现有财政学教材中介绍的财政支出和 GNP（或者 GDP），而是指"实际人均财政支出"高于"实际人均支出"（除财政支出之外的居民和企业的支出），并将它称之为瓦格纳法则 I。瓦格纳法则 II 是指随着实际人均收入的不断增加，实际的人均财政收入增长速度要快于实际的人均居民及企业收入；瓦格纳法则 III 是指随着经济的增长，实际人均财政收入增长速度快于实际人均收入增长速度，实际人均财政支出增长速度快于实际人均财政收入增长速度。

李树生（2009）指出，瓦格纳认为政府规模与经济发展之间存在长期均衡关系，即一国政府部门会随着该国的经济增长而持续扩张，通称为瓦格纳定律。……瓦格纳定律的主要贡献是建立了政府规模持续增长的一般规律，这一规律不是来自于逻辑的推测，而是来自于对历史证据的直接推断。

郝晓薇、叶子荣（2011）认为，瓦格纳定律作为一个关于财政支出与工业化经济发展正相关的经验描述，其内在关系被解析为财政支出占 GNP（GDP）的比例随着人均 GNP（GDP）的增长而增长，并且财政支出占 GNP（GDP）的比例呈时序性上升趋势。100 多年来，瓦格纳定律在财政理论界影响深远，许多学者从不同的层面和角度论证、验证其规律性。

吕文广（2011）认为，瓦格纳定律的内在逻辑表现如下：经济社会发展（表现为人均所得提高和工业化程度不断加深）对政府管理提出了更多需求，致使政府部门的活动不断扩张，公共支出必然呈现出不断增加的趋势。

二、几点疑问

（一）究竟称为"瓦格纳法则"还是"瓦格纳定律"？

很多教材和论文采用了"瓦格纳法则又称瓦格纳定律"，或者"瓦格纳定律又称瓦格纳法则"的表述，这种模糊处理法似乎避免了纷争，但是，对于财政学教学确实是不利的，而且，严格说来，定律与法则是有区别的。法则是指方法、规则、原则；定律是为实践和事实所证明，反映事物在一定条件下发展变化的客观规律的论断。定律是一种理论模型，它用以描述特定情况、特定尺度下的现实世界，在其他尺度下可能会失效或者不准确。这就说明，如果存在"瓦格纳定律"，那是一个比"瓦格纳法则"更为严格、更具有普适性的结论。

（二）瓦格纳法则是指公共支出数额的时序性上升还是公共支出份额的时序性上升？

马斯格雷夫、伯德和赫伯的研究表明，瓦格纳法则描述的是一种相对的而不仅仅是绝对的公共部门增长。但是，克瑞斯特和奥特尔（Chrystal and Alt, 1979）在对瓦格纳法则进行研究时，仍然从公共部门的绝对增长入手。国内学者对此的理解也很不统一，如吕文广的表述似乎更多地强调公共支出绝对规模呈不断增加的趋势。

(三) 反映瓦格纳法则的变量指标是什么？

如果瓦格纳法则是指相对比例的增长，那么分子、分母究竟应当是什么？分子有用"财政支出"的，也有用"公共支出"的。在西方国家，这两个概念的外延相差甚小，但是在中国，两者之间有相当大的差异。相比之下，分母的差异就会更大了。有的认为是GNP（或者GDP），有的认为是人均收入，还有的认为是除财政支出之外的居民和企业的支出。

20世纪90年代以来，对瓦格纳法则进行经验检验的文献很多，但是，结论很不一致，甚至完全相反。除了样本数据之外，一个重要原因就是选择的解释变量和被解释变量不统一。参见表16-1。

表16-1　　　　　　　瓦格纳法则的六种经典计量模型

方程形式	创建者	创建年份
LRE = a + bLRGDP	Peacock-wiseman	1961
L (RE/P) = a + bLR (GDP/P)	Gupta	1967
LRE = a + bLR (GDP/P)	Goffman	1968
L (RE*100/RGDP) = a + bLR (GDP/P)	Musgrave	1969
LRC = a + bLRGDP	Pryor	1969
L (RE*100/RGDP) = a + bLRGDP	Mann	1980

说明：L表示对时间序列取自然对数，RE表示真实财政支出，RGDP表示真实国内生产总值，RC表示真实公共消费支出（一般公共服务支出+国防支出+公共秩序与安全支出），P表示人口。

资料来源：Demirbas, S. Cointegration Analysis – causality Testing and Wagner's Law: the Case of Turkey, 1950–1990. University of Leicester Discussion Papers. 99/2, 2010-05-28。

(四) 瓦格纳法则是否有可能只局限于工业化阶段？

赫伯认为，在前工业化和后工业化阶段，瓦格纳法则是不适用的，因为政府规模会随着人均收入的增长而相对缩小。郭希林也认为，公共支出不断增长的现象只适用于特定的经济发展阶段，并且公共支出的规模也不会永远持续地增长下去，它应当存在一个合适的极值。这种观点是值得关注的，因为瓦格纳本人所处的环境以及后人对瓦格纳法则的经验检验，都是以工业化国家为背景的。

三、我的看法

(一) 公共支出的相对规模不可能不断扩大

关于瓦格纳法则的争论,关键在于它是指公共支出数额的时序性上升还是公共支出份额的时序性上升。可以说,随着经济的增长,一个国家或者地区的公共支出绝对规模总是不断扩大的。

看看经常被引用的两项研究成果:一是马斯格雷夫(R. A. Musgrave, 1984)阐述的,不考虑物价因素,美国公共支出 1890—1980 年间从 8 亿美元到 8690 亿美元,增长了 1086 倍;二是布朗和杰克逊(Brown & Jackson, 1990)阐述的,1900—1987 年间,英国公共支出从 2.8 亿英镑到 1680.2 亿英镑,增长了 600 倍。事实上,随便拿一个国家的数据,都可以验证这一点,也就是说,公共支出数额的时序性上升是毋庸置疑的。

如果认同上述观点,那问题就归结为公共支出份额是否呈时序性上升的趋势了。在一定时期内,全社会可供配置的资源总量是既定的,私人部门与公共部门之间在总资源中所占的份额是此消彼长的关系,如果公共支出占经济总量的份额越来越高,私人部门占有的份额就会相应缩小。两者的分割点是由社会边际成本等于社会边际收益所决定的,公共部门占有的资源规模过多,配置所得到的社会边际收益反而小于社会边际成本,也就是说效率反而低下。因此,公共支出的相对规模是有限度的,不可能一直呈上升的趋势。至于这个相对规模有多大,那取决于公共部门与私人部门配置资源的效率对比。

再从实际情况看,自 19 世纪以来,美国和英国的公共支出占 GNP 的比例有增长的趋势,但是,从 20 世纪 80 年代开始,都慢慢回落了(见表 16-2、表 16-3)。

表 16-2　　1890—1970 年美国公共支出占 GNP 的比重　　单位:%

年份	1890	1902	1913	1922	1929	1940	1950	1960	1970
占比	6.5	7.3	7.8	12.6	10.4	17.6	23.1	27.0	32.2
年份	1980	1982	1984	1986	1988	1990	1992	1993	1994
占比	33.1	24.8	23.9	24.5	23.5	23.9	24.6	23.8	23.1

资料来源:(1) N. 吉麦尔著. 公共部门增长理论与国际经验比较 [M]. 经济管理出版社, 2004.
(2) 郭庆旺等. 公共经济学大辞典 [Z]. 经济科学出版社, 1999: 1273.

表 16-3　　　1790—1970 年英国公共支出占 GNP 的比重　　　　　　单位:%

年份	1790	1840	1890	1910	1932	1950	1960	1970
占比	12	11	8	12	29	39	38	42.7
年份	1980	1982	1984	1986	1988	1990	1992	1993
占比	52	41.1	40.1	38.3	35.6	37.6	43.2	42.5

资料来源:(1) N.吉麦尔著.公共部门增长理论与国际经验比较 [M].经济管理出版社,2004. (2) 郭庆旺等.公共经济学大辞典 [Z].经济科学出版社,1999:1273.

如果把视野扩张到全球,即便是北欧一些福利国家,虽然这个比例比其他国家高出许多,但是并没有一直增长。笔者只搜集到国际货币基金组织 (IMF) 统计的 2008—2013 年间一般政府收入占 GDP 之比的数据,虽然要考察的是一般政府收入占 GDP 之比,但是,仍可以看出其总体发展趋势。如表 16-4 所示。

表 16-4　　2008—2013 年部分国家一般政府收入占 GNP 的比例

国家	2008	2009	2010	2011	2012	2013
美国	32.51	30.83	31.23	31.40	31.76	32.93
英国	37.87	35.79	36.55	37.34	35.16	38.56
法国	49.94	49.21	49.46	50.83	51.96	52.89
德国	44.01	45.14	43.56	44.55	45.16	44.37
荷兰	44.66	45.20	45.62	45.10	45.94	46.82
瑞典	51.81	51.82	50.52	49.61	49.66	49.89
挪威	58.43	56.47	56.00	57.06	57.25	56.44
丹麦	54.88	55.24	54.77	55.48	54.00	54.76
芬兰	53.56	53.41	52.96	53.88	53.27	54.19
俄罗斯	39.17	35.04	34.61	37.38	37.03	36.16

续表

国家	2008	2009	2010	2011	2012	2013
澳大利亚	33.69	33.44	31.35	31.99	33.64	34.50
巴西	36.85	34.91	37.17	36.62	37.25	36.97
南非	29.82	27.36	27.32	28.09	27.92	27.80
日本	31.62	29.59	29.61	30.80	31.10	31.57
韩国	24.03	23.05	22.65	23.23	23.27	23.33

资料来源：IMF．世界经济展望，2013.4.

可见，"随着经济的增长，公共支出的相对规模也随之扩大"的判断值得怀疑。

（二）瓦格纳法则经验检验的结果并没有一致的结论

学术界对瓦格纳法则进行的经验检验，并没有一致的结论。例如，Islam（2001）对美国1929—1996年的数据进行实证检验，结果证明瓦格纳法则是成立的。Afxentiou et al.（1996）利用20世纪的数据检验，结果表明瓦格纳法则不成立。李永友（2005）利用经验数据考察了中国公共支出与国民产出之间的经济关系，统计分析结果表明，1979—2003年期间，瓦格纳法则并不成立，即国民产出与公共支出之间不存在单向的因果关系。朱柏铭等（2008）利用1978—2005年时间序列数据，计量检验了瓦格纳法则，并从财政支出功能性质分类角度研究我国财政支出与经济增长的关系。结果表明，瓦格纳法则在中国无法得到印证。王凯等学者认为（2011），无论是长期还是短期，经济增长是政府支出规模的Granger原因，说明"瓦格纳法则"在全国及东中西部三大地区都是成立的。

为什么实证的结果差异很大？笔者认为，可能存在三个原因：

1. 数据不一致

有关"瓦格纳法则"的经验检验，从最早的研究开始，如马丁和勒维斯（Martin & Lewis，1956）、古普塔（Gupta，1968）、马斯格雷夫（1969），都是用国际交叉区域的方法，而不是时间序列分析的方法。如果采用时间序列数据进行分析，得出的结论或许更为接近。

2. 公式不统一

对于瓦格纳法则缺乏一个有价值的公式，正如吉麦尔（N. Gemmell, 1956）所说，瓦格纳法则一直被理解为衡量社会发展过程（如人均收入变化）和政府规模的一种尺度。对瓦格纳法则的大多数检测，也成为对收入弹性假设的检测。有的学者认为，当国民收入增长时，财政支出会以更大的比例增长，这实际上就是分析公共支出增长率与经济增长率的对比，还涉及边际财政支出倾向。

如果按照公共支出数额的时序性上升，可将瓦格纳法则用图16-1表示。

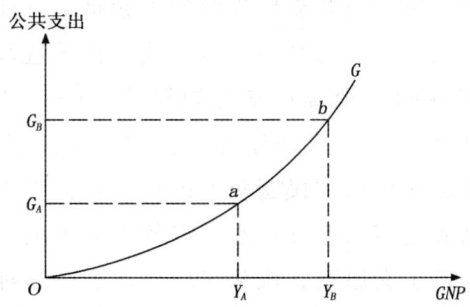

图 16-1 公共支出数额的时序性上升

图中 OG 表示公共支出与 GNP 之间的函数关系，a、b 是曲线上的任意两点。于是就有三层意思：一是公共支出比率，即 $G_B/Y_B > G_A/Y_A$，即随着工业化经济的发展，公共支出比率逐步上升。二是公共支出的收入弹性，即 $[(G_B - G_A)/G_A]/[(Y_B - Y_A)/Y_A] > 1$，即随着人均 GNP 的提高，公共支出的收入弹性大于1。三是边际财政支出倾向，即 $(G_B - Y_B)/(G_A - Y_A)$。

从收入弹性角度分析，设 e 为公共产品需求的收入弹性，G 为公共支出，Y 为国民生产总值，则有：$e = \Delta G/G \div \Delta Y/Y > 1$

在 $\Delta Y > 0$ 的情况下：若 $e > 1$，公共支出的增长速度快于国民生产总值的增长速度，即符合瓦格纳法则；若 $0 < e < 1$，公共支出的增长率小于国民生产总值增长率，也符合瓦格纳法则。

在 $\Delta Y < 0$ 的情况下：若 $e > 1$，公共支出增长速度小于国民生产总值的增长速度，不符合瓦格纳法则；若 $0 < e < 1$，公共支出的增长速度大于国内生产总值增长速度，符合瓦格纳法则，即国民生产总值负增长，但公共支出却增加。

前述有学者提出的瓦格纳法则Ⅱ、瓦格纳法则Ⅲ，实际上只是弹性分析。

3. 时空有差别

赫伯的结论是，瓦格纳法则只适用于工业化阶段，因为瓦格纳本人生活的时期就是工业化的社会，他认为公共支出增长的逻辑是：随着工业化程度的不断加深，经济社会对政府管理提出更多需求，致使政府部门的活动不断扩张，公共支出必然呈现出不断增加的趋势。

这种观点貌似有理，其实未必如此。一个国家或地区处在不同的发展阶段，对于公共支出的总量需求及其结构是不一样的。

表面看来，中国尚处于工业化进程中，瓦格纳所描述的情形也会出现。然而，在实际生活中，影响公共支出规模的因素是多方面的。经济水平、物价水平、社会保障、人口规模与结构、城市化、技术进步、官僚行为、财政幻觉等因素都会直接或间接地推动支出规模地扩张。但是，在转型期的中国，财政支出经常被作为政府推动经济增长的重要工具，如在 1978—1996 年期间，通过降低支出比例增加民营资本的积累；而在 1998—2003 年期间，通过扩大支出规模刺激内需。而支出水平有较大起落的可能性在于，中国的税收征收往往背离法定主义原则，服从于政治需要。这种现象背后的深层原因是政府与市场的分工和边界尚未彻底明确，经济系统中的内在稳定性还不强。

在这方面，最有说服力的是马斯格雷夫（1969）的研究。他把政府支出分为消费、投资和转移三个部分，并分析了这几个部分在社会发展的不同阶段所发挥的作用。他认为，总资本形成中的公共份额在经济发展的早期阶段相对较高，随后不太会有可预见的波动，转移支出的比率往往会随收入的上升而下降，公共消费对私人消费的比率会随着收入的上升而上升，直觉并没有告诉我们这三种趋势是如何复合到总公共支出占 GDP 比率的变化中的。只有在政府消费支出方面，他与瓦格纳达成了一致，投资和转移支出在 GNP 中所占的比重是增加还是减少，是很难准确勾画的。类似的研究成果还有，Bairam（1995）利用 1972—1991 年美国财政支出的数据，不仅对全部财政支出与 GDP 的关系进行了验证，而且将财政支出分拆为联邦支出、州政府支出，国防支出、非国防支出，并依次进行了瓦格纳定律的检验。结果发现，只有美国联邦非国防支出相对于 GDP 的增长弹性大于 1，也就是说具有瓦格纳定律的特征，其他各类财政规模指标都不具有这种特征。Narayan et al.（2007）利用中国 1952—2003 年的省级面板数据检验，结果表明瓦格纳法则在中国中西部成立，在全国和东部不成立。

四、延伸思考

公共支出增长曲线是呈 J 型还是呈 S 型？J 型曲线的特点是，资源充裕条件下，公共支出会以一定的倍数增长。S 型曲线的特点是，公共支出在有限的资源环境中增长，数量达到环境所允许的最大值之后，保持相对稳定。

如果公共支出增长是指公共支出数额的时序性上升，那么，曲线呈 J 型是毋庸置疑的。如图 16-1 所示。但是，如果是指公共支出份额的时序性上升，曲线呈 S 型的可能性更大。如图 16-2 所示。

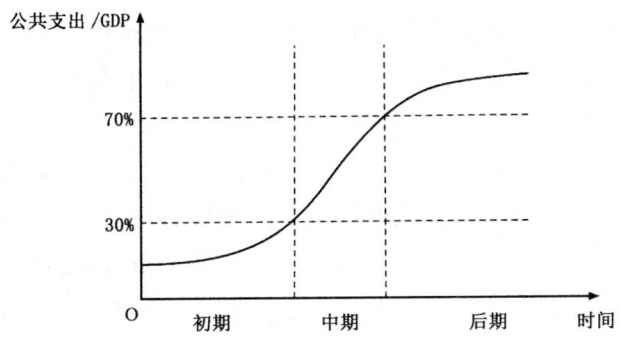

图 16-2 公共支出份额的时序性上升

作这样的判断，是基于在不同时期公共产品的需求收入弹性会发生变化。

通常情况下，随着收入水平的提高，人们对公共产品的需求会以更快的速度增长，亦即公共产品具有较高的收入弹性。或者说，富人的公共产品需求弹性大于 1。图 16-3 中 B 点的收入高于 A 点，需求弹性也大于 A 点。但是，公共产品的需求收入弹性是很复杂的问题，有时候即便处于同一收入水平上，不同消费群体或同一消费群体都具有不同的偏好。除收入之外，影响公共产品需求偏好的主要因素还有：地域差别、历史文化、社会习惯、宗教信仰、人口结构、受教育程度等。如老年人更在乎养老、保健、医疗等；年轻人更在乎市政设施、通讯条件等。

公共产品的需求收入弹性大，表明个人对该公共产品的评价高，他愿意对这种公共产品支付更多的费用，实际上表明市场参与的空间更大。例如，医疗卫生服务中，无论穷人还是富人，对传染病的防控需求是基本相近的，是缺乏

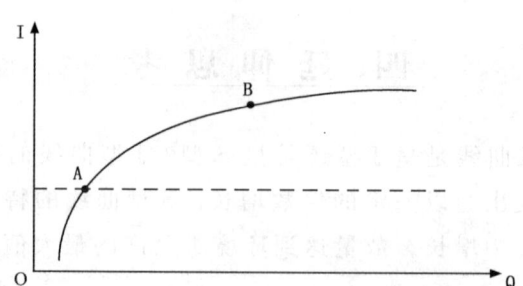

图 16-3 公共产品的需求收入弹性

需求收入弹性的,但在高层次的保健服务和高档治疗服务上,富有收入弹性,市场应发挥更积极的作用。再如教育服务,个人对基础教育的需求收入弹性是较小的,适宜由政府统一提供基础性的学校教育。但随着收入水平的提高,高端教育和特长教育的个人需求不断增加,富人愿意以个人支付学费方式获得高层次和个性化的教育服务。

当公共产品具有较高的需求收入弹性时,个人对公共产品有较高的评价,由此引起公共产品需求曲线的移动。这种移动将会更加接近实际的私人边际收益曲线。移动幅度越大,需求曲线越接近于私人边际收益曲线,公共产品的市场供给就越有效率。因此,对于需求收入弹性大的公共产品,应该更多地通过市场供给;对于需求收入弹性低的公共产品,政府成为主要的供给主体。

根据上述分析,随着收入水平的提高,公共支出占GDP的比重仍然上升,但是到一定程度之后,会趋于相对稳定状态。

五、基本结论

瓦格纳所揭示的公共支出不断增长趋势,并不是在任何时候、任何场合都存在的,它是有条件的。这就意味着,公共支出不断增长只是一个经验性的结论。于是,从名称上说,与其称之为"瓦格纳定律",倒不如称之为"瓦格纳法则"更为确切。

概括起来,瓦格纳法则可以表述为:随着时间的推进,一国或地区的公共支出总量会以一定的比率增长,公共支出占国内生产总值(GDP)的比例可能有波动,但是未必一直上升,达到一定程度后就趋于稳定状态。

主要参考文献

1. Musgrave, R. A. Fiscal Systems [M]. New Haven and London: Yale University Press. 1969.

2. Gupta, S. P. Public Expenditure and Economic Development: a Cross – section Analysis, Finanzarchiv, 28, 26 – 41. 1968.

3. Bird, R. M. Wagner's Law of Expanding State Activity, Public Finance 26, 1 – 26, 1971.

4. Herber, B. P. Modern Public Finance [M]. 3rd edn, Homewood, Ⅲ: Richard D. Irwin. 1975.

5. 郭希林. 公共支出规模存在合理极值："瓦格纳法则"新解 [J]. 现代财经, 2005 (2).

6. 李永友, 裴育. 公共支出与国民产出——基于瓦格纳定律的实证检验 [J]. 财经研究, 2005 (7).

7. 欧林宏等. 正确理解瓦格纳法则的科学内涵 [J]. 中央财经大学学报, 2008 (1).

8. 李树生. 基于结构突变的瓦格纳定律的实证检验. 经济问题, 2009 (12).

9. 郝晓薇, 叶子荣. 瓦格纳定律之英国实证检验及其对中国公共财政建设的启示——新公共管理运动背景下的探索 [J]. 公共管理学报, 2011 (2).

10. 吕文广. 瓦格纳定律的历史局限性与应用 [J]. 华东经济管理, 2011 (3).

11. Chrystal, A. and Alt, J. Endogenous Government Behaviour Wagner's Law or Gotter dammerung in S. T. Cook and P. M. Jackson, Current Issues in Fiscal Policy, Oxford: Martian Robertson. 1979.

12. Islam, A. M. Wanger's Law Revisited: Cointegration and Erogeneity Tests for USA. Applied Economics Letters, 2001 (8): 509 – 515.

13. Afxentiou, S. Gray. Wanger's Law: A Pooled Time – series Cross – section Comparison. National Tax Journal, 1996 (88): 209 – 218.

14. 朱柏铭, 祝燕君. 财政支出与经济增长关系研究——基于中国1978—2005年数据的验证 [J]. 技术经济与管理研究, 2008 (3).

15. Martin, A&Lewis, W. A. Patterns of Public Revenue and Expenditure. The Manchester School of Economic and Social Studies, 1956 (24): 23 – 44.

16. N. 吉麦尔著, 阳关琼等译. 公共部门增长理论与国际经验比较 [M]. 北京: 经济管理出版社, 2004.

17. Bairam. Level of Aggregation, Variable Elasticity and Wagner's Law [J]. Economics Letters, 1995, 48: 341 – 344.

18. Narayan P. K, Nielsen, I. Smyth. R. Panel Data, Cointegration, causality and Wanger's Law: Empirical Evidence from Chinese Provinces. China Economics Review, 2007 (10): 1 – 13.

19. 王凯等. "瓦格纳法则" 在中国适用性研究 [J]. 经济与管理, 2011 (2).

17 行政成本：
还是"行政费用"？

行政成本（Administrative Cost）一直是政治学、公共管理学和财政学领域的学者们共同关注的对象。党的十六大报告首次使用"行政成本"概念并提出了降低行政成本的要求。然而，学术界对"行政成本"内涵与外延的认识存在很大的分歧，各抒己见、表述不一。笔者认为，给行政成本下定义，要从分析概念的要素入手，不能以数据统计的便利为出发点。

一、他人观点

（一）行政成本的内涵与外延

张成福、倪文杰（1991）将行政成本界定为"国家行政机关为完成各项行政任务，维持其正常工作所必需的经费开支。"

王庆仁（1999）认为，所谓行政成本是在行政管理工作中为完成一定的有效行政行为所消耗的人力、物力和财力的总和，是所作出的可以用货币度量的价值。

朱文兴、朱咏涛（2004）从广义和狭义两个方面对行政成本进行了界定。从狭义上看，政府行政成本是指政府的公共支出，如用于公共安全、公共机构、公共服务、公共工程、公用事业等方面的费用；广义的行政成本是指国家权力机关的执行机关在一定时期内，为履行其行政职能、实现行政目标，在行政管理活动中所支付费用的总和，包括政府在行政过程中发生的各种费用，以及由其所引发的当前和未来一段时间内的间接负担。

何煦（2005）认为，行政成本是执政党和国家机关（包括国家权力机关、行政机关、司法机关）执行任务和进行活动所发生的消耗。

孔凡河、蒋云根（2006）认为，行政成本是行政机关及其工作人员在向社会或公众提供公共物品、公共服务过程中所必须进行的行政投入或耗费的行政资源。

毛日清（2006）认为，政府行政成本是政府部门、政党团体、事业单位和社会组织，以及一切靠政府财政拨款的工作部门，在一定时期内为履行其行政职责、实现其行政目标的活动过程中所消耗的人力、物力、财力和其他社会资源，以及由此引发的现今和未来一段时期政府与社会的间接性负担。

叶勇、文宏（2006）认为，行政成本是指政府在为组织与管理社会而行使其职能的过程中所消耗的各种资源，以及由其所引发的现今和未来一段时间的间接性负担。

张康之（2007）认为，行政成本包含了政府自身运行和管理整个社会的花费，包含文教卫生福利费用。

郭婕（2007）认为，行政成本仅仅是政府自身行政活动过程中所消耗的资源，也就是政府运作的直接支出，不包含文教卫生福利费用。

朱慧涛、王辉（2008）认为，"行政成本是指政府为了获得某种收益而必须为之付出的代价。具体来说是指政府为了实现对社会的公共管理和为公众提供公共服务所耗费的各种资源，以及由其所引发出的现今和未来一段时间的间接性损失。

（二）行政成本的统计口径

杨宇立（2011）认为，2007年起实行新的政府收支分类体系后，"一般公共服务支出正是原来的狭义行政管理费，属于党政机关、人民团体的直接行政管理成本，再加上涉外（外交、外援）和公共安全两个大类开支，就大体与原来的广义行政管理费基本吻合，由此才能构成在国际上可比的常规的政府行政管理成本总额。"

何晴（2014）认为，在经验研究中，学者们广泛采纳的口径为：国家层面的行政支出应由新统计分类中的一般公共服务、公共安全、外交三个大类的加总数额构成；在地方政府层面，行政支出应由一般公共服务和公共安全两项加总构成。

二、几点疑问

从上述学者们的观点看，分歧的焦点是行政成本的主体和行政成本的时空范围。顺着这个思路，笔者提出一些疑问。

（一）行政成本的发生主体是谁？

张成福等（1991）和孔凡河等（2006）认为，行政成本只是国家行政机关的费用；何煦（2005）则认为不仅包含国家行政机关的费用，而且包含执政党的、国家权力机关和司法机关的费用；毛日清（2006）认为政党团体、事业单位和社会组织的费用也应包含在行政成本中。可见，学术界对于行政成本的发生主体有很大的认识差异。这种争论是存在的，如关于事业支出算不算行政成本，张康之（2007）认为，行政成本包含文教卫生福利费用；而郭婕（2007）却认为，行政成本是政府运作的直接支出，不包含文教卫生福利费用。

（二）要不要区分政府生产成本与政府非生产成本？

张成福等（1991）认为行政成本是为完成行政任务、维持正常工作所必需的经费开支。值得讨论的是，这里有两种情况：一是直接提供公共产品的经费开支，二是不直接提供公共产品的经费开支。二者在性质上有所不同，如不加区分，全部作为行政成本，是否有理论依据？与此相关，杨宇立（2011）、何晴（2014）把公共安全的开支纳入到行政成本，是否合适？因为公共安全支出的结果是，为社会直接生产了"社会秩序"这样一种公共产品。朱文兴等（2004）、孔凡河等（2006）都把政府的公共支出看成行政成本，是否有人为夸大的嫌疑？

（三）"间接性负担"也属于行政成本吗？

毛日清（2006）、叶勇等（2006）、朱慧涛等（2008）都认为行政成本不仅包含直接的消耗，而且包含由其所引发的现今和未来一段时间的"间接性负担"。这里所谓"间接性负担"的含义是什么？

(四) 无效行政行为所耗费的资源是不是一种行政成本？

王庆仁（1999）强调有效行政行为，言外之意就是无效行政行为所耗费的资源不属于一种行政成本。需要研究的是，无效的行政行为可以被撤销和废止，但是，一旦发生，就有经费开支。这种开支要不要计入行政成本？

三、我的看法

（一）关于行政的界定

《中国百科大辞典》对"行政"一词的解释，行政"指的是一定的社会组织，在其活动过程中所进行的各种组织、控制、协调、监督等活动的总称。狭义地讲，是指国家职能中除了立法和司法以外的全部职能的总称；广义地讲，是指作为决策职能的政治之外的执行职能。""一定的社会组织"既可以是指企事业单位，也可以是指整个公共部门。

公共部门是指国家政权机关及其所属部门之和，由三个部分组成：国家政权机关、公共事业部门、公共企业部门。国家政权机关是通过政治程序建立的，在特定区域内行使立法权、司法权和行政权的实体，它向全体社会成员提供公共产品，如法律、治安、秩序等；不直接从事产品的生产和销售，所需经费完全依靠预算拨款。公共事业部门是产权归政府所有并依靠预算拨款维持其运转的单位总和，如公立的学校、医院和研究所等；公共企业部门是产权归政府所有或受政府直接控制的企业总和，如政府所属的供水、供电、供气系统等。

广义地说，行政部门是指国家政权机关，包括国家立法机关、国家行政机关、国家检察机关、国家司法机关、国家军事机关等。狭义地说，行政部门仅指国家行政机关，又叫国家管理机关，在法律上和实践中通称为政府，是指运用国家权力，通过强制和非强制手段对经济、政治、教育、科技、文化、卫生、国防等事务进行组织和管理的机关。

行政部门属于国家机关，是法定的行政主体，公共企事业单位则是国家基于公益目的成立的组织，不属于行政主体。部分事业单位有一定的行政职能，比如气象局、证监会等，那是基于特定法律的授权，通常属于参照公务员法管理的单位。尽管企事业单位内部也有行政层级，例如，大学有校部行政机关，专业院系内部还有行政科室，但是它们所发生的经费开支都不属于行政成本。因为，它们并不代表国家行政机关。

还有一个问题，执政党的活动耗费是否属于行政支出？政党的经费来源有两个：一是党员上缴的党费，二是社会团体和个人的捐助。在捐助制下，存在一种风险，捐助者以金钱影响政党，政党通过政策向捐助者提供利益。为使政党活动规范化，防止被捐助者所左右，许多国家和地区立法或行政机构作出规定，通过财政拨款给政党提供经费。刘淑惠、陈师孟、张清溪等学者考察了109个国家中的291个政党，发现绝大多数政党的财源依靠党费和捐款。[①] 财政给政党以经费补助，这是事实。但是，将这部分经费开支纳入行政成本，没有说服力。因为包括执政党在内的政党并没有行政的职能，不能越俎代庖履行政府的职能。

如果将公共部门所有的经费开支都视为行政成本，那么，就会使行政成本的范围过于宽广，包含立法部门、行政部门、军事部门、司法部门、检察部门及具有行政职能的企事业单位所发生的经费开支，等同于"国家政权机关支出"。若从狭义上去界定，行政支出仅指国家行政机关及具有行政职能的企事业单位所发生的经费开支。也就是说，行政成本等同于"政府支出"。鉴于"行政"的定义侧重于执行，因此，狭义的界定比较合理。

前述文献中，何煦（2005）把执政党和国家机关（包括国家权力机关、行政机关、司法机关）的消耗都纳入行政成本的观点值得商榷。他所言的"国家权力机关"想必就是国家立法机关。执政党虽然处于执政地位，但是它本身没有行政职能，或者已经超越行政地位；既然司法机关的耗费属于行政成本，那检察机关、军事机关等部门的耗费也同样属于行政成本。毛日清（2006）将事业单位和社会组织作为行政成本的主体之一，张康之（2007）把文教卫生福利费用视为行政成本，都是泛化的理解，离"行政"的本意较远。只有那些接受政府委托，代行行政职能的企事业单位的耗费，才可以计入到行政成本中。

（二）关于"成本"的界定

"成本"是会计学和经济学中使用广泛的概念，它的含义是什么？美国会计学会（AAA）所属的"成本概念与标准委员会"于1951年发布报告，对

[①] 转引自徐滇庆.政党及其经费来源[J].当代中国研究.1995（3）.

"成本"所下的定义为:"成本是指为达到特定的目的而发生或应发生的价值牺牲,它可用货币单位加以衡量。"中国成本协会(CCA)发布的《成本管理体系术语》(CCA2101:2008)标准中第 2.1.1 条对"成本"所下的定义是:"为过程增值和结果有效已付出或应付出的资源代价。"这两个定义中都有共同的要素:一是特定目的或有效结果,二是价值牺牲或资源代价。另外,概念中还有一个要素:货币计量。笔者认为,关于行政成本的讨论,同样应该关注这三个要素。

1. 特定目的或者有效结果

中国成本协会的"成本"定义,特别强调"过程增值和结果有效",这是不可或缺的条件。因为,如果过程不增值或者结果无效,那么,这个活动本身就失去意义。

政府的存在有其特定的目的,即对经济、政治、教育、科技、文化、卫生、国防等事务进行组织和管理,换言之,是一种提供公共产品的活动。初衷是提供公共产品,但是在某些情况下,实际效果可能因决策或操作的失误走向反面。有效行政行为必须符合几个要件:主体合法,人员合法,委托合法,权限合法,内容合法及适当,意思表示完全真实,程序合法。无效的行政行为是指行政行为虽已形成,但由于存在内容上、形式上或程序上的瑕疵,不发生法律上的效果,对任何人均不具备合法约束力的情形。一旦发生无效的行政行为,经费开支已成事实。这种耗费就不是行政成本。实际上,这是一种风险损失,即非故意、非预期和非计划的经济价值减少和灭失。

因此,王庆仁(1999)强调行政成本是"为完成一定的有效行政行为所消耗的人力、物力和财力的总和",这是值得肯定的观点。

2. 价值牺牲或资源代价

有学者认为,"行政成本和交易成本之间有着必然的联系。交易成本因市场缺陷而产生,政府的经济职能旨在克服市场缺陷,而政府为克服市场缺陷需消耗一定的行政成本。这时行政成本就成了交易成本的一部分。"[1]

这个说法值得商榷。市场经济中存在交易成本,这是事实。但是,行政成本不是交易成本的一部分。如果没有政府,社会流行"丛林法则",人与人之间的关系"如狼一般",信息搜索成本、谈判成本、签约成本和监督成本都非常高。政府的存在可以降低交易成本。然而,政府的存在又产生了行政成本。

---

[1] 袁文艺,黄安心.行政成本及相关理论阐释[J].鄂州大学学报,2002(4).

实际上，人们在交易成本与行政成本之间面临选择，最理想的状态是两种成本都最小。这就需要一个"双 S"（Small and Strong）政府，即精干而有效的政府。

那么，行政成本的本质究竟是什么？从字面上说，"Cost"有费用、成本、代价等意思。其实，费用与成本之间有一定的区别。

国际会计准则委员会对"费用"的定义是："费用是指会计期间内经济利益的减少，其表现形式为资产减少或负债增加而引起的所有者权益减少，但不包括向所有者进行分配等经济活动引起的所有者权益减少。"由于费用表现为企业资产的减少或资源的耗费，因此，费用的本质是企业的一种资源流出。费用最终会减少企业的所有者权益。资产＝负债＋所有者权益，在这个公式中，若负债不变，资产减少（资源流出）时，所有者权益减少；若资产不变，负债增加时，所有者权益也减少。

相比于费用，成本是资源转化的入账价格，所以，成本没有独立的存在形式，它必须依附于特定的资产或劳务而存在，只用来说明企业为获得一项资产或一项劳务而付出了多少代价。由于企业发生成本，只是使资源从一种形态转变成了另外一种形态，并没有发生资源的纯耗费，企业的总资源未发生变化，因而不会减少所有者权益。成本不会引起所有者权益的减少，这是成本与费用的根本区别，也是"代价"和"耗费"的差异之所在。

弄清费用与成本之间的区别对于辨析行政成本的概念有非常重要的意义。

政府在一定时期内（如一个财政年度内）发生的经费开支是由两部分组成的：一部分是体现公共产品的设施和设备的开支，例如，在公共场所设置的监控探头、路灯、绿化隔离带等，财政经费的消耗，变成了资产。像企业一样，社会总资源未发生变化，所有者（纳税人）权益不会减少。因而，这部分代价构成公共产品的生产（或购置）成本。另一部分并不直接形成设施和设备，是为组织和管理经济、政治、教育、科技、文化、卫生、国防等事务而发生的共同费用和不能直接计入公共产品成本的各项费用，如政府官员和公务员的工资福利费、办公费、水电费、办公设备折旧费、修理费、低值易耗品等。假如对公共产品进行核算，那么，要先对这些费用在专设的某一科目进行归集，然后在财政年度结束时，再按一定的标准将它们分摊计入到相关公共产品中。这部分是政府的一种资源流出，最终会减少所有者（纳税人）权益，是名正言顺的间接费用（Overhead Cost），因此，确切地说，应当把行政成本说成是"行政费用"。

3. 能以货币单位进行衡量

按照会计学对"成本"的定义，只有用货币单位加以衡量的价值牺牲才是成本。这样，那些无法用货币来衡量的无形耗费，就不是行政成本。由此判断，毛日清（2006）的观点值得商榷。他在论文中称，"政府行政成本的消耗是指政府执行政务过程中的耗费。……从消耗的形态讲，这种耗费既有可以用货币计量的有形形态，又有无法用货币来计量的无形形态，例如人的体力和精力等；既有表现为显性成本，又有表现为隐性成本。在定义中都要考虑这些成本的消耗特征。"

一些学者还提到行政活动的机会成本。例如，朱慧涛等（2008）认为，"政府管理的机会成本，是指政府选择某种行为时所放弃的另一行为可能带来的收益。也就是说，在资源有限的情况下，由于政府用于行政公务和经济建设的开支比例偏高，无疑会产生对公共服务和社会管理方面投入的挤出效应。"于立生（2010）也有类似的说法，"其显性成本包括政府机构日常行政管理费用（包括工资额、办公经费等）和资本支出（如购置汽车、修建办公楼等）；其隐性成本则指由于政府规模过大或过小而导致的经济投入的增加，以及市场、社会利益因此而受到的减损"。①

会计成本是一种显性成本，隐性成本（机会成本）是不入账的。机会成本是指"从事某种选择所必须放弃的最有价值的其他选择"。机会成本不是指实际的支出或耗费。假如把这个理念引入到政府领域，那么，行政成本不应该考虑机会成本。也就是说，毛日清（2006）、叶勇等（2006）、朱慧涛等（2008）学者所说的"当前和未来一段时间内的间接负担"是不应该包含在行政成本之中的。

四、延伸思考

给行政成本下一个定义很困难，行政成本的统计更困难。

在2007年之前，财政支出中有"行政管理费"的概念，也有对应的科目，涉及范围包括人大、政协、政府机关、党派和社会团体、公检法司机构的基本运转经费和不含基本建设类的项目经费，以及各部门用于驻外机构、国际组织会费、出国费、招待费等外交外事支出。虽说"行政管理费"不能代表

---

① 于立生. 我国政府运行成本过高的原因与对策[J]. 东南学术, 2010（2）.

前面讨论的"行政成本",但是,统计数据的获得很容易。《中国财政年鉴》"国家财政主要支出项目"表中就有"行政管理费"。

2006年2月财政部发布了《政府收支分类改革方案》和《2007年政府收支分类科目》两个文件。根据国际货币基金组织(IMF)发布的《政府财政统计年鉴2001》,结合中国的实际情况,在一级科目下设立了17大类。新体系中不再出现"行政管理费"的概念。根据刘浒的介绍,财政部"将行政成本的口径界定为:行政单位履行行政管理职能开支的基本支出和项目支出。不包括行政单位离退休支出、行政单位住房改革支出、行政单位基本建设支出、也不包括事业单位(含参照公务员法管理的事业单位)的支出。"① 杨宇立(2011)、何晴(2014)认为,在新体系下,行政成本的统计应为一般公共服务、公共安全、外交三个部分。

按财政部的口径,容易获得数据。但是,"行政单位"的范围可能包括了人大、政协、政府机关、党派和社会团体、公检法司等机构。这个范围大到什么程度?除军事部门之外的所有国家政权机关,再加上党派和社会团体。根据前面的分析,这样去界定行政成本,已经不符合"行政"的本意。

关于行政成本的统计,要从横向和纵向两个层面去考察。

1. 横向的考察

第一,不能将"一般公共服务支出"全部计入行政成本。现行"一般公共服务支出"包含人大、政协、政府、发展改革、统计信息、财政、税收、审计、海关、人事、纪检监察、人口与计生、商贸、知识产权、工商管理、食品和药品监管、质量技术监督与检验检疫、国土资源与地质勘查、海洋管理、测绘、地震、气象、民族宗教和港澳台侨、档案、党派团体等部门的支出。按照前面的分析,人大、政协、党派团体等部门的支出不应该计入行政成本。

第二,不能将"公共安全支出"全部计入行政成本。现行"公共安全支出"包含了武装警察、公安、国家安全、检察、法院、司法行政、监狱、劳教、国家保密等部门的支出,武警具有部队的色彩,检察、法院、司法行政、监狱、劳教等部门,不属于国家行政机关,是与国家行政机关并列的权力机关。

第三,专业性公共服务支出中的"管理支出"应计入行政成本。以教育

---

① 刘浒.行政成本统计的新思路[J].新理财(政府理财),2010(6).

为例，类级科目"教育支出"下属有"教育管理、普通教育、职业教育、成人教育、广电教育、留学教育、特殊教育、教师进修及干部继教、教育附加及基金支出等"款级科目。其中的教育管理支出属于行政支出（其余基本上属于事业支出），应该计入到行政成本中。与此类似，科学技术、文化娱乐、社会保障和就业、医疗卫生、环境保护、城乡社区事务、农林水事务、交通运输事务、工商金融事务等类级科目下，都有相应的款级科目"＋管理支出"，同样应该计入行政成本。

2. 纵向的考察

行政机关的经费支出中，凡是已经转化成公共设施和设备的成本即公共产品成本部分，不计入到行政成本中；未能直接转化成公共设施和设备的费用即间接费用，计入到行政成本中。具体有以下两种操作方法：

一种方法是从行政支出的基本支出和项目支出中去甄别。基本支出是指行政单位为保障其机构正常运转、完成日常工作任务而编制的年度基本支出，按其性质分为人员经费和公用经费两部分。其中：人员经费包括基本工资、补助工资、其他工资、职工福利费和社会保障费等；公用经费包括公务费、小型设备购置费和修缮费、业务费和业务招待费等。项目支出是指行政单位为完成特定的工作任务或事业发展目标，在基本的预算支出以外，财政预算专款安排的支出。包括基本建设、有关事业发展专项计划、专项业务费、大型修缮、大型购置、大型会议等项目支出。基本支出全部计入到行政成本中，项目支出中除形成公共设施和大型设备的之外也计入行政成本中。

另一种方法是从经常性支出与资本性支出中去甄别。如果经费在一年或更短时间内用完，且不增加任何固定资产的价值，那就是经常性支出；反之，就是资本性支出。如果行政部门每隔三年重新装修办公大楼，装修费是经常性支出还是资本性支出？虽说它能够维持一年以上，但是这项支出并不能形成新的资产，它仅仅保证办公楼使用功能不会退化。因此，这类支出可被认为是经常性支出。再如，购买新机动车的支出，属于资本性支出，而机动车的汽油费、保险费、维修费等属于经常性支出。大体可将经常性支出计入行政成本，资本性支出不计入行政成本。

或许有人会觉得，这两种思路都不是很直观地可以判断哪些可以计入，哪些不可以计入。这种担忧的消除，要依赖于权责发生制预算会计制度的建立和行政部门资产负债表的编制。比如，将经常性支出记入损益账户，将资本性支出的结果记入资产负债表中的"固定资产"。

五、基 本 结 论

综上所述，行政成本，确切地说，应当称之为行政费用，是指在一定时期内，国家行政机关从事有效行政行为时发生的，能以货币单位衡量的，不能直接计入公共设施和设备的生产或购置成本的各项费用。这个定义，包含几层意思：

第一，行政成本的发生主体是国家行政机关。其他国家政权机关所发生的经费开支，不计入到行政成本中。企事业单位如果因法律授权而代行行政职能，则相应的经费开支，也计入到行政成本中。

第二，行政成本的前提是有效行政行为，如果从事无效行政行为所伴随的经费开支，不计入到行政成本中。

第三，行政成本仅指不能直接计入公共设施和设备的生产或购置成本的各项费用，已经转化成公共设施和设备的成本，那是公共产品成本，不包含在行政成本中。

第四，行政成本仅指能以货币单位衡量的资源代价，无法以货币单位衡量的耗费及政府活动的机会成本，均不计入行政成本。

第五，行政成本的统计要从横向、纵向两个维度去考察，而且依赖于预算会计制度的改革和行政部门资产负债表的编制。

主要参考文献

1. 张成福，倪文杰.现代政府管理大辞典［Z］.北京：中国经济出版社，1991.
2. 王庆仁.应该重视对行政成本问题的研究［J］.中国行政管理，1999(10).
3. 朱文兴，朱咏涛.对行政成本居高的经济学分析与对策［J］.国家行政学院学报，2004(3).
4. 何煦.我国行政成本问题的再审视［J］.重庆邮电学院学报，2005(1).
5. 孔凡河，蒋云根.转型时期我国行政成本的控制路径探微［J］.中州学刊，2006(11).
6. 毛日清.政府行政成本辨议［J］.江西行政学院学报，2006(4).

7. 叶勇，文宏.降低行政成本——当代中国政府施治的重要趋向［J］.中南大学学报（社会科学版），2006（6）.

8. 张康之.在完善社会管理体制中降低行政成本［J］.行政论坛，2007（1）.

9. 郭婕.我国政府行政成本的现状、成因及对策［J］.河南大学学报（社会科学版），2007（1）.

10. 朱慧涛，王辉.行政成本概念鉴辨与重构［J］.中国行政管理，2008（1）.

11. 杨宇立.中外政府行政管理成本实证比较［J］.社会科学，2011（11）.

12. 何晴.中国行政成本经验研究文献综述［J］.首都经济贸易大学学报，2014（2）.

18 | 财政收入质量：
其实质是什么？

在传统的财政学学科体系中，并没有财政收入质量的概念。但是，近年来在媒体的报道和实务工作中经常出现这个名词，主要因为一些地方存在财政收入虚假的现象。例如，为完成年初人民代表大会确定的财政收入征收任务，从住房基金中抽取一部分收入，充入到一般公共预算中，考核结束后再转回到住房基金中。基于这样的背景，理论界开始关注这个问题，并且提出了一些观点。然而，学者们对这一概念的认识，无论是内涵还是外延，都存在较大的差异和分歧。笔者试图对财政收入质量（Quality of Financial Revenue）的概念进行梳理，并在此基础上提出自己的见解。

一、他人观点

张晋武（1982）或许是最早探讨财政收入质量问题的学者。他认为，研究财政收入，不仅要看数量，还要看质量，即要看收入是否能代表真实的和现实可以实现的商品价值体，是否存在虚假，是否真实可靠。

王国星（2002）认为，财政收入的质量高低主要看其收入规模是否与经济发展水平相适应、其收入结构是否合理、其资金是否是真正可用的政府财力。地方财政收入规模不适度，影响地方财政收入的规模质量；地方财政收入结构不合理，影响地方财政收入的结构质量；地方财政收入信息不真实，影响地方财政收入的信息质量。

姚大金、杨树琪、陈昊（2004）认为，财政收入质量至少应该包括三个方面：一是财政收入来源的质量，包括政府和财税部门是否依法预算、征税、收费，纳税人是否依法经营、纳税；二是财政收入结果的质量，静态表现为政府可支配财力的大小，动态表现为财政收入的可持续性增长；三是财政收入征收过程的质量即收入的效率。

钟振强、宋丹兵（2006）认为，财政收入质量有两个层次的含义：结果含义和过程含义。结果含义是对取得一定数量财政收入的质量解析，体现在两个方面，一是财政收入数据信息的真实性，二是财政收入规模与经济增长的适应性。过程含义是对取得财政收入的过程的质量解析，也表现为两个内容，一是取得财政收入的方式选择，二是形成财政净收入的规模。

赵长宝（2014）认为，衡量地方财政收入质量的高低，通常有三个指标：地方财政总收入占GDP的比重、地方公共财政预算收入占地方财政总收入的比重、地方税收收入占地方公共财政预算收入的比重。一般而言，这三个比重越高，说明这个地方财政收入质量越高，地方政府调控能力也就越强。

赫东旭、胡筱、王善认（2014）认为，衡量财政收入质量的主要指标有：（1）财政收入虚增数（虚减数）占实际财政收入的比重。该指标能够让人直观地分辨出财政收入的真实性。（2）财政收入占GDP的比重。收入过少不能满足财政支出需要，而收入过多会损害整个国民经济。（3）税收收入占财政收入的比重。该比重越大，财政收入质量就越高；或者非税收入占财政收入的比重，该比重越大，财政收入质量就越低。（4）形成财政净收入（可支配财力）的规模。财政净收入规模越大，越接近账面收入，财政收入质量才越高。

李忠华、霍奕彤（2014）认为，所谓的财政收入质量是指财政收入的合法性、合理性和真实性，以及财政职能在组织收入中实现的程度。合法性分析，如有无"收过头税"、"有税不征"、"寅吃卯粮"、"应退不退"、"应减不减"等。合理性分析，包括规模分析（财政收入总量），构成分析（如财政收入占GDP比重、税收占财政收入的比例、主税收入占税收收入的比例等），趋势分析（如税收增长率、财政收入增长率、财政收入增长弹性等），效果分析（如税收收入产业比率、税收收入行业比率等）等指标。真实性分析，如有无财政"空转"和"买税"等。

二、几点疑问

（一）规模指标是否可以被当作质量指标？

王国星（2002）把财政收入规模是否适度作为质量指标之一，甚至用了"规模质量"的提法；钟振强等（2006）把财政收入规模与经济增长的适应性作为质量指标之一。赵长宝（2014）更明确地认为，"三个比重"越高，说明财政收入质量越高。赫东旭等（2014）同样把财政收入占 GDP 的比重和税收收入占财政收入的比重作为衡量财政收入质量的指标。李忠华等（2014）所强调的趋势分析，如税收增长率、财政收入增长率、财政收入增长弹性等，同样是规模指标。

财政收入规模的经济含义是什么？财政收入规模越大，是否能代表财政收入质量越高？

（二）绩效指标是否可以被当做质量指标？

张晋武（1982）认为，研究财政收入质量要看收入是否能代表真实的和现实可以实现的商品价值体，是否存在虚假，是否真实可靠。王国星（2002）认为财政收入信息不真实，影响地方财政收入的信息质量。钟振强等（2006）把财政收入数据信息的真实性作为质量指标之一。赫东旭等（2014）更明确地认为，财政收入虚增数（虚减数）占实际财政收入的比重，让人直观地分辨出财政收入的真实性。李忠华等（2014）也强调真实性分析，如有无财政"空转"和"买税"等。

财政收入数据信息失真，是经常出现的现象。但是，数据信息不真实，这是财政收入征收工作绩效的问题还是财政收入本身质量的问题？

三、我的看法

笔者认为，上述疑问的存在，关键是财政收入质量的定义不够明确。如果认为，财政收入质量包含过程的质量与结果的质量，那么，将规模指标与绩效指标作为质量指标就无可厚非了。

公共经济学
若干概念辨析

（一）"财政收入质量"的含义

1. 财政收入的含义

一般而言，财政收入是指公共部门为履行其职能，在一定时期（如一个财政年度）内从企业、家庭等社会群体中取得的货币收入，主要形式是凭借政治权力征收的税收收入。

财政收入表现为货币收入，所代表的却是一种资源。一个社会可供配置的资源总量是既定的，资源配置的主体主要是私人部门与公共部门，财政收入越多，说明公共部门占有的资源越多，留给私人部门配置的资源就越少。根据边际收益递减规律，随着公共部门占有的资源数量的增加，边际收益会下降。可见，财政收入规模的背后是公共部门与私人部门资源分割的比例关系。因此，张晋武（1982）认为，"研究财政收入要看收入是否能代表真实的和现实可以实现的商品价值体"的观点是正确的。

财政收入规模越大，政府可用的财力就越多，但是，并不能得出财政收入质量越高的结论。不过，财政收入规模与质量之间仍有联系，合适规模既能满足公众对于公共产品的需求，又不造成缴纳者税费负担过重。所以，合适的规模是社会公众满意的规模，这就与财政收入质量有关了。

2. 质量的含义

美国著名质量管理专家朱然（J. M. Juran）从顾客的角度出发，提出了产品质量就是产品的适用性，即产品在使用时能成功地满足用户需要的程度。

国际标准化组织颁布的国际标准《质量管理和质量保证术语》（ISO9000 - 2005）对质量的定义是：一组固有特性满足要求的程度。① 这个定义，可以从以下几个方面来理解：

（1）它对质量的载体不作界定，说明质量是可以存在于不同领域或任何事物中。也就是说，所谓"质量"，既可以是零部件、计算机软件或服务等产品的质量，也可以是某项活动或某个过程的工作质量。

（2）特性是指事物特有的性质，固有特性是事物本来就有的，它是通过产品、过程或体系设计和开发及其实现过程形成的属性。固有特性的要求大多

---

① International Standard. Quality Management Systems - Requirements （ISO9000 - 2005） ［R］. www. iso. org.

是可测量的。赋予的特性（如产品的价格）不是产品、体系或过程的固有特性。

（3）满足要求就是应满足明示的（如明确规定的）、通常隐含的（如组织的惯例、一般习惯）或必须履行的（如法律法规、行业规则）的需要和期望。只有全面满足这些要求，才能评定为好的质量或优秀的质量。

3. 财政收入质量的含义

根据 ISO 关于质量的定义，质量应该包含过程质量和结果质量两个方面。前者表现为消费者在接受服务的过程中所获得的满足感和满意度，后者表现为消费者在使用产品时所获得的满足感和满意度。

顺着这个思路，财政收入质量包含财政收入征收过程的质量和财政收入征收结果的质量两个方面。前者表现为税费的征收是否依法、是否合理、是否扰民、是否应征尽征，有没有"引税、买税"，等等。后者表现为税费等收入来源是否合理，是否建立在真实的产出增加、财富积累之基础上，等等。财政收入代表企业、家庭等社会群体的货币收入被公共部门进行的剥夺，同时又可以消费公共部门提供的公共产品，通过这种"交易"，社会公众可产生一种满足感和满意度。因此，财政收入质量，实质是财政收入的合意性问题。假如政府通过开动印钞机滥发纸币的手段，凭空创造财政收入，由于"财政收入"并不代表真实的资源，最终无法使公共部门提供公共产品，对于这样的财政收入，社会公众不可能满意。

财政收入征收过程的质量是与财政征收的工作绩效紧密相连的。所谓绩效（Performance），是指组织、团队或个人，在一定的条件和环境下，完成任务的出色程度。影响工作绩效的因素主要有四种，即技能、机会、激励、环境。用公式表示：

$P = F(S, O, M, E)$

公式中 P 为绩效，S 是技能，O 是机会，M 是激励，E 是环境。此式说明，绩效是技能、激励、机会与环境四变数的函数。

鲍曼（Borman）和莫特维多（Motowidlo）将工作绩效划分为任务绩效与关系绩效两种。其中任务绩效是指完成某一工作任务所表现出来的工作行为和所取得的工作结果，表现在工作量、工作效率等方面；关系绩效包括人际因素和意志动机因素，如保持良好的工作关系、坦然面对逆境、主动加班工作等。

如果仅作狭义的理解，那么财政收入质量仅指结果层面，也就是说把财政收入征收过程的质量归结为财政征收的工作绩效。

如果广义的理解，那么财政收入质量同时包含财政收入征收过程的质量和财政收入征收结果的质量两个方面。前述王国星（2002）、钟振强等（2006）、赫东旭等、李忠华等（2014）把财政收入数据信息的真实性作为质量指标之一，姚大金等（2004）、钟振强等（2006）、赫东旭等（2014）把财政净收入（可支配财力）的规模作为质量指标之一，都是从广义上理解财政收入质量的。

（二）合意性是财政收入质量的实质

所谓合意性（Desirability），是指两个或两个以上的主体就某一具体问题达成意思表示的一致。

无论税收还是收费，都体现征收主体（公共部门）与缴纳主体（企业和家庭）之间的权利及义务关系。公共部门有征收税费的权利，同时也有提供公共产品的义务；企业和家庭有消费公共产品的权利，同时也有缴纳税费的义务。公共部门作为要约的一方，向纳税人发出要约，而纳税人以明示或默示方式承诺接受要约，至此，一种社会的契约就成立了。

财政收入的征收要体现合意性，是征纳主体缔结合约的前提，同时，也是为了减少因行政主导倾向而存在的潜在危机和不确定性，合意有助于促进征收主体与缴纳主体之间的互动关系，以避免征纳双方之间不必要的对抗，从而避免不必要的纠纷，提高税费征收的效率和公共产品供给的效率。合意的财政收入征收，可调动缴纳方的积极性和主动性。

根据民法理论，合意须建立在平等的前提下；而根据传统行政法理论，行政须具有支配与服从的特征。那么，在财政收入征收领域，契约的平等观念与支配—服从关系是否能兼容呢？或者说，合意性与不对等性能否共同置于财政收入的征纳活动中？

从实践领域看，合意与不对等是能够和谐存在的。这是因为，平等地位是实现合意的充分条件但不是必要条件，平等地位能够实现自由的合意，但并不能否认在不平等基础上能实现自由的合意。公共部门与企业和家庭之间的不对等关系是相对的，后者对前者在法律规定范围内有服从的义务，而在人大、政协会议及合法媒体上则有自由表达其意思的空间和权利。另外，合意不是征纳双方法律地位的完全对等，而是法律对财政收入征收的事先限定及程序规范的平等。公共产品与税费之间的性价比越高，合意的空间就越大。

财政收入征收的合意性,具体可分解为正当性、协调性、公平性和有效性等四个层面。

第一,正当性。是指财政收入征收行为背后的经济逻辑。要明确公共部门获取财政收入的目的,尤其是涉及准公共产品的一些收费,从项目到标准到征收过程,经常表现出随意性,从而破坏正当性。

第二,协调性。是指财政收入征收要与经济社会发展相适应。公共部门获取的财政收入与私人部门可用财力之间保持合适的比例,财政收入的形式结构(税收、收费、基金、上缴收益等)与来源结构都比较合理,财政收入增长与经济增长相适应。

第三,公平性。是指财政收入征收对企业和家庭的影响。不同的企业和家庭,所缴纳的税费是不等的。财政收入征收必然给企业和家庭带来"牺牲",但是,这种牺牲要与纳税能力或缴费能力相匹配。

第四,有效性。是指财政收入征收要体现经济效率和行政效率。一方面,要把握好税费征收的替代效应与收入效应,促进产业结构趋于优化,个人愿意增加劳动和资本的供给;另一方面,要减少财政收入征收成本,增加政府可用财力。

(三) 收入来源的合意性是财政收入质量的核心

笔者认为,与通常的产品质量和服务质量不同,考察财政收入质量,应更重视财政收入的来源。如果社会公众对于财政收入的来源不满意,就算征收工作比较规范,最终仍然是不满足、不满意的。至少下述几种情形的财政收入,都是质量不高的表现。

第一,通货膨胀能增加政府的财政收入,但是,账面数字增加的同时,产出并没有相应的增加。

第二,财政收入的增加是建立在产出增加的基础上,然而,这种产出的增加是伴随生态破坏和环境污染的。

第三,财政收入的增加不是对高收入者过高资本性收入的征收,恰恰相反,主要来自于对低收入者勤劳所得的征收。

以来源的合意性出发去设计财政收入质量指标,可从环境、构成及源泉三个维度去进行。

1. 环境分析

一是量价分析。即财政收入增加的原因是因为产出的增长还是价格的增长，所占比重各是多少。如果价格增长速度远远超过产出增长本身，由此带来的财政收入质量是不高的。

二是体制或政策分析。如果由于财政体制调整、汇率利率变动、股市行情变化，使得财政收入增加，这种增加是不可持续的，或者是不稳定的，并不说明财政收入质量很高。

2. 构成分析

一是税收收入占财政收入的比重。这个指标主要反映非税收入的占比。非税收入是财政收入的组成部分，但是，财政收入主要靠税收收入。土地出让收入、罚没收入等所占比重过高，财政收入质量就不高。

二是直接税占税收收入的比重。所得税收入越多，说明企业生产经营绩效好，真实的产出多；财产税收入多，说明社会积累的财富多。所得税和财产税收入多，代表财政收入质量好，因为流转税主要是在交易环节征收，交易量越大、交易频率越高，流转税收入越多。但是，有交易未必有利润。当然，如果流转税主要来源于增值税，质量相对较高。

3. 源泉分析

一是行业集中度分析。如果战略性新兴产业、现代服务业等高附加值产业提供大量的财政收入，那么质量高；如果财政收入主要依靠高能耗、高污染行业提供，那么质量低。

二是缴纳主体分析。如果高收入阶层缴纳很多财政收入，体现收入再分配效应，代表质量高。如果个人所得税主要靠工薪阶层缴纳，高收入阶层逃避税收，代表质量低。

三是税费源头分析。如果工薪阶层甚至从事艰苦劳动的人，缴纳大量的税费，而拥有高额资本利得的社会阶层，承受较轻的税费负担，那么，财政收入质量不高。

四、延伸思考

因各地区自然、经济和社会条件不同，财政收入质量必然有很大的差异。既要允许存在一定的差异性，又要纳入规范性的管理渠道，就要对财政收入征收机构进行质量认证。财政收入质量的认证框架主要由概念框架、认证标准和认证程序组成。

1. 认证概念框架

所谓认证概念框架，指的是"所有社会成员共享的愿景"。概念框架为财政收入的征收提供方向。任何希望获得财政收入质量认证的单位，都必须在其认证申请报告中包含概念框架中的基本理念。参见表 18-1。

表 18-1　　　　　　　　　　　概念框架基本结构

愿景	合意性：公共部门与企业和家庭即征纳主体达成意思表示一致
基本理念	正当性：财政收入征收行为背后的经济逻辑
	协调性：财政收入的征收与经济社会发展相适应
	公平性：财政收入征收对企业和家庭的影响
	有效性：促进经济发展并使政府可用财力最大化

2. 认证标准体系

认证标准由四部分组成。与四大标准相对应，设置若干可控性指标，如表 18-2。这些指标都是可量化、可检测的，从而能够区分哪些机构在认证评估上达到了标准，哪些尚未达到标准以及哪些部分地达到认证标准。

表 18-2　　　　　　　　　　　四项认证标准

序号	对应环节	名称	指标
标准Ⅰ	过程质量	总量趋势	财政收入占 GDP 之比　财政收入弹性系数　非经济增长因素（价格、汇率、体制等）对财政收入的影响度　预算进度与时间进程的对比。
标准Ⅱ	过程质量	征收风险	截留、挪用、拖欠上级财政收入　"过头"征收　应征未征　应退不退　应减不减　列收列支"空转"　买税　银行贷款垫交。
标准Ⅲ	结果质量	经济效率	行业税负差异　企业税负差异　财政净收入（可支配财力）占财政收入之比　MT 指数。
标准Ⅳ	结果质量	来源结构	税收收入占财政收入之比　直接税与间接税之比　产业（行业）来源结构　高新产业和清洁产业的贡献度　高低收入阶层的税收贡献率。

注：MT 指数 = 税前基尼系数 - 税后基尼系数。若为正数，有收入再分配效应；反之则无。

质量认证必须有明确的等级区分。认证等级一般分为三种，即不合格、合格和优秀三等。如果四项标准全部达标，即可被授予合格的认证资格。对于那些不仅达到了四项标准，而且还在很多项目上超过了认证标准的要求，则可获得优秀级认证资格（见表18-3）。

表18-3　　　　　　　　　　认　证　等　级

参照系	不合格	合格	优秀
标准Ⅰ	财政收入占GDP之比远离公认的区间，财政收入弹性系数很大或很小，非经济增长因素对财政收入的影响度很大，预算进度与时间进程不一致。	财政收入占GDP之比接近公认的区间，财政收入弹性系数较大或较小，非经济增长因素对财政收入的影响度较大，预算进度与时间进程较接近。	财政收入占GDP之比处于公认的区间，财政收入弹性系数为1左右，非经济增长因素对财政收入的影响度很小，预算进度与时间进程一致。
标准Ⅱ	截留、挪用、拖欠上级财政收入，"过头"征收，应征未征，应退未退，应减未减，有"空转"、买税、垫交等现象。	未截留、挪用、拖欠上级财政收入，基本上未"过头"征收、应征尽征、应退尽退、应减尽减，无"空转"，无买税，无垫交。	未截留、挪用、拖欠上级财政收入，未"过头"征收，应征尽征，应退尽退，应减尽减，无"空转"，无买税，无垫交。
标准Ⅲ	行业间、企业间税负差异非常大，财政净收入占财政收入小于80%，MT指数小于0.5。	行业间、企业间税负差异较大，财政净收入占财政收入80%—90%，MT指数0.5—1.0。	行业间、企业间税负差异小，财政净收入占财政收入超过90%，MT指数接近于1.0。
标准Ⅳ	税收收入占财政收入70%以下，直接税收入占税收入60%以下，产业来源结构与三次产业结构错位，高新产业和清洁产业的贡献度很低，高收入阶层税收贡献度不如低收入阶层的贡献度。	税收收入占财政收入70%—90%，直接税收入占税收收入60%—80%，产业来源结构与三次产业结构大体一致，高新产业和清洁产业的贡献度较高，高收入阶层税收贡献度接近于低收入阶层的贡献度。	税收收入占财政收入90%以上，直接税收入占税收收入超过80%，产业来源结构与三次产业结构一致，高新产业和清洁产业的贡献度高，高收入阶层税收贡献度明显超过低收入阶层的贡献度。

3. 认证程序

质量认证程序一般分为自我评估、专家实地考察和认证决策三大环节。财税部门对照认证概念框架和四大标准进行自我评估，完成自我评估后，则向认证机构提交自我评估报告。认证机构安排实地考察。

实地考察一般由若干位专家组成。专家应具备研究和评估能力，特别是数据整理、分析能力、访谈能力、专业判断能力等。专家在考察过程中，要与财税部门工作人员、企业代表和个人分别举行座谈，广泛收集认证评估的资料。考察结束后撰写实地考察报告。考察报告再提交给认证理事会，以最终确定是否达到认证资格的条件。

认证决策即是对自我评估报告、专家考察报告及相关信息的全盘分析，也是确定被认证机构能否取得认证资格的决策阶段。

五、基本结论

综上所述，财政收入质量指的是公共部门从企业和家庭中获取的收入是否代表一种真实的资源，而且转移的过程是否获得征纳双方的满意与认可。包括财政收入征收过程的质量和财政收入征收结果的质量两个方面。

财政收入质量的实质是合意性问题，即征纳主体对于财政收入的征收能否达成意思表示的一致。如果征收过程与结果符合正当性、协调性、公平性和有效性等基本理念，财政收入质量就比较高。收入来源的合意性是财政收入质量的核心，可从环境、构成及源泉三个维度去分析。

各地区自然、经济和社会条件不同，财政收入质量必然有很大的差异。既要允许存在一定的差异性，又要纳入规范性的管理渠道，就要对财政收入征收机构进行质量认证。

主要参考文献

1. 张晋武.试论财政收入的量与质 [J].财政研究，1982（3）.
2. 王国星.试论地方财政收入质量 [J].当代财经，2002（12）.
3. 姚大金，杨树琪，陈昊.财政收入质量：一个应引起重视的问题 [J].财政研究，2004（9）.
4. 钟振强，宋丹兵.把脉中国财政收入质量 [J].东北财经大学学报，

2006（1）.

5. 赵长宝. 关于地方财政收入质量的调查与思考［J］. 农村财政与财务，2014（2）.

6. 赫东旭，胡筱，王善认. 关于地方财政收入质量问题的若干思考［J］. 地方财政研究，2014（4）.

7. 李忠华，霍奕彤. 地方财政收入质量评价指标体系的构建及运用［J］. 中外企业家，2014（8）.

19 政府性基金：

可否蜕变为"专用税"？

财政部颁发的《政府性基金管理暂行办法》自 2011 年 1 月 1 日起实施。2011 年 7 月 22 日，财政部公布了 2010 年全国财政决算情况，2010 年全国政府性基金收入决算数为 36785.02 亿元。

"政府性基金是不是税收？它与收费之间有何区别？它是政府凭借政治权力征收的吗？为什么在政府预算报告中没有将它纳入公共财政预算而要单独编列预算？政府性基金以后会不会被取消？……"在财政学教学过程中，每每被学生问及政府性基金（Government funds）时，教师似乎不太能够说清楚、道明白。

一、他人观点

不知为何，学术界对于政府性基金的讨论并不多，相关文献鲜有所见。兹将较有代表性的几种观点罗列如下：

孙志（1998）认为，"政府性基金与行政事业性收费相比，其共同点表现在：二者都是依据国家权威，为行使政府职能而收取的，都应属财政资金；二者都有特定的用途，具有专款专用的性质。""政府性基金既具有一般财政资金的共性又具有专款专用的特点。资金的财政性、政府的主体性和用途的特定性构成了政府性基金的三大特点。"

王为民（2007）认为，政府性基金是"依照法律、法规并经有关部门批准设立，凭借行政权力或者政府信誉，为支持某项公事业发展，向公民、法人和其他组织收取的具有专项用途的财政性资金。"

财政部（2010）发布的《政府性基金管理暂行办法》，政府性基金是指"各级政府及其所属部门根据法律、行政法规和中共中央、国务院有关文件规定，为支持某项公共事业发展，向公民、法人和其他组织无偿征收的具有专项用途的财政资金。"

徐宗燚（2010）认为，政府性基金一般不直接与被征收主体发生管理或服务关系，是政府凭借政治权力强制性无偿征收的、具有特定目的的收入，与税收性质基本相同，可谓典型的"准税收"。目前有许多执收部门认为政府性基金是部门向社会提供的特定服务，是加强社会经济和资源管理和监督，向服务对象收取的补偿性费用。

文宗瑜（2011）在接受记者田俊荣采访时说，"政府性基金是为了特定用途筹集的资金，必须专款专用，通俗地说，就是打酱油的钱不能买醋。"例如，政府性基金中的土地出让收入在剔除征地拆迁、土地储备开发等成本性支出后，必须专项用于土地、水利、城乡基础设施、保障性住房等建设，"不能把土地收入用于教育、医疗等方面。"

熊伟（2012）揭示了政府性基金的法律特征："第一，政府性基金不能以一般的公众作为被课征对象，而必须考察其与基金目的的特殊关联性。换言之，基金的缴费义务人只能是特殊的义务主体，而不能是毫无关联的普通公众。第二，政府性基金的设立必须坚持法治原则，符合法律保留的要求。即便是授权立法，也要符合《立法法》第九条的要求。中共中央和国务院的文件不能成为基金设立的依据。第三，政府性基金只是财政特别基金的一种，不宜用政府性基金预算来预算其他基金。"

张斌（2014）在接受记者陈琴采访时说，"由地方政府或部门按照国家规定的程序设立、主要面向社会无偿征收、专款专用、有到期日的资金项目可以称为政府性基金。"

二、几点疑问

上述观点都从不同角度阐述了政府性基金的概念、性质以及与税收等范畴之间的区别。然而，有两层意思似乎不甚明了，需花费笔墨予以辨析。

(一) 政府性基金与税收有否实质性的区别？

尽管关于税收的定义尚存争议，但是通常的解释，"税收是国家为满足社会公共需要，凭借公共权力，按照法律所规定的标准和程序，参与国民收入分配，强制地、无偿地取得财政收入的一种分配方式。"在该定义中，税收的征收主体是国家，征收的依据是公共权力，收入的性质是财政资金。

按照孙志（1998）的理解，政府性基金有三大特点：政府的主体性、资金的财政性和用途的特定性。将这三个特性与税收比较一下，显然，"政府的主体性"和"资金的财政性"是税收所具备的，唯一的区别是，税收收入在用途上没有专门的限定，它所满足的开支基于社会公共需要，而政府性基金必须用于指定的领域，因而具有"用途的特定性"。

徐宗燚（2010）也认为，政府性基金"是政府凭借政治权力强制性无偿征收的"，"与税收性质基本相同，可谓典型的'准税收'"。只是"政府性基金一般不直接与被征收主体发生管理或服务关系"，是"具有特定目的的收入"。

看来，孙志和徐宗燚的看法基本上是一致的。只是他们的见解有令笔者不解之处。一种财政收入，其征收主体是国家（政府），征收依据是政治权力，且具有强制性和无偿性，那么，这种财政收入在性质上应该与税收没有区别。至于它为何不被称之为"税"，仅仅是因为它有专门的用途。

现在的问题变成，缴款与受益之间有无直接对应关系是不是判断税收与非税收的依据。一般说来，税收是为了公共需要的满足而征收，纳税人所缴纳的税款与他从公共产品中得到的收益之间并不直接对应。如增值税、消费税等多数税种，税款的缴纳与税款的使用之间不存在——对应关系。但是，存在直接对应关系的就不是税吗？城市维护建设税的特点之一是专款专用，专门用于城市公用事业和公共设施的维护和建设，但它是一个具有受益税性质的税种。

这就是说，即使政府性基金有专门的用途，也改变不了它的税收性质。同样是政府凭借政治权力征收，同样是按照法律法规的规定，同样是为了公共事业的发展，却因为受益范围的不同，一类称之为"税收"，另一类就称之为"政府性基金"，这样的界定究竟有没有意义？

(二) 专款专用的基金必须有对应的收入来源吗？

《百度百科》对基金的解释是，"基金（Fund）有广义和狭义之分，从广义上说，基金是指为了某种目的而设立的具有一定数量的资金。例如，信托投资基金。在现有的证券市场上的基金，包括封闭式基金和开放式基金，具有收益性功能和增值潜能的特点。从会计角度透析，基金是一个狭义的概念，意指具有特定目的和用途的资金。因为政府和事业单位的出资者不要求投资回报和投资收回，但要求按法律规定或出资者的意愿把资金用在指定的用途上，而形成了基金。"

按照上述狭义层面的解释，政府和事业单位只要把资金用在制定的用途上，就可以形成基金。这就是说，"基金"并不是资金征收领域的一个范畴，而是一个资金运用领域的范畴。显然，专款专用是基金的特点。

然而，按照财政部《政府性基金管理暂行办法》（2010）的定义、王为民（2007）和文宗瑜（2011）的解释，政府性基金的设立是为了重大基础设施和重大工程建设而筹集资金，也就是说特定用途经费不足，所以才有专门的资金来源。这就衍生出另外一个问题，即经费由财政预算安排，却指定用于某项公共事业的发展，这样一笔资金算不算政府性基金？如果强调专款专用，当然是基金；如果强调对应的资金来源，因为来自于税收收入或者除政府性基金之外的其他非税收入，显然就不是基金。

（三）不属于政府性基金的收入为何纳入政府性基金预算管理的范围？

按照财政部《政府性基金管理暂行办法》（2010）的界定，基金仅限于无偿征收获得的财政资金，也就是说，不包括有偿出售国有资产所获得财政资金。国际货币基金组织（IMF）的界定是，国有土地出让行为是一种非生产性资产的交易，结果只是政府土地资产的减少和货币资金的增加，并不带来政府净资产的变化，不增加政府的权益，因而不计作财政收入。

但是，在实践中，政府性基金包含了国有土地使用权出让收入，而且是占比很高的一个项目。2010年国有土地使用权出让金收入28197.70亿元，占政府性基金收入36785.02亿元的76.66%；2014年国有土地使用权出让收入42605.9亿元，占政府性基金收入54093.38亿元的78.8%。

其实，除国有土地使用权出让收入之外，还有多项不属于政府性基金的政府性收入，包括：新增建设用地土地有偿使用费收入、中央特别国债经营基金财务收入、彩票公益金收入、船舶港务费收入、贸促会收费收入、长江口航道维护收入、铁路资产变现收入等项。

对政府性基金进行预算管理的要求源自1996年7月国务院发布的《关于

加强预算外资金管理的决定》。决定要求将养路费、车辆购置附加费、铁路建设基金、电力建设基金、三峡工程建设基金、新菜地开发基金、公路建设基金、民航基础设施建设基金、农村教育费附加、邮电附加、港口建设费、市话初装基金、民航机场管理建设费等13项数额较大的政府性基金纳入财政预算管理。在此基础上，财政部制定了《政府性基金预算管理办法》（财预字[1996]435号），决定从1997年开始设立政府性基金预算。之后，财政部陆续出台了一系列文件，逐步将更多政府性基金纳入预算管理，到2007年，政府性基金已全部纳入预算管理。从2008年起，国有土地使用权出让收入和彩票公益金也全额纳入政府性基金预算管理。

这说明，纳入政府性基金预算范围的基金远远超过政府性基金。那么，这样的处理方式，是否合理？如果不合理，应该如何改进？

三、我的看法

（一）以"专用税"的概念取代"政府性基金"的概念

在国外的文献和实践中，似乎不存在"政府性基金"的概念。如果有，那也是资金运用的范畴，如由政府设立、财政划拨资金，用于支持高校、研究所从事科学研究或者支持中小企业发展的基金，类似于我国的国家自然科学基金。国际货币基金组织（IMF）编制《政府财政统计年鉴》时使用"政府财政收入"的统计口径，包括税收收入、社会保障缴款收入、捐赠收入和其他收入（财产收入、出售商品和服务收入、罚金罚款罚没收入以及杂项收入），并不存在"政府性基金收入"。

很多国家，除了税收收入之外，的确还有一些财政收入形态。一是公有财产收入（Income From Public Property）。来自公有土地、森林、矿产、河流、股权等财产的租金、利息和变卖价款。二是公营企业收入（Income From Public Enterprises）。来自公营企业的盈利，主要是垄断的公营企业。三是规费（Fee）。公共部门为当事人提供特定的服务所收取的费用，主要是手续费和工本费。四是使用费（Usage Charge）：公共部门为当事人提供特定的设施所收取的费用，如公路使用费、码头使用费等。五是特别课征（Special Tax）：公共部门为新建设施或改良旧有营建，根据受益区域内受益者的受益程度征收的工程费用。如马路的开辟、公园的建设、下水道的改良、沟渠的修整、水管、电缆的铺设等。六是特许权费（License Fee）：公共部门给个人从事某种行为的特别权利而收取的费用。如使用无线电频谱资源的特许收入。七是罚款（Fine）：公共部门对于违反法律以致损害公共利益的单位与个人收取的款项。

上述七类财政收入形态中，特别课征与税收最为接近。如果觉得"特别课征"有点别扭，可以确立"专用税"的提法，与"一般税"相对应。所谓"专用税"，是指公共部门依据法律法规所规定的程序和标准，向特定自然人和法人征收的，具有专门用途的税收。

"专用税"有几个特征：一是征收目的是为了特定事业的建设和发展，这就决定它具有时限性，不是永久存续下去的；二是其缴纳主体限于特殊的群体，缴纳与受益是对应的，这就决定它的规模不能与一般税相提并论，更不可能超越一般税；三是税种的设立、调整、管理等都需要以法律法规为依据，这就决定政府的文件不能作为依据；四是专用税是专款专用的，这就决定其税款不能进入一般公共预算，必须单独设立预算进行管理。

（二）政府性基金中大多数项目的性质属于专用税

为作出分析和判断，有必要先看看具体有哪些项目。2010年的政府性基金项目比较多，金额也比较大。不妨就以那一年的情况为例（见表19-1）。

表19-1　　　　2010年全国政府性基金收入项目及金额　　　　单位：亿元

项目	金额	项目	金额
三峡工程建设基金收入	59.15	南水北调工程基金收入	20.60
农网还贷资金收入	117.12	山西省水资源补偿费收入	20.19
山西省煤炭可持续发展基金收入	163.43	残疾人就业保障金收入	162.40
山西省电源基地建设基金收入	9.61	政府住房基金收入	128.47
铁路建设基金收入	616.92	城市公用事业附加收入	197.04
福建省铁路建设附加费收入	0.80	国有土地使用权出让金收入	28197.70
民航基础设施建设基金收入	58.63	国有土地收益基金收入	1025.23
民航机场管理建设费收入	136.41	农业土地开发资金收入	192.55
海南省高等级公路车辆通行附加费收入	10.10	大中型水库移民后期扶持基金收入	183.44
转让政府还贷道路收费权收入	20.22	大中型水库库区基金收入	26.17

续表

项　　目	金额	项　　目	金额
港口建设费收入	114.44	三峡水库库区基金收入	6.69
散装水泥专项资金收入	13.27	中央特别国债经营基金财务收入	744.03
新型墙体材料专项基金收入	56.19	彩票公益金收入	491.24
旅游发展基金收入	6.02	城市基础设施配套费收入	611.01
文化事业建设费收入	67.79	小型水库移民扶助基金收入	12.26
地方教育附加收入	242.82	国家重大水利工程建设基金收入	210.49
江苏省地方教育基金收入	2.36	车辆通行费	915.36
国家电影事业发展专项资金收入	4.99	船舶港务费收入	41.55
新菜地开发建设基金收入	8.32	贸促会收费收入	0.82
新增建设用地土地有偿使用费收入	981.66	核电站乏燃料处置处理基金收入	6.90
育林基金收入	35.30	铁路资产变现收入	332.13
森林植被恢复费收入	83.00	其他政府性基金收入	197.07
水利建设基金收入	253.13	合计	36785.02

资料来源：摘自财政部《2010年全国政府性基金收入决算表》。

上述44个政府性基金项目，相互之间差异很大，不能把政府性基金简单地归为哪一类非税财政收入，必须逐一分析和判断。笔者从征收目的、征收方式、基金收入用途等角度作了一些梳理，并将结果和理由列表如表9-12。

表19-2　　　　　　　　　政府性基金项目性质判别

项目名称	性质判别	判别理由
三峡工程建设基金	特别课征	按全国销售电量附加征收，专项用于支持三峡工程建设。
农网还贷资金	特别课征	对农网改造贷款"一省多贷"的省、市、区电力用户征收，专项用于农村电网改造贷款的还本付息。
山西省煤炭可持续发展基金	煤炭资源税	对在山西省内从事原煤开采的单位和个人征收，专项用于煤炭开采综合补偿和生态环境恢复补偿。

续表

项目名称	性质判别	判别理由
山西省电源基地建设基金	特别课征	山西省在销售电价中征收，专项用于将对外输煤转变为对外输电，建设绿色能源基地。
铁路建设基金	特别课征	对铁路运输货物征收，专项用于国家计划内大中型铁路建设项目以及与建设有关的支出。
福建省铁路建设附加费	特别课征	福建省对经铁路运入省内的货物和省内铁路货运征收，专项用于建设第二条入闽铁路和漳泉肖铁路。
民航基础设施建设基金	使用费	对民航运输公司按运输收入计征，专项用于民航机场、航路和空中管制等基础设施建设。
民航机场管理建设费	使用费	对乘坐航班的旅客征收，专项用于机场基础设施和安全保障设施建设以及机场补贴。
海南省高等级公路车辆通行附加费	使用费	2009年起成品油税费改革，取消了海南省燃油附加费（含公路养路费、公路运输管理费、过路费、过桥费）中的前两项，于是征收车辆通行附加费。
转让政府还贷道路收费权收入	使用费	政府还贷公路完成还贷任务之后，转换为经营性道路，把公路的收益权转让给企业。
港口建设费	使用费	对进出港口货物征收，专项用于沿海及长江、黑龙江干线港口码头等公共基础设施建设和维护。
散装水泥专项资金	环境税	按生产和使用袋装水泥的企业和单位计征，专项用于发展散装水泥，减少环境污染，提高建筑施工机械化水平。
新型墙体材料专项基金	土地资源税	对未使用新型墙体材料的建设单位征收，专项用于推广新型墙体材料，促进节约能源和保护耕地。
旅游发展基金	使用费	从出境旅客缴纳的民航机场管理建设费中提取，专项用于旅游促销、项目开发补助。
文化建设事业费	文化附加税	按营业性娱乐场所和广告经营单位的营业收入计征，专项用于精神文明、思想道德和文化建设支出。

续表

项目名称	性质判别	判别理由
地方教育附加	教育附加税	按单位和个人实际缴纳的增值税、消费税、营业税的税额为计征，用于发展地方教育事业。
江苏省地方教育基金	教育附加税	按江苏省境内在职人员的工资性收入计征，专项用于发展地方教育事业。
国家电影事业发展专项资金	文化附加税	按县及县以上城市电影院电影票房收入计征，专项用于支持电影事业发展。
新菜地开发建设基金	特别课征	对城市征用菜地的单位，按征地面积计征，专项用于开发建设新菜地。
新增建设用地土地有偿使用费	土地资源税	将农用地、未利用地转为建设用地时缴纳的费用，专项用于基本农田建设和保护、土地整理和耕地开发。
育林基金	森林资源税	对采伐林木的单位和个人征收，专项用于保护森林资源，促进林业可持续发展。
森林植被恢复费	土地资源税	对勘查、开采矿藏和修建道路、水利、电力、通讯等建设工程占用、征用、临时占用林地的单位征收，专项用于植树造林、恢复森林植被。
水利建设基金	特别课征	按铁路建设基金、港口建设费和车辆购置税收入提取，专项用于水利工程维护和建设、防汛抗旱等。
南水北调工程基金	特别课征	在南水北调工程受水区的北京、天津、河北、河南、山东、江苏6省（市）范围内，通过提高水资源费征收标准等方式筹集，专项用于南水北调主体工程建设。
山西省水资源补偿费	特别课征	对山西省企业、个人征收，专项用于水资源补偿，筹集引黄工程建设资金。
残疾人就业保障金	福利附加税	在实施分散按比例安排残疾人就业的地区，按机关、企事业单位职工年均工资计征，专项用于残疾人就业。
政府住房基金	公有财产收入	从直管公有住房出售收入中提取的；已购公有住房和经适房上市出售上缴财政的相当于土地出让金的价款和所得。

续表

项目名称	性质判别	判别理由
城市公用事业附加	公用设施附加税	分别由电力、自来水、电话的经营单位在收费的同时附征,专项用于城市路灯(含交通灯)电费等项目支出。
国有土地使用权出让金	公有财产收入	政府作为城镇土地的所有者将土地使用权在一定年限内让与土地使用者时所收取的费用。
国有土地收益基金	公有财产收入	从缴入国库的国有土地使用权出让总成交价款中计提,用以保障土地储备收购工作的正常运转。
农业土地开发资金	公有财产收入	市、县(市、区)从土地出让金收入中按规定比例计提,专项用于土地整理和复垦、宜农未利用地的开发、基本农田建设。
大中型水库移民后期扶持基金	特别课征	按全国销售电量加价征收,专项用于扶持大中型水库农村移民解决生产生活问题。
大中型水库库区基金	特别课征	按大中型水库实际上网销售电量计征,专项用于支持库区及移民安置区基础设施建设、经济发展和移民生产生活设施维护等。
三峡水库库区基金	特别课征	按照三峡电站实际上网销售电量计征,专项用于三峡库区及移民安置区基础设施建设、经济发展和移民生产生活设施维护等。
中央特别国债经营基金	公营企业收入	来源于中国投资有限责任公司经营收益和所得税收入,专项用于支付设立中央特别国债经营基金时发行特别国债的利息及发行手续费。
彩票公益金	捐赠收入	从彩票发行收入中按一定比例提取,专项用于社会保障、民政、残疾人、医疗救助、教育助学、文化、扶贫、法律援助等社会公益事业。
城市基础设施配套费	公用设施附加税	按建设项目的建筑面积计征,专项用于城市基础设施和城市共用设施建设。
小型水库移民扶助基金	特别课征	按省级电网扣除农用电之后的销售电量计征,专项用于解决小型水库移民困难问题。

续表

项目名称	性质判别	判别理由
国家重大水利工程建设基金	特别课征	按全国销售电量附加计征，专项用于南水北调工程建设、解决三峡工程后续问题以及加强中西部地区重大水利工程建设。
车辆通行费	使用费	对过路的机动车征收，专项用于归还新建改建高等级公路、市区高架路、桥梁、隧道等建设项目的贷款。
船舶港务费	使用费	对进出长江干线港口，从事国内航线运输和经营性作业的船舶征收，专项用于交通运输部海事局和长江海事局相关支出。
贸促会收费	规费	中国贸促会收取的货物原产地证明书费等证照工本费、商标注册认证等认证费和涉外（台）经济贸易争议调解费。
核电站乏燃料处理处置基金	环境税	按投入商业运行的核电厂上网销售电量征收，专项用于乏燃料处理、处置。
铁路资产变现收入	公有财产收入	在铁道企业收购、改制过程中取得的国有资产变现收入，专项用于铁路建设项目。

表19-2中44个项目的政府性基金，大体可分为以下九种类型：

1. 特别课征类（14项）

三峡工程建设基金、农网还贷资金、山西省电源基地建设基金、铁路建设基金、福建省铁路建设附加费、新菜地开发建设基金、水利建设基金、南水北调工程基金、山西省水资源补偿费、大中型水库移民后期扶持基金、大中型水库库区基金、三峡水库库区基金、小型水库移民扶助基金、国家重大水利工程建设基金。

这一类政府性基金，基本上都是以特定工程的建设为目的，如水利工程、电力工程等。与国外的特别课征（Special Tax）相比较，区别在于国外的特别课征一般是地方政府针对辖区范围内的居民征收，而中国大多在全国范围内征收，即使区域性征收的，往往也是跨省市区征收。

2. 附加税类（7项）

文化建设事业费、地方教育附加、江苏省地方教育基金、国家电影事业发展专项资金、残疾人就业保障金、城市公用事业附加、城市基础设施配套费。

这一类政府性基金，或者按营业收入计征，或者按照电费、水费等计征，还有的按缴纳的税款计征，是典型的附加税。类似于城市维护建设税和教育费附加。

3. 资源税类（5项）

山西省煤炭可持续发展基金、新型墙体材料专项基金、新增建设用地土地有偿使用费、育林基金、森林植被恢复费。

这一类政府性基金，征收的目的是促进煤炭、地下黏土、森林等资源的有效开采和利用，应该归为资源税。只不过，现行资源税并未将黏土、森林等资源作为课税对象。

4. 环境税类（2项）

散装水泥专项资金、核电站乏燃料处置处理基金。

这两项政府性基金，征收目的是保护环境。因为散装水泥可以减少环境污染，同时提高建筑施工的机械化水平；大力发展核电站所产生的乏燃料，要经过后处理，处理的过程也是保护环境的过程。

5. 使用费类（8项）

民航基础设施建设基金、民航机场管理建设费、海南省高等级公路车辆通行附加费、转让政府还贷道路收费权收入、港口建设费、旅游发展基金、车辆通行费、船舶港务费。

这一类政府性基金，是因为向特定单位与个人提供了特定的设施而征收，如机场、港口、公路等，收取的费用须专款专用，但是仍然属于使用费。

6. 公有财产收入类（5项）

政府住房基金、国有土地使用权出让金、国有土地收益基金、农业土地开发资金、铁路资产变现收入。

这一类政府性基金，基本上是依托国有土地、公有住房的所有权征收，或者是铁路资产的变价款收入。

7. 公营企业收入类（1项）

即中央特别国债经营基金。它来源于中国投资有限责任公司经营收益和所得税收入。该公司是从事外汇资金投资管理业务的国有独资公司。2000亿美元注册资本金来源于财政部通过发行特别国债方式筹集的15500亿元资金。

8. 捐赠收入类（1项）

即彩票公益金。我国的彩票是政府发行的，它是一种与法定义务无关的、彩民自愿缴纳的捐赠收入。买彩票有奖，但那不是彩民与政府之间交易的结果，而是政府按照随机原则对自愿捐款人的一种奖励。

9. 规费类（1项）

即贸促会收费。中国国际贸易促进委员会是由经贸界人士、企业和团体组成的全国民间对外经贸组织，后来它又组建了中国国际商会。本来，贸促会及国际商会都是民间组织，但是，因为它们负责国际商会中国国家委员会的日常工作，协调国际商会的对华业务和国际商会中国国家委员会会员与国际商会交往的有关事宜，具有半官方性质，所以，它们收取的证照工本费、认证费和争议调解费可以视为规费。

总之，从资金管理方式看，政府性基金是一种特别预算。在性质上，不能笼统地说都是税收或者"准税收"，但是基本上属于税收和使用费。因为特别课征、附加税、资源税、环境税等四类加总，一共包含了33个项目，占总数的75%。如果再加上使用费类8个项目，占总数的93%。不过，从收入结构看，最大份额的却是公有财产收入，政府住房基金、国有土地使用权出让金、国有土地收益基金、农业土地开发资金、铁路资产变现收入等五项总和达29876.08亿元，占政府性基金总额的81.22%。

四、延伸思考

（一）分流归位是政府性基金走向规范化的出路所在

在实践上，政府性基金管理存在不少问题。2010年10月15日，财政部综合司有关负责人指出政府性基金管理中存在三大问题：一是政府性基金概念和含义不明确，存在以收费名义变相设立政府性基金的现象；二是越权设立政府性基金问题屡禁不止；三是政府性基金征收使用管理不尽规范。

"政府性基金概念和含义不明确，越权设立政府性基金屡禁不止，征收使用管理不尽规范"，这些问题怎么解决？笔者认为，分流归位是出路所在。政府性基金的设立都有其特定的背景，但是，随着时代的变迁，该取消的要取消，该保留的要保留，该归并的要归并。尤其是，有些政府性基金项目要上升到税收的高度，以便增强征收管理的权威性和经费使用的严肃性。

建议将其余的政府性基金项目作分类处理。

开征电力消费税。大中型水库移民后期扶持基金、大中型水库库区基金、三峡水库库区基金、小型水库移民扶助基金等都是对电力消费征收的，干脆合并征收电力消费税。

征收城市维护建设税。改革现行城市维护建设税，将公用事业附加、城市基础设施配套费、新菜地开发建设基金并入征收。

征收环境资源税。改革现行资源税，将南水北调工程基金、新型墙体材料专项基金、新增建设用地土地有偿使用费、育林基金、森林植被恢复费、散装水泥专项资金、核电站乏燃料处置处理基金等并入征收。山西省煤炭可持续发展基金待条件成熟后停止征收。

开征基础设施税。将铁路建设基金、港口建设费、民航基础设施建设基金并入其中。

保留三类政府性基金。一是公有财产收入，政府住房基金、国有土地使用权出让金、国有土地收益基金、农业土地开发资金、铁路资产变现收入；二是交通领域的使用费，海南省高等级公路车辆通行附加费、转让政府还贷道路收费权收入、车辆通行费；三是彩票公益金。

归并两种政府性基金。一是中央特别国债经营基金，归入中央企业国有资本收益预算；二是贸促会收费，作为行政事业性收费，归入公共财政预算。

取消五种政府性基金。地方教育附加、文化建设事业费、国家电影事业发展专项资金、残疾人就业保障金、船舶港务费都是公共财政应该承担支出责任的领域，不该单独征收，所需经费由财政部门划拨。

《2010年全国政府性基金项目目录》显示，三峡工程建设基金等10个项目已经或即将取消。如表19-3。

表19-3　　　　征收期限已明确的政府性基金项目

项目名称	征收期限	项目名称	征收期限
农网还贷资金	随一省一贷体制全面建立相应取消。	江苏省地方教育基金	执行至2011年2月1日
国家重大水利工程建设基金	执行至2019年12月31日	旅游发展基金	执行至2015年12月31日
民航机场管理建设费	执行至2015年12月31日	山西省水资源补偿费	执行至2010年12月31日
福建省铁路建设附加费	执行至2010年12月31日	山西省电源基地建设基金	执行至2010年12月31日
水利建设基金	执行至2020年12月31日	三峡工程建设基金	执行至2009年12月31日

从 2014 年 11 月 24 日财政部发布全国政府性基金目录清单看,政府性基金的项目明显减少了(见表 19-4)。

表 19-4　　全国政府性基金目录清单

序号	项　目　名　称	资金管理方式
1	铁路建设基金	缴入中央国库
2	港口建设费	缴入中央和地方国库
3	民航发展基金	缴入中央国库
4	高等级公路车辆通行附加费(海南)	缴入地方国库
5	国家重大水利工程建设基金	缴入中央和地方国库
6	水利建设基金	缴入中央和地方国库
7	城市公用事业附加	缴入地方国库
8	城市基础设施配套费	缴入地方国库
9	农网还贷资金	缴入中央和地方国库
10	教育费附加	缴入中央和地方国库
11	地方教育附加	缴入地方国库
12	文化事业建设费	缴入中央和地方国库
13	国家电影事业发展专项资金	缴入中央国库
14	旅游发展基金	缴入中央国库
15	水库移民扶持基金(含大中型水库移民后期扶持基金、大中型水库库区基金、三峡水库库区基金、小型水库移民扶助基金)	缴入中央和地方国库
16	残疾人就业保障金	缴入地方国库
17	新菜地开发建设基金	缴入地方国库
18	森林植被恢复费	缴入中央和地方国库
19	育林基金	缴入中央和地方国库
20	新型墙体材料专项基金	缴入地方国库
21	散装水泥专项资金	缴入地方国库
22	可再生能源发展基金	缴入中央国库

续表

序号	项目名称	资金管理方式
23	船舶油污损害赔偿基金	缴入中央国库
24	核电站乏燃料处理处置基金	缴入中央国库
25	废弃电器电子产品处理基金	缴入中央国库

（二）专用税仍有其存在的必要

2014年12月，财政部发布《关于完善政府预算体系有关问题的通知》（财预［2014］368号），从2015年1月1日起，加大政府性基金预算与一般公共预算的统筹力度，将政府性基金预算中用于提供基本公共服务以及主要用于人员和机构运转等方面的项目收支转列一般公共预算，具体包括地方教育附加、文化事业建设费、残疾人就业保障金、从地方土地出让收益计提的农田水利建设和教育资金、转让政府还贷道路收费权收入、育林基金、森林植被恢复费、水利建设基金、船舶港务费、长江口航道维护收入等11项基金。

2015年6月16日，国务院关于印发《推进财政资金统筹使用方案的通知》（国发［2015］35号），明确规定，从2016年1月1日起，将水土保持补偿费、政府住房基金、无线电频率占用费、铁路资产变现收入、电力改革预留资产变现收入等五项基金转列一般公共预算。结合投融资体制改革和政府职能转变，取消政策效应不明显、不适应市场经济发展的政府性基金和专项收入项目。归并征收对象相同、计征方式和资金用途相似、重复设置的政府性基金和专项收入项目。结合税制改革，依法将具有税收性质的政府性基金和专项收入改为税收。对决定取消、归并、调整的政府性基金，及时推动修订相关法律法规。实行目录清单管理。对政府性基金和专项收入实行目录清单管理，定期向社会公开项目名称、设立依据、征收方式和标准、收入规模等，提高政策透明度，接受社会监督。从严控制设立收入项目。一般不新设政府性基金和专项收入项目，如有必要筹集收入或调节经济行为，主要依法通过税收方式解决。个别需要新设立政府性基金或专项收入项目的，应有明确的法律、行政法规依据或经国务院批准，并明确征收期限。

任何事情都有一个"度"。不能因为目前政府性基金规模过大、管理不够规范，就把它消灭掉。"专用税"的存在有其合理性，关键是要规范化，包括税种的设立、税款的使用等，符合公众的意愿，在法律的框架范围内进行。

五、基 本 结 论

所谓"专用税"，是指公共部门依据法律法规所规定的程序和标准，向特定自然人和法人征收的，具有专门用途的税收。

"专用税"有几个特征：一是征收目的是为了特定事业的建设和发展，这就决定它具有时限性，不是永久存续下去的；二是其缴纳主体限于特殊的群体，缴纳与受益是对应的，这就决定它的规模不能与一般税相提并论，更不可能超越一般税；三是税种的设立、调整、管理等都需要以法律法规为依据，这就决定政府的文件不能作为依据；四是专用税是专款专用的，这就决定其税款不能进入一般公共预算，必须单独设立预算进行管理。

主要参考文献

1. 孙志.政府性基金问题的思考 [J].中国财政，1998（5）.
2. 王为民.关于完善我国非税收入管理问题的研究 [M].成都：西南交通大学出版社，2007.
3. 财政部.关于加强政府性基金管理问题的通知 [N].2000-3-9.
4. 财政部.政府性基金管理暂行办法 [N].2010-9-10.
5. 财政部综合司.负责人答记者问 [N].交通财会，2010（10）.
6. 徐宗燚.政府性基金管理有关问题探讨 [N].http：//www.escz.com.cn,2010-10-20.
7. 田俊荣.政府性基金：民生导向渐萌芽 [N].人民日报，2011-3-21.
8. 熊伟.专款专用的政府性基金及其预算特质 [J].交大法学 2012（1）.
9. 陈琴.政府性基金求变 [J].新理财（政府理财）.2014（6）.

20 土地财政：
是严格的学术概念吗？

"土地财政"（Land Finance）一直是近年来社会各界热议的话题，也是专家、学者关注的研究对象。这一领域的研究成果不少，但是，大多数文献对"土地财政"一词的界定都采取了一种描述性的方式，而且对其本质的认识并不统一。

一、他人观点

（一）从财政的内涵出发去定义

朱秋霞（2007）认为，土地财政是指地方政府利用土地所有权和管理权所进行的财政收支活动和利益分配关系。

陈国富、卿志琼（2009）认为，在一般意义上，土地财政是指以政府为主体、围绕土地所进行的财政收支活动和利益分配关系。但在中国的语境下，土地财政主要指地方政府通过出让土地获得土地出让金，以此作为其财政收入来源的经济关系。

陈志勇、陈莉莉（2010，2012）认为，"土地财政"是指地方政府的可支配财力高度倚重土地及其相关产业税费收入的一种财政模式。"土地财政"是指地方公共资本积累主要依靠卖地收入，而地方税和地方收费又高度依赖房地产业的财政模式。

易毅（2009）认为，"土地财政"是指中国现有的体制造成的地方财政过度依赖土地所带来的相关税费和融资收入的非正常现象，即一方面通过划拨和协议出让土地等方式招商引资，促进制造业、房地产业和建筑业超常规发展，以带来营业税、企业所得税等地方税的大丰收；另一方面通过招、拍、挂等方式收取土地出让金，并以土地使用权和收益权获得土地融资，以此带动地方经济发展。

倪红日、刘芹芹（2014）将"土地财政"定义为：政府（主要是地方政府）凭借土地所有者代表的身份，通过土地出让取得收入，并按照中央政府行政法规相关规定划分支出和对土地出让收益进行的一种分配活动。

（二）从统计口径角度去描述

1. 大口径"土地财政"

董再平（2008）认为，土地财政是学界对以地生财的地方政府财政收入结构的戏称，通常指地方政府的财政收入主要依靠土地运作来增加收益。地方政府以地生财的基本途径有三：一是通过出让土地获取土地出让金，二是通过发展建筑业和房地产业带来相关税费收入的增加，三是以土地为抵押获取债务收入。

李尚浦、罗必良（2010）将土地财政收入划分为三类，其中：政府土地税收收入被定义为土地财政Ⅰ；在此基础上，加上土地非税收入构成了土地财政Ⅱ；在土地财政Ⅱ的基础上，增加土地抵押收入和其他收入，构成土地财政Ⅲ。

黄小虎（2011）认为，土地财政包含两部分：一是与土地有关的税收，如耕地占用税、房地产和建筑业等的营业税、土地增值税，等等。二是与土地有关的政府的非税收入，如土地租金、土地出让金、新增建设用地有偿使用费、耕地开垦费、新菜地建设基金，等等。

2. 窄口径"土地财政"

黄燕芬等（2006）认为，从狭义上看，土地财政就是地方政府通过出让土地获得土地出让金收入，以此作为地方政府财政收入的重要补充。从广义上看，除土地出让金以外，土地财政还包括与土地有关的城镇土地使用税、房产税、契税、耕地占用税、土地增值税等收入。

余丽生（2011）认为，所谓土地财政通常是指政府的土地出让所形成的收入。地方政府通过土地收储中心，将土地低价收为政府所有，然后通过市场拍卖的形式出让土地，出让收入归地方政府所有，从而形成了土地财政。

二、几点疑问

（一）"土地财政"是否属于具有强制性特征的分配活动？

假如"土地财政"的概念成立，充其量只是一个种概念，它应该服从于"财政"这个属概念。财政分配是国家凭借政治权力进行的，因而具有强制性，那么，"土地财政"是否具有这样的特质？如果不是，就无法归类到财政之中。

（二）以政府为主体的土地收支活动是不是一种财政收支活动？

不少学者认为，从狭义上看，土地财政就是地方政府通过出让土地获得土地出让金收入；从广义上看，除土地出让金以外，土地财政还包括与土地有关税费收入，甚至以土地为抵押获取债务收入。倪红日、刘芹芹（2014）则认为"土地财政"不仅包括政府（主要是地方政府）通过土地出让取得收入，而且按照相关法规规定对土地出让收益进行分配。从预算体系看，土地收支并不包含在公共预算中，只是包含在政府性基金中。于是，无论仅仅从土地收入层面看还是从土地收支两个层面看，这种活动是不是一种财政活动值得怀疑。

（三）"土地财政"是一种财政模式还是非常态现象？

陈志勇、陈莉莉（2010，2012）认为，"土地财政"是指地方政府的可支配财力高度倚重土地及其相关产业税费收入的一种财政模式。从字面上理解，"模式"就是规范、标准的样式。如果"土地财政"是一种模式，应该是在某些特定条件下表现出来的规范形式。"土地财政"是不是规范的形式？如果是，易毅（2009）关于它是中国现有体制造成的地方财政过度依赖土地收入的非正常现象的论断又该怎样理解？

三、我的看法

（一）"土地财政"不具备强制性

"财政"的定义本身是有争论的，但是，一般的表述，财政是政府运用政治权力占有一部分国民收入,用于满足公共需要的收支活动。国家集中一部分国民收入的过程,是一种特殊的分配,是带有强制性的,主要体现在税收上。其他各种分配形式,如工资分配、利息分配等,都是非强制性的。

如果"土地财政"是指政府的土地出让所形成的收入(黄燕芬等,2006;余丽生,2011),那就不具有强制性的特点,因为土地出让是一种市场行为,受让方(开发商)与出让方(政府)之间是一种愿买愿卖的关系。朱秋霞(2007)认为,土地财政是指地方政府利用土地所有权和管理权所进行的财政收支活动和利益分配关系。土地的所有权和管理权都归政府,这当然是事实。但是,政府在行使所有权、管理权过程中,没有体现出强制性,所以,尽管取得了土地出让收入,但是,并不构成财政分配关系。

(二)土地出让收入并不属于一般公共预算收入

易毅(2009)认为,"土地财政"是指中国现有的体制造成的地方财政过度依赖土地所带来的相关税费和融资收入的非正常现象。地方财政过度依赖土地所带来的收入,这个说法有没有问题?正确之处在于,前些年一些地方来自房地产业的税收收入占地方税收收入的比重高达20%—30%;不正确之处在于土地出让金收入并不包含在地方一般公共预算收入中,它只是政府性基金预算的一个收入项目。在一些文献中,经常有"土地出让金收入占地方财政收入百分之几"的说法,例如黄小虎(2011)指出,"目前地方政府主要看重的是土地出让金,出让金占地方财政预算内收入的比重,已达百分之四五十。"他们并不了解这样一个事实:土地出让金收入包含在政府性基金收入中,并不包含在地方一般公共预算收入中。至于以土地为抵押获取债务收入更不在地方一般公共预算收入中。因此,充其量只能说"土地出让金收入相当于地方一般公共预算收入的百分之几"。

从2007年开始,全国土地出让收支全额纳入政府性基金预算管理,因此,现行土地出让收入为"毛收入",包含了成本补偿性费用。相应地,在土地出让支出上区分为两大类:一类为成本性支出,包括征地拆迁补偿支出、土地出让前期开发支出、补助被征地农民支出等,这类支出为政府在征收、储备、整理土地等环节先期垫付的成本,通过土地出让收入予以回收,不能用于其他开支;另一类为非成本性开支,从扣除成本性支出后的土地出让收益中安排,依法用于城市建设、农业农村、保障性安居工程三个方面,使城乡居民共享土地增值带来的收益。

这样,纳入政府性基金中土地出让收入,不能按合同出让收入计算,只能按扣除出让成本性支出后的净收益计算。从 2014 年的数据看,净收益约占土地出让收入的 20% 左右。如表 20-1 所示。

表 20-1　　　　2014 年全国土地出让收入与土地出让支出情况　　　　单位:亿元

土地出让收入		土地出让支出	
项目	金额	项目	金额
全国土地出让收入	42940.30	全国土地出让支出	41210.98
招拍挂和协议出让价款	37956.43	成本性支出	33952.37
补缴的土地价款	1886.89	其中:征地拆迁补偿支出	21216.03
划拨土地收入	935.94	土地出让前期开发支出	9206.38
出租土地等其他收入	2161.04	补助被征地农民、土地出让业务支出等	3529.96
		土地出让收益	8987.93
		非成本性支出	7258.61
		其中:城市建设支出	4063.02
		保障性安居工程支出	760.10
		农业农村支出	2435.49

说明:土地出让收益 = 土地出让收入 - 成本性支出

资料来源:2015 年 3 月 24 日财政部公布的《2014 年全国土地出让收支情况》。

(三)"土地财政"现象不可能长远存在

财政部负责人在 2012 年 11 月 28 日出版发行的《人民日报》上发表文章称,从土地的出让计划审批到土地价格的形成,再到纯收益形成,都不属于财政职能范围。简单地提"土地财政",既不客观,也不科学,还容易误导决策。

这段话表明,财政部门不接受"土地财政"的提法,甚至可以理解为出现"土地财政"现象与其没有直接的关系。

但是,无论是否认可与接受,地方政府过度依赖土地收益的现象,与财政体制紧密相关，这个事实不容否认。1994年的分税制体制，迅速提高中央财政收入占全国财政收入的比重，同时，大量的支出责任由地方政府承担。地方政府因缺乏稳定的税源，只能被迫通过出让土地获取收益。同时，政绩考核体系中，GDP所占的权重过高，地方政府官员为了获得晋升，必须做大当地的GDP，通过土地开发发展房地产业，再以土地出让金改善城市基础设施和生活环境，就这样纷纷走上了"经营城市"的道路。显然，"土地财政"现象是在特定的历史时期和特定的财政体制下产生的。

随着政府间财政关系的理顺，这一现象将会逐渐消失。易毅（2009）关于它是中国现有体制造成的地方财政过度依赖土地收入的非正常现象的论断是正确的；陈志勇、陈莉莉（2010，2012）虽然把"土地财政"说成是一种财政模式，但是也强调了"地方政府的可支配财力高度倚重土地及其相关产业"，字里行间透出他们并不肯定这种模式的意思。

综上所述，笔者认为，"土地财政"不是一个严格的学术概念，其主要指向对象是地方政府借助于土地使用权的出让而获得了可观的收入，实质是地方政府的一种公产收入，但是在当前的预算体系中，并没有包含在地方一般公共预算收入中。

至于"土地财政"之名词的确立，一有推断的意思，想当然地认为归政府的收入就是纳入公共预算的收入[①]；二是有指责的含义，一些地方城市基础设施的资金来源靠卖地和融资（融资要以土地收入作抵押），公共预算负责党政机关、事业单位正常运转，项目建设等依靠土地出让金；三有戏说的成分，中央钱多事少、地方事多钱少的非对称性财政体制，迫使地方政府走上"花钱靠地皮"的路子，自我嘲讽变成了"土地财政"；四有容易上口的色彩，类似于把阿联酋、卡塔尔等国主要依靠销售石油资源的现象称为"石油财政"，把云南等省税收收入中烟草业税收比较高的现象称为"烟草财政"，把陕西省神木县财政收入主要依靠煤炭资源的现象称为"煤炭财政"。

四、延伸思考

赵燕青（2014）从一个比较独特的角度出发，认为中国土地收益的本质，就是通过出售土地未来（70年）的增值，为城市公共服务的一次性投资融资。

---

① 这个理念本身是正确的，但是不符合中国当前的实际。

在这个意义上,"土地财政"这个词,存在根本性的误导——土地收益是融资(股票),而不是财政收入(税收)。在城市政府的资产负债表上,土地收益属于"负债",税收则属于"收益"。

这里触及一个与"土地财政"相关的问题:土地出让金的本质是什么?

官方文件并没有明确界定。如财政部《关于国有土地有偿使用收入管理的暂行办法》([1992]财综字第172号)文件第三条第一款规定:土地出让金,是指各级政府土地管理部门将土地使用权出让给土地使用者,按规定向受让人收取的土地出让的全部价款。

从字面上看,土地出让金是政府出让土地收取价款,是地价。但是,众所周知,政府仅仅出让土地在一定期间内的使用权,并没有出让所有权。所以,土地出让金有地价的成分,却又不完全是地价。

如果站在经济学角度看,这个观点实际上是把土地出让金看作地租。一些学者把它看作地租。如程瑶(2009)认为,从性质上看,土地出让金实际上是以国家作为出租方向土地租赁方收取的地租。土地出让金的收取是以国家拥有对土地的所有权为前提的。

其实,把土地出让金看作地租不完全合适。从表20-1可见,土地出让收入中,相当大一部分是土地开发成本,即出让的获得成本、整理成本、储备成本等,如征地和拆迁补偿支出等,这个不是租金,剩余的才可以算作地租,如农村基础设施建设支出、基本农田建设与保护、廉租房建设支出等。可见,土地出让金有地租的成分,却又不完全是地租。

回到赵燕青(2014)的观点上来,站在金融学的角度看有点道理。土地出让金是未来收益的折现,房地产开发依赖于银行信贷,房地产购买也依赖于住房消费信贷,政府、房地产开发商与银行金融系统联手,创造出这个价值折现,让社会公众买单。如果未来70年房地产不增值,反而贬值,那就是泡沫的破裂。

但是,融资有三个条件:双方自愿、恪守信用、成本收益对称。在土地出让—受让过程中,第一个条件是具备的。后两个条件恐怕是不具备的。长达70年的期限,信用谁来保证?许多人对节衣缩食买下来的商品房并不放心,就是因为不明白70年后房子是否属于"自家"的。在70年的期限内,成本折现与收益折现各有多少,二者是否对称,这些没有人说得清。

展望未来,土地出让的支付方式应该改革。可以借鉴香港的做法,土地使用人需缴纳的费用由两部分组成:地价和年租。地价中包括征地费、土地前期开发费；除地价外，承租人须由批出日期起，每年缴付相当于当时房地产租金市值评估值乘以固定租率（实际为3%）的年租金。

五、基本结论

"土地财政"不是一个严格的学术概念，其主要指向对象是地方政府借助于土地使用权的出让而获得了可观的收入，实质是地方政府的一种公产收入。

政府在行使土地所有权和管理权过程中，没有体现出强制性，所以，尽管取得了土地出让收入，但是，并不构成财政分配关系。况且，从预算体系看，土地收支并不包含在公共预算中，只是在政府性基金中。财政部门不接受"土地财政"的提法，甚至可以理解为出现"土地财政"现象与自己没有直接的关系。但是，地方政府过度依赖土地收益的现象，与财政体制紧密相关，这是不容否认的事实。

至于"土地财政"之名词的确立，一有推断的意思，想当然地认为归政府的收入就是纳入财政的收入；二是有指责的含义，一些地方城市基础设施的资金来源靠卖地和融资（融资要以土地收入作抵押），公共预算负责党政机关、事业单位正常运转，项目建设等靠土地出让金；三有戏说的成分，中央钱多事少、地方事多钱少的非对称性财政体制，迫使地方政府走上"花钱靠地皮"的路子，自我嘲讽变成了"土地财政"；四有容易上口的色彩，类似于"石油财政"、"烟草财政"、"煤炭财政"等说法。

土地出让金有地价的成分，却又不完全是地价；有地租的成分，却又不完全是地租。

主要参考文献

1. 朱秋霞.中国土地财政制度改革研究［M］.上海：立信会计出版社，2007.

2. 陈国富，卿志琼.财政幻觉下的中国土地财政［J］.南开学报（哲学社会科学版），2009（1）.

3. 陈志勇，陈莉莉."土地财政"：缘由与出路［J］.财政研究，2010（1）.

4. 陈志勇，陈莉莉."土地财政"问题及其治理研究［M］.北京：经济科学出版社，2012.

5. 易毅.现行体制下我国"土地财政"问题的解决［J］.经济师，2009（5）.

6. 倪红日，刘芹芹.对"土地财政"内涵和成因的辨析［J］.经济经纬，2014（2）.

7. 董再平.地方政府土地财政的现状、成因和治理［J］.理论导刊，2008（12）.

8. 李尚浦、罗必良.我国土地财政规模估算［J］.中央财经大学学报，2010（5）.

9. 黄小虎.土地财政剖析［J］.上海国土资源，2011（3）.

10. 黄燕芬，李程，张坤.土地出让金与土地财政现状及改革［J］.于汝信、陆学艺等主编：2007年中国社会形势分析与预测［M］.北京：社会科学文献出版社，2006.

11. 余丽生."土地财政"的财政学思考［J］.财政研究，2011（3）.

12. 赵燕青.土地财政：历史，逻辑与抉择［J］.城市发展研究，2014（1）.

13. 程瑶.从马克思地租理论看土地出让金［J］.甘肃联合大学学报（社科版），2008（5）.

21 税收痛苦指数：
可否以"财政汲取率"取代？

《福布斯》杂志中文版在 2005 年 7 月刊上以封面标题形式发表特别报道：2005 税收痛苦指数（又称税负痛苦指数，Tax Misery Index），标题为"税务世界：扁平并快乐着"，旨在通过一年一度的全球税负调查，为企业及其雇员提供投资和就业指导，用这一指数作为衡量一项政策是否有利于吸引资本和人才的最佳标准，负数表示吸引力增加。根据 2009 年全球税负痛苦指数排行榜，中国内地紧随法国之后，位居全球第二。这一榜单一经发布，立刻引起了社会的广泛关注。排行榜究竟有没有意义？是否有更好的指标衡量我国的税负情况？

一、他人观点

朱青（2007）认为，《福布斯》杂志公布的"税收痛苦指数"，只适用于那些收入相对较高的企业管理人员和企业家们，并不适用于普通民众。因为它在比较各国税负时绕开了实际税率这道坎而选择了名义税率，尽管做法比较简单易行，但其科学性和合理性却要大打折扣。

张强（2008）认为，《福布斯》杂志采用的"税负痛苦指数"也是一种税负的衡量尺度。关键是这种衡量尺度本身存在很大缺陷，起码用来衡量中国目前的税负水平不合适。因为仅仅选用 6 个税种失之简单，而且忽略了实际的税收征收情况。基于"痛并快乐着"的逻辑,他提出了一个新的衡量尺度——税负幸福指标,用以表征虽然纳税较高但也能获得较高的福利,从而增强幸福感。税负幸福指标可以用一个国家当年对于公共福利事业的支出与当年的税收总额的比值来计算。

安体富(2009)认为,《福布斯》公布的"税负痛苦指数",所用的指标和计算方法不够合理。理由是:各国税种都比较多,它只选了5个指标,不一定能代表整体税负的高低;它用的是名义税率而不是实际税负,二者之间是由差距的;有些数字与实际情况有出入;5个指标的基数各不相同,不便于相加。

郑春荣(2009)认为,"税收痛苦指数"的计算方法荒谬无理、矛盾重重。因为排名的依据是名义税率,而不是有效税率;不看税基,直接以税率论轻重;直接比较各国主要税种的税率高低,忽视了其他附加税对纳税人的影响,忽视了同一税种下不同税目的税率差异;只选取中央政府的税率,忽视地方政府的税收问题。

周强(2013)认为,"税负痛苦"程度是一个主观感受,但可以用若干数据间接反映。他采用大口径宏观税负率、福利支出占财政支出比例、工资占GDP比重、劳动者税率、基尼系数等5个指标,加上权重P_i后,得到"新税负痛苦指数"的计算公式:税负痛苦指数 = 大口径宏观税负×40% + (1 - 福利支出占财政支出比例)×20% + (1 - 工资占GPD比重)×15% + 劳动者税率×15% + 基尼系数×10%。

二、几点疑问

(一)编制"税收痛苦指数"的目的是什么

无论是前面引述的文献还是新闻媒体的报道,都认为《福布斯》杂志公布的"税负痛苦指数"是不科学的,至少是针对中国的部分是不科学的。作为一个著名的财经类期刊,编制"税负痛苦指数"的用意是什么?学者们所指出的种种缺陷,难道编写者事先会没有意识到?

(二)"税收负担"与"痛苦程度"之间有否直接关系

按照"痛并快乐着"的逻辑,纳税人承担税负是一种"牺牲",但是,享用公共产品就是一种快乐。单纯地从税收负担去判断痛苦与否以及痛苦程度，这是否存在逻辑上的问题？周强（2013）采用大口径宏观税负率、福利支出占财政支出比例、工资占 GDP 比重、劳动者税率、基尼系数等 5 个指标计算新税负痛苦指数，又有什么根据？

（三）"税负幸福指标"能否衡量幸福程度

张强（2008）提出"税负幸福指标"的概念，并且认为可以用一个国家当年对于公共福利事业的支出与当年的税收总额的比值来计算。与"痛苦"一样，"幸福"也是主观感觉的结果。如果说"税收痛苦指数"有缺陷，那么"税负幸福指标"是否可能犯同样的错误？

三、我的看法

（一）《福布斯》的"税收痛苦指数"针对的是特定的群体

《福布斯》杂志公布的"税负痛苦指数"，全称是"福布斯全球税收痛苦和改革指数"（Forbes Global Tax Misery & Reform Index），它是将一国的公司所得税、个人所得税、雇主和雇员的社会保险税（费）、商品税以及财产税等几大税种的最高一档名义税率加总后得出的。

编制"税收痛苦指数"的目的是什么？杰克·安德森和大卫·安德尔曼（Jack Anderson 和 David A. Andelman，2007）在他们撰写的特别报告《福布斯税收痛苦指数》中指出，"居住在相互联系的世界各地的具有全球流动性并拥有高技术的管理人员和企业家们可以作出很多选择。其中之一就是选择在哪里居住……这个选择关系到他的收入在当地政府征税后可以有多少归他自己所有……我们根据收入有多大部分能归个人所有对各个国家进行了排序。我们称它为福布斯税收痛苦指数（或者，对于那些低税的国家，我们称它为税收幸福指数。）"[①]

从这段引文可以看出，《福布斯》的"税收痛苦指数"主要是用来衡量那些收入相对较高的企业管理人员和企业家们的税收负担，并不是用于说明普通民众的税收负担。

---

① http://www.forbes.com/opinions/2007/05/03/misery-index-taxes-oped-cx_ja_daa_0503misery_land.html。

《福布斯》的"税收痛苦指数"被用来衡量中国的税负水平,的确存在不科学、不真实等问题。矛盾的焦点主要在名义税率与实际税率之间的差异上。但是,这究竟是福布斯杂志编制的问题还是中国税收制度的问题?笔者认为可能更多的是后者。名义税率与实际税率之间有差异,作为一本著名的财经期刊,想必《福布斯》的编撰者不会不懂得这个基本道理。问题的关键在于,中国名义税率与实际税率之间的落差实在太远了。拿个人所得税为例,福布斯公布的 2009 年税负痛苦指数排名中,中国得分 159,是由增值税最高税率 17%、企业所得税最高税率 25%、个人所得税最高税率 45%、企业交纳的社会保险金最高费率 49%、个人交纳的社会保险金最高费率 23% 相加得出的。在其公布的 65 个国家和地区中排名世界第二。仅个人所得税"工资薪金所得部分"的最高边际税率为 45%,占权重的 28.3%。按照税法,个人月工资、薪金收入扣除 2000 元费用扣除标准、再扣除社会保障缴款之后的余额。超过 10 万元的纳税人,才适用 45% 的税率。根据国家统计局 2010 年 7 月公布的 2009 年职工工资统计数据,城镇非私营单位在岗职工年平均工资为 32736 元,其中上海城镇非私营单位在岗职工的年平均工资最高,为 63549 元。这就是说,全国月平均工资为 2728 元,其中最高的上海为 5296 元。就算不扣除社会保障缴款,仅扣除 2000 元的免征额,分别为 728 元和 3296 元。适用的税率分别为 10% 和 15%。适用 45% 的税率的人是凤毛麟角。

所以,笔者主张给《福布斯》杂志以多一分宽容,毕竟它不是学术性期刊,况且它主要是衡量企业家和"高管"的税负情况。

(二) 由税收带来的"痛苦程度"或"幸福程度"都是主观的感觉

关于税收负担的理解,通常有两种角度。一种是从国家整体税负而言的,如安体富、岳树民(1999)认为,宏观税负是指一个国家的总体税负水平,一般通过一个国家一定时期内税收总量占同期 GDP 的比重来反映。另一种是从纳税人角度而言的,如庞凤喜(2002)指出,宏观税负是指一定时期私人部门因国家课税而放弃的资源总量,通常可用一定时期政府课税总额占 GDP 的比重来表示。这两种理解没有实质性的差别。

税收负担高低与纳税人的痛苦程度之间未必有必然的联系。从个体来说,在收入既定的前提下,如果缴纳的税收多了,税后可支配的收入就少了,纳税人从税前收入中得到的效用与从税后收入中得到的效用之间的落差就会扩大,此时"牺牲"程度提高,也就是痛苦增加。然而,若联系税收的用途,即考虑纳税人从公共产品消费中得到的效用，问题会变得复杂。如表 21-1 所示。

表 21-1 由税收带来的"痛苦"或"幸福"

承受的税负	公共产品的效用	可能的评价
高	高	不算痛苦，但也谈不上幸福。
高	低	痛苦，甚至可能忍无可忍。
低	低	不算痛苦，但也谈不上幸福。
低	高	非常幸福，但不可能出现，或者不长久。

只有在高税负低效用的情况下，纳税人才真正感到痛苦。其他三种情况下，未必有什么痛苦之感。北欧许多国家就是高税收的同时又是高福利。可见，单纯从税收负担去判断痛苦与否以及痛苦程度，这是不科学的。从这个角度说，福布斯的税收痛苦指数排行榜是有问题，如果只搞税收负担的排行榜，或许更能说明问题。

张强（2008）主张把税收与公共福利联系起来，建立"税负幸福指数"。不过，这个指标仍然存在一些不足。第一，"公共福利事业的支出"包含哪些支出？显然不应该仅仅包含社会保障支出，似乎从国防支出、一般公共服务支出、基础设施投资支出、教科文支出……所有支出都与公共福利事业有关。具体范围不清楚，这一点张强自己也承认是不足。第二，公共福利事业支出多少与民众幸福程度也未必是正相关关系，因为涉及支出结构与效率，更关系到支出或者提供的服务是否符合民众的偏好。

（三）确立"财政汲取率"指标

王绍光、胡鞍钢（1993）曾专门研究过中国的国家汲取能力问题，其成果引起了国内外学者的广泛关注。他们认为，"国家汲取能力（Extractive Capacity）是指政府从社会获取财政资源的渗透能力，它是国家制度建设的首要任务。""税收，即汲取能力的指标，是所有国家能力的基础。"

受此启发，笔者认为可以确立"财政汲取率"指标。"汲取"一词的本义是从井里打水、取水。政府自身并不创造财富，它只是从私人部门创造的财富中获得一部分资源。所以，用这个词比较形象和贴切。如果要下一个定义，不妨这样来表述："财政汲取率"是指在一定时期内，一国政府从经济系统中获得的资源份额，以政府财政收入占 GDP 之比来表示。

1. "财政汲取率"指标的确立可以避免关于宏观税负判断的纷争

自 2000 年以来，中国已经连续多年居《福布斯》税收痛苦指数排行榜的高位，有些年份甚至居第二位。对此，国家税务总局（2007）予以严厉批驳："中国宏观税负目前仍处世界较低水平。不论是以不包含社会保障缴款的宏观税负口径还是以包含社会保障缴款的宏观税负口径来衡量，我国与国际水平相比，都处于较低水平。"学术界多数人的观点是，《福布斯》杂志高估了中国的实际税收负担，而国家税务总局的报告又低估了中国的税收负担水平。

国际上衡量一国税收负担的轻重，通常用一定时期内的税收总额占同期GDP 的比重来表示，即宏观税率。但是，在中国目前使用这个指标并不合适。因为政府收入中，除税收之外，尚有其他众多名目的收入。"宏观税率"一词，从字面上看，总使人觉得仅仅是指税收的负担，而没有把归政府所有的各种非税收入统计在内。惟其如此，才有所谓的宽口径、中口径和小口径宏观税负。

"财政汲取率"是专门衡量政府在 GDP 中占有份额的指标，可以避免由于统计口径不同而引起的观点纷争。

2. "财政汲取率"指标可以与国际通用的指标相衔接

国际上，"政府财政收入"有一个比较通用的统计口径，那就是国际货币基金组织（IMF）编制《政府财政统计年鉴》时所用的口径。IMF 所指的政府财政收入，包括税收收入、社会保障缴款收入、捐赠收入和其他收入（即财产收入、出售商品和服务收入、罚金罚款和罚没收入以及杂项收入）。计算"财政汲取率"，应该采用 IMF 的统计口径，至少是接近这个口径。

借鉴 IMF 的统计口径，结合中国的实际，可将"政府财政收入"界定为：政府财政收入 = 一般公共预算收入 + 政府性基金收入 + 社会保障基金收入。为什么使用这样的计算口径？

（1）一般公共预算。一般公共预算收入以税收收入为主体，但是不局限于税收收入本身。以 2014 年为例，一般公共预算收入 140349.74 亿元，其中税收收入 103768 亿元（已扣减出口退税），仅占 73.94%。其余 36581.74 亿元属于非税收入，主要是行政性收费、事业性收费、罚没收入等。

（2）政府性基金收入。政府性基金收入包括中央政府性基金收入和地方政府性基金收入，中央政府性基金收入指三峡工程建设基金收入、铁路建设基金收入、民航发展基金收入、港口建设费收入、新增建设用地有偿使用费收入、大中型水库移民后期扶持基金收入等；地方政府性基金收入包括国有土地使用权出让收入、地方教育附加收入、城市基础设施配套费收入、地方水利建设基金等。

政府性基金是一种专项财政收入，根据财政部的解释，政府性基金是指"各级政府及其所属部门根据法律、行政法规和中共中央、国务院有关文件规定，为支持某项公共事业发展，向公民、法人和其他组织无偿征收的具有专项用途的财政资金。"① 从这个解释看，它与税收收入只有一个明显的区别，即税收收入除了城市维护建设税和车辆购置税有专门的用途，其余都是统筹使用的；而政府性基金基本上每一项都有专门的用途。但是，从强制性、固定性以及行为本身的无偿性看，与税收没有实质性的区别。

然而，根据IMF《政府财政统计手册》的定义，国有土地出让行为是一种非生产性资产的交易，结果只是政府土地资产的减少和货币资金的增加，并不带来政府净资产的变化，不增加政府的权益，因而不计作财政收入。这就是说，不能将所有政府性基金收入都计入到政府财政收入中。2014年政府性基金收入54093.38亿元，应该剔除国有土地使用权出让收入42605.9亿元。亦即，可以计入政府财政收入的只有11487.48亿元。

（3）社会保险基金收入。社会保险基金收入是指基本养老保险基金收入、基本医疗保险基金收入、失业保险基金收入、工伤保险基金收入和生育保险基金收入。2014年社会保险基金收入39186.46亿元。因为IMF所指的政府财政收入中有社会保障缴款收入，所以，将它全额纳入。

（4）国有资本经营预算收入。按照IMF的界定，国有企业利润是公共部门而非一般政府部门的资金来源，未分红到政府账户的国有企业利润应不计作财政收入。但是，2014年国有资本经营预算收入2023.44亿元，已经分红到政府账户，所以，可以计入到政府财政收入中。

根据上述口径，可以计算2014年财政汲取率。如表21－2所示。

表21－2　　　　　　　　　2014年财政汲取率　　　　　　　　单位：亿元，%

序号	项目	金额
①	税收收入	103768.00

---

① 财政部关于印发《政府性基金管理暂行办法》的通知（财综〔2010〕80号），2010年9月10日。

续表

序号	项目	金额
②	政府财政收入	193047.12
	其中：一般公共预算收入	140349.74
	可纳入的政府性基金收入	11487.48
	社会保险基金收入	39186.46
	国有资本经营预算收入	2023.44
③	国内生产总值	636462.71
①/③	狭义宏观税负	16.30
②/③	财政汲取率	30.33

这样一个负担水平高不高呢？

一个参照案例是：工业化国家包含社会保障缴款的平均宏观税负在1990年至2005年间保持在最低值为31.4%和最高值为33.39%的区间波动；发展中国家包含社会保障缴款的宏观税负在1990年至2005年间在最低值为25.58%和最高值为26.52%的区间内波动。[①]

另一个参照案例是：2015年4月20日，英国会计公司恩哈扬（UHY Hacker Young）公布了一个报告，税收占国内生产总值（GDP）的比率，世界平均水平为27.8%，美国为25.4%。在西欧国家中，最高的是丹麦近50%，法国45%，比利时44.6%，芬兰44%，瑞典42.8%，英国32.9%，最低的是爱尔兰28.3%。

可见，考虑到中国是发展中国家，又不同于西欧的"福利国家"，财政汲取率略微偏高。

四、延伸思考

在全社会可供配置的资源总量既定的前提下，政府部门占有的份额不是越多越好，当然也不是越少越好。份额的多少要从效率角度去考量。这里有必要

[①] 国家税务总局计划统计司. 关于中外宏观税负的比较［J］, http://www.chinatax.gov.cn/n480462/n480483/n480549/6307238.html.

借用"社会机会成本"的概念来说明。

社会机会成本（Social Opportunity Cost）是指一定数量的资源由私人部门配置转变为由政府部门配置，由此给私人部门带来的效用损失。一般认为，如果同样数量的资源交政府部门配置所获得的收益大于私人部门所能达到的收益，也即大于社会机会成本，那么说明有效率且应扩大规模；如果同样数量的资源交政府部门配置所获得的收益小于私人部门所能达到的收益，也即小于社会机会成本，那么就是缺乏效率且应收缩规模；如果同样数量的资源交政府部门配置所获得的收益等于私人部门所能达到的收益，也即等于社会机会成本，那么整个社会的资源配置就处于最佳状态。

如图 21-1 所示。左、右两条纵轴分别表示公共部门和私人部门配置资源所获得的边际收益，横轴 OO' 表示全社会可供配置的资源总量。MGB 曲线为政府部门的边际收益曲线，MPB 曲线为私人部门的边际收益曲线。

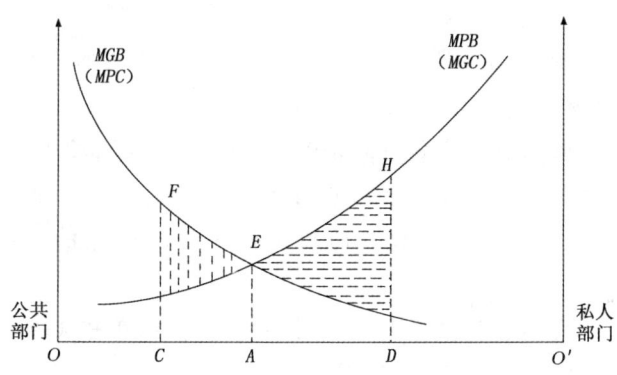

图 21-1 公共部门与私人部门的资源分割

从社会机会成本角度看，MGB 曲线又可看作为私人部门的边际成本曲线，同样，MPB 曲线也可看作为政府部门的边际成本曲线。由边际成本等于边际收益原则可知，MGB 曲线与 MPB 曲线的交点 E 所对应的点 A 是最佳分割点，即 OA 是政府财政汲取规模的最优水平。因为如果政府财政汲取规模为 OC，则所对应的边际收益大于边际成本，说明规模过小；如果政府财政汲取规模为 OD，则所对应的边际收益小于边际成本，说明规模过大。

尽管《福布斯》"税负痛苦指数"排行榜，在选取数据渠道，统计方式方法、观察问题角度等方面，都有值得商榷的地方，它所反映中国的税负痛感的"铁证"也并非真实可靠，但是，我们并不能一味指责这份榜单，更应检讨和反思国内的税收制度，以客观务实的态度，来分析税收负担到底高不高。

五、基本结论

福布斯"税收痛苦指数"主要是用来衡量那些收入相对较高的企业管理人员和企业家们的税收负担,并不是用于说明普通民众的税收负担。"税收负担"与"痛苦程度"之间不存在直接的对应关系。为避免引起关于宏观税负判断的纷争,建立确立"财政汲取率"指标,它是指在一定时期内,一国政府从经济系统中获得的资源份额,以政府财政收入占GDP之比来表示。政府财政收入的统计,采用国际货币基金组织(IMF)编制《政府财政统计年鉴》时所用的口径。

主要参考文献

1. 朱青.中国税负高低辨析——评《福布斯》杂志的中国"税收痛苦指数"[J].中国税务,2007(8).

2. 张强.税负的痛苦与幸福[J].四川行政学院学报,2008(3).

3. 安体富.对税收若干重要问题的思考[J].税务研究,2009(1).

4. 郑春荣."税收痛苦指数"的理论错误与反思[J].经济问题,2009(2).

5. 周强.新税负痛苦指数分析及启示——基于中国宏观税负加权[J].人民论坛,2015(2).

6. 安体富,岳树民.我国宏观税负水平的分析判断及其调整[J].经济研究,1999(3).

7. 庞凤喜.论我国宏观税负的形成机理[J].中南财经政法大学学报,2002(5).

8. 王绍光,胡鞍钢.中国国家能力报告[M].沈阳:辽宁人民出版社,1993.

22 | 税收法定主义：
还是"财政法定主义"？

税收法定主义（Statutory Taxation Principle）发轫于英国 1215 年的《自由大宪章》，确立于近代资产阶级革命宪法，之后随着民主政治的发展而不断深化①。财税法专家张守文说，在现代社会法治国家，税收法定主义原则是"税法中极为重要的原则，甚至是最高原则"②。笔者试图在委托—代理的框架内谈一点浅见。

一、他人观点

谢怀栻（1989）认为，税收法定主义的内容是税种、征税要件（包括纳税人、征税对象、征税标准、税率）、减免税、征税程序、税务争议解决办法要由法律予以规定。

日本学者金子宏（1989）认为，税收法定主义是指税法主体的权利义务必须有法律加以规定，税法的各类构成要素都必须且只能由法律予以明确规定，征纳主体的权利义务只以法律规定为依据，没有法律依据，任何主体不得

---

① 党的十八届三中全会通过的《中共中央关于全面深化改革若干重大问题的决定》采用了"落实税收法定原则"的提法。笔者认为，从学理上看"税收法定原则"与"税收法定主义"无实质性差异。

② 张守文.税法原理［M］.北京：北京大学出版社，2004.

征税或减免税收。

张守文（1996）认为，税收法定主义是指税收主体的权利与义务必须由法律加以规定，税法的各类构成要素皆必须且只能由法律予以明确规定，征税主体的权利与义务只能以法律规定为依据，没有法律依据，任何主体不得征税和减免征收。

刘修文（1999）认为，税收法定主义是指新课赋税或变更现行税收必须有法律依据，课税的范围、标准、税率、程序等都必须依法确定，任何超越于税法规定的税收行政决定都是不合法的，也就是说，政府征多少税，向谁征和怎样征，必须依法进行，由议会而不是政府说了算。

日本学者北野弘久（2001）认为，应从纳税者的立场立足于两方面统一的观念来把握税收概念的含义，今后的税收法律主义理论必须要以广义的税概念（税的征收与使用相统一的概念）为前提，并以它作为广义的财政民主主义的一环来构成和展开。

高桂林、刘文华（2005）认为，税收法定主义意味着，在税收立法上，税法的制定和颁布必须由国家民主的代议机构来完成，在没有授权的情况下，任何其他的国家机关都不得随意制定税法，代议机构制定的税法必须能够体现纳税人的意志。在税收征管中，征税主体征税必须且只能依法进行，纳税主体依且只依法律规定而纳税，不承担法外的税负。

李刚、周俊琪（2006）认为，所谓税收法定主义，是指征税主体依且仅依法律的规定征税，纳税主体依且仅依法律的规定纳税；"有税必有法，无法不成税"是其经典表达。税收法定主义的核心是通过法律的形式限制课税权，从而维护纳税人的基本权利。

管永昊、李静秋（2007）认为，税收法定主义的本质要求在于以法律保护纳税人的权利和公民在税收立法上的广泛参与。

丁一（2014）受日本税法专家北野弘久的启发，认为从近代到现代，税收法定主义大致经历了保障国民主权的形式法定主义到关注税收正义的实质法定主义的升华。第一阶段是国民主权与形式的税收法定主义，第二阶段是税收正义与实质的税收法定主义，第三阶段是迈向税的收支一并贯通的税收法定主义。

熊伟（2014）认为，就税收立法权的分配而言，究竟是仅仅立法机关有权课征税收，还是行政机关也有权课征税收，这是税收法定主义的核心问题。税收法定主义之所以排除政府的税收立法权而将课税的权力保留在议会，不仅仅在于形式上的职能分工，更与其中的财政民主、代议制度息息相关。税收法定主义强调财政民主,其所追求的其实就是纳税人的同意权,在间接民主模式下就是确保纳税人所选举的代表对课税的同意权。正因为如此,"无代表不课税"才成为税收法定主义的另一种表达。

二、几点疑问

(一)所谓"法定",定的是哪一方的权利义务?

金子宏(1989)、张守文(1996)和高桂林等(2005)认为,征税主体和纳税主体的权利义务都要以法律规定为依据;谢怀栻(1989)、刘修文(1999)认为,税收法定主义要将征税的权力由法律予以规定;管永昊等(2007)和熊伟(2014)则认为,税收法定主义的本质要求在于以法律体现和保护纳税人的权利。这三种主张都主张"法定",但是在"法定"对象的理解上有差异。应该怎样把握?

(二)税收法定主义所要规范的仅仅是税收征缴过程吗?

多数学者的讨论停留于通过税收法定主义规范税收的征收或缴纳过程;北野弘久(2001)、丁一(2014)、熊伟(2014)却认为,税收法定主义涉及税的征收与使用,与财政民主主义紧密相关。显然,与传统的观点相比较,这是一种延展的思维。怎样看待这一观点?

三、我的看法

(一)纳税主体的权利义务如同征税主体的权利义务一样应当被"法定"。

1. 对征税主体权利义务的法定

关于税收的本质,有公需说、交换(利益)说、保险说、义务(牺牲)说等多种观点。随着市场经济的发展,政府与公民之间是一种利益的交换,税收是消费公共产品的代价的观点逐渐为人们普遍认同。

在市场经济条件下,公民所需的公共产品难以通过市场提供,只能由政府提供甚至直接生产。政府提供或生产公共产品所耗费的成本,又必须通过税收形式得到补偿。

但是,如果不考虑公共产品,单纯地从税收方面看,征税的过程是政府对公民财产权利进行剥夺的过程。根据约翰·洛克（John Locke）的理论，生命权、人身权、财产权都是人所拥有的"自然权利"，不能随便被剥夺，必须限制在经法律许可的范围内。"政府没有巨大的经费就不能维持，凡享受保护的人都应该从他的产业中支出他这一份来维持政府。但是这仍须得到他自己的同意，即由他们自己或他们所选出的代表所表示的大多数的同意。因为如果任何人凭着自己的权势，主张有权向人民征课赋税而无须取得人民的那种同意，他就侵犯了有关财产权的基本规定，破坏了政府的目的。"①

假如对于征税主体的权利义务没有法律的规定，公民就可能面临高代价获得公共产品的风险。具体来说，至少存在以下两个严重的后果：

后果之一是公民的财产权利被过度侵犯，阻碍经济发展。全社会可供配置的资源总量是既定的，政府占有的资源与私人部门占有的资源是一种此消彼长的关系。而且，政府占有和支配的资源越多，边际收益就会越低，社会机会成本（资源归私人部门配置的边际收益）就会越高。政府部门与私人部门之间存在一个资源分配的最佳分割点。出于效率的需要，对政府的征税权必须予以限制。

后果之二是违背公平原则。如果税制要素和征收程序（包括纳税人、征税对象、税率、计税依据、征税环节、纳税期限、纳税地点、减免税、税务争议解决办法等）没有法律的明确规定，征税主体可能恣意妄为，可能产生税负的分摊与纳税能力之间极不对称的状态。

18世纪之后，代议民主政体在西方国家逐渐确立。征税的权力基本上控制在议会手里，议会通过立法的形式规范税制要素和程序。"税收法定主义"应运而生。从此以后税收的课征真正体现出确定性原则。虽然政府征税必须经过议会的批准，征税权得到控制，征税行为受到约束，但是，在英国等国家，一度出现过"议会至上"的现象，即议会有权决定关于征税的一切事项，确立关于征税的一切原则，而不受任何限制。这说明，仅对政府的征税权进行规范是不够的，真正的"税收法定主义"还应该规范议会对税收的决定权。

税收决定权的规范来自于那一股力量？当然是纳税人。按照主流经济学的逻辑，政治领域的参与者同样是以个人为本位的，当个人认为决策对自身利益

---

① 约翰·洛克.叶启芳，瞿菊农译. 政府论（下篇）[M].北京：商务印书馆，1964.

最大化有利时，就会投赞成票。如果所有参与者都投赞成票，就说明能实现"帕累托最优"。但是，一致同意原则的实施成本很高，参与者人数越多，决策成本就越高。基于这样的逻辑和现实，布坎南（J. M. Buchanan）主张将决策分为多个层次，越是涉及基本人权和产权的层次，越是需要获得更大比例的多数同意，最高层次就是宪法，这个层次的主要任务是对规则进行选择，同时也决定较低层次的决策规则，这样，即便有"非一致同意的规则"，也就有了"一致同意规则"的基础，实际上就是由一致同意的理想状态向最大多数同意的现实状态靠拢了。①

所以，真正的"税收法定主义"必须对议会的税收决定权进行限制。如图 22-1 所示，纳税人、议会与政府之间存在双重的委托代理关系。纳税人作为终极委托人，要求议会依法确立并履行税收决定权；议会既是纳税人的代理人，又是政府的委托人，它要求政府依法履行税收执行权，其中核心是税收征收权；政府是议会的代理人，它依法履行税收使用权，为纳税人提供公共产品。

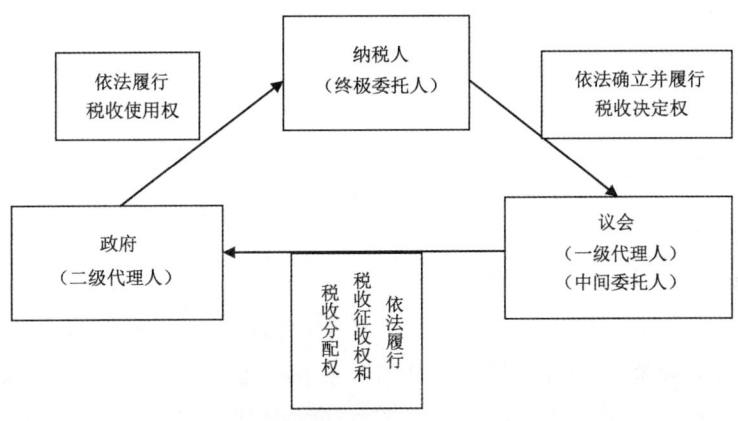

图 22-1　纳税人、议会与政府三方委托代理关系

2. 对纳税主体权利义务的法定

对于纳税主体的权利义务同样必须通过法律予以明确，这是"税收法定主义"的应有之义。

---

① （澳）布伦南，（美）布坎南. 宪政经济学 [M]. 中国社会科学出版社，2012. 笔者注：该书包含了《征税权——财政宪法的分析基础》(1980 年版) 和《规则的理由——宪政的政治经济学》(1985年版)。经作者授权同意，合为一卷出版，名为《宪政经济学》。

一是因为纳税人有"搭便车"的动机。公共产品的非排他性,使得提供者难以将免费搭车者排除在外,这就使税收的征收遇上难题。按照"经济人"假设,纳税人面对公共产品,有一种隐瞒偏好的倾向,因为政治领域与经济市场相比较有诸多的区别。如表22-1所示。尽管各国纷纷实行纳税人自行申报纳税的制度,即纳税人向税务机关提供相关的纳税资料,自行计算税基和税额,并及时如数缴纳,但是仍有不少逃税事例的发生。这就需要以法律的方式,对纳税主体履行纳税义务的行为进行规范。

表22-1　　　　　　　　政治领域与经济市场的比较

特征	经济市场	政治领域
偏好表达方式	以货币为"选票",表达对私人产品的偏好。	用政治选票表达对公共产品的偏好。
付费与得益对应程度	个人既是选择者又是决策者,付费与得益相对应。	个人是选择者但未必是决策者,纳税与获益未必对应。
权责关联程度	个人作出决策,损益由决策者承担。	集体作出决策,损益由集团内部的成员承担。
强制程度	自愿服从,人人得其所愿。	少数服从多数,被迫消费公共产品,被迫纳税。

二是因为纳税人有信息优势。与征税主体相比较,纳税人具有明显的信息优势,他们很清楚自己的经营状况和所得金额。征税主体要获得相关的信息,会受征管技术、征管人员和征管成本等方面的限制。正是征纳双方的信息不对称,才需要法律对纳税主体有行为规范,使其向征收主体提供完整、准确、可信的涉税信息。

(二) 法定的内容不应局限于征税行为,应该延伸到分税行为和用税行为。

无论是税法学还是税收学,传统的观点认为,如何使用纳税人缴纳的税款,那是财政学研究的主题,而非税法学、税收学的研究范畴。北野弘久(2001)关于将税的征收与使用相统一的观点是有进步意义的。

笔者受其启发，认为税收法定主义除了以法律为依据规范议会的税收决定权、政府的税收征收权之外，还应该规范政府的税收分配权和税收使用权，也就是说，将规范内容由征税行为扩展到分税和用税行为。

1. 分税行为的法定

目前的财政学或税收学中，并没有"分税"这个词。有时候出现，那是指中央与地方之间或者地方上下级政府之间税种的划分或者税收收入的划分。笔者所说的"分税"是指政府将税收收入作不同用途的安排，所以，与"支出预算"一词的意思很接近，当然，支出预算的外延比分税要来的广，因为预算收入中除税收收入之外还有非税收入。按照这样的思路，税务部门是一个征税的部门，财政部门是一个分税的部门。税收收入怎样分配，同样需要在法定的框架内进行，许多国家都有预算法，从字面上看，它与税收法定主义没有联系，事实上，预算法的制定与执行，照样是在税收法定主义的逻辑下进行的。税收收入的分配结构是否合理，与纳税人获得的公共产品结构是否合理有很大的关系。如果结构失范，那就是用于提供某种公共产品的税款太多了，存在浪费现象；或者是税款不够，无法提供足够的公共产品。无论哪种情况，都是效率低下的表现，也有失公平。

分税行为的法定，不仅局限于政府内部各部门之间，还涉及上下级政府之间。中央政府与地方政府之间以及地方上下级政府之间，按照支出责任划分税收，必须以法律的形式相对固定下来。如果上级政府凭借其地位随意占有下级政府的税收收入，最终会迫使下级政府多征税。

2. 用税行为的法定

至于"用税"，是指政府各职能部门将财政部门分配划拨的经费，具体使用以提供甚至生产公共产品的过程。就算税收收入的分配合理了，职能部门使用不当，同样存在效率低下的风险。近年来，一些地方出现"吃空饷"现象，如有的人长期不上班，仍足额领取工资；有的未经批准，擅自经商办企业，领取双份工资；……这是税款被滥用的典型现象。① 平时经常所说的财政监督，核心内容是对税收收入使用的监督。颁行政府采购法等法律，实际上就是规范用税行为。

从经济学角度看，主张将税收法定主义扩展到"分税"与"用税"行为，

---

① 截至2014年9月底，全国清理清退"吃空饷"人数为162629人。其中河北省55793人，四川省28466人，河南省15022人。

是因为在委托代理过程中，经常出现机会主义行为。代理人不顾委托人的利益，利用信息不对称的机会，为自身谋取利益。财政部门是分税的部门，其他职能部门都是用税的部门，纳税人委托他们合理分配和有效使用税款，但是，这些部门有可能利用自身的信息优势和权力，将税收收入用于有利于自己的领域，甚至可能出现设租现象，诱导利益相关者前去寻租。例如，在政治领域，具有共同利益的投票者可能去游说甚至贿赂议员和官员，千方百计使有利于自己的预算方案顺利通过，如果寻租成功，议员——官员——寻租者结成"铁三角"，议会批准预算、政府执行预算、利益集团从中得益。"铁三角"的背后，是分税行为缺乏法律的制约，最终纳税人的利益受损。防止机会主义行为有很多种途径，如预算要详细、透明，经费的使用要接受审计并向社会公开，媒体有权介入预算经费的追踪等，但是这些方法的生效，是建立在相关法律基础之上的。

笔者无意以"分税"、"用税"的名词去取代众所周知的政府预算、经费支出等名词，只是强调这样一种理念，以此说明"税收法定主义"不仅仅局限于征税纳税本身。有人认为，"税收法定主义"中的"主义"一词太空泛，主张用"原则"一词更实在。笔者却认为，"主义"一词非常合适。《现代汉语词典》的解释，"主义"系指"对客观世界、社会生活以及学术问题所持有的系统理论与主张"；而"原则"系指"说话和行事所依据的法则和标准"。显然，"税收法定"不是一条简单的原则，而是一种用于统领、指导一系列涉税行为走向规范化的思想。税法本身以及预算法、政府采购法等具体法律的背后，都隐含着"税收法定"的理念。

笔者认为，税收法定主义应界定如下：税收法定主义是指一个国家对税收决定权、税收征收权、税收分配权和税收使用权必须由法律予以规范和约束的思想，课税的要素和程序、税款的分配和使用等都必须依法确定，涉税主体的权利义务只以法律为依据。这个意义上的税收法定主义也可以称为财政法定主义。该定义有两个特点：第一，法律规范和约束的不仅仅是税收的决定权和征收权，还延伸到税收的分配权和使用权。这说明"法定"的范围比以往更广泛，但是这个层次的"法"更偏重于抽象的意义，或者说第一层次是形式的税收法定主义。第二，纳税人、议会和政府之间，虽然是一种委托代理关系，但无论哪一方涉税主体，其权利义务只以法律为依据。这说明，涉税行为的所有主体，都必须遵循法律规定。这个层次的"法"更具体，或者说第二层次是实质的税收法定主义。

四、延伸思考

税收授权立法是否违背税收法定主义？

中国税收授权立法有两次。第一次是1984年9月18日，第六届全国人大常委会第七次会议作出决定："授权国务院在实施国营企业利改税和改革工商税制的过程中，拟定有关税收条例，以草案形式发布试行。"第二次是1985年4月10日，第六届全国人大第三次会议作出决定："授权国务院在经济体制改革和对外开放方面可以制定暂行规定或者条例。"依据这两次授权，国务院制定了大量税收条例、规定。迄今为止，仅有个人所得税法、企业所得税法、车船税法和税收征收管理法由全国人大及其常委会制定，其余15个税种均由国务院"立规"开征，而其收入却已占税收总收入的70%左右。增值税、营业税、消费税等主要税种所依据的暂行条例，早在1993年就通过，距今已"暂行"了20多年。

在2009年全国人大常委会启动的大规模法律清理中，废止了1984年对国务院的授权决定，但1985年的授权决定并未在清理之列。2000年出台的《中华人民共和国立法法》明确规定，对国务院的"授权立法事项，经过实践检验，制定法律的条件成熟时，应当由人大及时制定法律"。但由于对"条件成熟"缺乏判定的标准，因而一直没有收回授权。2015年3月15日第十二届全国人大第三次会议通过了关于修改《中华人民共和国立法法》的决定，该法第八条规定的"只能制定法律"的几种情况中，就有"税种的设立、税率的确定和税收征收管理等税收基本制度"。

然而，2015年5月7日，财政部、国家税务总局发布关于调整卷烟消费税的通知，自5月10日起将卷烟批发环节从价税税率由5%提高至11%，并按0.005元/支加征从量税。同年5月25日，财政部发布通知，自6月1日起，降低部分服装、鞋靴、护肤品、纸尿裤等日用消费品的进口关税税率。两次税率变动都是由政府作出决定。或许因为现行的消费税暂行条例和进出口关税条例都是国务院制定的，税率变动的权限依然归国家行政机关。

法学界反对授权立法的呼声非常高，如张永华等（2004）认为，税收法定主义原则所谓之"法"不应当包括行政部门所立的法规。因为税收法定主义原则的功能在于限制政府的恣意征税行为、保护人们的财产权利。税收法定主义原则所谓的"法"只能是由人民代议机关所立之法。行政法规并不能真正体现出制约政府行为的精神,如果税收法定主义原则所谓之"法"可以由行政机关随意颁布或修改,则恰恰是对税收法定主义原则的违背。① 熊伟(2014)甚至认为,"究竟是仅仅立法机关有权课征税收,还是行政机关也有权课征税收,这是税收法定主义的核心问题。税收法定主义之所以排除政府的税收立法权而将课税的权力保留在议会,不仅仅在于形式上的职能分工,更与其中的财政民主、代议制度息息相关。"

笔者认为,税收授权立法的理由是税收要素和程序的确定专业性很强,与生产经营、财务会计、投融资、国际经济关系等紧密相关,授权给政府立法更有效。这种说法是符合实际的,一方面,20世纪80年代上半叶,改革开放的大门刚刚打开,与市场经济体制相适应的税收制度处于草创阶段,相比于人大,政府对经济运行的了解更透彻;另一方面,中国人大与一些国家的议会在体制上有很大的区别,人大代表基本上是兼职的,人大的专职领导基本上是由原政府官员的身份转任的,内部没有专门的业务部门,也缺乏一支专家型的队伍。②

虽说税收授权立法的主体仍然是议会,授给政府的立法权也是有限制的。但是,这种授权毕竟是一种抽象而概括的授权,由此也决定议会本身不易对政府进行有力的监督。如果放在纳税人、议会、政府三者是委托代理关系的框架内,税收授权立法的风险是显而易见的。

一是税收国库主义的风险。所谓税收国库主义,就是指以国库收入的充盈为目标,税务当局将取得税收收入作为优先完成的任务。表象看,似乎国库的充盈最终是为了纳税人的利益,其实与政府官员自身的利益有关。如果官员的自身利益与纳税人利益是重合的,那产生的危害不明显;如果二者是分离的,就非常危险,因为这种情况恰恰是在合法性的掩盖下发生的。例如,由于行政支出过度,造成预算支出收不抵支,通过增税预防或弥补赤字;在经济萧条时期,税收征收的预期目标难以实现,通过增税或者减少税收优惠完成,结果导致在非常时期承受能力不强的纳税人,税负有增无减。这种风险的出现,源于政府既是(授权)立法人,又是税法执行人,税收的决定权与征收权合二

---

① 张永华等. 论税收法定主义之内涵——对日本学者金子宏学说的一点质疑 [J]. 财经理论与实践, 2004 (1).

② 在美国,只有众议院的议员才有税收立法议案的提出权,众议院有19个专业委员会,负责税收立法的是拨款委员会,总人数是30多人,并配有专家学者组成的工作班子。另外,美国国会预算局(CBO)聘有232名专职工作人员,其中204名为专家,28名为秘书等普通助理人员。

为一。

二是放大税收调节功能的风险。税收有两大功能：组织收入与调节经济，但是，调节功能的空间是有限的。这与税种、课税范围、课税环节、课税对象的供求弹性、投资环境、消费心理等都有关系。在授权立法的背景下，立法的位阶总体下降。例如，国务院将税收实施细则之类的制定权进一步下放给财政部、国家税务总局，甚至委托职能部门和地方政府以规章形式设立或试点部分税种。一个时期内，一些国家部委和地方政府竞相介入税收立法事项，造成地方和行业的税收保护主义，尤其是开发区、保税区等特殊功能区，实际税负差异非常大，不合法的税收优惠相互攀比。

总体来说，在委托—代理的框架下，政府不应该同时拥有税收立法权和税收征收权，即便对其拥有的税收分配权和税收使用权，都要以法律形式予以规范并实行严密有效的监督。如果由于特殊情况，必须有税收立法授权，那也应该严格控制。

五、基本结论

税收法定主义是指一个国家对税收决定权、税收征收权、税收分配权和税收使用权必须由法律予以规范和约束的思想，课税的要素和程序、税款的分配和使用等都必须依法确定，涉税主体的权利义务只以法律为依据。这个意义上的税收法定主义也可以称为财政法定主义。该定义特点有两个：

第一，法律规范和约束的不仅仅是税收的决定权和征收权，还延伸到税收的分配权和使用权。第二，纳税人、议会和政府之间，虽然是一种委托代理关系，但无论哪一方涉税主体，其权利义务只以法律为依据。

按照这个定义，税收法定的外延不仅包括征税法定、纳税法定，还包括分税法定和用税法定，实际上已经延伸成为财政法定。

在委托—代理的框架下，政府不应该同时拥有税收立法权和税收征收权，如果由于特殊情况，必须有税收立法授权，那也应该严格控制。

主要参考文献

1. 谢怀拭.西方国家税法中的几个基本原则.刘隆亨主编.以法治税简论[M].北京：北京大学出版社.1989.

2.（日）金子宏著.刘多田等译.日本税法原理［M］.北京：中国财政经济出版社.1989.

3.张守文.论税收法定主义［J］.法学研究.1996（6）.

4.刘修文.税收法定主义及其他［J］.会计之友.1999（9）.

5.（日）北野弘久著.陈刚等译.税法学原论（第四版）［M］.中国检察出版社，2001.

6.高桂林，刘文华.税收法定主义之内涵界定［J］.武警学院学报.2005（1）.

7.李刚，周俊琪.从法解释的角度看我国《宪法》第五十六条与税收法定主义——与刘剑文、熊伟二学者商榷［J］.税务研究.2006（9）.

8.管永昊，李静秋.税收法定主义的逻辑及其在我国的实现［J］.当代经济研究.2007（11）.

9.丁一.税收法定主义发展之三阶段［J］.国际税收.2014（5）.

10.熊伟.重申税收法定主义［J］.法学杂志.2014（2）.

23 税收中性原则：
应当怎样理解？

税收中性原则（Neutral Principle of Taxation）是税收经济理论中的重要内容。学术界对该原则褒贬不一，有的非常推崇，甚至认为应该构建完全中性的税制；有的主张坚决予以摒弃，不能否定税收对经济的调节功能。那么，税收中性原则究竟应当怎样理解呢？

一、他 人 观 点

刘心一（1995）认为，税收中性原则有一个演变的过程。传统含义是"国家在课税时，除了使人民因纳税而承受税收负担以外，最好不要再使人民遭受额外负担或经济损失。"时至今日，已扩展到"税收对各种经济活动所发生的不良影响减少到最低限度。"

李春香（1999）认为，税收中性原则的含义随着时代的变迁和经济的发展，已有传统含义与引申含义之分。传统的税收中性原则是，要求一种税除使纳税人因税而承担税额负担之外，最好不要再遭受其他额外或经济损失，即额外负担最小化。税收中性原则的引申含义是，把税收对各种经济活动的不良影响减少到最低限度。

洛林·艾蒂安（Lorraine Eden，1998）从国际税收角度阐述，"所谓国际税收中性原则是指国际税收体制不应对跨国纳税人跨国经济活动的区位选择以及企业的组织形式等产生影响。一个中性的国际税收体制应既不鼓励也不阻碍纳税人在国内进行投资还是向国外进行投资，是在国内工作还是到国外工作，或者是消费外国产品还是消费本国产品。"

杨志宏（2005）认为，税收存在绝对中性和相对中性两种理论。绝对中性理论以反对政府干预经济为理论基础，把征税与市场配置资源截然对立起来，坚决反对税收调控。相对中性理论则以市场机制存在缺陷从而肯定国家干预经济的必要性为理论基础，认为税收要遵循"次优原则"，尽量将利用税收矫正市场缺陷过程中可能带来的效率损失减少，使税制有利于或较少干预市场机制的正常运转。

尹音频（2007）在揭示传统税收中性理论局限性的基础上，赋予"中性税收"新的内涵："超额税收与税收超额负担"最小化。换言之，它是指政府通过税制在把数量既定的资源转移给公共部门的过程中，尽量使不同税种对经济造成的效用损失与效率损失的最小化。

二、几点疑问

（一）税收中性原则是否存在传统含义与扩展含义？

刘心一（1995）、李春香（1999）认为，税收中性原则有一个传统含义到扩展（引申）含义的演变过程。这种观点在税收理论界影响很大，连比较权威的教科书也是这样表述的。如《税法原理》（张守文，2003）的表述是：国家征税除使人民因纳税而发生负担以外，最好不要再使人民承受其他额外负担或经济上的损失；国家征税应尽量不影响市场对资源的配置，应把税收对经济活动产生的不良影响减到最低限度。[①] 究竟"传统含义"与"扩展含义"之间有什么区别？

（二）税收中性原则与"税收经济效率原则"、"税收超额负担"、"税收替代效应"是同一个意思吗？

税收理论界在讨论到税收中性原则时，使用一连串的概念，如"经济效率原则"、"税收超额负担"、"税收替代效应"，甚至还有"税收福利损失"、

---

① 张守文.税法原理[M].北京：北京大学出版社2003：22.

"税收福利成本"、"无谓损失"等,尹音频(2007)的论文已经注意这一点。税收中性原则与这些名词概念之间存在哪些区别?假如说中性原则就是指不要产生超额负担,而超额负担是由替代效应引起的,那是否意味着,中性原则＝无超额负担＝无替代效应?

(三) 税收中性原则的适用范围有限制吗?

税收中性原则只适用国内税制还是同时适用国际税收领域?如果适用国际税收领域,洛林·艾蒂安(Lorraine Eden)关于无论在国内还是在国外,税收均不影响投资、工作与消费的观点是否正确?

三、我的看法

(一) 税收中性原则只是从经济运行视角提出来的

所谓税收中性原则由传统含义到扩展(引申)含义的界定,一般认为分析的角度是不一样的。前者是指站在经济效率角度,后者是站在经济运行角度。两种含义背后的经济学机理是怎样的呢?

资源配置要以效率为目标,衡量效率的标准是帕累托最优,而在实际生活中,因为这个要求太高,往往追求的是帕累托改进甚至是希克斯——卡尔多改进。税收经济效率就是要在税收超额负担与税收超额收益之间进行对比,尽可能实现在税收超额收益既定前提下的税收超额负担最小化,或者在税收超额负担前提下的税收超额收益最大化。

政府征税的过程是一个将经济资源从私人部门手中强制地转到公共部门手中的过程,如果征税行为对经济的影响仅仅局限于税收本身,对于纳税人而言,那只是一种正常的负担;如果征税行为干扰了经济活动,使得正常的决策不得不受税收的阻碍,从而使全社会的利益受损,此时便产生了税收超额负担。

理论界常常把这种超额负担称之为资源配置方面的税收超额负担,并认为,还有一种经济运行方面的税收超额负担,就是指征税会减少私人部门的支出(投资或消费),同时又会增加公共部门的支出,如果征税对私人部门构成的利益损失大于对公众带来的利益所得,对于社会来说,那就形成一种税收本身以外的负担。

从上面的分析可以看出，真正的税收中性原则就是要求尽可能使税收对正常的市场决策和运行不产生干扰，经济主体在投资、生产、储蓄、消费等方面的决策，都按照市场机制进行。

至于征税导致私人部门的利益损失大于公众的利益所得，实际上不能完全归结为税收超额负担，因为这种情况是否可能出现取决于政治、财政等因素。纳税人缴税是一种效用损失（或者说"牺牲"），纳税人消费公共产品又是一种效用获得，二者之间的差额，其实就是财政净收益。缴税的效用损失大于消费公共产品的效用所得，说明财政净收益小于零；反之，就是财政净收益大于零。

笔者认为，将财政净收益小于零的情况归属于税收超额负担，那是十分牵强的。

财政净收益的命题可以追溯到瑞典学派魏克塞尔（Wicksell，1896）的"自愿交换理论"和林达尔均衡（Lindahl Equilibrium，1919）：如果每一个社会成员都按照其所获得的公共产品的边际收益大小，来捐献自己应当分担的税收，则公共产品的供给达到最佳水平。后来，布坎南（Buchanan，1976）作过深刻的论述。在布伦南和布坎南（G. Brennan 和 J. M. Buchanan，1980）合作的《征税权——财政宪法的分析基础》书中，他们对税权约束问题进行较为系统的研究，提出的问题是：政府的征税权力是否应受到限制？这种限制应采取什么形式？[①] 显然，布伦南和布坎南已经突破经济层面，将经济角度与政治角度相结合，认为税制改革带来的不仅仅是经济利益，同时还包括政治利益。

（二）"税收中性原则"只是"税收经济效率原则"的一个具体原则

税收学界通常将"税收经济效率原则"解释为：政府征税应尽可能保持税收对市场经济运行的"中性"影响，即避免对市场决策的干扰。由此引出"税收中性原则"。然后再解释，税收中性实质上就是要使"税收超额负担"最小化，即纳税人除了承受缴税的负担，不再有其他额外的负担（或"税收福利损失"、"税收福利成本"、"无谓损失"），并进一步解释，"税收超额负担"是由"税收替代效应"带来的，因为征税会改变商品与服务的相对价格。

---

① ［澳］杰佛瑞·布伦南，［美］詹姆斯·M. 布坎南著. 冯克利等译. 宪政经济学［M］. 中国社会科学出版社，2004.（笔者注：该书中包括了《征税权——财政宪法的分析基础》一文）

上面这段话涉及多个概念，但梳理一下，不难看出两点：第一，"税收效率原则" = "税收中性原则"，"税收超额负担" = "税收福利成本"；第二，"税收替代效应"引起"税收超额负担"（"税收福利成本"），"税收超额负担"的存在说明存在税收非中性效应，税收非中性效应意味着没有体现税收经济效率原则。

由此可见，税收中性还是非中性，判别标志是看有没有出现税收超额负担（经济运行层面的），如果出现，源头却在税收替代效应。这样一来，保持税收中性原则关键在"税收替代效应"。它是怎么产生呢？

"税收替代效应"是指如果对某种商品（A）征税，人们就会减少对A的消费，尽量消费不征税或者少征税的商品（B）。实际上，征税行为改变了A、B两种商品的相对价格。由于税收替代效应一般会妨碍人们自由选择消费的行为，因为消费者不得不克制自己，放弃对征税商品A的偏好，而去消费并不偏好的商品B，这样阻碍生产要素的合理流动和最优配置，造成社会福利的损失，从而导致经济的低效率或无效率。因此，政府征税应尽量规避这种替代效应。

举例来说，假定企业打算派发1000元的红包，有网络红包和传统红包两种方式可供选择。如图23-1所示。

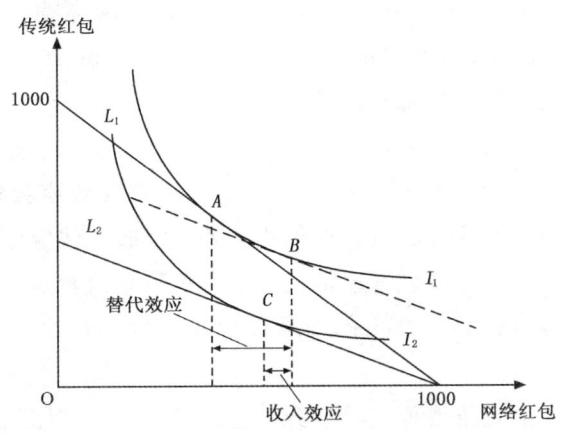

图23-1 税收替代效应（元）

图中L_1代表企业原本的红包预算线，假设此时政府对传统红包和网络红包均不征税。如果企业全部以传统红包形式派发，那么传统红包派发额为1000元，网络红包派发额为0；如果企业全部以网络红包形式派发，那么网络红包派发额为 1000 元，传统红包派发额为 0。无差异曲线代表企业对红包派发形式的偏好。由于企业偏好以两种方式派发的红包都越多越好，因此企业对较高的无差异曲线上各点的偏好大于较低的无差异曲线上的各点的偏好。在这种既定的偏好之下，企业会选择的最优组合为红包预算线 L_1 与无差异曲线 I_1 的切点 A。

若只对传统红包按一定的税率 t 征税，即对个人因任职或者受雇而取得的奖金、年终加薪、劳动分红、津贴、补贴以及与任职或者受雇有关的其他所得征收个人所得税，那么，企业的红包预算线会旋转至 L_2，变得更平坦。这意味着，企业 1000 元的预算中有一部分要用于代员工缴纳个人所得税，相当于企业的实际收入下降了，实际派发的红包数额减少，企业的效用降低，因而移动到较低的无差异曲线。此时，替代效应使企业会更偏好不需要缴税的网络红包形式，增加网络红包的使用，减少传统红包的使用。

1890 年马歇尔在其《经济学原理》一书中首次提出"税收超额负担"的概念，后续的研究成果非常多，如 20 世纪 20 年代的拉姆赛（Ramsey）、30 年代的霍特林（Hotelling）、40 年代的米德（Meade）、50 年代的科利特（Corlett）、黑格（Hague）、利普西（Lipsey）和兰卡斯特（Lancaster）、60 年代的哈伯格（Harberger），直到以阿特金森（Atkinson）、戴梦德（Diamond）、迪克西特（Dixit）、米尔利斯（Mirrlees）和斯蒂格利茨（Stiglitz）为代表的当代学者，几乎对税收的超额负担都有比较深入的研究。[1]

学者们认为，政府只要征税，就不可避免地会带来税收超额负担。解决办法有两个：一是尽可能征收所得税，因为税收的替代效应会影响纳税人的选择，而收入效应不会有这种影响，所得税主要产生收入效应而非替代效应；二是如果征收商品税，那么应该普遍征税但实行低税率或者对需求价格弹性小的商品征高税而对需求价格弹性大的商品征低税（即弹性反比法则或拉姆赛定理）。[2]

事实上，即便征收所得税，仍然会引起人们在劳动和休闲之间的选择，从而产生替代效应。在商品课税中，普遍征税征低税会涉及必需品被当作课税对

---

[1] 约翰·伊特韦尔，默里·米尔盖特，彼得·纽曼. 新帕尔格雷夫经济学大辞典（第三卷）[Z]. 北京：经济科学出版社，1996：692.
[2] 相关原理性的陈述，详见朱柏铭. 公共经济学理论与应用（第二版）[M]. 高等教育出版社. 2013：149-152.

象,从而增加低收入者的负担,阻碍公平;至于弹性反比法则,虽能减少税收超额负担,但是会出现"奢侈品低税、必需品高税"的尴尬局面,同样违背公平原则,更何况,同一商品的需求弹性在不同消费者之间存在差异,而且会因时因地发生变化。

现在再回到"税收中性原则"与"税收经济效率原则"之间的关系上。国内学者一般都将它们等同起来。实际上这种观点值得探讨。

如前所述,税收经济效率可以从资源配置和经济运行两个角度去审视。资源配置角度引出一个财政净收益问题,经济运行角度引出一个超额负担问题。也就是说,财政净收益最大化是一种经济效率的体现,超额负担最小化也是一种经济效率的体现。如果说,财政净收益最大化不完全取决于税收,超额负担最小化也跟非税因素有关。若想将普遍征税征低税的构想以及弹性反比法则付诸现实,势必阻碍公平原则的体现,但是,如果同时付诸针对低收入者的福利性财政支出政策,既实现税收超额负担最小化,又不影响公平。

按照笔者这样的思路,税收经济效率原则包含两个方面,即财政净收益最大化和税收超额负担最小化。而税收中性原则仅仅是指税收超额负担最小化。

归纳起来,几个概念之间的关系是:"税收超额负担"("税收福利成本")是税收非中性的表现,"税收替代效应"则是税收非中性的根源;"税收中性原则"只是"税收经济效率原则"的一个具体原则。

(三)"国际税收中性原则"是"税收中性原则"的派生原则

随着资本、收入在跨国范围内的流动,就出现母国和所在国之间对同一笔收入都征税的问题,如果不改变双重征税的局面,就会加重跨国纳税人的税收负担,降低跨国投资的积极性,从而阻碍资本和技术的国际流动。在一国范围内,保持税收中性原则,可以促进资本的自由流动和优化配置,在国际税收背景下,为了保证资本的跨国流动,是否也应该体现税收中性原则?如果是,那可以称为"国际税收中性原则"。

国际税收中性包括资本输出中性和资本输入中性。前者是指一国对居民来自国外所得的征税,既不能鼓励也不阻止它在国外的投资,即税收不能影响跨国纳税人投资地点的选择,从而使资本能够在世界范围内得到有效配置;后者是指不同国籍的纳税人在同一国家从事投资经营时,应享受相同的税收待遇。①

遵循资本输出中性原则,通常采用抵免法消除双重征税。抵免法是指对跨国纳税人的国外所得课税时,对其国内外所得采用相同的税率,并允许其用国外已纳税款抵免母国税款。遵循资本输入中性,通常采用免税法来消除双重征税。免税法是指资本输出国对本国居民的国外所得免予征税,而由资本输入国征收。

由此看来,洛林·艾蒂安(Lorraine Eden,1998)对国际税收中性原则下的定义是准确的,对"中性"一词核心意义的理解仍然是围绕不干扰经济运行不影响纳税人市场决策为核心的。

四、延伸思考

"税收中性原则"与"中性税制"是同义语吗?

学术界在讨论"税收中性原则"过程中,还提出了"中性税制"的概念和设想。如杨志宏(2005)认为,中性税制是指在保证满足一定时期财政收入需要的前提下,根据经济社会发展的不同阶段,通过税种逐步"中性化",分别建立"充分体现税收中性并适当坚持税收调控"的一系列税收中性不断增强并能促进纳税人自愿纳税的税制的总称。②

不管对于"中性税制"的提法是否认同,也不管这种税制能否建立起来,单从字面上看,它与"税收中性原则"不是同义语。"税收中性原则"(即税收超额负担最小化)只是"税收经济效率原则"的两个方面内容之一(另一个内容是财政净收益最大化),"税收经济效率原则"与"税收行政效率原则"共同构成"税收效率原则",它又与"税收公平原则"相对应,共同构成税收制度基本原则。可见,"税收中性原则"只是税制诸多原则中的一条很具体的原则。而"中性税制",那是一个税收制度。

那么,按照"中性原则"确立一个税制,是否有可能呢?杨志宏(2005)对我国"中性税制"的具体建议是,增值税的"中性化",企业所得税的"中性化",关税、消费税、个人所得税等税种的"中性化"。应该说,这样的建

---

① 王逸.国际税收中性理论与实践[J].扬州大学税务学院学报,1999(3).
② 杨志宏.构建我国中性税制的设想[J].税务与经济,2005(5).

议是非常有启发性的。但是笔者认为，即便这些税种都实现了"中性化"，仍然难以断定，确立起了一个完整的"税制"。因为税制并不是若干税种的加总，而是有机构成（如多税种多环节复合征收）的系统。

当然，这还不是主要的，更为关键的是整个税制能否"中性"化？一般对税收额外负担的分析，是在假定经济中除正在考虑的税之外，没有其他扭曲因素。但在现实中，在开征一种新税时，已经有其他扭曲因素，如垄断、外部影响和已经课征的其他税。这样，对课税的效率损失问题就要重新评估。[①] 这说明，对于"中性"的理解，的确不是绝对的，要考虑征税之前的经济环境有否被扭曲，如果已经被扭曲了，税收不仅不能保持"中性"，而且要适度调节。所以，如果一个税制体系中，所有的税种都是"中性"的，即便能设计出来，也未必都是真正有助于资源配置和经济运行的。

话说回来，对于税收的调节功能，又不能寄太大的希望。主张国家干预经济的学者，非常看重税收的调节功能，在实践中也经常那样执行，但是最终效果并不是很好。良好的愿望未必有完美的结局。人们所预期的税收调节功能能否得以发挥，还取决于其他很多因素，如课税对象的需求弹性、人们的消费习俗等等。例如，消费的炫耀心理，经常使政府提高税率以减少某种商品消费的同时增加另外一种商品消费的预期落空。于是出现一种有趣的现象：你希望没有"不合理"的税收替代效应，它偏偏存在；你想有"合理"的税收替代效应，它又偏偏不产生！

在一个国家或地区的税制中，既要有体现经济效率的税种或政策条款，如明显具有中性原则的增值税；又要有体现行政效率的税种或政策条款，如及时取消其收入占税收总收入1%以下的税种；也要有体现公平原则的税种或政策条款，如所得税；还要有对扭曲状态具有矫正功能的税种，如资源税、环境税。等等。

总之，"税收中性原则"只是税制原则之一，整个税制体系，很难说一定是"中性的"或者"不中性的"。

五、基本结论

纳税人缴税是一种效用损失（或者说"牺牲"），纳税人消费公共产品又

[①] 哈维·S. 罗森. 财政学 [M]. 中国财政经济出版社，1992.

是一种效用获得,二者之间的差额,其实就是财政净收益。财政净收益可以作为衡量税收经济效率的一个维度,但本身不属于税收超额负担。

真正的税收中性原则就是要求尽可能使税收对正常的市场决策和运行不产生干扰,即使税收超额负担最小化。税收超额负担最小化与财政净收益最大化共同构成"税收经济效率原则","税收经济效率原则"再与"税收行政效率原则"共同构成"税收效率原则","税收效率原则"又与"税收公平原则"相对应,共同构成税收制度基本原则。可见,"税收中性原则"只是税制诸多原则中的一条很具体的原则。税收中性还是非中性,判别标志是看有没有出现税收超额负担(经济运行层面的),导致税收非中性的源头在于税收替代效应。

"税收中性原则"可以延伸到国际税收领域,但是"国际税收中性原则"只是"税收中性原则"的派生原则。

主要参考文献

1. 刘心一.如何理解税收中性原则[J].税务研究,1995 (3).
2. 李春香.论税收中性原则[J].求索,1999 (3).
3. Lorraine Eden. Taxing Multinationals: Transfer Pricing and Corporate Income Taxation in North America [M]. University of Toronto Press. 1998.
4. 杨志宏.构建我国中性税制的设想[J].税务与经济,2005 (5).
5. 尹音频."中性税收"范畴集的再造与理论推想[J].涉外税务,2007 (12).
6. A.哈伯格.中性税收.约翰·伊特韦尔,默里·米尔盖特,彼得·纽曼.新帕尔格雷夫经济学大辞典(第三卷)[Z].北京:经济科学出版社,1996.
7. 杨志宏.构建我国中性税制的设想[J].税务与经济,2005 (5).
8. 王振宁.社会主义市场经济下的税收中性与税收调节[J].税务与经济,1995 (1).

24 直接税：
是税负不能转嫁的税吗？

无论在宏观经济学中还是在公共经济学中，"直接税"（Direct Tax）与"间接税"（Indirect Tax）是经常出现的一对概念。直接税与间接税的区分，通常以税负能否转嫁或是否容易转嫁为依据。这种分类流传很广、使用频率很高，但是至今仍缺乏科学和统一的解释。比如，"直接"和"间接"是相对于什么而言的，似乎很多人不明白。

一、他人观点

（一）以税收负担能否转嫁为标准

约翰·穆勒（J. S. Mill, 1848）在其《政治经济学原理》一书中，提出以税负是否转嫁为标准来划分直接税和间接税，"所谓直接税，就是愿意要谁缴纳就由谁来缴纳的税；所谓间接税，则是这样一种税，虽然表面上是对某人征收的税，但实际上此人可以通过损害另一个人的利益来使自己得到补偿，货物税、关税便是间接税的例子。"

约翰·凯（John Kay, 1996）在为《新帕尔格雷夫经济学大辞典》写"直接税"词条时这样描述："在传统上，直接税与间接税的区别取决于对这两种税的归宿的看法。……直接税法律义务及其归宿为同一客体的税；间接税是税收可以转嫁，一般主要是转嫁给最终消费者的税。"

布朗和杰克逊（C. V. Brown & P. M. Jackson，2000）认为，"直接税是（直接）对个人、家庭、企业等征税。间接税是对商品和服务课税，故税收支付是间接的。"两位学者同时指出，"这是一个复杂的问题，而且直接—间接二分法可能会产生误导，因为它是建立在我们一开始就知道答案的假设之上的。……，我们宁愿不使用这些术语，因为直接—间接术语意味着我们知道谁付了税，而事实上，这是我们正在寻找的。"

张馨等（2006）认为，"所谓直接税，是指税负不易转嫁，由纳税人直接负担的税收，如各种所得税、土地使用税、社会保险税、房产税、遗产及赠与税等。所谓间接税，是指纳税人容易将税负全部或部分转嫁给他人负担的税收，如以商品流转额或非商品营业额为课税对象的消费税、增值税、销售税和关税等。"

王玮（2010）认为，"直接税是直接向负税人征收的各种税，其基本特点是纳税人不能或不便于把税收负担转嫁出去，纳税义务人同时是负税人。正因为在税收的征纳过程中，政府与负税人之间的关系是直接的，两者之间不存在第三方，所以将其称为直接税。"相应地，他对间接税的解释是，"间接税是间接对负税人征收的各种税，其基本特点是政府直接向纳税人课税，但纳税人能够通过提高价格或压低价格等方式，将其缴纳的税款专家给其他人来承担。正因为在税收的征纳过程中，政府与负税人之间介入了纳税人，使得两者之间的关系变成间接的，所以将其称为间接税。"

（二）以立法者的意图为标准

李厚高（1984）介绍了一种观点，有人以立法者的意图为标准，凡立法预定税收负担不会由纳税人直接承受，而可以顺利转嫁给别人，这些税就是间接税；而立法者的意图是使某税的纳税人即是税负实际负担者，不能转嫁给别人的，就是直接税。

朱志钢、高梦莹（2013）认为，直接税是指预期税负不能转嫁的、纳税人与负税人一致的税种，包括所得税和财产税；间接税是指预期税负能够转嫁的、纳税人与负税人不一致的税种，包括商品税和其他间接税。

二、几点疑问

(一) 预期税负转嫁的依据是什么?

李厚高 (1984) 和朱志钢、高梦莹 (2013) 认为区分的依据是立法者的意图,即立法预期税负不能转嫁的就是直接税,能够转嫁的是间接税。如果进一步追问,立法预期的依据是什么,该怎么回答?因为税收转嫁是一个复杂的过程,受多种因素的影响,实现未必能判断。有些预期能转嫁的,实际上无法转嫁;有些预期不能转嫁的,却转嫁给别人了。

(二) "直接"、"间接"是相对于什么而言的?

按照王玮 (2010) 的解释,之所以叫直接税,是因为在税收的征纳过程中,政府与负税人之间的关系是直接的,两者之间不存在第三方;相应地,之所以叫"间接税",是因为在政府与负税人之间介入了纳税人,使得两者之间的关系变成间接的。很显然,他是从政府与负税人之间的关系是直接还是间接去理解的。布朗和杰克逊 (2000) 却认为,"直接税是(直接)对个人、家庭、企业等征税。间接税是对商品和服务课税,故税收支付是间接的。"也就是说,他们的关注点在于税收的支付是直接的还是间接的。问题是,在征税之前,负税人是谁未必就明了,在这种情形下,事先要判别直接税还是间接税,恐怕还是有难度的。

三、我的看法

(一) 税收能否转嫁并不完全取决于税种本身

按照传统的观点,所得税和财产税的税负都不能转嫁或者不容易转嫁,因而属于直接税。事实未必如此。

先看个人所得税。企业职工交纳的个人所得税实际上都是由职工所在企业交纳的,都进入企业的用工成本,最终计入企业产品的价格,从而转嫁给消费者。说所得税的税负不能转嫁,只有在纳税人无后续生产经营行为的情况下才成立。例如行政事业单位的工作人员,缴纳了个人所得税,却无法通过价格转嫁出去。只要存在交易行为,就有转嫁的可能。一个鲜活的例子出现在杭州市。1998年杭州主城区的房价约为4000元/m^2，到2003年上升到约7200元/m^2，市区的房价则涨到约8000元/m^2。2004年杭州市城镇居民人均可支配收入为12898元，房价收入比不合理。于是，自2004年1月1日起，杭州市对二手房交易按其差额征收20%的个人所得税，以此抑制房价的过快上升。然而，政策出台之后的效果出乎人们的意料，房价不仅没有下降，反而有较大幅度的上升。2004年1—8月，杭州房价涨幅在15%左右。原因之一就是人们对住房呈现刚性需求，加之外地投机客的炒作，使得20%的个人所得税有转嫁给买方的可能。在这种情况下，杭州市不得不自当年9月1日起，暂停征收二手房20%个人所得税的政策。

再看财产税。目前我国与财产税关系密切的有房产税、车船税、车辆购置税等税种。房产税能否转嫁，取决于具体的做法。如果是对持有房产的单位和个人征税，只要不销售，就没有转嫁的可能；如果是对转让房产的行为征税，那就有可能转嫁。车辆购置税和车船税能否转嫁，仍然取决于纳税人有没有后续的生产经营行为。对于一般的消费者而言，拥有自用的车船仅仅作为代步的工具，那就无法转嫁；但是，如果车船是作为投入生产经营过程的固定资产，那么，车辆购置税和车船税就会转嫁。

曼昆（N.G.Mankiw）在其《经济学原理》中指出，一个物品向买主征税还是向卖主征税并不重要。向买主征税使需求曲线向左下方移动，向卖主征税使供给曲线向右上方移动，最终结果是一样的。如图24-1所示。

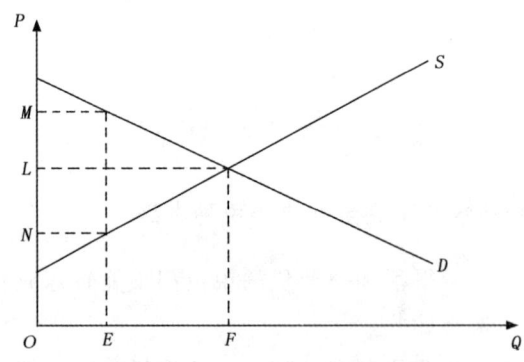

图24-1 税收对供求的影响

图中L和F分别代表没有税收时的价格和数量，E为征税后的数量，M为买方支付的价格，N为卖方得到的价格。因此，无论是流转税还是所得税或者其他任何税，税负最终都可能转嫁给别人，价格变动是前提条件，需求弹性或者供给弹性是约束条件。

(二) 可将"直接税"定义为对直接体现纳税能力的对象征收的税收

笔者认为,直接税概念中的"直接",不是指直接作用于负税人,而是指作用于直接体现纳税能力的对象。相应地,间接税概念中的"间接",不是指作用于政府与负税人之间的第三方(即纳税人),而是指作用于间接体现纳税能力的对象。

税收负担应按照纳税人的纳税能力进行分配,这是世界各国公认的税收原则。纳税能力的衡量,却有"主观说"和"客观说"的两种观点。"主观说"认为,纳税人纳税能力的大小,应以其因纳税而感到的牺牲程度来衡量。所谓"牺牲",是指纳税人税前从收入或财产中获得的效用与税后从收入或财产中获得的效用之差。具体又有绝对牺牲均等、比例牺牲均等和边际牺牲均等三种类型。这种观点以主观感受为依据,要测定每一个人的效用及牺牲程度非常困难。正因为这样,实践中各国多采用"客观说"。"客观说"提出衡量纳税能力的三条标准,即收入、消费和财产。三条标准都具有容易甄别和衡量的特点,但也都有缺陷。例如,以收入为标准,却没有考虑家庭人口数量及相关的抚养和赡养支出;以消费为标准,可是每个人的平均消费倾向和边际消费倾向并不相同;以财产为标准,却难以顾及负债的多少。正因为都存在缺陷,各国就采取三个标准同时使用的办法,于是就形成了由收入(所得)税、消费税和财产税所组成的复合税体系。

净收入(即所得)和净财产是直接体现纳税能力的,因而以它们为课税对象的税是直接税,正好与传统的直接税分类相一致,不会有什么争议。差异在于消费税,估计分歧的焦点也在这里。其实,消费税有两种:产地型消费税与终点型消费税。前者是在生产、加工和进口环节征收的;后者是在零售、服务环节征收的。产地型消费税并不直接体现纳税能力,而且很容易通过价格转嫁;而终点型消费税实际上是一种消费支出课征的税,更直接地体现出纳税能力,相对而言,转嫁税负的可能性也比较小。

还有一类税是以商品流转额、非商品流转额为课税对象的,如增值税、营业税、销售税、关税等。这一类税的共同特点是,并不直接体现纳税人的纳税能力,因为销售收入、增值额、营业收入的多少未必与利润、所得的多少完全对应,因而可以归结为间接税。如表24-1所示。

表 24-1　　　　　　　直接税与间接税的重新划分

税种	传统的划分	笔者的划分	
企业所得税	直接税	直接税	
个人所得税	直接税	直接税	
房产税	直接税	直接税（房产持有税）	间接税（房产转让税）
土地使用税	直接税	直接税	
耕地占用税	直接税	直接税	
土地增值税	直接税	直接税	
契税	直接税		间接税
车船税	直接税	直接税	
车辆购置税	直接税		间接税
增值税	间接税		间接税
消费税	间接税	直接税（终点型消费税）	间接税（产地型消费税）
营业税	间接税		间接税
关税	间接税		间接税
资源税	间接税		间接税
烟叶税	间接税		间接税
城市维护建设税	间接税	直接税（以消费税实缴税额为计税依据）	间接税（以增值税、营业税实缴税额为计税依据）
印花税	间接税		间接税
船舶吨税	间接税		间接税

注：我国现行税制中18个税种分为9个直接税税种和9个间接税税种。参见朱志钢，高梦莹．论直接税与间接税的合理搭配［J］．税务研究，2013（6）．

笔者的划分与传统划分存在一定的差异。一是消费税归属不同；二是房产税和城市维护建设税的归属要视计税依据而定；三是契税的归属也不同，将它归属于间接税，是因为契税是以所有权发生转移变动的不动产为征税对象，向产权承受人征收的一种财产税，尽管是对不动产征税，但更接近于一种交易环节征收的税，如土地使用权出售、赠与和交换，房屋买卖，房屋赠与，房屋交换等；四是车辆购置税，它也是在交易环节征收的，不像车船税那样是持有环节的财产税。

四、延伸思考

无论以税收能否转嫁划分还是以是否直接作用于纳税能力划分，直接税与间接税之间的边界并不一定是非常清晰的。所以，直接税和间接税未必是一种非此即彼的关系。

约翰·穆勒（J.S. Mill, 1848）把税收分为三类，即直接税、间接税和其他税。直接税包括地租税、利润税、工资税和一般所得税，以及以支出为对象的房屋税、窗税、乘马和马车税。[1] 也有人将税收分为直接税、间接税和社会保险缴款。[2] 可见，有一些税种无法归结为直接税或者间接税。在此以社会保险缴款为例进一步阐述。

各国对社会保障筹资方式的称谓不尽相同。挪威等国家叫"Social Security Contributions"（社会保障缴款或社会保障捐），英国叫"National Insurance Contributions"（国民保险捐），爱尔兰叫"Pay Related Social Security"（社会保障付款），美国称为"Payroll Tax"（工薪税）。尽管名称不同，但是基本含义相同。社会保险缴款是指以企业的工资支付额为征收对象，专门用于养老、医疗、失业、工伤和生育等社会保险支出的一种税，通常由雇员和雇主分别缴纳，各负担50%。

中国的社会保障缴款就是通常所说的"五险一金"，而且各地的缴款标准并不统一。在此以2015年杭州市的情况为例进行分析。如表24-2所示。

---

[1] 国家税务总局税收科学研究所.西方税收理论.北京：中国财政经济出版社，1997.
[2] EUROPEAN UNION. Taxation Trends in the EU Countries. 2012.

表 24–2　　2015 年杭州市"五险一金"缴款比例与基数

种类	基本养老保险	失业保险	基本医疗保险	工伤保险	生育保险	住房公积金
缴费人	①企业单位及其职工　②机关事业单位和社会团体及其职工	企业及其职工，机关事业单位和社会团体及其职工	企业及其职工，机关事业单位和社会团体及其职工	用人单位（职工个人不缴纳）	用人单位（职工个人不缴纳）	①用人单位　②职工个人
费率和缴费依据	①企业费率为上月工资总额的 14%，职工个人费率为上年职工月平均工资的 8%。②机关事业单位和社会团体费率为本单位工资总额的 14%，职工个人费率为月平均工资的 8%。	①用人单位费率为上月工资总额的 1.5%。②职工费率为月平均工资的 0.5%。	①用人单位费率为上月工资总额的 11.5%。②职工费率为月工资的 2%，另加 4 元/月的大病统筹费。	实行行业差别费率。市区内企业 1—3 类行业分别为 0.5%、0.8% 和 1.2%；县（市）内企业 1—3 类行业分别为 0.7%、1.0% 和 1.4%。	费率不超过上月工资总额的 1.2%。	①用人单位费率为上月工资总额的 12%。②职工费率为月平均工资的 12%。
缴费基数变动幅度	最低按 2014 年全省在岗职工月平均工资的 80% 确定；高于 300% 的，按 300% 确定。	最低按 2014 年全省在岗职工月平均工资的 60% 确定；高于 300% 的，按 300% 确定。	最低按 2014 年全省在岗职工月平均工资的 60% 确定；高于 300% 的，按 300% 确定。	最低按 2014 年全省在岗职工月平均工资的 80% 确定；高于 300% 的，按 300% 确定。	最低按 2014 年全省在岗职工月平均工资的 60% 确定；高于 300% 的，按 300% 确定。	职工本人上年度月平均工资低于最低工资标准的，按最低工资标准确定；最高不超过上一年度全市职工月平均工资的 3 倍。

注：机关事业单位在参加基本养老保险的基础上，应当为其工作人员建立职业年金。单位按本单位工资总额的 8% 缴费，个人按本人缴费工资的 4% 缴费。

从表 24-2 可以看出，企业是五种社会保险的缴纳主体，企业职工也是基本养老保险、失业保险和基本医疗保险的缴纳主体。

如果根据"转嫁标准"判断，企业按照工资总额计提并所缴纳的五项社会保险费，必然摊入生产经营成本，最终通过产品价格转嫁给消费者，这部分属于间接税；企业职工和行政事业单位职工个人缴纳的三项社会保险费，则无法转嫁给别人，这部分属于直接税。

如果根据"纳税能力标准"判断，企业的工资总额并不代表纳税能力，据此计提并缴纳的五项社会保险费，属于间接税；而企业职工和行政事业单位职工个人的工资，是纳税能力的表现，据此计提并缴纳的三项社会保险费，属于直接税。

五、基本结论

按照传统的观点，所得税和财产税的税负都不能转嫁，因而属于直接税。事实未必如此。个人所得税、房产税等税种也可能转嫁。

可将"直接税"定义为对直接体现纳税能力的对象征收的税收。净收入（即所得）和净财产是直接体现纳税能力的，因而以它们为课税对象的税是直接税；以商品流转额、非商品流转额为课税对象的，如增值税、营业税、销售税、关税等，并不直接体现纳税人的纳税能力，可以归结为间接税。按照这种分类，终点型消费税实际上是一种消费支出税，更直接地体现出纳税能力，因而属于直接税。

无论以税收能否转嫁划分还是以是否直接作用于纳税能力划分，直接税与间接税之间的边界并不一定是非常清晰的。所以，直接税和间接税未必是一种非此即彼的关系。

主要参考文献

1. 约翰·穆勒著.胡企林，朱泱译.政治经济学原理（下卷）[M].北京：商务印书馆，1991.

2. 约翰·凯.直接税.//约翰·伊特韦尔，默里·米尔盖特，彼得·纽曼.新帕尔格雷夫经济学大辞典（第一卷）[Z].北京：经济科学出版社，1996.

3. 布朗，杰克逊著.张馨主译.公共部门经济学[M].北京：中国人民大学出版社，2000.

 4. 张馨，陈工，雷根强.财政学［M］.北京：科学出版社，2006.

 5. 王玮.税收学原理［M］.北京：清华大学出版社，2010.

 6. 李厚高.财政学［M］.台北：三民书局，1984.

 7. 朱志钢，高梦莹.论直接税与间接税的合理搭配［J］.税务研究，2013（6）.

25 纳税人：
其定义是否有缺陷？

在纳税人（Taxpayer）问题上，曾经发生过"喻肖之争"。喻权域认为，如果说政府是纳税人出钱养活的，要为纳税人服务，那么政府就只为有钱人服务，可以不为穷人服务。"[①] 肖雪慧则认为，间接税在法律上的纳税义务人其实只是名义上的纳税人，其所纳税负最终完全转嫁给了消费者。所以，提倡为纳税人服务并没有错。[②] "喻肖之争"实际上反映出人们对"纳税人"概念认识上的差异。

一、他人观点

张复英（1993）等主编的《税收辞海》中，纳税人是"纳税义务人的简称，税法规定的直接负有纳税义务的单位和个人，也称纳税主体，包括法人和自然人，是税种构成的一个要素，每个税种的基本法规内都具体规定了该税种的纳税义务人。

张守文（1999）的定义是，"所谓纳税人又称纳税义务人，是指依照税法规定直接负有纳税义务的自然人、法人和非法人组织。"

张莉（2005）认为，在范围上，纳税人不仅包括直接负有税法规定义务

[①] 喻权域.为人民服务，还是为纳税人服务？[J] 真理的追求.1999（2）.
[②] 肖雪慧.纳税人、选举权及其他——兼答喻权域［J］.书屋.2002（7）.

的自然人、法人及其他组织，而且也包括实际承担税收的负税人，因此广义上，纳税人的实质就是公民。

刘剑文（2007）认为，"纳税人是法律、行政法规规定负有纳税义务的单位和个人。"

温建辉（2010）认为，时下流行的"纳税人"概念，因其语义的流变已经脱离了中国法律意义上的原本含义；即便在对其确切含义正本清源之后，"纳税人"一说也因其可能导致以纳税额的多少论社会地位等弊端而没有援用的必要。

李炎（2011）建议将纳税人界定为"法律、行政法规规定享有税收权利、承担纳税义务的单位和个人"。而且认为这样的更改，"折射出观念上的深刻变化：从国家本位到个人本位，从官本位到民本位，从权力本位到权利本位，从强制型行政到服务型行政。"

二、几点疑问

（一）把"纳税人"界定为"纳税义务人"是否有失偏颇？

张复英是长期从事税收研究的学者，张守文和刘剑文都是我国著名的财税法专家，他们关于纳税人的定义基本相同，而且都是从法律的层面去总结和概括的。其实，"纳税人"同时还是一个经济范畴，如果忽视了经济层面的含义，定义是否有缺失之处呢？

（二）在"纳税人"定义中突出"纳税人权利"，这样是否有所创新？

李炎（2011）的定义，与传统的定义有很大的区别，那就是强调纳税人应该享受的权利，以免被误解成纳税人仅仅是缴纳税款的人。显然，他们仍然停留于法律层面的界定，不过突出了权利的含义。这样是否有所创新？

（三）"纳税人"概念会不会引起纳税多少决定社会地位的误解？

温建辉（2010）认为，时下流行的"纳税人"称谓已经悄然偷梁换柱。即便说全民都是"纳税人"，但是"纳税人"的观念里包含的数量因素可能导致政治上的不平等，这就与公民政治上的平等地位相矛盾。怎样看待这种担忧呢？

三、我的看法

(一)"纳税人"概念可以从经济、法律、政治三个层面去理解

"纳税人"概念的界定涉及经济、法律和政治三个层面,站在不同的层面,"纳税人"的含义可能大相径庭。

1. 经济层面的"纳税人"

"税收是什么?"这个问题争论已久,有公需说、交换说、保险说、义务说、掠夺说、牺牲说,等等。如今人们逐渐认同"交换说",认为政府与公民之间是一种利益交换的关系。公共产品的非竞争性、非排他性属性,决定依靠市场机制是无法提供的,必须由政府提供。政府本身并不创造财富,它在提供公共产品的过程中所耗费的成本费用,只能通过税收方式进行补偿。因此,税收的本质是公民消费公共产品的"价格",与在市场上购买普通商品必须付费没有区别。这样,缴纳并承担税款的公民就成了"纳税人"。

2. 法律层面的"纳税人"

公共产品的非排他性属性,很容易使一部分人成为"免费搭车者",即希望消费更多的公共产品,却尽可能不缴税或者少缴税。另外,政府提供公共产品的成本是一个总额,必须按照一定的标准分摊到每个单位和个人。这就意味着税收征收要有强制性和相对的固定性,所以税收制度总是以国家法律、法规的形式出现。纳税人作为纳税的义务主体,必须履行纳税义务,不得有任何形式的逃避。

3. 政治层面的"纳税人"

政府每年征收多少税,怎样征收,税款用于何处,提供什么样的公共产品,这些都要由缴纳并承担税款的人来决定。因为,公民是主人,政府是管家。如果政府滥征税款,留给私人部门的资源太少,阻碍市场运作,必然降低资源的配置效率;如果政府滥用税款,提供的公共产品与公民的意愿出现太大的偏差,同样也是浪费社会的资源。因此,政府必须听命于"纳税人",服务于"纳税人"。

因此,如果站在经济层面,会关注税款的承担与公共产品的享用是否对应;如果站在法律层面,会强调纳税义务与税收权利是否对应;如果站在政治

层面，会在乎民主意识、公共选择有否得到体现和保证。

张守文（1999）和刘剑文（2007）等学者的"纳税人"定义，偏重于"负有纳税义务"，这是因为他们本身就是财税法专家，习惯于也擅长从法律层面去审视。李炎（2011）的"纳税人"定义突出"享有税收权利"，但是，仍然站在法律层面上，只不过是作了一个补充。

（二）"交换说"视角下，并不意味着纳税越多，"纳税人"的社会地位越高

温建辉（2010）在其论文中提出质疑：既然税收是公民为获得政府提供的公共产品而支付的价格，那么，应该遵循等价交换原则，即缴税多的纳税人享受的公共产品多，缴税少的人享受的公共产品少。可事实并非如此。这该怎么解释？

其实，"纳税人"概念有个体与总体之分。平时我们所言的"纳税人"大多是指个体意义上的纳税人，如某个企业、某个居民等。与政府相对的"纳税人"，是指总体意义上的纳税人。在利益交换说视角下，政府与纳税人通过公共产品的提供和税收的缴纳，形成一种交换关系，交易的一方是政府，另一方就是全体纳税人。如果政府能提高资源配置的效率，包括税收规模处于最佳状态，税收负担的分布处于最合理的状态，税收收入的使用获得最大的收益等等，那就实现了等价交换，作为买方的"纳税人"就感到了"物有所值"。

众所周知，税款的缴纳是根据纳税能力大小决定的，税负的分担也与消费、财产等因素相关，这样，个体与个体之间的"纳税人"，无论是缴税还是负税，肯定存在差异，而公共产品往往是辖区内的社会成员共同消费的，所以，个体意义上的"纳税人"在公共产品与税收之间的净收益上，必然存在差异。等价交换原则，无法在这里体现。

温建辉（2010）的文章充满了火药味："'纳税人'概念以是否纳税及纳税多少论社会贡献和排社会地位的实质是攻击公平正义的糖衣炮弹。"如此批判的背后有其对问题认识不深不透的原因。实际上，即便按照别的税收学说，如供需说、义务说等，每一个纳税人所享受的公共产品与其承担的税款之间也是不对应的。

另外，从法学角度看，法律有公法与私法之分。公法是指保护国家利益的法律，如宪法、行政法等；私法是指保护私人利益的法律，如民法、商法。公

法不涉及到个人和法人同国家或政府之间权利与义务的对称问题。税法属于公法,不存在每一个"纳税人"所付出或者所负担必须与从政府那里所给予完全对称的命题。

(三)"为纳税人服务"的理念引起争议是否多重因素决定的

以温建辉(2010)为代表的一些人,严厉批评以"为纳税人服务"的理念取代"为人民服务"的理念。其背后的原因是多方面的。

一是与纳税人的定义有关。传统的定义只强调"纳税人"负有纳税义务,却不强调纳税人权利。面对"为纳税人服务"的口号,一些人就推想,纳税多的人,就成为政府重要的服务对象;不纳税的人,就得不到政府的服务。如果是这样,国家的性质都会发生变化,因为纳税多的人,往往是拥有万贯家财的人,普通平头百姓享受不到政府的服务。

二是与税收结构有关。在直接税占主导地位的国家,税收的缴税者与税款的最终承担者基本上是一致的,"为纳税人服务"的理念容易为人们所接受。我国尚处于以间接税为主的阶段(间接税与直接税之比大约为7:3),某些行业和企业及个人缴纳很多的税,但是,税款却转嫁出去了,许多人默默地承担了税款。如今提倡"为纳税人服务",就以为仅仅为商贾巨富服务。

三是与税种形式有关。在价外税条件下,每购买一个单位的商品和服务,结账时就会在价款的旁边注明税款是多少,这样让人感觉到自己承受的税负;在价内税条件下,税款是商品或服务价格的内在组成要素,但是无法直观地看出所承受担的税款。

综上所述,笔者认为,"纳税人"这个概念是税法构成的要件之一,也是税种确立的基本要素之一,无法用其他的名词替代。但是,沿袭多年的定义有必要作些更新:纳税人是拥有相关税收权利,按照纳税能力依法缴纳税款或者实际承担税款的单位与个人。这个定义有三个特点:一是权利与义务同时体现,突破了"纳税人"是"纳税义务人"简称的片面观点,肯定了"纳税人"同时也是"税收权利人"的观点;二是强调缴税多少取决于纳税能力(收入、消费或财产),而这种决定是通过法律的形式规定下来的,不是当事人自己或者某一个政府官员随意决定的;三是缴纳税款者与实际承担税款者都是纳税人,或者说前者是法律上纳税人,后者是经济上的纳税人。

四、延伸思考

(一)"纳税人"外延的拓展

按照上面的定义,纳税人的外延比原先拓展了。具体来说,有三种情况:

一是缴纳了税款同时由自己承担税款的人。这主要是指直接税的纳税人。国际上税收结构的演变趋势是间接税比重下降而直接税比重提高。随着中国直接税与间接税比重的变化,这种类型的纳税人会越来越多。

二是自己并没有缴纳税款但是实际上承担了税款的人。在间接税条件下,这种情况很常见,在传统定义下,这一类人往往不算纳税人,最多归类到"负税人"名下;在新的定义中,这一类人也是纳税人。还有一个问题,是否将限制民事行为能力人和无民事行为能力人都作为纳税人了?我国《民法通则》规定,十周岁以上的未成年人和不能完全辨认自己行为的精神病人是限制民事行为能力人,不满十周岁的未成年人是无民事行为能力人。按照新的定义,只要他们承担税款,就是纳税人,所以,理论上属于纳税人的范围。但是,实际上,这两类人往往由于没有经济行为能力(如独立的消费付款行为),其税款也由他们的法定代理人承担。

三是缴纳了税款但是最终把税款转嫁给别人的人。看起来这种人没有负担税款,似乎不应当成为真实的纳税人。其实,这一笔税款转嫁出去了,可别人的某一笔税款却转嫁到他的头上了。

按照这个范围,一国境内所有的居民都是纳税人。居民是指在本国长期从事生产和消费的自然人或法人,符合上述情况的他国公民也可能属于本国居民。居民有自然人居民和法人居民之分。前者是指那些在本国居住时间长达一年以上的个人,但官方外交使节、驻外军事人员等一律是所在国的非居民;后者是指在本国从事经济活动的各级政府机构、企业和非营利团体,但是国际性机构,诸如联合国、国际货币基金组织等组织,是任何国家的非居民。即便作如此界定,仍然不能认为,纳税人就是公民,因为"公民指具有某一国国籍,并根据该国法律规定享有权利和承担义务的人。"纳税人的界定无须考虑国籍。外籍人士在中国,投资经营或者旅游购物,不拥有中国国籍,所以他不是中国公民,但是他在中国期间,属于中国的纳税人。

(二)"扣缴义务人"是不是"纳税人"

在我国税收征收管理法中,凡是出现"纳税人"的地方,就会出现"扣缴义务人";而且,"纳税人"和"扣缴义务人"都被当作相同的纳税主体,赋予相同的义务和处罚规定。所以,"扣缴义务人"是被当作连带纳税人看待的。

《中华人民共和国税收征收管理法》第四条第二款规定:法律、行政法规规定负有代扣代缴、代收代缴税款义务的单位和个人为扣缴义务人。

关于"扣缴义务人"的法律地位,学术界有很多种观点,主要有:"相关义务主体说"、"法定代理人说"、"纳税人之外的第三方说"、"行政委托人说"、"行政助手说"、"双重性格主体说",等等。一种较为典型的观点是,在税款扣缴制度中,扣缴义务人的扣缴行为是一种纳税行为,因为扣缴权源于法律法规授权,不依法履行义务时需承担相应的法律责任。扣缴义务人违反扣缴义务时,应受到税法的强制性处罚,承担法律责任。扣缴义务就是纳税义务。① 这就是说,"扣缴义务人"也是"纳税人"。

笔者认为,"扣缴义务人"是"征税人"而非"纳税人"。

首先,跟传统意义上的"纳税义务人"说法一样,扣缴义务人的"义务"二字来得有点蹊跷。代扣代缴者扣缴有关税款并将税款解缴到税收征收机关,不是基于法律的授权,而是税收征收机关的授权,法律本身只是条文,无法构成授权的主体,只有代表公权力的税收征收机关,才有授权额资格。所以,从委托代理关系看,税收征收机关是委托人,代扣代缴者是代理人。税收征收机关与代扣代缴者需就有关税款的扣缴达成协议,前者对后者的扣缴行为要支付手续费,后者对前者要承担代理责任,如果不及时如数扣缴,就应承担各种责任。试想,如果代扣代缴者的扣缴行为本身是一种纳税义务,那为什么税收征收机关要支付手续费给他们?另外,代扣代缴者在扣缴税款的时候,不是按照自己的纳税能力计算,而是根据相关纳税人的纳税能力计算的。所以,它本身不是纳税人。

税收征收机关之所以采用代扣代缴方式,是为了借助于代扣代缴者与相关纳税人之间的便利关系,节省征税成本。其实,代扣代缴与代收代缴的性质是相同的,都是委托代征。其差别在于:

---

① 张永忠.扣缴义务就是纳税义务[J].西部法学评论,2000(2).

在代扣代缴过程中,代扣代缴者与相关纳税人之间有支付关系。例如,个人所得税工资、薪金、利息收入等,采取源泉扣缴的方法,税款由支付方或产生处直接扣除,相关纳税人获得的是减除税款后的收入。再如,委托加工应税消费品的消费税,由受托方在收取加工费时代收代缴。

在代收代缴过程中,并没有支付关系,只是相关纳税人在委托者的业务范围内从事经济活动。例如,车船税由从事机动车交通事故责任强制保险业务的保险机构,在销售机动车交通事故责任强制保险时代收代缴。保险机构与纳税人之间不存在支付关系,代征车船税纯粹出于便利、节省的考虑。

如果说"扣缴义务人"也是"纳税人",那是另外一个含义上的,就是说,代扣代缴者根据自己的纳税能力计算的自己应该缴纳的税款。此时,它也扮演纳税人的角色。从这个意义上说,代收代缴者(如保险机构)也是"纳税人"。

五、基本结论

纳税人是拥有相关税收权利,按照纳税能力,依法缴纳税款或者实际承担税款的单位与个人。这个定义拓展了"纳税人"概念的外延:一是缴纳了税款同时由自己承担税款的人;二是自己并没有缴纳税款但是实际上承担了税款的人;三是缴纳了税款但是最终把税款转嫁给别人的人。这种拓展可以避免人们产生种种误解,也有助于"为纳税人服务"理念的落实。

"扣缴义务人"是"征税人"而非"纳税人"。税收征收机关是委托人,代扣代缴者是代理人。

主要参考文献

1. 张复英等.税收辞海[Z].沈阳:辽宁人民出版社,1993.
2. 张守文.税法原理[M].北京:北京大学出版社1999.
3. 张莉.解析纳税人的界定[J].北方工业大学学报.2005(6).
4. 刘剑文.税法学[M].北京:北京大学出版社,2007.
5. 温建辉.论"纳税人"概念与"四项基本原则"的对立[J].重庆与世界.2010(12).
6. 李炎.论纳税人概念的完善[J].税务与经济.2011(1).

26 消费税：
可否专指"特别消费税"？

与消费税（Excise）有关的名词很多，如国内产品税、货物税、消费支出税等，有人甚至将消费型增值税视同消费税。另外，美国的销售税经常被视为消费税，而日本的消费税却被认为是增值税。那么，"消费税"这一概念应当作怎样的界定呢？

一、他人观点

（一）以消费税的内涵与种类

郑家驹（1995）认为，消费税有直接征收和间接征收之分。间接征收的消费税包括国内货物税、批发或零售税、增值税及其他中间交易税。直接消费税是根据购买者的总消费额来征税的，又被命名为消费支出税、支出税或综合消费税。

高正章（1996）在其编写的《消费税制国际比较》一书中介绍，消费税有两种解释。一是指对商品销售课征的税收，源于英语中的 Excise，通常译为国内产品税、货物税，课税基础是消费品，但并非所有的消费品。二是指对消费支出课征的税，简称支出税（Expenditure Tax），课征对象是个人及其家庭在一定期间的应税消费额，即所得额扣除所得税和储蓄额后的余额，从这一角度看，是对所得课税的一种特殊形式。

邓子基（1997）认为，"所谓消费税，是以消费品（或消费行为）的流转额作为课税对象的各种税收的统称。它是商品课税的一种主要类型。"对消费的课税，有直接消费税和间接消费税。"前者系对个人的实际消费支出额的课税，直接向消费者课征，纳税人和负税人都是消费者个人，这被称之为消费支出税。""后者是对消费品的课税，向消费品的经营者课征，所课征之税收可随价格转嫁给消费者负担，这被称之为消费税。""通常所说的消费税是指后一种解释的消费税。"

何晓土（2007）主张以销售税取代所得税，他所称的销售税"是指在全国范围内实施的，在最终购买消耗品时向消费者征收单一税率的销售税，并对那些属于必需品消费所征的税收进行税收返还，也有些专家称为支出税。"

郭宪（2012）认为，从理论上看，消费性税收与消费税是有区别的。消费性税收是指针对居民消费行为产生的一切税收，其中包括增值税等，其征税对象包括被消费的一切货物与劳务。消费税是针对特定消费行为征收的税，其征税对象较窄。

（二）美国和日本的消费税或销售税

费雪（R. C. Fisher，2000）对美国销售税和消费税有详细的介绍。州—地方政府采用三种主要的税收对居民的消费行为征税：对零售课征所谓的一般销售税，对居民在其他辖区的购买行为征收的附加使用税（Companion Use Tax），以及对特定商品或服务开征的特别消费税（Excise Tax）。一般销售税是对征税辖区居民的最终个人总消费征税，实际上，并不完全符合该原则。这是因为：大量的个人消费依法免税，不适用于消费品之外的某些中间商品销售，许多州在征收使用税方面存在管理困难。州—地方政府对许多特定的商品征收特别消费税，如卷烟产品、机动车燃料、酒精饮料、宾馆住宿、饭店餐饮及公用事业服务。

黄海军、李剑锋（2001）介绍，美国的消费税主要是对商品和劳务的销售额课征的。普通销售税是其中最主要的税种，它是州和地方政府财政收入的重要来源。联邦政府不征收销售税，但是对某些特殊的商品，包括联邦政府在内的三级政府均可同时征收消费税。美国消费税主要内容包括三部分：一是联邦消费税，主要有酒税、烟税、制造业者消费税、使用税、其他消费税等。二是州、地消费税。50个州和哥伦比亚特区均征收酒税、烟税、汽油税等消费税，许多州的地方政府也征收一些消费税。税率各有不同。三是一般销售税。

有45个州和哥伦比亚特区征收,主要征税对象是公共事业服务的总收入(如电影戏剧入场费)、个人有形财产的出售收入、特别服务费收入(旅馆住宿费、广告、印刷、浆洗、修缮等服务收入)等。

魏陆(2011)介绍说,"日本的消费税(Consumption Tax)作为一种间接税,是对日本国内销售的商品和服务按价格的一定比例普遍征收的一道附加值税,实质上就是我们通常所说的增值税(Value – added Tax)只不过名称不同而已。消费税在日本的时间并不长,于1989年才正式引入消费税制度。"

张舒英(2014)在接受记者高阳采访时说,"日本消费税即消费型增值税。""一般消费税不同于日本原有的针对特定物品和服务课征的消费税。如果说原有的消费税是对小众的课税,一般消费税则是对大众的课税,而且大平方案上来就将税率定为5%。"

二、几点疑问

(一)消费税是对消费品课税还是对消费支出额课税?

高正章(1996)认为,消费税指的是对商品销售课征的税收,或者是指对消费支出课征的税收。邓子基(1997)认为,"所谓消费税,是以消费品(或消费行为)的流转额作为课税对象的各种税收的统称。通常所说的消费税是指对消费品的课税,向消费品的经营者课征。同时,他们都认为,如果是对消费支出课税,那是支出税。而郭宪(2012)认为,消费税是针对特定消费行为征收的税。那么,消费税究竟是对消费品课税还是对消费支出额课税?

(二)消费税是销售税的特例吗?

根据费雪(R. C. Fisher, 2000)的介绍,美国州—地政府征收一般销售税,对特定商品和服务征收特别消费税。黄海军等(2001)介绍,一般销售税只有州—地政府征收,联邦政府不征收;而消费税是三级政府都征收的。那么,消费税或者特定消费税是销售税的特例还是在销售税基础上的额外征收?

(三)消费税与消费型增值税有区别吗?

魏陆(2011)和张舒英(2014)都认为,日本的消费税或者一般消费就是消费型增值税。那么,二者之间的差别在哪里?能否将消费型增值税简称为消费税?

三、我的看法

(一)实践中的消费税与学者们构想的消费支出税截然不同

目前大约有 120 多个国家开征消费税,这种消费税以消费品的流转额为课税对象,采取从价计征与从量计征相结合的办法,在生产、批发或零售环节征收。

消费支出税由托马斯·霍布斯(T. Hobbes)、约翰·穆勒(J. S. Mill)等提出,经阿尔弗雷德·马歇尔(A. Marshall)、欧文·费雪(O. Fisher)、尼古拉斯·卡尔多(N. Kaldor)等学者的深入论证与完善,引起人们广泛的关注,一度成为发达国家税制改革的中心议题。设想中的消费支出税是就个人在一定时期内申报的消费支出总额进行课税。消费支出总额的计算又有几种思路:一是直接逐项计算消费支出后合并;二是在所得中减去同期储蓄额;三是从一个年度内的货币收支数额中计算消费支出总额,即现金流量法。[①] 与个人所得税一样,消费支出税可以有起征点、宽免额、项目扣除等,实行比例或累进税率。由于个人消费支出的汇总统计存在许多困难,而且它有抑制消费的缺点,所以,并未付诸实践。

可见,消费支出税是对个人在一定时期内用于消费支出的数额征税,而实践中的消费税是对全部或部分消费品的销售收入征税。即便有些国家对消费品的使用者在购买环节征税,那也只是针对这一次的消费行为就其消费支出额征税。

表面上看,消费支出税与消费型增值税的课税对象与消费有关,但是,消费支出税是对个人在一定时期内的所得中可能用于消费的部分征税,对可能用于储蓄的部分免税;而消费型增值税仍然是对企业和个人在生产经营过程中新创造的价值征税,只是在计算口径上,允许将资本品采购金额从销售收入中扣除,实际上是将企业和个人用于生产的那部分投资免税,就其余新创造的价值

---

① 卡尔多(N. Kaldor)于 1955 年写成了《支出税(An Expenditurre Tax)》一书,按照他的设想,消费支出额 =(期初现金 + 本期各项收入 + 借入款项 + 资产变卖收入)-(期末现金 + 借出款项 + 各项投资)。

征税。但是，这个增值额不等于所得额，更不等于所得中用于消费的数额。消费支出税是对实际消费数额征税，而消费型增值税仅对潜在的消费能力征税。

消费税属于流转税，而消费支出税更接近于所得税，可理解为消费型所得税。但是，所得税就净所得课征，不论所得用于储蓄还是消费；消费支出税拟就所得中的消费部分征税。所得税的征税对象——所得是一个流入量，而消费支出税的课税对象——消费是一个流出量，是实际消费数额。因此，它又不同于所得税。

既然，消费支出税还是一种设想，郑家驹（1995）等学者认为，消费税有直接消费税和间接消费税的划分不是十分严格。高正章（1996）认为消费税有两种解释的说法是比较贴切的。

（二）还消费税以本来的面目："特别消费税"

1. 从消费税的起源看

亚当·斯密将消费品分为必需品和奢侈品。必需品是指"不但是维持生活上必不可少的商品，而且是按照一国习俗，少了它，体面人固不待说，就是最低阶级人民，亦觉有伤体面的那一切商品。"此外，一切其他物品即是奢侈品。他不赞成对必需品课税。对生活必需品课税和对劳动工资直接课税所产生的影响是相同的。"这种税最终总是通过增加的工资而由其直接雇主垫还给他，而雇主则将增加的工资，连同一定的增加利润，转嫁到货物价格上去。所以，此税的最后支付以及这增加利润的支付，将由消费者负担。"同时他主张对奢侈品课税，因为对奢侈品的征税则并不一定会引起劳动工资的增高。而且，除这奢侈品本身的价格外，其他任何商品的价格不会因此而提高。对必需品征税则会引起其他一切商品价格的连锁上涨。①

1790年美国时任财政部长亚历山大·汉密尔顿（Alexander Hamilton）提出征收消费税的建议，主张对奢侈品如酒类产品制定较重的税率。次年，联邦政府正式对土产酒开征高额的税收。

2. "消费型增值税（销售税）+特别消费税"是通用的商品税制结构

英语中的"Excise"一词，的确有"货物税"、"国内产品税"的含义。如《简明英汉词典》解释，如果作为名词，意思是"消费税、货物税、国内

---

① 亚当·斯密著.郭大力，王亚南译.国民财富的性质和原因的研究（下册）[M].北京：商务印书馆，2003.

产品税"；如果作为动词，则为"收税、切除"。但是，税收制度是发展变化的。

货物税或国内产品税是对在国内生产与销售的货物，按其销售收入征收的税，所以又称销售税。这是一种多环节普遍征的流转税。"多环节"是指生产、加工、批发、零售等环节都要征收，只要有销售行为，取得销售收入，就要征税；"普遍征"是指对所有的货物都征税，不区分中间产品还是最终产品，也不区分必需品还是奢侈品。显然，这种税制存在重复征税、难以引导功能等缺陷。于是，自20世纪50年代以来，各国纷纷实行增值税，取代货物税或国内产品税。但是，许多国家仍然保留针对特定商品征收的消费税，即特别消费税。

值得注意的是，多数国家实行的是消费型增值税，其税基是消费型增值额[1]，因为原料和资本品的采购金额都可从销售收入扣除，实际上只剩下用于消费的价值，从而称为消费型增值税。欧洲国家大多采用"消费型增值税 + 特别消费税"的结构。

美国没有增值税，州和地方保留销售税，但是，并没有多环节普遍征收。根据费雪（R. C. Fisher, 2000）的介绍，房屋服务的销售，不论是自用房还是租屋，所有州都免去直接销售税。专业化服务（如医疗、法律、金融）都不征税。25个州对家庭消费的食物销售实行减免税，44个州对指定药物的销售实行免税，32个州对居民消费的天然气和电力销售免税。"这些免税的净效应是使州一般销售税可能只对个人消费总额的50%—60%部分征税。"另外，"几乎所有的州对已纳税的再销售商品，以及对在生产过程中耗用而变成最终产品不可分割的组成部分的原材料的销售，都是实行免税的。"[2] 这说明，美国虽然是"一般销售税 + 特定消费税"结构，实际上与欧洲国家有类似之处。

至于日本的消费税，实质上是消费型增值税，但是，日本还有酒税、烟税及以能源产品为课税对象的汽油税、石油液化气税、本土汽油税、航空燃料税、石油和煤炭税等。其中，烟税在中央和地方两级政府征收；酒税为国税，收入归属于中央政府。因此，日本仍然是"消费型增值税 + 特别消费税"模式。

---

[1] 消费型增值额 = 销售收入 − 原料采购金额 − 资本品采购金额
[2] 费雪著. 吴俊培总校译. 州和地方财政学 [M]. 北京：中国人民大学出版社，2000：341−343.

(三)"特别消费税"征税范围与征收环节的界定

在特别消费税的诸多构成要素中,纳税人通常是企业和个人,税率可高可低,计征方式可以从价、从量或者混合。有必要界定的是征税范围与征收环节。

1. 征税范围

特别消费税之所以"特别",就体现在征税范围上。开征此税,不仅仅是获取财政收入,更在于发挥调节功能。因为消费型增值税具有中性效应,所以,作为补充地位的消费税不能再体现中性原则,即有矫正的功能。

在完全竞争的市场条件下,经济运行有可能实现帕累托最优,也即不会产生扭曲(Distort)。但是,资源配置帕累托最优的条件常常是不具备的,如消费偏好无缺陷、行为无外部性、收入分配不失公平,等等。这就需要通过税收等手段予以矫正。具体看,以下三类消费品特别值得关注。

一是具有劣值品性质的消费品。劣值品是指消费者自身的评价高于社会理性评价的商品,如烟、酒等。消费者对这类商品的消费可能会上瘾,酗酒、过度吸烟会危害健康,而且容易引发事故、失职、犯罪及对家庭的破坏,从而给社会带来损失。许多国家对烟、酒等商品课征消费税,正是出于这样的考虑。

二是具有负外部性的消费品。负外部性的消费品,实质上是消费者自身承受的边际成本低于社会承受的边际成本,通过征税有望实现二者的相等。从目前各国的实践看,主要是针对与化石能源直接关联的产品,如汽油、柴油、燃油机动车等。

三是具有收入再分配效应的消费品。将高收入者过高的收入削减,再补助给低收入者,这是实现卡尔多改进的重要途径。奢侈品及特种消费服务都可以作为课税对象,如珠宝首饰、高档皮具、高档手表、高档家具、裘皮大衣、高尔夫球场、赛马场等。

从上述意义看,特别消费税也可以理解为是针对特定消费行为征收的税(郭宪,2012)。

2. 征收环节

特别消费税的征收环节,通常有两种选择:生产环节和零售服务环节。如果在生产环节征收,那就是产地型消费税;如果在零售、服务环节征收,则是终点型消费税。如何选择,要符合税收原则,如确定、便利等。

在生产环节征收的缺陷是税负转嫁,其归宿的程度取决于消费品的需求弹性等因素，矫正的目的可能达不到。烟、酒、奢侈品及特种消费服务等消费品，只有在零售服务环节征收，才能真正限制过度消费、矫正负外部性、提高富人收入的边际效用，因为这样纳税人就不可能再转嫁给别人。

在传统的征税条件下，放在生产环节征收，比在零售服务环节征收更便利，因为后者销售网站的分布多而散。因此，一些国家对汽油、柴油等产品多在产制环节征收消费税。然而，技术进步突破了这种障碍，税控加油机的发明，完全可以使消费税在零售、服务环节征收。至于像烟、酒等产品，随着税收环境的改善，在零售服务环节征收也是可以的，美国等一些国家就选择在零售环节征收。

还有一些消费品，比较适合于在零售、服务环节课征，如对燃油机动车的征税，因为各国都实行严格的机动车注册管理制度。

四、延伸思考

我国自1994年起是实行增值税，2009年又实现从生产型增值税到消费型增值税的转型。另外，自1994年起对从事生产、加工和进口部分商品的单位与个人征收消费税，虽然征税范围几经调整，但是，征收的始终是特别消费税。这就是说，我国也采用国际上通行的商品税结构："消费型增值税＋特别消费税"。这种模式是必须要坚持的。

与前述现行"特别消费税"的架构相对照，现行消费税中有以下两点值得探讨。

（一）征收范围有调整的空间

现行消费税的征税范围主要包括：烟，酒，鞭炮、焰火，化妆品，成品油，贵重首饰及珠宝玉石，高尔夫球及球具，高档手表，游艇，木制一次性筷子，实木地板，摩托车，小汽车，电池，涂料等税目，有的税目还进一步划分若干子目。应该说，这个范围与"劣值品、负外部性、再分配效应"的界定标准基本上是一致的。但是，涉及与资源税和营业税的衔接。

与资源税的衔接主要表现在木材资源上。现行资源税将原油纳入征税范围，然后消费税将成品油纳入征税范围，这样，原油——成品油是对应的。但是，消费税将实木地板、木制一次性筷子纳入征税范围，资源税却没有将木材纳入征税范围。如果说，实木地板、木制一次性筷子不符合"劣值品、负外部性、再分配效应"三条标准，则可以放弃对它们征收消费税，但是要对木材征收资源税。

与营业税的衔接表现在娱乐业上。"娱乐业"这一税目的征收范围包括：经营歌厅、舞厅、卡拉 ok 歌舞厅、音乐茶座、台球、高尔夫球、保龄球场、游艺场等娱乐场所，以及娱乐场所为顾客进行娱乐活动提供服务的业务。该税目的税率为5%—20%，本来就有限制消费的目的。随着"营改增"的深入，应该划入消费税的征税范围。

（二）征收环节下移到终端

现行消费税的征收环节，除金银首饰、铂金首饰、钻石及钻石饰品在零售环节征收，以及卷烟在批发环节加征一道税外，其他税目的消费品均在生产环节征收。

主张消费税在生产（进口）环节征收的主要理由是便于源头控管。这种说法符合现实的征税环境。① 但是，作为一种价内税，在生产（进口）环节征收，最大的弊病在于税负转嫁，而且转嫁的链条非常长，最终难以判断税负的归宿。从"劣值品、负外部性、再分配效应"三条标准出发，消费税应该在零售服务环节征收，最大限度减少税负转嫁效应，从而体现消费税对扭曲的经济运行进行的矫正。

五、基本结论

综上所述，特别消费税的概念可以作如下定义：特别消费税（Special Excise）是指在对商品或服务普遍征收消费型增值税（或销售税）的基础上，以具有特定性质的消费品为课税对象征收的税，通常在零售、服务环节征收。这个表述，包含了几层要义。

第一，特别消费税是对消费型增值税（或销售税）的补充，它并不是消费型增值税的简称，也不等同于销售税；

第二，特别消费税的"特别"体现在征税范围上，作为征税对象的消费品，具有劣值品性质，或者具有负外部性，或者具有收入再分配效应；

第三，与消费型增值税（或销售税）在生产、批发、零售环节都征收不

---

① 例如，我国大型炼油企业仅150家左右，批发企业有5000多家，零售企业有11万多家。

同，特别消费税只在零售、服务环节征收，即是一种终点型消费税。

主要参考文献

1. 郑家驹.消费税理论探源［J］.中央财政金融学院学报，1995（2）.

2. 各国税制比较研究课题组.消费税制国际比较［M］.北京：中国财政经济出版社，1996.

3. 邓子基.应该修改和完善中国的消费税制［J］.经济研究，1991（2）.

4. 何晓土.销售税取代所得税——西方税收改革趋势分析［J］.金融经济（理论版）.2007（8）.

5. 郭宪.消费税的理论与实践研究［J］.财会研究，2012（12）.

6. 费雪著.吴俊培总校译.州和地方财政学［M］.北京：中国人民大学出版社.2000.

7. 黄海军，李剑锋.美国的消费税制及对我国的借鉴［J］.草原税务，2001（2）.

8. 魏陆.日本消费税问题的由来及其改革展望［J］.现代日本经济，2011（2）.

9. 高阳.多维度观察——日本消费税改革［J］.国际税收，2014（5）.

10. 高阳，李平.部分 OECD 国家消费税的特征及借鉴［J］.国际税收，2015（5）.

27 费用扣除标准：是否与免征额等同？

中国于 1980 年开征个人所得税，同时确定工资薪金收入 800 元的费用扣除标准；2005 年全国人大常委会通过决定，把费用扣除标准调整到 1600 元；2007 年全国人大常委会又通过决定，费用扣除标准提高到 2000 元；2011 年全国人大常委会通过决定，费用扣除标准提高到 3500 元。然而，新闻媒体甚至理论界、实务工作部门的一些人士，常常将"费用扣除标准"（Expense Deduction Standard）与免征额、起征点等概念相等同。

一、他人观点

张永忠（2006）认为，"费用扣除标准"不是"免征额"。因为"免征额是指税法对征税对象规定的免于征税的数额"，而费用扣除标准是指生计扣除数额和成本扣除数额，很显然，生计扣除和成本扣除都不是所得，都不是所得税的征税对象，既无所得可征，也无所得税可免。

刘钧、徐景峰（2007）认为，个人所得税宽免额是指中国境内的居民、非居民收入形成后，扣除税法规定的必要费用。这部分必要费用大致分为两部分：一部分是必要支出费用，即纳税人为取得该项收入而必须支付的款项，如交通费、差旅费等；另一部分是生计费，即纳税人及其所赡养人口维持生活所需要的一般生活费用，如日常生活消费支出、工作支出等。

王齐祥（2009）认为，费用扣除标准，用税收术语说就是"免征额"，而不是"起征点"。……个人所得税中的免征额有时又称为生计扣除，它是纳税人为了维持本人与赡养对象的生存所必需的收入，这部分维持生计的收入从理论上说不应该被课税，所以应该从纳税人的收入额中扣除。

赵杰（2010）认为，个人所得税宽免，也称"家计扣除"，指的是对维持纳税人本人及其家庭成员最低生活费用支出项目的扣除。……宽免制度分为两个部分，一部分是基本宽免，另一部分是补充宽免。

陈效（2011）认为，个人所得税费用扣除的范围就是指费用扣除的内容。一般来说，个税费用扣除内容包括三个方面：成本费用扣除、家庭生计扣除和特许扣除。成本费用扣除是一种对于个人在取得收入过程中花费成本或付出代价的补偿。家庭生计扣除包括用以补偿本人劳动力再生产的个人免税扣除以及家庭生活开支的必要扣除费用。特许扣除是为照顾纳税人及家庭的特殊开支并体现特定的社会目标而鼓励的支出。

二、几点疑问

（一）费用扣除标准是否等同于免征额？

张永忠（2006）认为，"费用扣除标准"不是"免征额"，因为生计扣除和成本扣除都不是所得；但是，王齐祥（2009）认为，费用扣除标准就是"免征额"。那么，费用扣除标准与免征额之间的区别在哪呢？

（二）宽免额的含义是什么？它与免征额有没有区别？

刘钧、徐景峰（2007）认为，个人所得税宽免额是指税法规定允许扣除的必要费用，包括为取得该项收入而必须支付的款项和纳税人及其所赡养人口维持生活所需要的一般生活费用；赵杰（2010）所说的"宽免"仅仅指"家计扣除"。另外，王齐祥（2009）又将生计扣除看成是"免征额"。"宽免"或"宽免额"的含义是什么？它与免征额有没有区别？

三、我 的 看 法

（一）严格意义上，"费用扣除标准"包含了"免征额"

为什么在征收个人所得税之前允许扣除一部分费用？这里涉及一个所得或应税所得的问题。在所得税的法律文本中，有所得、收入、所得净额、应纳税所得额等表述，英文中有关所得的词汇有："Income，Gross income"，"Taxable income"，"Deductions"。

德国学者范尚茨（G. von. Schanz）认为，所得包括所有的净收益和由第三者提供劳务以货币价值表现的福利、所有的赠与、遗产、中彩收入、投保收入和年金、各种周期性收益，但要从中扣除所有应支付的利息和资本损失。美国学者黑格（R. M. Haig）和西蒙（H. C. Simons）对所得下的定义是，"所得是人们以货币表现的经济力量在一定时间起讫点上的净增加。"[1]

不论称为"应纳税所得额"还是称为"所得额"，其实它们都代表纳税人来源于各个渠道的收入在扣除法定费用之后的余额，即"应税所得＝收入－法定扣除费用"。从各国所得税制度看，实际上绝大多数国家的所得税法律制度的设计是按照"Schanz – R. M. Haig – H. C. Simons"的所得概念来实施的。[2]

按照这个理论，无论公司所得税还是个人所得税，在计算应税所得时，都有一个法定的费用扣除标准。如《企业所得税法》规定，"企业实际发生的与取得收入有关的、合理的支出，包括成本、费用、税金、损失和其他支出，准予在计算应纳税所得额时扣除。"2011年修订后的《个人所得税法》规定，工资薪金所得中，"工资、薪金所得，以每月收入额减除费用三千五百元后的余额，为应纳税所得额。"

那么，什么是"免征额"呢？《经济大辞典·财政卷》对的免征额解释是，"税法规定课税对象的全部数额中免于征税的数额。免征额的部分不征税，仅就超过免征额的部分征税。"其他的工具书如《中国税务百科全书》也有类似的解释。很显然，免征额的数额首先必须是课税对象。从本质上说，设置免征额是政府对纳税人提供税收优惠的体现。

---

[1] 高尔森主编. 国际税法 [M]. 北京：法律出版社，1992：19.
[2] OECD. Tax Administration in OECD and Selected Non – OECD Countries：Comparative Information Series，2010.

企业所得税中没有规定统一的免征额，却有"免税收入"的规定，即企业应纳税所得额免予征收企业所得税的收入。包括国债利息收入；符合条件的居民企业之间的股息、红利等权益性投资收益；在中国境内设立机构、场所的非居民企业从居民企业取得与该机构、场所有实际联系的股息、红利等权益性投资收益；符合条件的非营利组织的收入。这些收入免税，也是税收优惠的体现，在性质上与允许扣除的成本、费用、损失是完全不同的。2011年修订后的《个人所得税法》中，并没有出现"免征额"的名词。

既然，费用扣除是在计算应税所得过程中，也即形成于净所得概念之前，所以，本身并不称为课税对象，这样看来，张永忠（2006）认为"生计扣除和成本扣除都不是所得"的观点是并不完全正确，只能说"成本扣除不是所得"。

关于起征点、免征额、费用扣除标准之间的区别，可用表27-1表示。

表27-1　　　　起征点、免征额、费用扣除标准之间的区别

3500元的含义	收入或所得（元）	应纳税所得额（元）	说　　明
作为起征点	所得5500	5500	全部纳税
作为免征额	所得5500	2000	差额所得纳税
费用扣除标准	收入5500	2000	收入中扣除费用

（二）"宽免额"主要是指生计扣除费

在涉外税收业务中，经常会出现两个名词：税收豁免与税收宽免。

税收豁免（Tax Exemption）是外交豁免的一个组成部分，是指对外交机构和外交人员按照国际公约在税收方面给予特殊的免税优惠。根据1961年《维也纳外交关系公约》和1963年《维也纳领事关系公约》，中国在外交税收豁免上作出了相应的规定。主要内容包括：

第一，使（领）馆的馆舍免纳税收。如对外国使（领）馆不动产的拥有和使用免征契税、城市房地产税、城镇土地使用税；对使（领）馆自用的车辆免征车船税和车辆购置税；对使（领）馆使用的船舶免征船舶吨税。对使馆运进的公务用品免征关税和进口环节增值税、消费税等。

第二，对使（领）馆人员的税收豁免。对外交人员及行政技术人员从境外运进的自用物品和安家物品免征关税及其他税收。对外交人员、公务人员及

配偶和未成年子女自用的车辆免征车船税和车辆购置税；对外交人员、公务人员及配偶及未成年子女承受土地、房屋权属的，免征契税；对外交人员、公务人员及配偶和未成年子女的个人所得免征个人所得税等。

虽然个人所得税与税收豁免有关，但是本文要讨论的宽免额与税收豁免肯定不是同一个概念。那么，税收宽免又是指什么？

笔者查阅了相关的税收文献，并没有明确的解释。从字面上看，"宽免"一词，英文中对应的单词是"Dispensation"，它有两个意思：一是从宽减免或赦免；二是免除、废除。为了弄清其含义，不妨先看看外国个人所得税宽免额的指向。

在美国，个人所得税的计算分三个步骤：

第一步：计算调整后的毛所得（Gross Income）。计算公式为：

调整后的毛所得 = 各项毛所得 – 免税项目 – 调整项目

第二步：计算应税所得。计算公式为：

应税所得 = 调整后的毛所得 – 标准扣除（或分项扣除）– 个人宽免额

第三步：计算应纳个人所得税额。计算公式为：

应纳个人所得税额 = 应税所得 × 税率

应申报缴纳（退）税额 = 应纳个人所得税额 – 预缴税款 – 税收抵免

所有扣除项目包括：免税项目、调整项目、标准扣除（或分项扣除）、个人宽免额。

其中，免税项目主要包括捐赠，与雇佣、人力资本的回收和投资有关的项目。调整项目是纳税人在经营中发生的、与取得所得相关的费用，主要包括经营费用或亏损、资本利亏等。

个人宽免额及标准扣除（或分项扣除）是纳税人及其赡养人的生计费用扣除。包括纳税人本人及其配偶的宽免额和被纳税人赡养人口的宽免额。美国税法对于宽免额的确定有非常具体细致的规定，如怎样判定纳税人有配偶以及何时结婚、离婚；对于赡养人口，共有五项标准：50%的抚养费标准、亲属关系标准、被赡养人年收入不得超过宽免额标准、已婚被赡养人夫妇收入合并申报标准、公民或居民标准。另外，还有一个宽免额逐步消失的制度。当纳税人的收入超过一定的限度后，纳税人本人及其配偶等被赡养人口的宽免额只按一定的比例扣除，纳税人收入越高，所能扣除的宽免额比例越小，直至不再扣除。

在英国，个人所得税的计算分为四个步骤：

第一步：计算总收入。计算公式为：

总收入＝个人取得的所有不同来源收入－不征税收入

第二步：计算法定总所得。计算公式为：

法定总所得＝总收入－与取得收入相关的成本费用

第三步：计算法定应税所得。计算公式为：

应税所得＝法定所得－各项生计扣除

第四步：计算应纳个人所得税税额。计算公式为：

应纳个人所得税税额＝应税所得×适用税率

可见，英国应税所得的税前扣除包括两部分：一是费用扣除，即与取得收入相关的成本费用；二是税收宽免，又称生计扣除，纳税人自身的生计支出及赡养家庭的支出。

英国的税收宽免包括：个人基础扣除、老年人扣除、子女税收宽免、工薪家庭税收宽免、寡妇丧居宽免、盲人宽免等项目。其中，个人基础扣除是所有人都能享受的（2010—2011 年度为 6475 英镑）；老年人扣除是指老龄纳税人在基础扣除之后再享受的扣除额（2002—2003 年度的标准是：60—65 岁为 4615 英镑，65—74 岁为 6100 英镑，75 岁及以上为 6370 英镑）；子女税收宽免是指家庭有未满 16 周岁的孩子可以享受的扣除额（2002—2003 年度为 5290 英镑）；工薪家庭税收宽免是指有子女的工薪家庭只要有一个成年人每周工作 16 小时以上，即可享受（每个家庭每周的宽免额为 59 英镑）。另外，宽免额与前一年的零售物价指数保持一致进行浮动。

从美英两国的个人所得税制度看，税收宽免是指允许从总应税所得中扣除的纳税人用于本人生计及赡养家庭的那部分费用，简单地说就是指生计扣除。这就是说，宽免或宽免额只是"费用扣除标准"中的一部分而不是全部。

四、延伸思考

（一）应该把"费用扣除标准"拆分成"必要费用"与税收宽免

如今笼统地称"费用扣除标准"并不好，因为其中为取得收入必须支付的交通费、差旅费等支出，属于应税所得形成之前的"费用"，与企业所得税中允许扣除的"成本费用损失"性质相同；而个人生计支出及家庭赡养支出，在其性质上已经是所得的一部分，之所以被允许扣除，那是政府提供的税收优惠。既然二者性质不同，将它们混合起来一次扣除是不妥当的。就像现行个人所得税规定的那样，允许从每月的工资薪金收入中减除3500元，结果谁都说不清楚，究竟必要费用是多少，税收宽免又是多少。对于3500元扣除额的经济含义，普通纳税人根本弄不清楚，就是专业人士，也未必都说得清。坊间很多人将它与"免征额"甚至"起征点"相混淆，也是难免的事。

如果将二者分开来，规定可以更细化，计算也可以更清楚。例如，必要费用的规定，假如纳税人是党政机关及企事业单位一般员工，那主要是指交通费支出（私车汽油费及保险保养费、自行车修补费、公共交通费等）；假如纳税人是自由工作者，那还有一些其他的费用，如差旅费等。再如，税收宽免的规定，可以有一个所有纳税人都能享受的宽免，即基础宽免；然后再考虑老人、孩子、残疾、鳏、寡、孤、独等因素，分项分类宽免。

（二）"免征额"的概念有存在的意义吗

在税收学中，"免征额"与"起征点"是两个重要的概念。但是，在个人所得税税法规定和征管实务中，"免征额"的概念是不太出现的。现行个人所得税法也使用了"费用扣除标准"这个概念。

假如将"费用扣除标准"拆分成"必要费用"与税收宽免，那么税收宽免额与免征额的意思是非常接近的。因为免征额指的是法定所得中扣除的部分，应本来应该纳税的所得，出于纳税人恢复体力脑力的需要，家庭老人赡养、孩子抚养的需要，以及身体、配偶等情特殊况的考虑，政府免于征税的数额。这样，"免征额"概念的存在就有意义了。

五、基本结论

个人所得税"费用扣除标准"包括两部分内容：一是为取得收入必须支付的支出，属于应税所得形成之前的"费用"，与企业所得税中允许扣除的"成本费用损失"性质相同；二是个人生计支出及家庭赡养支出，在性质上已经是所得的一部分，之所以被允许扣除，那是政府提供的税收优惠。既然二者性质不同，将它们混合起来一次扣除是不妥当的。坊间很多人将它与"免征额"甚至"起征点"相混淆，也是难免的事。如果将"费用扣除标准"中两个部分拆分开来，相关的规定可以更细化，计算也可以更清楚。

在税收学中，"免征额"与"起征点"一样，是很重要的概念。但是，在个人所得税税法规定和征管实务中,"免征额"的概念不太使用的。

假如将"费用扣除标准"拆分成"必要费用"与税收宽免,那么"免征额"的概念就有存在的意义,因为税收宽免额与免征额的意思非常接近。

主要参考文献

1. 张永忠.必须澄清的几个税收概念[J].学术纵横,2006(10).

2. 刘钧,徐景峰.确定个人所得税宽免额需要考虑的因素和建议[J].经济与管理研究,2007(7).

3. 王齐祥.对个人所得税费用扣除标准的若干思考[J].税务与经济,2009(4).

4. 赵杰.完善我国个人所得税宽免制度的探析[J].经济问题,2010(9).

5. 陈效.对改革个人所得税费用扣除标准的思考和建议[J].税收经济研究,2011(2).

6. 许琳.中国与英国个人所得税的比较及借鉴[J].经济纵横,2002(12).

28 资本利得：
与"普通所得"有实质性区别吗？

资本利得（Capital Gains），又称资本收益，人们对这一概念的关注是与是否开征资本利得税的讨论相伴随的。学者们对资本利得所下的定义并不一致，尤其是在资本利得与普通所得之间的区别上，存在更大的分歧。界定资本利得的含义，对于正确认识其作用以及要不要将它纳入征税范围都是非常有意义的。

一、他 人 观 点

（一）关于资本利得的定义

劳伦斯·塞尔茨（Lawrence H. Seltzer, 1951）的概括：资本利得被认为是拥有者不是为了经营进行库存，或者非规则地销售的各种资产，而是因市场价值上升而实现的获利；资本损失是这些资产因市场价值下跌而实现的损失。

台湾学者周玉津（1968）认为，所谓"资本利得"，一般言之，乃为股票、土地、房屋等资本性资产因买卖而发生的增值所得，此种增值所得，就本质而言，为一种不能预期的所得，或意外所得或不劳利得，即指所得之非系任何有用的经济努力（例如资本、人工、技术之耗费）之结果而言。

杨斌（1993，2008）认为，"资本利得是指出售资本性资产如不动产、债券和股票等而获得的收益，也包括这些财产的增值，其中因出售资本财产而得到的净收益，称为已实现的资本利得，而已增值但未销售实现的称为未实现的资本利得。"后来，他又作了更具体的论述："资本利得又称财产所得，是指转让财产的收入扣除财产购进价值额后的净收入，包括转让不动产所得、转让营业场所所得、转让船舶飞机及其他动产所得，转让股票所得，以及其他财产收益。"

周敦仁（1996）认为，资本利得是指"出售股票、债券或不动产等资本性项目取得的收入扣除账面价值后的余额"，即"资本项目购入价格与最后销售价格的差额"。

苑新丽（2002）认为，所谓资本利得，是指纳税人出售或交换房屋、土地、证券以及无形资产等资本性资产所获取的收益。资本利得作为一种所得，仍然属于所得税的征税范畴，是公司、个人所得税应税所得的组成部分。

阮永平、解宏（2008）认为，资本利得主要是相对于普通所得而言，是有价证券（股票、债券、存托凭证等）、不动产（房屋、土地）等资本性资产的增值或买卖而发生的净收益所得。资本利得和损失是由于资本市场价值变动而实现的收益或损失。

（二）关于资本利得的特征

苑新丽（2002）认为，与普通所得相比，资本利得又有其自身的特殊性。第一，从性质上看，资本利得是通过投资拥有，并处置资本性资产所取得的，它一方面是一种资产所有所得和资产经营所得；另一方面，又具有某些消极所得或非勤劳所得的性质。第二，从时间上看，普通经营单位强调缩短资金周转期，以获取较高的经济效益，资本性资产经营不仅受市场经济的制约，而且还要受诸多非市场因素的影响。因此，资本性资产经营周期一般较长，资产交易频率很低。另外，资本利得的实现从时间上看，有较大的随意性和不确定性。第三，从风险上看，由于大部分的资本投资具有较强的投机性，因此，相对于普通经营事业而言，资本利得具有高风险、高回报的特性。

冀慧峰（2003）认为，传统的所得概念仅仅包括或多或少的规则和连续的收入，或者仅仅是指那些或多或少可以预测的收入。一笔偶然的收入或亏损，特别是在未主动寻求并且不可预测的情况下，并不像一般所得那样引导行为或者决定经济资源的分配。……而且许多资本利得是虚幻的，仅仅反映价格水平和利息率的变化，而投资者的实际所得并没有发生变化，因此不该将其和真正意义上的所得放在一起。

阮永平、解宏（2008）认为，资本利得应与投资所得相区分开来。投资所得虽然也是源于对一定资本性资产的所有权或债权而获得的增值所得，像银行存款利息收入、上市公司分发的现金股利等。但投资所得并不是因为资本性资产的市场价值变动而产生，而是由投资方利润分配（或资金占用）的结果，而且资本性资产没有被处理掉，因此投资所得具有一定的持续性。而资本利得是因为价格差的原因出现的收益，取得资本利得的同时资本性资产已经被处理掉，因此其资本利得不具有持续性。

二、几点疑问

（一）什么是资本性资产？它包含哪些内容？

周玉津（1968）、杨斌（1993）、苑新丽（2002）、阮永平、解宏（2008）都使用了一个名词"资本性资产"，周敦仁（1996）的提法略有不同，称为"资本性项目"。他们都认为，资本利得是由资本性资产带来的，那么，"资本性资产"的内涵与外延是什么？

（二）资本利得的形成途径是资本性资产的转让收益还是同时包含增值部分？

劳伦斯·塞尔茨（1951）认为资本利得的形成途径是特定资产（即拥有者不是为了经营进行库存，或者非规则地销售）的市场价值上升；周玉津（1968）、周敦仁（1996）、苑新丽（2002）认为资本利得是通过出售资本性资产形成的；杨斌（1993）和阮永平、解宏（2008）则认为既包括资本性资产买卖的净收益，也包括这些财产的增值。资本性资产增值价值是否会体现在转让的净收益中？

（三）资本利得与普通所得之间的诸多区别究竟是否存在？

苑新丽（2002）、冀慧峰（2003）和阮永平、解宏（2008）从不同角度揭示了资本利得不同于普通所得的一些特征，大体包括非连续性、随意性、虚幻性、非勤劳性等。资本利得与普通所得之间的这些区别是实质性的吗？

三、我 的 看 法

(一)"资本性资产"是指以获得未来投资收益为目的的各种资本品

虽然很多人使用"资本性资产"(Capital Assets),但是,查阅了有关网络资源,却找不到它的定义。

先看什么是资本。"资本"(Capital)是经济学中被广泛使用的基本概念之一,却也是最有歧义的概念之一。布利斯(C. J. Bliss)甚至说,"经济学如能在资本的理论方面取得一致意见,那么,其他所有问题就将迎刃而解了"。著名经济学家萨缪尔森(P. Samuelson)认为,"资本一词通常被用来表示一般的资本品"。这与《新帕尔格雷夫经济学大辞典》关于资本的说法是一致的:"资本品是为生产上的需要而生产的商品,不管它们易被消耗的程度是大还是小。各种资本品的总存量称之为资本。"[①] "资本品的作用在于生产。……资本至少有两个方面:作为货物的资本和作为价值的资本。……一方面,资本被认为是指异质品和为特定的用途而设计的设备的总和,另一方面,它又被看成一种同质的价值基金和利润形式的非劳动收益的来源。"[②] 根据这些论述,可将"资本"定义为能够创造、带来新增价值的价值附着物。

再看什么是资产。"资产"(Assets)同样是一个具有争议的概念。经济学中的资产是指特定经济主体拥有或控制的,具有内在经济价值的实物和无形的权利。会计学中的资产,是指作为以往事项的结果而由企业控制的可望向企业流入未来经济利益的资源。目前,公认的资产概念具有三个特征:一是资产蕴藏着可能的未来利益;二是资产是被企业拥有或者控制的资源;三是资产是由过去的交易或事项中形成的。会计学的资产定义针对的企业,实际上,个人也可以拥有或控制资产。

在分别梳理了"资本"和"资产"的含义之后,可以对"资本性资产"做一个解释:它是由过去的交易或事项中形成的,被个人或企业控制的,以获得未来投资收益为目的的各种资本品。分为有形资本性资产和无形性资本资产

---

① 约翰·伊特韦尔,默里·米尔盖特,彼得·纽曼.新帕尔格雷夫经济学大辞典(第一卷)[Z].北京:经济科学出版社,1996:356.
② 约翰·伊特韦尔,默里·米尔盖特,彼得·纽曼.新帕尔格雷夫经济学大辞典(第一卷)[Z].北京:经济科学出版社,1996:375.

两大类，前者包括属于不动产的土地（农地、住宅地、商品用地、森林地）、土地改良物（住宅、商业大楼、道路及其他建筑物）和属于有形动产的机器设备、交通工具等；后者包括股票、债券、特许权、抵押权等。

这个解释突出"资本性资产"的一个重要特征，那就是它的拥有或控制，不是为了生产，更不是为了消费，是希望获得未来的投资收益，即将来转让后可能获得一个超过原值的价值额。与此相关，资本性资产的转让，意味着对拥有的资本品进行处置，其目的是为了掌握新的投资机会，而不是为了传统意义上的产品生产和销售。

这样，资本利得与普通所得的区别也就显现出来了。一个通俗的解释是，如果某人购得一头奶牛，出售牛奶的收入，若扣除成本费用还有盈余，那是普通所得，若有亏损，那是普通损失；如果他把奶牛卖掉获得一笔收入，减去当初购买时的支付额，若还有盈余，那就是资本利得（Capital Gains），若收不抵支，那就是资本损失（CapitalLosses）。以此类推，购买房屋出租的所得是普通所得，转让房屋的所得就是资本利得。

（二）资本利得的形成以资本性资产被出售为判别依据

从资本性资产中产生资本利得，可以有多个渠道。如某人拥有一幢房屋，由于当地的居住环境发生变化，市场价格上升，资产增值了；再如，企业每年所获得的利润并不全部用于分红，会有一部分被提取为盈余公积金、资本公积金，这些推迟支付的企业收益，使得企业的净值提升，经过一段时期之后，该企业的股票价值因之而上升，最终体现在股票价格的上涨上。

但是，如果资本性资产没有发生事实上的出售，即便资产升值，那只是虚幻的利得（Illusive Gains），究竟有没有升值以及升值多少，都是不确定的，甚至可能是意念上的；只有当他将资本性资产出售后，才能判断是升值了还是贬值了，再与原来的购买价值相比较，如果最终有所得，就是真实的资本利得。

明确这一点非常重要。如果把虚幻的利得也看成是一种经济能力，并对它课征资本利得税，那就容易引起资本性资产所有人的反感和抵制。

多数学者使用"出售"一词，但也有学者用"转让"一词。"转让资产"包括资产所有权的出售或者使用权的让渡或者资产的赠与等形式；而"出售资产"表明拥有者放弃该资产的所有权，将所取得的价款与该资产账面价值的差额作为资产处置利得或损失，计入当期损益。所以，"转让"的概念大于

"出售"。

归结起来说,资本利得是指出售资本性资产而得到的净收益。

(三) 资本利得与普通所得之间的实质性区别在于其实现行为是否直接创造财富

这里所谓的普通所得,是指企业与个人通过生产经营活动取得的所得和劳动所得,一般具有连续性、可预测、真实性等特点。

1. 资本利得不是"所得"吗?

关于什么是"所得"(Income),理论界存在源泉说和净资产增加说这样两种典型的观点。

所谓所得源泉说,就是认为连续取得的所得才是所得,至于因财产的转让等临时取得的所得并非所得。劳伦斯·塞尔茨(Lawrence H. Seltzer)、弗里茨·纽马克(Fritz Newmark)都持这种观点。弗里茨·纽马克认为,只有从一个可以获得固定收入的永久性"来源"中取得收入,才应被视为应税所得。那些一次性或偶发性的收入不能列为所得。根据这一原则,由于资本利得是一种不能预期的意外收益,既无连续性又无规律性,因而对其不能课税。①

所谓净资产增加说,最初由德国学者范尚茨(G. von. Schanz)提出,是指一定时期内净资产的增加,如果期末净资产额大于期初净资产额,则认定有所得发生。依此观点,每年连续不断取得的所得、继承或受赠所带来的财产增加,或资本性财产的销售利益、所领取的人寿保险金等都是所得。后来,美国学者黑格(R. M. Haig)和西蒙(H. C. Simons)进一步发展了这个观点,将所得定义为在一段时期内期末财富加上期间消费再减去期初财富的结果。②

显然,如果按照净资产增加说,资本利得属于所得,但是按照源泉说,不是所得。从理论到实践,净资产增加说越来越为人们所接受。虽然资本利得是非连续性的,也是无规律可循的,但是它也代表能够增加投资者投资的能力。假如站在税收的角度看,也是一种纳税能力的表现。于是,把资本利得看成是所得,没有什么不可取。

2. 资本利得是非连续、不可预测的吗?

一般产品的生产和销售是连续的观点,在今天看来并不完全正确。一些个

---

① OECD. Taxation of Capital Gains of Individuals: Policy Consideration and Approaches. 2006.
② 普拉斯切特. 对所得的分类、综合及二元课税模式 [M]. 中国财政经济出版社, 1993.

体私营业主、自由职业者，他们的生产经营活动，同样是断断续续的，有生意就开工，没有就休息。反观一些职业证券投资者，长期从事买入卖出活动，其利得是连续获得的。

资本性资产有没有增值，在过去信息不充分的年代，那是一个难题。如今，信息渠道越来越宽广，信息的发布和传递越来越容易，人们搜索信息的成本日渐降低，再加上资产拥有者或控制者的个人素质即对市场走势的判断能力明显提升，资本利得的可预测性大大提高了。当然，风险依然存在。但是，从事一般产品的生产和销售，照样存在风险。因此，资本利得是不可预测的结论，随着时代的发展，变得越来越不可靠。

3. 资本利得是非真实的所得吗？

如果说，资本利得的形成以资本性资产被出售为判别依据，那么，这种利得是真实的。指责资本利得是虚幻的人，可能把资本性资产出售前意念中的增值看成是一种利得了。例如，几年前某人买入一套住房，虽然如今这套房子是闲置的或者自住的，但由于房地产市场总体价格上升，致使他感觉这套房子的市价大幅度上升了，自己赚钱了。

不可否认，通货膨胀会对资本性资产产生升值的影响，在此条件下如果出售，获得的部分资本利得的确属于账面价值的增加。但是，通货膨胀对一般产品也有同样的影响，即同样有升值的效应。

4. 资本利得是不劳而获的收入吗？

何谓不劳而获的收入？要弄清楚这个问题，首先必须探讨什么叫劳动？《现代汉语词典》（1982）认为："劳动是人类创造物质和精神财富的活动。"《简明不列颠百科全书》认为："劳动是指人类在生产财富中所提供的有价值的服务（不是积累和提供资本，也不是承担经营企业的风险）。"[1] 中国社科院经济研究所课题组认为，"劳动就是劳动力的使用，劳动包括有目的的为生产物品和提供劳务而付出的一切脑力和体力的耗费。"[2] 这三个概念有一个共同的要素：劳动力的耗费和财富（商品和劳务）的创造。

然而，资本性资产的出售不直接创造财富。这里有两点需要澄清：

第一，资本性资产在财富创造中有作用。如果没有土地、机器设备等资

---

[1] 中国大百科全书出版社编译.简明不列颠百科全书（第5卷）[Z].北京：中国大百科全书出版社.1987：131-132.

[2] 中国社会科学院经济研究所课题组.关于深入研究社会主义劳动和劳动价值论的几个问题[J].经济研究.2001（12）.

本，就算有劳动力，也是不可能生产出产品的，也就是说财富无法创造出来。当然，有资本没有劳动力也不可能生产出产品。只有资本与劳动力相结合，才能创造财富。无论是古典经济学还是现代经济学，都强调资本对经济增长的作用，众多的经济增长模型都包含着资本这个变量，如哈罗德—多马模型强调储蓄和投资对经济增长的促进作用。资本市场的发展对于促进经济增长越来越重要。一是通过发行股票、债券，把分散的小资本集中起来，实现社会化筹资，从而实行社会化大生产。二是金融资产相对于实体经济比例的提高，有利于增加实物部门生产要素的平均产出和边际产出；资产价格对资产未来收益的有效预期，有利于改善资源配置效率。

第二，出售资本性资产的行为本身并不直接创造财富。出售资本性资产的行为是否耗费人的体力和脑力呢？大体分两种情形：一是由于经营方向变换，需将原来的有形动产或不动产的土地出售，这种时候，所有者肯定要作精确的计算，否则会发生资本亏损；二是以盈利为目的，将过去购入的资本性资产出售，这个更费神费力了。例如股票投资，不仅需要有经济金融、财务管理知识，而且要对相关信息进行搜集、分析、判断，并且把握走势，拟定应对策略等等。无论哪一种情形，都是耗费劳动力的过程。然而，耗费劳动力的过程，未必是形成财富的过程。举例来说，盗窃行为是消耗体力脑力的，还承受被发现的风险和从高楼坠落的风险，但是，这个行为对于社会来说，没有产生新的价值，盗窃者获得的财富是别人过去创造的，他去占有，只是既有财富的重新分配，由于这种分配是违背他人意愿的，所以是非法的。再如绿林劫富济贫，同样消耗体力脑力并承担风险，结果仍然是既得财富的重新分配，它与盗窃相比较，无非是在道义上得到了社会的支持。农民种菜就不一样了，为社会生产出蔬菜这种产品，日积月累，就形成财富。出售资本性资产的行为，虽然是合法行为，但是，所有者的获利同样只是既有财富的重新分配，没有为社会提供新价值。

因此，"资本利得是不劳而获的收入"，这个判断并不正确，只能说"是一种耗费了劳动力却不直接创造财富的收入"。

四、延伸思考

（一）资本利得与资本所得是同一个概念吗？

资本利得与资本所得，中文名词差一个字，英文表述也有所不同。资本利得是"Capital Gains",资本所得则是"Capital Income"。虽然二者都有收入的意思,但是"Gain"偏收益,如单笔交易收入扣除成本费用后的余额;"Income"偏主营业务收入。

资本所得,又叫做资产性收入、财产性收入,是指家庭拥有的动产(如银行存款、有价证券)和不动产(如房屋、车辆、收藏品等)所获得的收入,包括出让资产使用权所获得的利息、租金、专利收入;持有资产所获得的股息、红利收入;出售资产所获得的增值收益等。可见,资本所得包含了资本利得(见图28-1)。

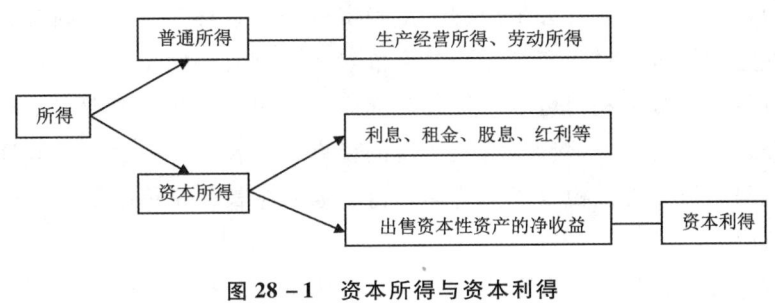

图 28-1 资本所得与资本利得

(二)对于资本利得,要不要征税?

世界各国对于资本利得是否征税以及如何征税,有不同的态度和处理方式,有的将资本利得视为普通所得而征税,有的单独征收资本利得税,还有的免征资本利得税。

赞成课税的理由是:资本利得是一种所得,代表拥有者的真实纳税能力;如果免税,会驱使拥有者通过继承方式避税,而且可能出现以资本利得抵补生产经营的亏损以减轻税负的现象。

反对课税的主要理由是:资本利得是一种虚幻所得,只是反映一般价格水平的上涨,仅仅改变财富的账面价值;如对股票出售收益征税,可能造成双重课税,因为股票价格是公司未来收益的贴现值,出售股票的资本利得,包含着该公司未来的收益,对其征税就是对未来收益征税,而公司的未来收益还得缴纳公司所得税或个人所得税;另外,如果资产持有人发现一旦拥有资本利得就要缴税,他就倾向不出售资产,从而形成闭锁效应(Lock-in Effect),所以,资本利得税可能阻碍投资。

笔者认为,对于资本利得应该征税。如前所述,资本利得属于所得,是拥有者纳税能力的表现，而且可以自由支配使用，也是消费和投资的来源。符合黑格（R. M. Haig）和西蒙（H. C. Simons）关于所得的定义："所得是人们以货币表现的经济力量在一定时间起讫点上的净增加。"①

至于如何征税，那是异常复杂的问题，不仅要考虑不同所得之间税负的公平，而且要考虑经济效应，而且已经征收资本利得税的国家，征税模式差异很大。就个人获得的资本利得而言，笔者主张采用"等税负、分类征"的模式。

所谓"等税负"，是指资本利得的实际税负要与其他资本所得和普通所得大体相等。一是为了避免不同所得之间因税收待遇不同，经济主体发生扭曲经济的行为；二是为了体现公平原则，虽说资本利得本身并不直接创造财富，但是资本性资产的运行对于资源配置效率依然有不可或缺的作用。与每年获得的普通所得不同，资本利得可能是较长时期内形成的，因此，考虑到年度之间的税负平衡，名义税率应该低于普通所得的税率，或者名义税率相同但是根据资产持有期限的长短提供税收优惠待遇。持有期限越长，税负越低，这样可以避免闭锁效应。

所谓"分类征"，是指资本利得不与其他资本所得（利息、租金、股息、红利等）混合征收，而是单独计征，理由是利息、租金、股息、红利等不需要扣除成本费用，账面金额就是计税依据，可以由支付方代扣代缴；而资本利得的计算要追踪过去的购入价格，还要扣除期间合理的费用，征收过程比较繁杂。

五、基本结论

"资本性资产"是指由过去的交易或事项中形成的，被个人或企业控制的，以获得未来投资收益为目的的各种资本品。

资本利得是指出售资本性资产而得到的净收益。为获取资本利得而出售资本性资产的行为，虽然耗费劳动力却并不直接创造财富，而为获取普通所得进行的生产经营活动和劳动行为是直接创造财富的，这是二者之间最大的区别。

资本所得包含了资本利得，它们是一种包含与被包含的关系。对资本利得应该课税，但宜采取"等税负、分类征"的模式。

---

① 高尔森主编. 国际税法 [Z]. 北京：法律出版社，1992：19.

主要参考文献

1. Lawrence H. Seltzer. Tax Structure and Private Enterprise Capital Gains and The Income Tax [J]. Amercian Economic Review. 1951.

2. 周玉津.财政学原理 [M].台北：大中国图书公司.1981.

3. 杨斌.比较税收制度——简论我国现行税制的完善 [M].福州：福建人民出版社.1993.

4. 杨斌.税收学原理 [M].北京：高等教育出版社.2008.

5. 周敦仁.资本利得税探析 [J].世界经济研究，1996（5）.

6. 苑新丽.借鉴国外经验建立我国的资本利得税制 [J].税务与经济，2002（3）.

7. 阮永平，解宏.资本利得税与我国证券市场的发展 [J].税务研究，2008（3）.

8. 冀慧峰.资本利得与资本利得税基本问题辨析 [J].贵州财经学院学报，2003（4）.

9. 阮永平，解宏.资本利得税与我国证券市场的发展 [J].税务研究，2008（3）.

10. 赵惠敏.所得概念的界定与所得课税 [J].当代经济研究，2006（1）.

29 政府债务适度规模：
"门槛阈值"是否灵验？

政府债务是政府凭借信用筹集资金的一种形式。我国自从1981年恢复发行国债以来，政府债务规模便逐渐增加。2008年之后，地方政府债务规模节节攀升。欧洲债务危机爆发以后，公众显现对政府过度负债的忧虑。

政府债务规模要有一个适当的限度，这是因为政府债务在对经济产生积极效应的同时，也会产生负面效应。当政府债务规模超过一定界限时，债务会影响经济增长，产生"门槛效应"（Threshold Effect）。因而如何把握"政府债务适度规模"（Appropriate Scale of Government Debt）是人们所关注的话题。

一、他人观点

（一）对政府债务规模衡量指标及警戒线的探讨

刘邦驰（2001）认为，衡量国债规模是否合理，通常用三个指标：(1) 国债负担率。指国债余额占 GDP 的比重，一般应控制在 45% 为宜。(2) 国债偿债率。指当年国债还本付息额与当年财政收入的比重，警戒线为 22%。(3) 国债依存度。指当年国债发行额与当年财政支出之间的比例关系。警戒线为 15%—20%，中央财政的债务依存度警戒线为 25%—30%。

郭庆旺、赵志耘（2002）认为，衡量国债规模是否适当，除上述三个指标外，还应包括衡量居民应债能力的指标。这一指标是当年国债发行额占居民储蓄余额的比率。

贾康、赵全厚（2000）等认为，欧盟《马斯特里赫特条约》（Maastricht Treaty）（以下简称《马约》）中关于财政赤字/GDP 小于 3%、国债余额/GDP 小于 60% 的规定，借鉴了历史的经验教训，可以起到防止赤字在短期内扩大、保持国债的相对稳定、防范经济风险的作用，因而可供中国参考。但是，刘迎秋（2001）认为，把一个带有明显区域特性、政治上不无"妥协"与"武断"影子的《马约》提出的"指导线"直接当作一种"标准"用于指导中国的经济实践，未必妥当。后来，陈建奇（2010）又认为在新的评价手段出台之前，中国并没有放弃遵循《马约》参考标准的充足理由。

樊纲（1999）认为，可以从债务角度观察中国经济是否会陷入金融危机的问题。在中国可能导致清偿力危机的国民债务主要由三个部分构成：政府债务、银行坏债和全部外债。为了全面的评价中国所面临的金融风险，可以用"国家综合负债率"指标来衡量，国家综合负债率 =（政府内债余额 + 银行坏债 + 全部外债）/名义 GDP。

童大龙（2000）认为，适度的公债规模，是指在一定时期内，既满足公债所产生的正面效应大于负面效应，又满足公债规模、结构、效益有机统一并能"内生"偿还能力这两个条件的公债规模。

魏陆（2001）认为，中国当前的国债负担率和赤字比率是不重要的，重要的是国债负担率的变化趋势。在赤字比率一定的情况下，这又取决于经济增长速度和实际利率的关系。如果中国能够保持经济增长速度高于实际利率一定水平，则我国国债负担率的变化就不用担心，如果不能的话，则必须控制中国的赤字水平。

（二）对政府债务规模门槛效应的探讨

2008 年欧洲债务危机爆发后，政府债务对经济增长的影响成为学术界研究的热点问题，核心是探讨政府适度债务规模问题，即政府债务对经济增长的促进作用是否存在"门槛阈值"及其数值大小。大多数对发达国家的经验研究认为，政府债务占 GDP 的比重超过一定数值时，政府债务会对经济增长造成负面影响。

Reinhart 和 Rogoff（2010）对 44 个国家 1790—2009 年的数据进行相关分析后发现，发达国家与新兴市场国家的政府债务转折点非常接近，均为政府债务占 GDP 的 90% 左右。

Caner 等（2010）对 75 个发展中国家和 26 个发达国家的研究数据表明，当政府债务比重超过 77% 时，债务的增加伴随经济增长的下滑。

Cecchetti 等（2011）对 18 个 OECD 国家 1980—2011 年的多种债务进行检验，发现政府债务占 GDP 的比重超过 85% 以后，会对该国的长期经济增长造成抑制作用。

罗林、龚攀（2013）通过面板模型检验结果得出，当政府净债务占 GDP 的 85%—87% 时，其门槛效应最为显著。

范小云、郭步超（2014）研究了 21 个新兴市场国家与 30 个发达国家 1970—2011 年的政府债务数据，发现政府债务对经济增长的影响具有门槛效应，新兴市场国家的适度政府债务规模比发达国家水平高出约 10 个百分点。

二、几点疑问

（一）政府债务规模的门槛阈值是否灵验？

刘邦驰（2001）和郭庆旺、赵志耘（2002）倾向于用债务负担率、债务依存度、债务偿还率、国民应债率等四个指标去衡量。其中最核心的是债务负担率（政府债务余额/GDP）。还有，无论是国外学者 Reinhart 和 Rogoff（2010）、Caner（2010）、Cecchetti（2011），还是国内学者罗林和龚攀（2013）、范小云和郭步超（2014），通过实证分析都得出共同的结论，政府债务对经济增长的影响具有门槛效应。"门槛阈值"是否具有绝对性？是否必要区分政府债务的种类、债务资金的使用效益等因素？

（二）《马约》提出的"指导线"是否参考价值？

贾康、赵全厚（2000）等认为，《马约》中关于国债余额/GDP 小于 60%、财政赤字/GDP 小于 3% 的规定，借鉴了历史的经验教训，可供中国参考。刘迎秋（2001）却认为，这是一个带有明显区域特性、政治上不无"妥协"与"武断"影子的"指导线"，不能用于指导中国的经济实践。陈建奇（2010）又认为中国并没有放弃遵循《马约》参考标准的充足理由。如果把《马约》提出的"指导线"也看成一种"门槛阈值"的话，它是否有参考价值？

三、我的看法

（一）政府债务规模的门槛效应肯定存在，但是门槛阈值并不绝对

产出、投资、消费等变量与政府债务余额之间关系密切。当政府债务余额不超过某一水平时，债务对于经济增长才会有推动的作用；反之，当政府债务余额超过某一水平时，债务对于经济增长才会有推动的作用。从这一角度看，政府债务具有"门槛效应"。这一点，已经为国内外政府债务的史实所印证，也为前述数理模型的实证分析所证明。

Reinhart 和 Rogoff（2010）提出的"门槛阈值"为政府债务占 GDP 比例 90% 左右的结论，受到国际学术界的高度认同，克鲁格曼（Paul Krugman）甚至认为这篇论文对公众辩论产生的直接影响超过之前经济学史上的所有论文"。①

笔者认为，Reinhart 和 Rogoff 等学者提出的债务负担率"门槛阈值"为 90%（或 85%、77%）等观点是通过实证研究得出的结论，具有相当大的参考价值。只是觉得仅用债务负担率（政府债务余额/GDP）一个指标，难免存在一些不足。比如，倘若考虑政府债务使用效益因素，"门槛阈值"可能发生较大的变化。

一国或地区政府债务"门槛阈值"的高低，与自偿能力、消费中性、挤出效应、投资收益相关。

1. 自偿能力

在判断政府债务规模时，应视政府债务的自偿能力与偿债负担而定。自偿能力是指政府财政在一定时期内可以用于政府债务还本付息的能力，它的大小主要取决于经济发展水平以及财政收入规模。偿债负担，是指政府债务到期时还本付息的压力。当"自偿能力 > 偿债负担"时，表明政府债务规模尚未达到负荷的极限，还可充分利用政府债务潜力；当"自偿能力 < 偿债负担"时，则说明发行政府债务所能带来的收益已不足弥补自身的负担，有可能出现债务危机；只有当"自偿能力 = 偿债负担"时，则既充分挖掘了政府债务潜力，又不影响政府还本付息的能力。

---

① 转引自李远芳.发达经济体公共债务适度规模争议及其启示［J］.国际经济评论，2014（5）.

2. 消费中性

当政府债务被用于经常性支出时,由于消费者的理性预期,明白最终还得通过征税或增发政府债务来偿还。家庭就会在消费支出上作出反应,通过不增加即期消费增加储蓄来应付未来负担的增加。这样,政府想利用政府债务来刺激需求的目的难以达到。但是,当政府债务被用于资本性支出时,由于消费者的理性预期,政府债务负担能从项目的产出中得到补偿,并不会导致今后负担的增加。因此,他就可能扩大即期消费。可见,政府有必要站在消费者角度,从政府债务的预期调控效应来看待政府债务的适度规模。

3. 挤出效应

政府债务的过度发行,会带来较大的负面效应,然而用理论界常用评判指标分析时,反映不出政府债务负面效应的强弱。比如,市场利率是由货币供求关系决定的,过度的政府债务发行,使得政府不得不通过提高政府债务利率的方法来推销政府债务,以此来争夺金融市场上的资金,并产生"示范效应"带动市场利率的上升。这样,一方面,加大了政府的筹资成本,降低了政府债务使用的净效益;另一方面,高利率产生的挤出效应迫使一些私人部门退出投资领域。这说明,从政府债务的使用效益考虑,应使政府对资源的配置效率至少不低于私人部门的配置效率,从而使"挤出效应"降至最低。

4. 投资收益

政府债务资金的投向及其收益率,直接关系到政府债务的负担能力,也直接影响到政府债务的适度规模。若政府债务主要是用于资本性支出,则可以从以后产生的直接经济效益中得到弥补,投资回收率较高,形成一种"内生"的偿还能力。反之,若政府债务大多被用于经常性支出,一时不会带来显著的经济效益,且存在着较强的刚性,能真正用于偿债的资金来源就很少。初步设想,有以下几个指标可以反映政府债务的使用效益。

(1) 政府债务资金直接经济效益。其计算公式及解释如下:

政府债务资金总成本利税率 = 本期项目投资直接总效益/本期政府债务总成本

政府债务总成本是指为取得债务而发生的所有费用,包括本金、到期应支付的全部利息、发行费用等,直接总效益是指新增税利。

投资准确率 = 政府债务投资成功项目数/政府债务投资项目总数

投资成功项目是指项目建成后达到了预期的经济效益。这指标不仅能考核政府债务资金投向的准确程度,而且可反映政府债务资金使用的有效程度。

(2)政府债务资金间接经济效益。其计算公式及解释如下:

投资回收期 = 投资总额/本年销售利润

该项指标主要考察投资的回收情况,回收快的表明经济效益较好,反之则较差。

投资利润率 = 年利润/投资额

其中:年利润 = 投资项目每年提供的销售收入 − 产品成本(含折旧费)− 销售税金

总之,政府债务规模的门槛效应肯定存在,但是门槛阈值并不绝对。1982年南美的危地马拉和萨尔瓦多,偿债率分别只有7.1%和3.7%,但偿债困难重重;当时的韩国偿债率高达31.5%,却未出现债务危机。再如,菲律宾、巴西等国曾试用国际上流行的偿债率和负债率等指标控制债务规模,结果在没有超过警戒线的情况下,爆发了严重的债务危机。究其原因,主要是各国政府债务使用效益的明显差异,从而引起了不同的偿债能力。这些例子也正好说明政府债务是否会使国民经济陷入债务危机,关键不在于有无超过警戒线,而是取决于政府债务的使用效益。

(二)《马约》"指导线"的背后有玄机

众所周知,赤字率是一个流量的概念,而债务率是一个存量的概念。债务率60%、赤字率3%,究竟有没有参考价值,要看二者之间是什么关系,它们与其他变量(如经济增长率)之间有什么关系。

一般情况下,政府财政不会因为赤字率的上升立刻陷入困境,只有当弥补财政赤字的政府债务骤然增加导致债务无法偿还时,财政危机才有可能出现。因而,高额赤字率是否使财政陷入危机,其关键在于债务率。

如果政府发行的是一般债务,那么债务就是赤字的累积。债务与赤字就有如下稳定的关系:当期债务存量是上期债务存量 B 与当期赤字流量 ΔB 之和(假设赤字流量包含债务利息支出)。如果当期的 GDP 为 Y,名义经济增长率为 $g = \Delta Y/Y$,那么,要保持未来债务率不超过当前债务率,必须有以下关系式成立,即:

$(B + \Delta B)/(Y + \Delta Y) \leqslant B/Y$

因 $(B + \Delta B)/(Y + \Delta Y) = B/Y[(1 + \Delta B/B)/(1 + \Delta Y/Y)]$

故有 $B/Y[(1 + \Delta B/B)/(1 + \Delta Y/Y)] \leqslant B/Y$

由此可以看出:$(1 + \Delta B/B)/(1 + \Delta Y/Y) \leqslant 1$

简化得 $\Delta B/B \leqslant \Delta Y/Y = g$
因 $\Delta B/B = (\Delta B/Y)/(B/Y)$
故有 $(\Delta B/Y)/(B/Y) \leqslant g$
即 $\Delta B/Y \leqslant g\Delta B/Y$

这就是赤字率与债务率之间的内在逻辑关系，要保持债务率不上升，必须使当期赤字率不超过债务率与经济增长率的乘积。

根据上述债务率与赤字率的关系式，如果要保持《马约》提出的债务率 60%、赤字率 3% 的标准，那么名义经济增长率必须保持在 $g \geqslant 5\%$，这样才能保证赤字率 $\Delta B/Y$ 在 3% 以下动态变化时，债务率不会超过 60%。同样，如果要保证债务率不高于 90%，赤字率不高于 3%，那么对应的名义经济增长率必须保持在 3.4% 以上，依此类推，理论上可以有无数种类似《马约》参考值的组合。但《马约》参考值在众多的配对中选择了 60% 与 3%，这表明《马约》暗含名义经济增长率在 5% 以上。

许多国家都在参照《马约》的政府债务警戒线指标，该指标的确有其参考价值。2009 年 6 月 1 日，美国财政部长蒂莫西·盖特纳（Timothy Geithner）在北京大学发表演讲时表示，世界上没有任何一个国家比美国政府更关注财政赤字问题，未来美国财政赤字将控制在 GDP 总量的 3% 之内。言外之意就是将 3% 赤字率视为所谓的财政风险"分水岭"。同时，欧盟也由于法国、爱尔兰、西班牙、德国和希腊等国财政赤字占 GDP 比例超过 3% 而加紧制定相关惩罚措施。

发达国家政府债务相对 GDP 的比重从 20 世纪 90 年代约 60% 的水平大幅度提高到 2012 年的 104%。相比之下，20 世纪 80 年代拉美债务危机和 20 世纪 90 年代末亚洲金融危机后，发展中国家政府债务规模总体呈下降态势，从 21 世纪初的约 50% 收缩至 2013 年的 34%。高企的政府债务迫使发达国家在政策上做出回应，如 2010 年在 20 国集团（G20）多伦多峰会上提出了发达国家于 2013 年实现赤字减半、2016 年债务率稳定的目标。

四、延伸思考

从使用效益角度评判政府债务适度规模，需要有外部条件。

（一）改进政府预算编制方式

目前中国政府债务预算资金动辄几亿元、几十亿元，没有具体的明细科目和操作依据，使得资金的监督检查形同虚设，加大了执行过程中违规操作的可能性。对此，应将债务预算与非债务预算分开，债务预算再按政府债务性质或用途细分成若干特别预算，至少分为一般债务预算与专项债务预算两个部分。

（二）改进政府债务收益率的计算方法

目前，中国在研究政府债务收益率时常用单利率计算，而单利率由于忽视了资金的时间价值，特别是在政府债务资金较大时，计算出的政府债务收益存在较大误差，影响了政府债务的投资决策。而现在国际通行的是采用复利率法，即在充分考虑资金时间价值的基础上测算出政府债务的收益率，常用内含报酬率 IRR 来推导。因为所讨论的政府债务是一次性投资品种，以后就只收入而不再投资。因此，假定只发生的最初一笔投资为 P，以后第 t 年的投资收益为 Y_t，则 IRR 可定义为方程 $\sum Y_t(1+r)^{-t} - P = 0 (t=1,2,3,\cdots,n)$ 的唯一解（即通常所理解的政府债务复利率）；若出现需不止一次投资的政府债务种类，即最初投资后，还需再投入的政府债务，则应按外部报酬率 ERR 来推导。假定第一笔投资为 P，第 t 年的投资为 P_t，收益为 Y_t，则 ERR 可定义为方程 $\sum Y_t(1+r)^{n-t} - P(1+r)^n - P_t(1+r)^{n+1-t} = 0 (t=1,2,3,\cdots,n)$ 的唯一解（即通常所理解的政府债务复利率）。以 IRR 或 ERR 推导的政府债务年复利率能客观地反映不同期限、不同项目的政府债务投资收益，从而成为测算政府债务使用效益非常有效的手段，同时也便于不同政府债务使用效益的对比分析。

（三）加强政府债务使用的微观监督

首先，设立健全的监督机构。由中央政府、地方权力机关、审计部门等组成政府债务使用监督机构，对政府债务项目的可行性、资金的流向、投资的效益进行事前、事中、事后的全方位监督，约束项目单位的收支行为，努力实现政府债务的预期目标。其次，开设"政府债务资金专户"。对所有使用政府债务资金的投资项目，必须开设"政府债务资金专户"，由银行按工程进度、基本建设程序、配套资金的到位情况有计划地分批拨付资金，便于及时掌握并监督政府债务资金的使用过程。再次，实行"拨款管理责任制"。按照谁拨款谁管理、谁负责的原则，落实责任到人，以便加强政府债务资金拨付者的监督责任感。最后，建立政府债务资金使用的汇总分析报告制度。对政府债务资金的使用不仅进行合法合规性检查，而且进行成本收益的分析，指出存在的缺陷，提出改进的意见，以提高今后的政府债务使用效益。

五、基本结论

Reinhart 和 Rogoff 等学者提出的债务负担率门槛阈值（90% 或 85%、77%）等观点是通过实证研究得出的结论，具有相当大的参考价值。只是仅用债务负担率（政府债务余额/GDP）指标存在一定的缺陷。"门槛阈值"的大小，与自偿能力、消费中性、挤出效应及投资收益等因素相关。

赤字率与债务率之间存在一种内在逻辑关系：要保持债务率不上升，必须使当期赤字率不超过债务率与经济增长率的乘积。《马约》提出的债务率60%、赤字率3%的标准，那么暗含的名义经济增长率必须保持5%及以上。所以，该警戒线的确有其参考价值。

某种意义上说，如今欧洲国家债务危机就是偏离了"门槛阈值"的结果，既偏离了 Reinhart 和 Rogoff 等学者提出的90%的标准，也偏离了《马约》提出的债务率60%、赤字率3%的标准。所以，"门槛阈值"是有参考价值的，发展中国家有必要借鉴。但是，又不能简单机械地套用。

主要参考文献

1. 刘邦驰. 国债理论限度与实践分析 [J]. 财经科学，2001（6）.
2. 郭庆旺，赵志耘. 中国财政赤字的规模与作用 [J]. 经济理论与经济管理，2002（2）.
3. 贾康，赵全厚. 国债适度规模与中国国债的现实规模 [J]. 经济研究，2000（10）.
4. 刘迎秋. 论中国现阶段的赤字率和债务率及其警戒线 [J]. 经济研究，2001（8）.
5. 陈建奇. 对《马约》赤字率、债务率参考标准的反思 [J]. 广东商学院学报，2010（1）.
6. 樊纲. 论"国家综合负债"——兼论如何处理银行不良资产 [J]. 经济

研究, 1999 (5).

7. 童大龙. 公债的数量界限研究 [J]. 技术经济, 2000 (3).

8. 魏陆. 我国国债规模的可持续性及其风险分析 [J]. 财经研究, 2001 (9).

9. Reinhart, Carmen M. and Kenneth S. Rogoff, "Growth in a Time of Debt" [J]. NBER Working Paper, January 2010.

10. Caner, Mehmet, Thomas Grennes, Fritzi Koehler – Gerb. Finding the Tipping Point: When Sovereign Debt Turns Bad [J]. World Bank Conference on Debt Management, 2010 (3).

11. Cecchetti, Stephen G., M. S. Mohanty and Fabrizio Zampolli, "The Real Effects of Debt" [J]. BIS Working Papers, September 2011.

12. 罗林, 龚攀. 政府债务数量机制与门槛效应 [J]. 浙江金融, 2013 (2).

13. 范小云, 郭步超. 政府债务适度规模与增长模式转型 [J]. 南开学报 (哲学社会科学版) [J]. 2014 (1).

30 公债负担：
究竟存在不存在？

随着公债规模尤其是地方政府债务规模的迅速扩大，人们对公债逐渐产生一些忧虑，担心未来的偿还负担越来越重。公债究竟有没有负担？这是一个争论不休的话题。其实，不同的人对于公债负担（Burden of the Debt）的理解不完全相同。笔者主张，公债负担要从经济负担与财政负担、总额负担与净额负担等角度去分析。

一、他人观点

（一）把生产资本的损失看成公债负担

这种观点认为，公债是将生产性资本转作非生产性的用途，从而助长消费、忽视节约，造成生产资本的丢失，阻碍生产的发展。

斯密（A. Smith，1776）认为，公债会增加国家的负担，"举债的方策，曾经使采用此方策的一切国家都趋于衰弱。"举债也会增加人民的负担，"巨额债务的增积过程，在欧洲各大国，差不多是一样的，目前各大国国民，都受此压迫，久而久之，说不定要因此而破产。"

李嘉图（D. Ricardo，1817）认为，公债是国民资本被浪费的因素，因而主张迅速地消除公债。"最可怕的灾难之一，无论什么时候，它都是为压迫人民而发明的。"

(二) 把公债利息的支付看成公债负担

这种观点认为，发行公债时，认购者将其真实资源转移给政府；偿还公债时，政府将真实资源转移给债权人。从整个过程来看，公债本金收支相抵，只有利息支付才有可能构成政府公债负担。

多马 (Domar, 1944) 认为，在公债利率一定的条件下，公债负担等于利息负担占国民收入的比率。假定政府偿债资金来自于税收，那么，公债负担表现为清偿债息的平均税率。如果国民收入以一定的增长率增长，那么公债负担就比较低。

(三) 把公债存在引起的产量损失看成公债负担

这种观点认为，政府为了支付利息，就必须征收额外税收，这些税收常常产生扭曲作用从而引起一定程度的产量损失。此外，如果政府通过公债筹借资金引起投资下降，那么，生产也会受到影响，出现产量损失。

道尔顿 (Dalton, 1922) 认为，"国内公债……只是在一社会中一连串财富的移转，就整个观之，既无直接货币负担，亦无直接货币利益。"

萨缪尔森 (Paul A. Samuelson, 1948) 认为，"一代人把负担加给下一代的主要方式是耗费掉国家现有的资本品的总量，而不对资本品添增通常的投资，但公债由于具有生产性之特征，确定直接增加国家的物质财富。这种公债实际上代表着一种负数的负担。因为，它能够在目前导致出更大数额的资本形成和消费。""公债并不像石块那样压在国家的肩头，使它的国民承受石块的负担。"他认为，政府的真正负担体现在三个方面：首先，为支持债务利息而征税会造成效率损失。其次，会产生资本替代效应。"也许，大量公债的最严重的后果是由于公债代替了一国财产存量中的资本而引起的。" 也就是说，"私人资产可以被政府债务所取代"。再次，债务会对人们的情绪和私人投资产生影响。

朱德忠、袁星侯 (1999) 认为，政府将公债资金用于公共产品，靠税收偿还，那就成为纳税人负担；用于生产私人产品，靠利润偿还，则没有负担。政府将公债资金用于本期经常性支出，依靠借新债还旧债，那么就由未来人承担；用于投资性支出，且投资的收益率高，那就无负担。

(四) 把代际负担看成公债负担

这种观点认为，公债是否构成代际负担，要看公债的资金来源与债务资金的运用方向。如果私人部门以投资基金购买公债，而政府将公债资金用于消费，就可能发生公债的后移负担；如果私人部门以消费基金认购，政府将公债资金用于生产性的公共产品和准公共产品，则对现今和未来世代的实物供给能力有所增加，对后代产生的将是负的负担；如果私人部门以消费基金购买公债，政府将公债资金用于消费，或私人部门以投资基金购买公债，政府将公债资金用于公共投资，那就无所谓代际负担。

勒纳（A. P. Lerner）等人认为，公债是由当代人负担的。在发行公债时，当代人承购债券，意味着把真实资源转移给政府使用，形成了负担。在偿还公债时，纳税人缴纳税收。由于债券持有人与纳税人都是举债政府管辖下的同一代公民，下一代人并没有什么负担。

布坎南（J. Buchanan, 1958）等人认为，公债是由后代人负担的。在发行公债时，当代人承购债券，这是一种投资行为，是比较了成本与收益之后作出的选择，不应看成是负担。相反，在偿还公债时，纳税人缴纳税收，减少可支配收入，形成了负担。

海尔布朗纳和伯恩斯坦（R. Heilboner 和 P. Bernstein, 1958）认为，"国债和政府赤字将给下一代留下可怕负担"的观点是完全站不住脚的，一是因为债务与国民经济协调发展就不会有负担；二是因为国债之内部性质，使支付的大部分利息付给境内家庭或机构；三是因为偿还国债又意味着在巨大的规模上转移资产，即从只交税不购买国债的穷人手中转移到既交税又买国债的有钱人手中。

谭本源（1991）认为，国内短期公债不会把负担遗留给后代，中长期特别是长期公债，可能会把负担遗留给后代。

二、几点疑问

从公债负担问题的争论中可以看出，究竟什么是公债负担，学者们的观点是各不相同的。对于上述几种观点，笔者尚存以下几点疑问：

(一) 付息是公债负担,还本就一定不是公债负担吗?

公债还本不是负担,公债利息才是负担。持这种判断的根据是,政府发行公债时,认购者会将其真实资源转移给政府,表现为可供政府支配的真实资源增加;债务发生后,政府按规定支付利息并到期偿还本金,将真实资源转移给债权人。政府还本时所减少的真实资源,与其举债时的所获得的真实资源是一致的,支付的利息才是政府净减少的真实资源。但是,如果公债存续期间,物价和汇率发生变动,偿还时本金所代表的真实资源与借入时不一样了,是否可能构成一种负担?

(二) 为偿付公债利息而增税所造成的效率损失能看作公债负担吗?

如果公债利息的支付依靠开征新税或者增加旧税税负,由此引起一定的产量损失。这种情况有可能发生。然而,如果为筹措偿债资金征税而产生的扭曲效应看成是公债负担,那么,为筹措其他各种财政资金征税而产生的效率损失呢?莫非都是国防负担、行政负担、教科文卫负担?把税收效率损失归咎为一种公债负担,是否有说服力?

(三) 生产资本通过公债被用于政府支出,就发生公债的后移负担吗?

第一,如果一笔资金属于生产资本,但是处于暂时的闲置状态,如今通过公债用于政府的经常性支出,在这种情况下,会否构成负担?尤其要关注一下是否存在经常性支出的代际外溢性?第二,如果一笔资金属于生产资本,如今通过公债被用于政府的资本性支出,是否对下一代构成一种负担?

三、我 的 看 法

公债负担有财政负担与经济负担两个层面的理解。公债的财政负担是指一国或地区公债到期时政府财政面临的还本付息压力;公债的经济负担是指一国或地区公债引起经济扭曲,导致偿还时与发行时相比真实资源反而有所减少。

(一) 关于公债的财政负担

1. 公债本金和利息一样,也可能构成一种负担

发行公债时本金所代表的真实资源与偿还公债时所代表的真实资源,未必

在数量上完全相等。

就国内公债而言，哪一方承受利益损失，取决于持有期间物价的变动情况。在通货膨胀条件下，债权人（私人部门）的利益受损，政府得益；但是，在通货紧缩的时期，反而是债务人（政府）的利益受损，债权人得益。当然，这里又涉及利息的经济含义是什么。也许有人会说，利息是货币时间价值的补偿，或者说，利息是让渡资金使用权所得的报酬。债权人支付利息，已经考虑到了通货膨胀因素，况且大多数情况总是通货膨胀而非通货紧缩，因此，政府还本不代表公债负担。即便如此认识利息的本质，只要考虑数量因素，还本仍然可能涉及负担。因为公债利率与常常是固定的，而物价是不断波动的。

如果是国外公债，则要考虑汇率变动等因素。

2. 要区分公债总额负担与公债净额负担

公债对于一国政府构成财政负担是显然的，可以说，只要有公债就会有财政负担。但是，公债是否给一国经济造成损失，那是不容易判断的。对于经济有否损失，涉及政府使用公债资金的方向和效益，也涉及人们对于非生产性公共支出经济效应的认识。公债是否产生负担的代际转移，同样是一个难以判断的问题。因为所谓"代"是指世系相传的辈分，由于世代是叠起的，往往很难界定当代人或后代人。就算后代是指辈分较低的人，也难以断定他们是否由于上一代人的公债活动而承担了损失。

公债究竟有没有负担？笔者认为，要区分公债总额负担与公债净额负担。前者是指举借公债时经过测算而得出的本息偿还数额，由发行总额、偿还期限、发行利率和计息方式这样四个因素决定；后者是指在偿还公债时实际需要支付的数额。真正的公债负担是指净额负担，是否存在要经过数据测算才能作出判断。

$$NB = C + I - R \pm I' \pm E'$$

上式中，NB 表示公债净额负担；C 表示本金；I 表示利息（本金×期限×利率）；R 表示公债资金投资回收额；I' 表示利差调整额（本金×期限×利率差）。利率上升取"＋"号，反之取"－"号；E' 表示物价调整额（本息和×通胀率），通货紧缩时取"－"号；通货膨胀时取"＋"号。

公债净额负担与总额负担之间的差别，主要取决于公债用途、公债政策及货币币值等因素。

(1) 公债使用方向及收益高低决定着公债的自偿能力。公债的用途通常有三：投资公共工程、弥补预算赤字及偿还到期公债。公共工程项目有两种类型,一种是盈利性的,另一种是非营利性的。预算赤字的产生可能是经常性支出过多,也可能是投资性支出过多造成的。到期的公债本身也是为了公共工程项目投资或预算赤字的弥补。由此看来,公债使用方向实际上就是两个,即营利性项目和非营利性项目,前者有经济收益,后者只有社会收益。很显然,用于营利性项目的公债,有较强的自偿能力,不必通过征税方式筹措偿债资金;用于非营利性项目的公债,没有自偿能力,必须通过税收去偿还。在市场经济条件下,公共部门应尽量避免涉足竞争性的投资领域,因而公债大多为赤字公债或偿债公债。但在经济处于不景气的时期,政府也会发行一定数量的专项公债,用于基础工业、基础设施项目的投资,这种公债并不对政府构成过重的财政负担。

(2) 政府公债政策也会影响偿债负担。如果政府为降低公债的流动性,发行新公债取代即将到期的旧公债,由于公债的平均期限延长了,新公债的利率必须高于旧公债,这样,付息负担就会增加;当市场利率远远高于公债利率时,出于维护债权人利益的需要,政府会采取保值贴补措施,这也会使偿债负担增加。公债政策反而减轻偿债负担的可能性也存在。比如随着市场利率水平的大幅度下降,政府通过发行新公债取代即将到期的旧公债,虽然公债的平均期限延长了,但调换公债的平均利率水平反而降低。

(3) 货币币值对偿债负担也有影响。就国内公债而言,主要是通货膨胀的影响。如果在公债发行之后到期之前物价持续上涨,那么政府的实际偿债负担会减轻,即便实行浮动利率,利率上升幅度与物价上升幅度持平,由本金所代表的那部分偿债负担仍大大减轻。通货膨胀有利于债务人有损于债权人的道理,在公债关系中同样适用。就国外公债而言,主要是受外汇汇价变动的影响。若外债偿还时外币升值,则债务国就要将比原先更多的经济资源转移到国外,显然增加偿债负担;反之,若外币贬值,那么实际承受的还本付息负担反而减轻。各国通常不愿贬低本国货币的币值,一个很重要的原因就是为了不增加偿债负担。

(二) 关于公债的经济负担

1. 正常情况下税收效率损失不能代表公债负担

为筹措偿债资金,政府采用征税的方式,由此产生的扭曲效应未必能归结为公债负担。

第一,效率损失可能是税收制度本身不够合理造成的。众所周知,商品课税引起的税收超额负担大于所得课税的税收超额负担,即便在商品课税条件下,税收超额负担也因税率水平、需求弹性等有所不同。例如,普遍征税征低税,或者实施弹性反比法则,税收超额负担就比较小。

第二,为偿付公债而征税或增税,或许产生超额负担,但是,必须同时看到公债资金使用形成的资产和外溢性。建造一座水库,可以使几代人免遭洪水的肆虐,还享受供水的便利。如果这种收益超过扭曲效应,怎会构成负担?

但是,如果公债资金用于非正义的战争,纯粹属于财富的净消耗,而还本付息的资金来源恰恰就是横征暴敛,这种情况下,就构成公债负担。

2. 公债资金用于政府支出未必构成负担

关于公债是否构成代际负担,要区分几种情况。假如将公债资金来源分为生产资本与闲置资本,将公债资金用途分为政府的资本性支出与经常性支出,那就有四种组合。如图30-1所示。

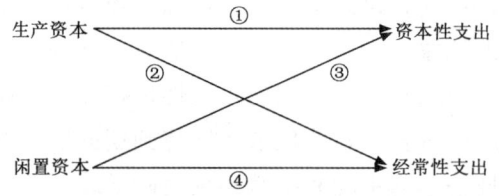

图30-1 公债来源与用途的组合

组合①是将私人部门的生产资本通过公债转化成公共部门的资本性支出。这种组合是否不减少投资总额,只是投资的主体结构发生变化?那要考虑政府资本性支出的效率。如果政府的投资效益率低于私人部门,这个时候就会产生公债负担的后移。通常,政府部门的投资效率都低于私人部门,所以,这种情况是经常可以看到的。

组合②是将私人部门的生产资本通过公债转化成公共部门的经常性支出。这种组合是否将使公债负担转移给后代人?那要考虑经常性支出的代际外溢性。经常性支出一般是当期消费的,这正是税收充当资金来源的原因。人们当期承担税负,当期消费公共服务。不过,未来世代人也可以从有些经常性支出项目中得到利益。比如教育支出,知识和学识就是代代相传的。上代人享受了较多的教育支出,当代人从上代人那里、下代人从当代人那里都可以获得好处。所以,将私人部门的生产资本通过公债转化成公共部门的经常性支出,结果是在公债负担转移给后代人的同时,一部分公债利益也转移给了后代人。如今的公债，大多是为弥补财政赤字而发行，即所谓的赤字公债。因为产生赤字的原因很多，难以分清是投资性支出还是经常性支出所致，很有可能就是经常性支出引起的，实际中出现组合②的概率非常大，但是，不能盲目认定发生了代际负担。

组合③是将私人部门的闲置资本通过公债转化成公共部门的资本性支出。这种组合对于后代人只有益处而没有负担。

组合④是将私人部门的闲置资本通过公债转化成公共部门的经常性支出。这种组合对于后代人也没有不良影响。

四、延伸思考

2014年10月2日，国务院发布《加强地方政府性债务管理的意见》，区分了一般债务与专项债务。该文件没有作专门的名词解释，但是大体作了边界的划分："对没有收益的公益性事业发展举借的一般债务，发行一般债券融资，主要靠一般公共预算收入偿还；对有一定收益的公益性事业发展举借的专项债务，发行专项债券融资，以对应的政府性基金或专项收入偿还。"

将政府债务区分为一般债务与专项债务，对于减轻公债负担究竟有没有意义？

实际上，一般债务主要涉及经常性支出，偿债资金来源于一般公共预算。无论主要靠税收偿还还是主要靠发新债还旧债的方式将偿还责任延推到未来，只要经常性支出转化为公共产品，并且对后代人带来正外部性，也未必会造成公债负担。

至于专项债务，主要涉及资本性支出，偿债资金来源于项目建成后的经营性收益或者制度性收入，如由交通部门统借统还建设的高速公路、用土地出让金作为还款来源的城市基础设施项目等。专项债务是否构成负担，取决于政府资本性支出的效率。

假如私人部门的投资收益率为10%，若政府投资的收益率为12%，那么公债实际上是将资金从投资收益率低的私人部门转移到了投资收益率较高的政府部门。n年后这项债务（A）的还本付息额为$A \times (1+10\%)^n$，而这项公债的投资所形成的资产则为$A \times (1+12\%)^n$。如果政府不发行公债，这笔资金将会被私人部门占用，它所形成的资产在n年后为$A \times (1+10\%)^n$。在这种情况下，公债不仅不会给后代造成负担，反而会提高未来社会的福利。因为公债使社会在若干年后带来还本付息的同时，还形成了一笔资产，而且资产的价值超过私人部门投资所形成的价值。

如果公债所支持的投资项目的收益率低于它所排挤的私人部门投资的收益率，或者不仅没有收益反而发生亏损，比如说亏损率为10%，那么这项投资所形成的公共资产价值在n年后即为$A \times (1-10\%)^n$，未来社会形成的资产价值低于私人部门投资这笔资金所形成的资产价值。在这种情况下，公债将给后代造成负担。

归结起来说，区分一般债务与专项债务有一定的意义，但是公债负担的减轻，更关键的在于要明确举借债务的条件约束、规模控制、结构安排及用途限定。比如，公债发行尽可能吸收社会闲置资本，这就意味着公债收益率不能明显高于市场收益率；公债规模要控制在适度的范围之内；用于经常性支出的债务与用于资本性支出的债务之间要有合理的配比；以债务资金作为投资来源的项目必须有相当高的收益率保证，至少不低于同类项目的私人部门投资收益率。

五、基本结论

《新帕尔格雷夫经济学大辞典》认为，公债是不是一种负担（如果是，以什么方式称为负担）成为一个条件很强的问题[①]。笔者非常赞同这种说法。通过以上的分析，大体可以罗列构成公债负担的"条件"，构成以下条件之一者便形成公债的经济负担。

第一，在存续期内发生通货紧缩，还本付息的压力增加；或者外债偿还时外币升值，债务国要将比原先更多的经济资源转移到国外。

第二，将公债资金用于非正义的战争，纯粹是既有财富的消耗。

第三，将私人部门的生产资本通过公债转化成公共部门的资本性支出，政府的投资效益率又低于私人部门的投资收益率。

从公债的财政负担看，要区分公债总额负担与公债净额负担。前者是指举借公债时经过测算而得出的本息偿还数额，由发行总额、偿还期限、发行利率和计息方式这样四个因素决定；后者是指在偿还公债时实际需要支付的数额，

[①] 约翰·伊特韦尔，默里·米尔盖特，彼得·纽曼. 新帕尔格雷夫经济学大辞典（第一卷）[Z]. 北京：经济科学出版社，1996：321.

主要取决于公债用途、公债政策及货币币值等因素。

主要参考文献

1. 亚当·斯密著.郭大力,王亚南译.国民财富的性质和原因的研究（下卷）[M].北京：商务印书馆,1974.

2. 大卫·李嘉图著.郭大力,王亚南译.政治经济学及赋税原理[M].北京：商务印书馆,1976.

3. Dalton, H.. Principles of Public Finance. London：George Routledge & Sons Ltd., 1922.

4. Domar, E. D. The Burden of the Debt and the National Income, American Economic Review 34, 1944.

5. 萨缪尔森著.萧琛译.经济学（上册）[M].北京：商务印书馆,1987.

6. James M. Buchanan. Public Principles of Public Debt：A Defense and Restatement, Homewood Richard D. Irwin, 1958.

7. 罗伯特·海尔布朗纳,彼得·伯恩斯坦著.周谟智译.国债和赤字：无根据的惊恐/现实的可能性[M].北京：中国经济出版社,1993.

8. 谭本源.债务负担转移问题的具体分析[M].财经科学,1991（1）.

9. 朱德忠,袁星侯.公债负担：理论比较与现实思考[J].审计与经济研究,1993（3）.

31 财政监督：

可否以"纳税人监督"取代之？

财政监督（Financial Supervision），这是一个延续了几十年、其含义非常笼统、其范围特别宽广的模糊概念。通常的解释是，监督主体对一定范围内的财政活动行使监督权的行为。然而，财政监督的主体是谁？是财政部门、审计部门还是议会？监督的客体又是谁？是财政部门自身、政府职能部门还是公共企事业单位？名义上财政部门有财政监督的功能，实际上难以监督各个职能部门。这个局面不改变，财政监督就没有什么存在的必要，但是，如果要解决，又有什么破解的着数？

一、他人观点

顾超滨（1996）认为，财政监督是指政府的财政管理部门以及政府的专门职能机构对国家财政管理对象的财政收支与财务收支活动合法性、真实性、有效性，依法实施的监督监察，调查处理与建议反映活动。

王惠平（1998）认为，"财政监督是指各级财政部门在资金积累、分配和使用过程中，对企事业单位的资金活动进行的监督检查。"财政监督具有管理的性质，而审计是一项独立性的经济监督活动，不参与经济管理活动。这是财政监督与审计最本质的区别。

柯永果（2002）认为，"财政监督是指监督主体对一定范围内的财政活动行使监督权的行为。"关于监督主体的理解，存在三种认识：一种是指广义的财政部门，一种是指独立审计部门，还有一种是指最高权力机关。关于监督主体行使监督权的范围，存在两种认识：一种是仅对财政收支活动进行监督，另一种是对政府财政运行全过程进行监督。

於鼎丞、廖家勤（2003）认为，"财政监督即监督财政，是对政府财政活动的监督。包括政府内部监督，即财政部门的监督，也就是人们常说的财政监督，也包括外部监督，外部监督又分为权力机关的直接监督、权力机关的委托机关——审计机关的监督、社会公众和新闻舆论监督。"

张馨（2004）认为，"所谓财政监督，就是对于政府收支活动的约束、规范、督察与促进，它确保政府收支活动具有真实性、合规（法）性和效率性，阻止财政活动中的低效浪费、贪污腐败等现象，维持财政活动各方的力量均衡，保护它们的正当利益。可见，财政监督的实质与核心问题，就是对于政府财力的约束与规范。"

周小林（2004）区分了监督财政、财政监督两个概念，认为"监督财政是公众对政府财政行为的监督，财政监督是财政部门对财政决策执行的监督。"

陈工、陈健（2007）认为，广义的财政监督是一个多层次、多主体的监督体系，包括人大监督、审计监督、司法监督、财政部门监督、税务部门监督、社会中介机构的监督，以及纳税人的监督。狭义的财政监督是指财政部门的监督，即财政部门在财政管理过程中，依法对国家机关、企事业单位、社会团体和其他组织涉及与财政资金运动有关的活动过程及其效果所进行的专门监控。

马国贤（2009）认为要确立"科学监督"的理念，财政监督应分为合规性监督和有效性监督两类，要从权力监督转到理性监督。

二、几点疑问

（一）监督的主体是谁？

目前，关于监督主体，存在财政部门、审计部门和人大等三种说法。之所以产生分歧，因为国际上对这个问题的认识和实践也是不同的。从理论上看，国外对财政监督理论的研究主要有两大学派，即阿利克斯学派和瓦格纳学派。

其中，以法国学者阿利克斯（Alix）为主的学者认为，财政监督应按照监督机关的性质进行划分，包括立法监督、行政监督和司法监督这样三个层次；以德国学者瓦格纳（A. Wagner）为主的学派认为，财政监督应按照财政活动的关键程序进行划分，包括金库监督、计算监督、行政监督和国家监督。① 从实践上看，世界各国财政监督模式主要为立法型、司法型，前者如美国、英国、加拿大、澳大利亚、新西兰等，后者如法国、德国、意大利、西班牙、希腊等。行政型的以苏联和东欧国家为代表，随着东欧国家纷纷转为立法型，目前只有中国、泰国、巴基斯坦等少数国家采用行政型。

现在的问题就是监督主体的确定了。如果是财政部门去监督别的部门，包括国家机关、企事业单位、社会团体等，那么"财政监督"的概念尚能成立。但是，如果是立法机关或者由它委托的审计机关监督财政，那么"财政监督"的概念就不能成立，因为本意是"财政被监督"。前述的他人观点中，有"财政监督"与"监督财政"的区分，相信作者的初衷就是企图厘清监督的主体是谁。在传统意义的"财政监督"概念中，监督主体通常是指财政部门。但是，"监督财政"的提法呢？尽管从监督的对象是"财政"不难判断出，其主体是指立法机关或者由它委托的审计机关，但是从概念本身看，监督行为的主体指向不明。所以，严格地说，"监督财政"的提法是有缺陷的。这就是说，如果选择监督主体为立法机关或者由它委托的审计机关，就有必要确立一个全新的概念。

（二）监督的根据是什么？

前述的他人观点中，好几位学者都明确指出，通过财政监督，实现财政活动的合规（法）性、真实性、有效性。目标是明确的，但是怎样才能通过监督而实现呢？

如果不监督，"三性"就实现不了吗？从经济学角度看，如果不监督，的确会存在很大的风险。因为在委托代理过程中，人们普遍有机会主义行为倾向，"逆向选择"和"道德风险"难以避免。财政活动是一种多层次、多环节的委托代理行为，出于行为主体的利益博弈，经常会有"逆向选择"和"道德风险"。

如果有监督，但是没有依据，"三性"能实现吗？监督是人去执行的，如

---

① 刘永桢.西方财政学［M］.北京：中国财政经济出版社，1996.

果在监督过程中，监督者出于自身利益的追求，不履行职责，那么，"三性"还是实现不了。因为被监督者可以认为他的行为已经合规（法）、真实、有效。那就要分析，监督者依据什么标准去监督别人。这个标准可能是多维度的，但是最主要的应该是预算。如果预算不详细、不充分，执行过程中有偏差甚至差之千里，监督就失去依据。长期来，中国财政领域中存在浪费、低效等现象，能责怪财政监督不力吗？就算监督机构要"给力"，有详细的预算根据吗？

马国贤（2009）关于科学监督应包含合规性监督和有效性监督的观点很正确。但是，财政活动如果没有"合规"，就不可能"有效"，所以，合规性是有效性的前提。这个"规"，可以是《财政监督法》、《预算法》等法律以及会计准则等法规，但更重要的是每年编制的规范的预算。从实践看，我国提高财政监督的效果，关键也在这里。因为，部门预算虚列支出项目或经费的现象非常明显；或者由于详细程度不够，伸缩的余地非常大。

三、我的看法

"财政监督"这个概念，虽然延续了几十年，但是它的含义并不明确。尤其是监督的主体，通常都是指财政部门。问题在于，财政部门监督国家机关、企事业单位、社会团体等，即便涉及的是财政资金，毕竟，从行政地位上说，财政部门与其他职能部门是平级的，一个内设的业务处室去监督一个厅级部门，难免遇到"小马拉大车"的尴尬。或许有的学者已经意识到这不是一个好名词，就用"监督财政"来替代。但是，从字面上看，尽管财政成了被监督的对象，可是，主体是谁依然语焉不详。

有没有更好的名词呢？国外没有"财政监督"这个专门的术语，无论财政部门分配预算资金还是各职能部门使用预算资金，都受到严格的约束。这种约束来自何方？一是议会，二是媒体。其背后都是纳税人！当然，这里对"纳税人"概念的理解是广义的，即一个国家或地区境内所有的居民都是纳税人。包括：缴纳了税款同时由自己承担税款的人，自己没有缴纳税款但是实际上承担了税款的人，缴纳了税款但是最终把税款转嫁给别人的人。[①] 所以，笔者认为，应该确立"纳税人监督"的概念，取代原先的"财政监督"。

---

① 更为具体的论述，参见本书条目"25. 纳税人：其定义是否有缺陷？"。

（一）确立"纳税人监督"的概念有利于真正维护纳税人的利益

市场经济条件下，政府与民众是平等的关系。政府提供公共产品，纳税人购买公共产品。财政资金在分配与使用过程中，因为存在信息不对称和机会主义行为倾向，为了体现公平和效率原则，就需要有制度。但是光有制度还不行，还需要有专门的机构和专门的人去监督。公平和效率原则的维护，说到底是为了纳税人的利益。

张馨（2009）认为，"谁的钱谁监督。""财政监督更为根本的，应是'主人'（老百姓）对'管家'（政府）使用自己的钱所进行的监督。"笔者非常赞同这个说法。纳税人通过监督，使自己感到购买政府提供的公共产品物有所值。"纳税人监督"概念的确立，可以让监督者、被监督者都明白，监督行为的出发点和归宿点都是维护纳税人的利益。

（二）确立"纳税人监督"的概念有利于真正形成对权力的约束

监督的目的是要实现财政活动的合规（法）性、真实性、有效性。但是，如果有监督机构，也有监督依据（法律法规），但是如果监督者不尽职尽力，"三性"还是不能实现。因此，监督机制的设计非常关键。

一个监督机制好不好，关键在于是否真正对权力形成约束。多年来，以财政部门为主体的监督难以有实效，是因为没有对权力形成约束。职能部门认为财政部门手伸得太长，什么都要管；财政部门自身，管与不管都很为难。

照理说，对职能部门最有约束效力的应该是议会和舆论。因为这才是代表纳税人利益的。前者是间接的却有法律效力，后者没有法律效力缺失是直接的，二者互相补充。"纳税人监督"概念的确立，有望使所有纳税人都觉醒，都通过直接或间接方式参与监督，权力的约束指日可待。

（三）确立"纳税人监督"的概念有利于真正体现监督的独立性

马向荣（2008）认为，"独立性是财政监督的本质特征，是财政监督的客观性和有效性能够实现的前提。"笔者非常赞成这个观点。对财政的监督是否有效，关键是独立性能否得到体现。为什么多年来财政监督往往达不到理想的效果？原因之一就是监督主体不明确。

理论上看，广大纳税人是财政资金的终极所有者；政府部门是财政资金的分配者，具体工作由财政部门承担；行政事业单位是财政资金的使用者。在传统体制下,财政部门作为监督主体去监督行政事业单位使用财政资金的行为,对于纳税人而言,实质是一个代理人去监督另一个代理人。因为各级财政部门并不是财政资金的所有者,所以对于监督行为不可能非常的尽心尽力。反之,如果监督者与财政资金的使用者即行政事业单位结成某种合作关系,操作者反而可能得益。这就是所谓的监督者被监督者所俘虏。这样,监督的独立性很难得到体现。

国外的实践表明,独立性的维护要依靠终极的委托人来监督,因为监督效果与其利益紧密相关。显然,纳税人是财政资金的所有者,也是一连串委托代理关系中的终极委托人。只有赋予纳税人监督权,财政资金的分配和使用才有望不受侵蚀。实现纳税人监督,就需要转变监督模式,即由行政型监督转变为立法—舆论型监督。

必须依靠人民代表大会履行监督职能,是因为纳税人众多,直接监督费时费神,而且难以形成合力。从节省监督成本、提高监督效率出发,不得不依靠人民代表大会,因为人民代表大会也可以理解为"纳税人代表大会",而且它作出的决定具有法律效力,可以对政府部门及其所属行政事业单位构成一种"威慑"。从历史上看,近代议会制度的确立,正是纳税人强烈要求财政资金得到合理分配和有效使用的产物。许多国家代表议会监督财政资金的分配和使用,是借助于审计部门的。这是因为议员未必都掌握财政预算的专门知识,审计系统的员工受过专门的训练,更能胜任纷繁复杂的查账、审核等事务。中国的审计机关隶属于政府部门而非直接对人民代表大会负责。如果确立纳税人监督制度,审计的隶属关系是有调整的必要的。

在依托人民代表大会监督的同时,还必须依靠舆论监督。这是因为,人民代表大会监督的效力不取决于有没有人民代表大会这个机构。还取决于其他多种因素。例如人大代表的"代表性"。如果人大代表不是人民普选出来的,是出于某种政治需要指定当选的,而且政府官员所占比重又很高,况且都是兼职代表,没有时间和精力去审议预算和调查研究,这就难以收到实际的效果。再如,人大代表是否愿意反映纳税人的偏好,人民代表大会是不是真正按照纳税人的意愿去督促政府,这些都会影响实际效果。这就是说,人民代表大会的监督同样存在道德风险。舆论监督就是一种补救措施。随着因特网的发展,网络监督日显重要。纳税人通过网络监督非常直接,也非常便捷。更重要的是,这样能维护自己的利益。

归结起来看,笔者所说的纳税人监督,是指纳税人通过议会和舆论,依法对国家机关、企事业单位、社会团体和其他组织有关财政资金征集、分配和使用的活动进行约束、规范和监控。

这个概念有三层含义：第一，监督的主体是纳税人。第二，客体是与财政资金有关的国家机关、企事业单位、社会团体和其他组织，其中包括财政部门。第三，监督的内容是财政资金的征集、分配和使用等活动。第四，监督的方式是通过议会和舆论。

与传统的"财政监督"概念有所不同，"纳税人监督"概念的外延不仅包括对财政资金分配和使用的监督，也包括对财政资金征集的监督，其中既有税收征收的监督，也有非税收入征集的监督。作这样的界定，完全符合公共经济的逻辑。因为，纳税人将税款交给政府，目的是让政府提供市场无法提供的公共产品，纳税人全方位监督政府，理所应当。

在此之前，人们有时也呼吁要维护纳税人权益，但是，说到纳税人权益，往往仅仅指纳税人在税款缴纳过程中应有的权利。例如，在立法上，2001年颁布的《中华人民共和国税收征收管理法》明确赋予了纳税人20多项权利；在行政上，税务机关通过开展税法咨询、集中办税、改进工作流程、规范税收执法等措施，积极为纳税人提供信息性、程序性、救济性服务，降低纳税人办税成本，保障纳税人享有知情权、申诉权、仅支付正确税额权、隐私权、确定性权、机密和秘密权等权利。

事实上，纳税人监督不应单单维护纳税人在缴税方面的权利，也不应单单维护财政资金分配和使用方面的权利，而是包含财政资金征集、分配、使用全过程的权利。

四、延伸思考

撇开财政收入征收的监督不说，困扰纳税人多年的一个问题是预算监督乏力。顺着纳税人监督政府预算的逻辑去思考，问题的关键在于编审和考评两个环节。严格的预算编审，可以发现失范的政府行为，可以通过人民代表大会纠正职能部门的行为，这是前向纠错；严格的预算考评，也可以发现经费使用绩效与政策目标之间的偏差，通过人民代表大会的力量，督促职能部门予以改进，这是后向纠偏。

（一）预算编审系统内部环节的流程再造

笔者构想的预算编审流程是一个由职能部门、财政部门、人民代表大会共同参与的闭环控制系统。如图 31-1 所示。

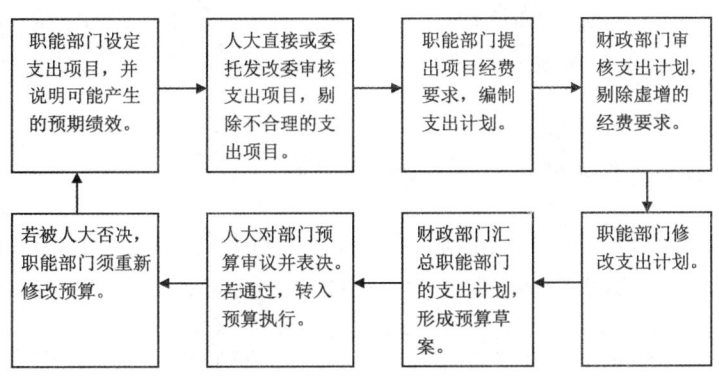

图 31-1 预算编审系统流程再造

这个流程的特点在于,职能部门先要设定支出项目并按预期项目实施后的绩效,然后由人大审核支出项目的必要性,识别并剔除不合理的支出项目。待项目确定之后,再安排经费问题。这是基于我国国情的考虑,因为目前总体仍处于转型期,与市场经济不相适应的政府行为时有出现。在安排财政经费之前,必须先界定政府活动的范围。

在上述编审流程中,人民代表大会的主要职能是审核项目,财政的主要职能是审核经费,这样的分工是与人民代表大会和财政的地位相一致的,也与两个部门工作人员的专业特长相对应。以往,财政部门从信息角度难以甄别职能部门设定的项目是否有必要,从机构级别看又难以去剔除一些不必要的支出项目,常常以经费去卡项目,结果得罪了一些部门;人大的困惑是缺少真正懂财政、懂财务的专业人员去审核纷繁复杂的经费预算。按照现在的分工,人民代表大会本来就有义务和权利去约束政府部门的行为,有些技术性较强的项目审核,也可以授权发改委去进行。一旦发现失范的支出项目,直接予以否决或剔除。从动态地看,预算编审环节对政府行为起到一个矫正的功能。支出项目与支出经费的分别审核,有望实现财政预算与政府职能的协调,实现支出绩效与政策目标的吻合。

该系统要付诸实践,必须充实预算审核的力量。欲做实、做细预算编审,既在政策法规上把握,又在技术上把关,工作量肯定大大增加。建议整合调配预算处和相关业务处的力量,同时将"财政项目预算审核中心"的功能定位由监督转为编审。

今后,职能部门往预算"注水"的做法依然会发生,财政部门在审核时仍然缺乏关于支出标准的必要信息，包括人员分配、材料价格等。为此，财政部门要对职能部门建立诚信档案，设定支出计划核减率等指标，对诚实编制支出计划的部门，予以奖励；反之，适当扣减。操作办法和相关信息在政府网上公开。

（二）预算考评系统内部环节的流程再造

笔者构想的预算考评流程是一个也是一个由职能部门、财政部门、人民代表大会共同参与的闭环控制系统。如图 31-2 所示。

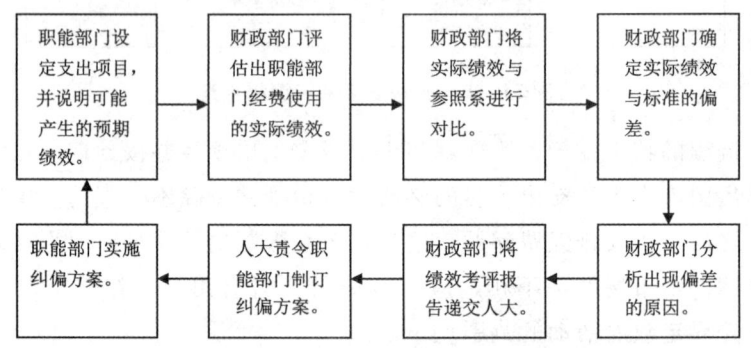

图 31-2 预算考评系统流程再造

这个流程的特点是，财政部门有专业人员从事绩效考评工作，但并不直接对职能部门提出纠偏要求，而是通过人民代表大会施加压力。与原先的财政监督相比较，专业性明显增强，同时也避免财政部门内设机构对职能部门"指手画脚"的尴尬局面。在这个流程中，职能部门不是经费用完就罢了，如果实际绩效与预期目标有较大的偏差，必须接受人大的督促，制订并实施纠偏方案。

该系统要付诸实践，必须充实预算考评的力量。建议整合现有的绩效评价处、财政监督局等机构，还要招收一批技术人员，使之有能力评价支出绩效。必要时还应借助于审计和中介机构的力量。当然，现行部分所谓从事预算监督的人员，将来可能面临工作岗位的调整。另外，绩效考评涉及考评指标、考评标准等技术性问题，需要通过资料和经验的积累逐步解决。

五、基 本 结 论

纳税人监督是指纳税人通过议会和舆论，依法对国家机关、企事业单位、社会团体和其他组织有关财政资金征集、分配和使用的活动进行约束、规范和监控。

在这一概念中,监督的主体是纳税人;客体是与财政资金有关的国家机关、企事业单位、社会团体和其他组织,其中包括财政部门;监督的内容是财政资金的征集、分配和使用等活动;监督的方式是通过议会和舆论。

与传统的"财政监督"概念有所不同,"纳税人监督"概念的外延不仅包括对财政资金分配和使用的监督,也包括对财政资金征集的监督,其中既有税收征收的监督,也有非税收入征集的监督。

顺着纳税人监督政府预算的逻辑去思考,应该实施严格的预算编审和预算考评,实现前向纠错和后向纠偏。

主要参考文献

1. 顾超滨.财政监督概论 [M].大连:东北财经大学出版社,1996.
2. 王惠平.对财政监督科学内涵的再认识 [J].湖北财税,1998 (8).
3. 柯永果.论财政监督的若干理论和实践 [J].财政监督,2002 (5).
4. 於鼎丞、廖家勤.财政监督与监督财政——关于财政监督基础性问题的理论分析 [J].暨南学报(哲社版),2003 (11).
5. 张馨.论财政监督的公共化变革 [J].财政研究,2004 (12).
6. 周小林.监督财政、财政监督与财政监察 [J].财会月刊,2004 (1).
7. 陈工,陈健.财政监督的博弈分析及其优化 [J].财贸经济,2007 (4).
8. 马国贤.论科学监督 [J].财政与税务,2009 (11).
9. 张馨.财政监督的变革是深化公共财政改革的基础性条件 [J].财政监督,2009 (7).
10. 马向荣.我国财政监督模式架构的过渡:行政型与立法型 [J].改革,2008 (4).
11. 冯俏彬,张明,周雪飞.我国财政监督向何处去 [J].财贸经济,2008 (9).
12. 朱柏铭.长达十年的财政支出改革缺少什么 [J].经济社会体制比较,2008 (2).

32 | 财政压力:
指的是财政收支缺口吗?

在解释一个概念的时候,往往涉及其他的概念,如果所用的解释概念模糊或关系重叠交叉,那么被解释的概念就容易引起歧义,这样就会给学习和研究带来麻烦。财政压力(Fiscal Stress)就是这样一个概念,它与财政赤字、财政缺口、财政困境、财政危机等都有关联。

分析有关财政压力的研究文献,经常可以看到,但是大多集中在财政压力的表现、成因及分析、预测方面,对财政压力的概念进行全面、深入分析的文献并不多见。即便有一些概念的解释,也只是一笔带过,这样得出的财政压力概念往往是片面的,并不全面地反映其本质。

一、他人观点

熊彼特(1918)或许是最早触及财政压力的学者,他通过对财政史的考察发现,财政危机是制度变迁的原因,"社会的转折总是包含着原有的财政政策的危机"。

希克斯(1969)也有类似的观点,近代民族国家起源于16世纪的西欧,这次历史变革的主要原因是财政压力,即君主们需要大笔金钱为战争融资,这导致了现代税收制度的建立。

诺斯(1973)分析了17世纪葡萄牙、西班牙由盛转衰及荷兰、英国的兴起之后指出,国家在面对财政压力挑战时的对策,从长远来看将决定一国经济的兴衰。

何帆(1998)非常认同熊彼特、希克斯、诺思等经济学家的观点,认为"凡有重大的改革,都有财政压力的背景"。他在一部著作中数次提到"财政压力"一词①,如"……几乎所有重大的社会变更都有着深刻的财政压力背景,正是因为出现了财政困难甚至财政危机,才使得国家原有的统治方式难乎为继,不得不改弦更张……";"在某些情况下,出现财政赤字并不一定意味着存在财政压力";"……财政压力是一个相对长期的概念,它是财政支出和收入长期不平衡的产物(即使在短期或特殊的体制安排下存在账面的收支平衡),最终将表现为财力的可能与需要之间的巨大缺口。"

管清友、邵鹏(2002)认为,财政压力"是由于财政收支长期实际不平衡而对国家政权存在的合法性与合理性所造成的冲击。"

毛翠英(2008)认为,财政压力即财政收支压力,是指一级政府在一定时期中所面临的财政支出(财政支出需求)日益增长,而财政收入(财政资金供给)相对有限的一种资金紧张状态。其最直接的表现就是持续性的财政赤字,且财政赤字的规模与财政压力的程度成正比;动态来看,则表现为持续性的财政支出增长率快于财政收入增长率。

刘天旭(2010)认为,财政压力是人口压力、竞争压力和制度问题等的集中体现。在社会转型过程中,由于相关制度变迁的缓慢,导致县级政府所承担的实际事务与其有限的财政能力之间形成越来越大的反差,造成普遍的县级财政困难。作为一级重要的政府,要有效履行其职责,它必然要想方设法来缓解财政压力。缓解财政压力的手段无非两种:一种是开源,即扩大财政收入;另一种是节流,即减少开支。

杨晓磊(2010)认为,财政压力是指一国财政运行过程中由于收支不平衡而出现的财政支出大于财政收入的一种财政收支紧张关系。在内容上可以划分为整体性财政压力与结构性财政压力。前者是指在一定的公共服务水平下,政府财政总收入(税收收入+非税收入)仍然无法满足财政支出需要而形成的财政收支缺口;后者是指财政的各类支出大于相应的收入来源而出现的局部收支缺口。他还给出了财政压力的测度指标——财政压力强度,它是指财政收支差额与财政总收入的比率,即

---

① 何帆.为市场经济立宪——当代中国的财政问题[M].北京:今日中国出版社,1998.

（财政总收入－财政总支出）／财政总收入×100％

崔潮（2012）认为，财政压力，指一个国家的财政收入供应与财政支出需求之间持续紧张的状态。财政收支缺口是财政压力的共同表现，是政府无法及时支付按照承诺、法规、惯例或合约到期应支出的资金。

二、几点疑问

上述几种观点，共同点是把财政压力定义为一种资金紧张状态或紧张关系，而且认为财政收支缺口是财政压力的表现。

（一）财政压力中的"压力"是指物理方面的还是精神方面的？

在英语中，表达压力意思的词有两个："Pressure"和"Stress"。但是，Pressure 只可当名词，Stress 既可当名词，又可当动词。当 Pressure 为名词时，意思偏于物理方面的压力，即垂直作用在物体表面上的力；Stress 为名词时，意思偏于精神方面的压力，即个体在生活适应过程中的一种身心紧张状态。

财政压力究竟是指物理方面的还是指精神方面的？这要看承受的主体是谁。从上面引用的观点看，除了毛翠英（2008）和刘天旭（2010）分别提到"一级政府"和"县级政府"之外，其他几位学者都没有明确指出财政压力的主体。当然，可以推定这个主体是指政府。但是，政府是一个机构，它本身是没有情感的，不会产生一种紧张的感觉。如果存在压力，必定是具体的"人"在承受一种压力。这种"人"所从事的工作与财政有非常密切的关系，而且主观上特别关注财政运行的状态。可见，在解释财政压力的概念时，必须明确承受主体。

（二）财政压力与财政赤字、财政缺口、财政困难、财政危机等概念之间是否同义反复？

上面引用的几种观点，基本上把财政缺口、财政赤字或财政困难看成是财政压力的表现，当然，也有的认为财政压力的最终结果可能是财政危机。那么，这些概念之间是否存在差异？

财政赤字与财政缺口应该是同一个意思，都是支出大于收入的差额。财政困难，也是收不抵支的状态，但是在中文语境中，"困难"往往是短暂的，预计很快就能度过的。

财政危机是指财政因收不抵支而发生严重的混乱和动荡，表现为巨额的赤字、无法偿付的债务等。

财政赤字、财政缺口、财政困难都是现实存在的，而财政压力是潜在的、心理层面的，财政危机可能是潜在的，也可能是现实存在的，但是，程度上比较严重，一旦出现，政府的资产负债就要重新组合，或者需要上级政府甚至别国政府出面紧急救助。

（三）用什么指标去测度才是合适的？

毛翠英（2008）主张通过财政支出增长率和财政收入增长率的对比去衡量，如果表现为持续性的财政支出增长率快于财政收入增长率，就是财政压力。杨晓磊（2010）主张以财政收支差额与财政总收入的比率去衡量。

这里有一个问题，假如通过财政收支差额或增长率来衡量，不应该是总收入，而应该用实际可用财力。由于财政体制的原因，有的地区财政总收入与可用财力之间的差距非常大。例如2013年浙江省乐清市，财政总收入为102亿元，而可用财力只有51亿元；同年义乌市二者分别为110亿元和61亿元。

三、我的看法

当Stress成为一个心理学专业术语时，压力是指个人处在面对威胁性的情境时，因无法消除威胁、脱离困境而产生的一种被压迫的感受，源于环境要求与自身应对能力的不平衡，这种紧张状态倾向于通过非特异的心理和生理反应表现出来。压力通常有三种含义：一是指现实存在的具有威胁性的刺激，即压力源；二是指人对压力事件的反应，即压力反应；三是指由威胁性刺激带来的一种被压迫的主观感受，即压力感。

顺着这样的思路，可以这样定义：财政压力（Fiscal Stress）是政治家及其官员在财政运行过程中对某种或某些压力事件反应而形成的一种持续紧张而又难以摆脱心理状态。

要全面正确理解财政压力的概念，应更进一步具体分析其含义。财政压力主要包括如下几个方面的含义：

（一）财政压力是一种心理状态

现实中存在着各式各样的对个体具有威胁性的刺激情境，个体必然要对其作出反映。把财政压力确定为个体对一定压力事件反映而形成的一种综合心理状态,符合辩证唯物论的反映论。所以,强调个体是重要的。否则,无法交代这种压力的承受主体是谁。

那么财政压力的个体是谁呢?

财政面临支出增加、收入减少的境地,对于普通纳税人来说,并不构成紧张而又难以摆脱的情绪,如果有,那也是公共产品供给的减少或者税收痛苦感的增加,但那是一种后续的心理压力。对于公务员而言,也没有心理压力,除非政府实行裁员、减薪等措施,同样是一种后续的压力,不是事件本身引起的。

个体应该是政治家及其任命的官员。政治家及其官员的目标函数就是获得社会公众的认同、信仰、忠诚和服从,也就是马克斯·韦伯说的义理性(legitimacy)。义理性从何而来?除了个人人格魅力的感召等因素之外,主要依靠公共产品的提供。于是,一种有趣的现象出现了:提供的公共产品越多,义理性越大;但是,反过来,提供的公共产品越多,财政负担越重,公众越不愿意接受,一旦突破其忍受的程度,就会发生暴动或革命。如何拿捏,就成为一门领导艺术。紧张的情绪就是这样产生的。

从这个角度看,财政压力实际上是政治家及其官员的一种心理压力,只有主管财政事务的人,才会对可能产生的收支缺口感到紧张、不安,同时又觉得难以一下子摆脱。

但是,这种心理压力又不同于一般的心理压力。一般心理压力往往是针对个体而言;财政压力的承受主体未必是某一个体,而是一个集体,即通常所说的"班子成员",但是集体内部各成员所承受的压力又是不一样的,压力的大小大体可以与官位等级的高低排序相对应。压力状态受到其所涉及的金额大小、对象范围和时间长短等因素的影响。

(二)财政压力是对压力事件的反映而形成的

财政压力是对压力事件的反映而形成的一种综合性紧张情绪。从心理学角度看,人的心理产生的基本方式是反射,是有机体对一定刺激的反映活动。人并非对任何刺激的反映都形成心理压力,只有当个体意识到他人或外界事物对自己构成威胁,即对压力事件进行主观反映时,才可能形成心理压力。压力事件可分为经济事件、社会事件和行政事件。

经济事件,如:受经济危机(国内的或区域性、全球性的)的冲击,导致产业凋敝，税收收入将锐减；发生严重的通货膨胀，无论是经常性支出还是资本性支出，都将大幅度增长；产业结构需转型升级，新兴产业的培植需要财政补助，原有产业的淘汰可能减少税收。

社会事件，如：发生战争或者将引起军费开支的增加，需偿付巨额的赔款；发生暴恐行为、社会动乱或其他突发事故（重大火灾、爆炸、踩踏等），公共安全支出将大量增加；发生重大自然灾害，导致救灾和赈灾支出可能增加；人口老龄化程度的提高，引起社会保障支出的增加。

行政事件，如：政治家或上级官员有强烈的意愿，欲迅速改变落后的面貌，公共产品供给任务明显加重；地方长官试行庞大的城市化计划，增加道路、桥梁等公共工程支出；财政体制变革，中央政府要求地方政府上缴财政收入，使得地方政府留用的财力明显减少。

这些事件，有些可以归结为外部的，有些可以归结为内部的，不管怎样，都会对官员形成一种压力。总之，财政压力与压力事件紧密联系。在分析财政压力的成因时，应注意考虑主要是哪一种或哪几种事件造成的，以便采取有效措施，控制或消除压力源以达到减轻或消除压力。

（三）财政压力必然引发行为反应

政府有财政压力时，不会无动于衷，而会出台一些政策措施进行化解。常用的政策措施或手段有以下几种：

一是发行公债。许多事件尤其是外部事件（如自然灾害、经济危机等）是不以人的意志为转移的，一经发生，只能增加财政支出，同时又伴随税收收入的减少，收支缺口就要通过发行公债的方式去弥补。

二是甩掉支出包袱。如基础设施建设，尽量吸纳民间资本参与，少采用政府协议回购（BT）等债务性融资，多采用公私伙伴式合作（PPP）等股权性融资方式。

三是开征新税或提高旧税。历史上，无论是彼得一世的俄国还是路易十四的法国都是这样做的，结果往往爆发大革命或者独立战争。

四是制度改革。如为了应付养老保险基金的缺口，可能实行延期退休的政策；为了缓解农业转移人口市民化对流入地政府带来的财政压力，中央政府可能增加专项转移支付。

面对财政压力事件，或积极应对，主动化解；或消极应对，放任不管，日积月累，逐步形成财政危机。可以说，财政压力是压力源、压力感和压力反应三者形成的综合性心理状态。

四、延伸思考

财政压力与财政困境是一种什么关系？

"Distress"一词的中文释义为：悲伤、危险和困境，并没有"危机"的意思。中文中的"危机"有三层意思：潜伏的祸害与危险，严重困难当头，危险的机关。从第二层含义上看，如果将"Distress"翻译为"危机"也是有一定道理的。但在英文中，"危机"往往用"Crisis"表示，将其与"Fiscal"结合在一起，就是"财政危机"（Fiscal Crisis）。显然，从语言角度看，把"Fiscal Distress"翻译为财政困境更为妥当。

财政困境的本质是政府在财务上开始进入无偿付能力的一种状态，这里有两层意思：一是从预算会计角度看，出现收不抵支的状态，当年财政赤字规模突破警戒线，如欧洲联盟条约（Treaty of Maastricht）规定的财政赤字控制在GDP的3%以下）；二是从财务会计角度看，政府开始显现资不抵债的迹象，再进一步可能落入财政危机的泥潭。从这个意义上说，财政困境是一种政府综合财务的困境。

可见，财政困境所指的是一种财政事实或者一种财政状态，而财政压力所指的是特定的主体所产生的一种持续紧张而又难以摆脱心理状态。财政压力往往是由财政困境所导致的，在财政充裕的状态下，政治家及其官员不太容易产生财政压力。

五、基本结论

财政压力（Fiscal Stress）是政治家及其官员在财政运行过程中对某种或某些压力事件反应而形成的一种持续紧张而又难以摆脱心理状态。压力事件可分为经济事件、社会事件和行政事件。在分析财政压力的成因时，应注意考虑主要是哪一种或哪几种事件造成的面对财政压力事件，面对财政压力，应该积极应对，通过发行公债、甩掉支出包袱、开征新税或提高旧税、改革制度等方式主动化解，否则日积月累，最终可能陷入财政困境，甚至走向财政危机。

财政压力是潜在的，存在于人的心理层面的；而财政赤字、财政缺口、财政困难、财政困境、财政危机都是现实存在的，它们都会是使政治家及其官员产生财政压力。

主要参考文献

1. J. A. Schumpeter. "The Crisis of the Tax State". International Economic Paper, 1918, No.4.

2. 约翰·希克斯著.厉以平译.经济史理论［M］.北京：商务印书馆，1987.

3. 道格拉斯·C.诺斯，罗伯斯·托马斯著.厉以平，蔡磊译.西方世界的兴起［M］.北京：华夏出版社，2009.

4. 何帆.为市场经济立宪——当代中国的财政问题［M］.北京：今日中国出版社，1998.

5. 管清友，邵鹏.由财政压力引发的农民超负担：一个解释［J］.上海经济研究，2002（7）.

6. 毛翠英.财政压力视角下的中国农村合作医疗制度变迁［J］.中南财经政法大学学报，2008（4）.

7. 刘天旭.财政压力、政府行为与社会秩序［M］.北京：知识产权出版社，2010.

8. 杨晓磊.政府财政压力的测度与预警［D］.湖南大学硕士学位论文，2010.

9. 崔潮.论财政压力的成因、影响及消解［J］.河南财政税务高等专科学校学报，2012（4）.

10. 张宇燕，何帆.由财政压力引起的制度变迁［C］/盛洪，张宇燕.从计划经济到市场经济［M］.北京：中国财政经济出版社，1998.

11. 朱柏铭.能源低碳化的财政压力及其释放［J］.地方财政研究，2011（6）.

12. 道格拉斯·C.诺思.厉以平译.经济史上的结构和变革［M］.北京：商务印书馆，1992.

33 社会性别反应预算："反应"二字能否省略？

1985年澳大利亚全面施行"妇女预算"（Women's Budget），主要用于评估联邦预算对妇女的影响。① 之后南非、菲律宾、瑞士和英国陆续开展了此项计划。随着社会性别主流化理念在世界范围内的发展与认同，"妇女预算"的分析框架逐渐演变为社会性别反应预算（Gender-responsive Budget），从社会性别视角评估公共预算对两性不同需求的影响，注重对公共预算进行社会性别的回应。

目前全世界已经有60多个国家开展了社会性别预算分析。2001年10月在布鲁塞尔召开的"推进性别预算——加强经济和财政管理"国际会议上呼吁，到2015年全球所有国家实行性别预算。

一、他人观点

"百度百科"有一个解释：性别预算，即社会性别预算，有人称之为"女性预算"、"性别敏感预算"或"实用性别预算分析"，是指从性别角度出发，评估政府的财政收入和支出对女性和男性、女童和男童产生的不同影响的手段和方法。其目的是在国家和地方预算中纳入性别视角，以更趋公平的方式分配

---

① Budlender, Debbie. Expectations versus Realities in Gender-responsive Budget Initiatives, New York: United Nations Research Institute for Social Development, 2004.

资源，使政府预算满足包括女性和男性、女童和男童在内的社会不同群体的需求，进一步促进性别平等。

R. Sharp（2002）认为，社会性别预算具有三个核心目标：一是提高人们对社会性别问题和公共预算、公共政策影响力的认识与理解水平；二是强调政府责任，使政府为其预算政策和承诺负责；三是改变和改善公共预算和公共政策，以促进社会性别平等。因此，社会性别预算的目标应该集中于增强预算透明度、效率性和公平性，提高社会性别意识，推动社会性别主流化，从而实现性别平等以及经济社会和谐公正地发展。

闫东玲（2007）认为，"社会性别预算（Gender Budget），也称为社会性别敏感预算（Gender-responsive Budget），是指从性别角度出发，对政府的财政收入和公共支出进行分析，看它对妇女与男性之间有什么不同的影响；社会性别预算帮助政府决定哪些资源需要再分配以实现人的发展和男女平等受益。社会性别预算并不是为妇女制定出的单独预算，同时，其目的也不是仅仅增加针对妇女的项目的预算。"

李兰英、郭彦卿（2008）认为，"社会性别预算既不是为妇女单独制定的预算，也不是特指预算科目中某些针对妇女的支出科目"，"是一种促进社会公平正义的政策分析工具，即从性别的视角分析政府资源分配的绩效。""要明晰政府预算在男性和女性之间的分配方案，其中最重要的就是确定在资源不足情况下的优先顺序选择。社会性别预算处理优先排序应以需求为基础，按照谁最需要来确定，不管是男性还是女性。"

马蔡琛等（2009）认为，"社会性别预算是在预算管理精细化的过程中，通过分析预算对男女两性的不同影响，对公共预算作出社会性别敏感回应，推动公共部门以更趋公平的方式分配社会资源，从而使公共预算满足不同群体的不同需求，是促进社会性别平等的一种手段和途径。"

刘筱红、田野（2013）认为，社会性别反应预算通过对公共资源和公共服务供给中存在的性别不平等问题及时作出回应，使公共资源和公共服务的供给有效满足男性和女性、男童和女童的不同需求，实现公共资源和公共服务的合理配置，有助于促进社会性别平等由形式平等落实为实质平等，促进社会性别平等程度提高。

二、几点疑问

（一）社会性别反应预算是一种政府预算还是一种分析方法？

无论 R. Sharp（2002）还是马蔡琛等（2009）都认为，社会性别预算是通过分析预算对男女两性的不同影响，作出社会性别的敏感回应，从而促进社会性别的平等。李兰英、郭彦卿（2008）更认为，社会性别预算既不是特定的预算，也不是特定的支出科目，是一种政策分析工具。在中国，"预算"一词很容易使人理解为收支计划。这样，把它称为"预算"是否妥当？

（二）预算为何体现"社会性别"而非生理性别的平等？

闫东玲（2007）认为，社会性别预算并不是为妇女制定出的单独预算，也不是仅仅增加针对妇女的项目的预算。李兰英、郭彦卿（2008）也认为，社会性别预算不是为妇女单独制定的预算。这说明，社会性别预算不是女性预算。既然"社会性别预算是从性别角度出发，评估政府的财政收入和支出对女性和男性、女童和男童产生不同影响的手段和方法，"为什么要强调社会性别？社会性别与生理性别之间是一种什么关系？

（三）"社会性别反应预算"中"反应"二字是否可以省略？

"百度百科"认为，性别预算即社会性别预算，有人称之为"女性预算"、"性别敏感预算"或"实用性别预算分析"；闫东玲（2007）认为，"社会性别预算（Gender Budget），也称为社会性别敏感预算（Gender – responsive Budget）；刘筱红、田野（2013）又称为"社会性别反应预算"。"Gender – responsive Budget"中"Responsive（敏感或反应）"一词是否可以被省略？

三、我的看法

（一）作为预算分析工具，既分析支出决策也要分析收入决策

社会性别反应预算是一种分析工具。预算（Budget）一词有两种含义：一是指事先的收支计划，常特指在一个财政年度内，经法定程序审核批准的政府收支计划，包括财政收入的来源、规模、结构，财政支出的用途规模、结构，以及收支对比结果；二是指预算分析方法，通过对项目的成本收益分析，遴选合理的项目，确定合理的经费。如零基预算、绩效预算、计划项目预算（Planning – Programming – Budgeting System）等。

社会性别反应预算并非为女性和女童单独编制一份预算，也不是在预算分配中强调两性获得相等份额的资源，而是指在政府预算决策中充分考虑不同预算政策与决策机制所可能产生的不同社会性别影响，进而对相关社会性别问题作出积极的响应，进而寻求社会性别因素和政府预算决策的契合点。所以，这里所称的"预算"不是收支计划，而是一种分析方法。正如零基预算、绩效预算，强调的是对以往项目或即将实施的项目进行成本收益分析一样。

社会性别反应预算作为一种政策工具，聚焦于预算决策和执行过程中的性别敏感因素，并及时作出回应，包括重新进行社会性别平等的预算资源分配，制定推动社会性别公正的执行策略与行动等。这是非常有意义的。

同时，社会性别反应预算在分析支出决策的同时也要分析收入决策。笔者认为，社会性别反应预算所要分析的是公共资源的分配，但是，不能仅仅停留于支出决策的分析而忽视收入决策的分析。传统的分配机制存在社会性别盲视（Gender Blindness）的缺陷。这种缺陷既表现在支出上，也表现在收入上。例如，在安排转移支付时，无视两性对财政支出项目（如社会救助、卫生健康）的不同需求，从而在客观上限制了性别平等的权利和机会；税收制度的设计往往忽视男女两性在取得收入时支付的成本大小，也不考虑两性对某些商品（如化妆品）的偏好差异。以通常的眼光来审视，税收政策并不存在性别倾斜，其实，并非一定是"性别中立"的。

（二）预算体现"社会性别"而非"生理性别"的平等，是时代的进步

在英文中，Sex 和 Gender 两个词都表示性别。但是，Sex 指生理性别，而 Gender 指社会性别。《英汉妇女与法律词汇释义》中，社会性别是指"社会文化形成的对男女差异的理解，以及在社会文化中形成的属于女性或男性的群体特征和行为方式。"《牛津社会学词典》给社会性别下的定义是："社会性别关注男女之间由于社会结构性原因所形成的差别，社会性别不仅指个体层次上的认同和个性，而且指结构层次上的在文化预期和模式化预期下的男子气和女子气。"简言之，Sex 指的是解剖学意义上的男女特征，包含第一性征和第二性征；而 Gender 则是以文化为基础作出的关于男或女的判断以及社会文化对男

女两性不同角色的期待和规划。①

关于社会性别与生理性别的关系，存在"生理决定论"与"社会建构论"的争论。前者的主要观点是"生理即命运"，影响性别的生理影响因素有三大类：染色体、荷尔蒙和大脑结构；后者认为性别是以生理性别为基础的社会建构，虽然生理性别是天生的，但是社会性别既非内在的，也非固定的，而是与社会交互影响的产物，它会随着时间和文化的不同而改变。②

假如以男性、女性代表生理性别，以男人、女人代表社会性别，那么，社会上除了女性女人、男性男人之外，还存在两种人：女性男人和男性女人。平等对待这四种人的公共政策才是良好的政策。例如，允许同性恋者结婚就是一种体现社会性别平等的公共政策，因为同性恋者大多是女性女人与女性男人相恋，或者是男性男人与男性女人相恋。这就是说，社会性别理论要分析的不是男人或女人之间是否平等，而是要分析男性或女性之间是否平等。

社会性别理论注重分析哪些政策能使不平等的社会性别关系有所改善，哪些政策反而强化了传统的社会性别角色，加剧了两性之间的不平等，从而为消除性别不平等提供方案。从根本上说，这种理论是要从探寻两性关系的奥秘入手，寻找建构良善社会关系、提高社会整体福利的新途径。显然，社会性别理论在解构传统生理性别关系的同时，也在努力建构社会性别关系。

政府应该意识到社会性别的差异是与社会制度密切相关的，政府的职责不仅是要帮助女性维护具体的权益，更要积极改变传统的社会性别秩序。如今人们越来越清醒地认识到诸多的社会性别盲点，并积极采取措施，推动社会性别意识进入公共决策领域。社会性别平等并不意味着女性和男性必须变得完全一模一样，而是说所有的人，不论男性还是女性，都可以在不受生理性别观念的限制下，自由发展个人能力，自由作出选择，其不同行为、期望和需求均能得到同等的对待。

（三）"社会性别反应预算"中"反应"二字不可省略

作为一项分析工具，社会性别反应预算有两个关键的步骤：

---

① 世界卫生组织对"Sex"和"Gender"的解释："Sex" refers to the biological and physiological characteristics that define men and women. "Gender" refers to the socially constructed roles, behaviours, activities, and attributes that a given society considers appropriate for men and women.

② 参见李银河.性别问题上的生理决定论和社会构成论［J］. http://www.aisixiang.com/data/54463.html

（1）在制定预算决策方案时，必须充分考虑不同预算决策机制所可能产生的不同社会性别影响。例如，长期来，中国财政教育拨款是按学生人头划拨的，不区分性别差异。其实，有女生住宿的学校，须根据女生生理的特殊需要，优先建设热水饮用和洗漱工程；男女生如厕时间差异较大，女生多的学校，厕所数量也要多。再如，医疗卫生支出的划拨也较少考虑性别差异。两性对健康卫生支出的需求也是不同的，男性遭受灾害损失的风险较大，女性保健服务的需要多于男性。① 可见，如果按性别中性原则拨款，难免失却平等。还有，失业保险的领取条件也是将男性、女性当成完全相同的个体来对待。其实，单亲家庭的生活异常艰难，他们失业之后的负担远比其他群体大，尤其是女性单亲家庭压力更大。

（2）对形成的预算草案进行修正，修正的依据是不同社会性别的响应。倾听"反应"并修正预算决策，显得特别重要。如今的决策中恰恰缺少对反馈意见的倾听和吸纳。

一是体现在社会保险领域。例如，现行养老保险的享受条件是，职工缴纳保险费满15年后，在退休时享受的保险金是所在地区上年度职工平均工资的20%。在满15年的情况下，如果多缴费1年，便可提高一定比例的基础养老金。女性的退休年龄要少于男性5—10年，所以，女性缴纳养老保险费的年限要少于男性。也就是说，女性要在退休后领取超过20%比例基础养老金的机会少于男性，从而导致女性在退休后的养老金平均水平要低于男性。再如，城镇职工生育保险社会统筹办法规定，企业须按月全额缴纳生育保险费，不需职工个人负担，女职工在职期间生育或终止妊娠，由领取工资变更为享受生育津贴。社会统筹的本意是，不论企业是否雇佣女性职工，都要缴纳生育保险费，这样就把生育成本社会化了。可事实上，这个目标没有完全实现。目前这种社会统筹只限于城镇职工，农村地区企业并不缴纳生育保险费，那些女性雇员就享受不到生育保险待遇；即便在城镇，也不是所有女性雇员都能享受，有些是外来务工人员，企业借口她们的户口不在企业所在地城市，拒绝为她们缴纳生育保险费，于是，这些女性雇员也无法享受当地财政提供的生育保险待遇。

二是体现在税收领域。在流转税层面，现行增值税、消费税、关税税目税率的确定，似乎与性别无关。其实，商品消费是有性别偏好的，如果说，护肤

---

① 2003年第三次国家卫生服务调查的数据表明，女性每两周的患病率和慢性病患病率均高于男性，两周就诊率和年住院率也高于男性。

护发品是性别中性的，那么化妆品肯定是性别倾斜的，女性对化妆品的需求远远超过男性，但是消费税、关税制度却视化妆品为奢侈品而课征，适用的消费税税率为30%，进口关税税率为30%，明显高于一般商品。在所得税层面，企业之间所得税税负与企业雇员的性别比是无关的，企业吸纳的女性雇员多，并不能享受一定的企业所得税优惠，性别歧视与此相关。个人所得税免征额的设定也没有考虑性别差异。个人所得税税制中设定免征额，至少有两层含义：一是为了获取收入所必须支付的成本和费用，二是养活自身、赡养老人、抚养子女所必需的开支。两性为获取工资薪金而支付的成本可能存在一定的差异，如化妆品支出，对于女性尤其是服务性行业中的女性而言，化妆是工作需要，体现自身的尊严，也体现对顾客的尊重，男性就相对节省了这笔开支。至于老人、子女的养护，如果是双亲家庭，费用开支共同负担，但是在单亲家庭，负担就比较重，现行税制并没有提高单亲家庭的免征额，尤其是女性单亲家庭。

因此，"社会性别反应预算"这个术语，关键要素有两个："社会性别"和"反应"。而且它们相互之间是紧密联系的，若是"社会性别"缺失，得到的"反应"只是生理性别的，这样就有失公平；若是"反应"缺失，即便按照社会性别决策，最终预算资源的分配结果也不会平等。

四、延伸思考

社会性别反应预算的终极目标应该是：使两性真正享有平等的地位和人格、平等的责任和义务、平等的职业发展机会、均等的资源占有权利。

社会性别反应预算的操作目标应该是：通过税收和转移支出的作用，使自然附着成本由女性承担为主转变为男女两性共同分担。

通常认为，自然附着成本（Naturally Attached Costs）是指女性相对于男性来说，需要花费时间和精力从事生育孩子、操持家务等劳动。主要包括生育成本、补偿性工资、预期的低劳动生产率、转岗培训成本和额外福利成本等几个方面。自然附着成本是企业不愿意吸纳女性为其雇员的主要原因。

生育成本是指企业为女性雇员在生育和哺乳期间付出的直接成本和间接成本，如产假期间的工资奖金，填补岗位空缺的费用。补偿性工资是指较差工作条件下，为吸引雇员所必须支付的额外工资。因为女性的生理特征决定，她们对于工作条件的要求较高，如工作流动性不能太大，不适宜远距离出差，不能承受高强度的体力活，企业须提供更多的关怀和照顾。预期的低劳动生产率是指女性雇员的劳动生产率明显低于男性雇员，因为女性雇员须承担大量的家务劳动，总体上女性雇员群体的发展潜力也低于男性。转岗培训成本是指女性雇员倾向于选择语言类或服务性的工作，让她们转向高科技含量的岗位，企业需付出较多的培训费。额外福利成本是指女性雇员要比男性雇员提前退休，而女性的预期寿命一般比男性长，雇佣女性员工即意味着承担额外的福利支出。

实际上，自然附着成本是由两个部分组成的：一部分是女性怀孕、生产、哺乳等行为的成本，处于孕期、哺乳期的女性既减少工作时间，又分散工作精力，无法给企业带来市场收益；另一部分是女性为照看孩子、服侍老人、洗衣做饭、打扫居室、购买生活用品等所付出的代价，这种家务劳动同样不可能给企业带来市场收益，是一种家庭无酬劳动。

笔者不像女性主义经济学者那样只关注照顾劳动或者无酬劳动（Unpaid Work）。因为自然附着成本中操持家务的劳动在很大程度上是生育行为的附带成本，不能只关注照顾劳动而忽视生育成本本身。另外，在社会上免费照顾老弱病残的义务劳动也是一种照顾劳动，但那是互惠利他乃至纯粹利他的表现，有别于体现亲缘利他的家庭照顾劳动。至于无酬劳动，其范围很广，以家庭经营形式表现的小规模企业中的劳动和农业生产中的劳动也都是无酬劳动。本文考察自然附着成本时涉及的劳动，是指家庭内部的无酬照顾劳动。

作为"经济人"的企业，或许无意歧视女性，只不过在规避"性别亏损"而已。但恰恰是企业在乎自然附着成本，才导致女性在就业、收入、社会地位等方面与男性出现差距，进而影响着社会性别的平等。

作为政府，有责任通过政策引导，使自然附着成本让男女两性共同分担。问题是，既然它是"自然"附在女性身上的成本，男性怎么去分担？两性该如何分担，与政府又有什么相干？

第一，自然附着成本让女性为主承担，这是社会经济制度被扭曲的结果。

怀孕、生产、哺乳等直接的生育成本由女性承担，那是"上帝"安排的结果，男性无法替代，说它是一种"自然附着"的成本无可争议。然而，照看孩子、老人及买菜、做饭等家务劳动主要由女性承担，那是有失公平的。究竟有多少成分可以归结为自然的属性，着实令人怀疑。

据联合国开发计划署（UNDP）《1995年人类发展报告》估计，每年全球妇女无酬劳动的经济价值高达11万亿美元。妇女对于全球经济活动（包括有酬劳动和无酬劳动）的贡献率为51%，高于男性。全国妇联、国家统计局《第二期中国妇女地位抽样调查主要数据报告》披露，女性平均每天用于家务劳动的时间达 4.01 小时，比男性多 2.7 小时。

大量繁重的家务劳动跟女性的生理、心理没有太多的必然联系，属于非"自然附着"的成本，本来可以由男性分担一部分，如今却主要压在女性的肩膀上，这可能是家庭成员出于家庭利益最大化的动机协商的结果，也可能是男性强权施压的结果。但是，无论怎样，背后一定与社会经济制度有关，是某种制度设计驱使男主外、女主内。正如女性主义经济学者 P. England and N. Folbre（2003）所言，把利他主义照顾作为女人的天性和美德，这种文化规范是前工业社会占统治地位的男人为保证照顾供给所倡导和不断强化的。扭曲的制度使家庭经济利益最大化的目标实现了，女性自由、平等的机会和权利却被葬送了。

第二，要肯定女性的生育行为对于社会发展具有正外部性。

国内学者陈震（1998）、李建民（2000）等认为，在目前的中国，生育的外部性主要是负向的，庞大的人口已经给资源、环境和社会等各个方面造成了巨大的压力，社会生育成本实际上就是个人生育行为的负外部性。

在人口总量过多的前提下，生育行为对于社会有负外部性。然而，正、负外部性往往是同时存在的。生育行为有没有正外部性呢？孩子的出生，为家庭养老奠定了基础，给父母带来情感的满足，可给社会提供了潜在的兵源、劳动力、社会管理者，也有了潜在的市场需求者。一个社会要保持人口的稳定，每个妇女至少需要生育 2.1 个孩子。没有生育行为，国家就后继乏人，人类社会不复存在。自 20 世纪 90 年代以来，在意大利、西班牙、日本、韩国、俄罗斯和中国台湾省，许多家庭选择少生甚至不生孩子，生育率已经大大低于更替水平，由此产生的人口老龄化和劳动力短缺已经使这些国家和地区的发展受到制约。

家庭照顾劳动对于社会发展也有正外部性。研究表明，对儿童早期发展和教育的投入所产生的社会回报率很高（World Bank，2006）。对儿童照顾的社会回报率往往高于家庭私人回报率，因为父母没有对子女财富和收入的产权，他们不能完全收回对子女投入的回报。育儿的直接成本和机会成本越高，社会回报率与家庭私人回报率之间的差异也就越大。

生育行为具有正外部性，女性却为生育行为付出巨大的成本。她们特有的生理周期天然地与生育相关；不稳定的情绪是内分泌周期的外在表现；富于同情心、敏感、体贴人等心理特质，也与对子代的投入直接关联[①]；生育行为还可能导致疾病甚至死亡。据统计，目前我国孕产妇死亡率是 0.5‰ 左右，《中国妇女发展纲要（2011—2020）》的目标是控制在 0.2‰ 以下。

女性作为劳动力较之男性可能处于劣势，但是她们为人类的繁衍而付出了巨大的成本，政府要给她们提供必要的补偿，如在医疗卫生、社会保险、受教育机会等方面享有优先权，这种补偿的经济含义是正外部性的矫正，实质是让自然附着成本由男女两性共同分担。

五、基本结论

社会性别反应预算是指在充分考虑不同预算决策机制所可能产生的不同社会性别影响的基础上，倾听不同社会性别对预算草案的反应，并据此修正预算决策的一种分析工具和决策方式。这种"预算"不是收支计划，而是一种分析方法。不能仅仅停留于支出决策的分析而忽视收入决策的分析。

与其他公共政策一样，追求社会性别平等的社会性别反应预算应当是开明的、宽容的，尤其是对待女性男人和男性女人。无论是税收还是支出机制的设计，定性的描述与刻画并不困难，作量化而具体的分析却是异常艰难的。一是要区分出女性男人、男性女人很不容易，以致社会性别敏感因素的聚集、政策效果判别维度的选择都成难题；二是对自然附着成本的界定是一件棘手的事，每个女性、每个家庭，都有自然附着成本，但是在总量与比例结构上又存在很大的差异，这就给成本补偿带来不小的麻烦；三是机制的设计涉及基础性制度的改革，如劳动工资制度、社会保障制度等，"牵一发而动全身"，在某些情况下甚至是基础性制度决定的结果。

主要参考文献

1. Sharp, Rhonda, R. Broomhill, "Budgeting for Equality: TheAustralian Experience" [J]. Feminist Economics, Vol. 8, 2002.

[①] E. O. Wilson 在《社会生物学：新的综合》一书中说，雌性生物和雄性生物在传播各自的基因时，收益是一样的，即子代包含父母方各一半的基因。但是，两性的生殖投资有差异。雌性性细胞数量少、质量大；雄性在雌性受孕后不再投资，雌性却要继续投资（分娩、哺乳、抚养）。笔者顺着这个思路去理解，雌性生物比雄性生物更顾"家"，是因为投资更多。

2. 闫东玲. 浅论社会性别主流化与社会性别预算 [J]. 妇女研究论丛，2007（1）.

3. 李兰英，郭彦卿. 社会性别预算：一个独特视角的思考 [J]. 当代财经，2008（5）.

4. 马蔡琛等. 社会性别预算：理论与实践 [M]. 经济科学出版社，2009.

5. 刘筱红，田野. 社会性别反应预算：功能价值、实施困境、推广策略 [J]. 妇女研究论丛，2013（2）.

6. 董晓媛. 照顾提供、性别平等与公共政策——女性主义经济学的视角 [J]. 人口与发展，2009（6）.

7. 马蔡琛，季仲赟，王丽. 社会性别反应预算的演进与启示：基于国际比较视角的考察 [J]. 广东社会科学，2008（5）.

8. 梁汶洁，张再生. 透视我国公共政策中的性别平等——"首届社会性别与公共管理论坛"综述 [J]，Journal of US – China Public Administration，2006（5）.

9. 鲍静. 应把社会性别理论纳入公共管理的研究与实践 [J]. 中国行政管理，2006（8）.

10. England, Paula and Nancy Folbre. 2003. Contracting for Care. In Marianne A. Ferber and Julie A. Nelson (eds.), Feminist Economics Today：Beyond Economic Man. Chicago &London：The University of Chicago Press.

11. 陈震. 农民生育的外部性与文化边际性：现阶段农村人口控制的理论思考 [J]. 人口与经济，1998（1）.

12. 李建民. 论社会生育成本及其补偿 [J]. 广东社会科学，2000（1）.

34 平衡预算乘数：分歧焦点在哪里？

乘数理论在公共经济学和宏观经济学中都有涉及，学术界对于固定税制条件下的乘数公式没有什么争议，但是，对比率税制条件下的乘数公式颇有争议。与此相关，固定税制条件下的平衡预算乘数一定等于1，而比率税制条件下的平衡预算乘数却出现了等于1和小于1这样两种说法，不仅结果不一致，就连推导方法和过程也有差异；甚至出现同一教材的不同版本都有相互矛盾的现象。这给在一线从事公共经济学和宏观经济学教学的师生在授课和学习上都带来不便，有必要对比率税条件下的平衡预算乘数（Balanced Budget Multiplier）进行深入探讨。

一、他人观点

不同的学者在阐述乘数表达式时所用的符号不完全统一，为方便阅读和比较，笔者予以统一。Y 表示国民收入，Y_d 表示可支配收入，C_0 表示自发消费，b 表示边际消费倾向，T_0 表示自发税收，t 表示比率税率，C 表示消费，I 表示投资，G 表示政府购买性支出，TR 表示政府转移性支出。

杨志勇等（2005）编著的《公共经济学》只说财政政策的乘数效应，没有提"平衡预算乘数"的概念，但是，分四种情况分别讨论财政政策乘数。第一，不考虑税收（T）时，政府购买性支出乘数 $\Delta Y/\Delta G = 1/(1-b)$；第二，政府购买性支出不变时，征收总额税的乘数 $\Delta Y/\Delta T = -b/(1-b)$；第三，课征所得税时，政府购买性支出乘数 $\Delta Y/\Delta G = 1/[1-b(1-t)]$；第四，政府转移性支出乘数 $\Delta Y/\Delta R = b/(1-b)$。最后强调，"对比总额税乘数和转移性支出乘数，它们绝对值相等，符号相反，说明它们的作用程度相同，但方向相反，在不同的假定下，财政政策乘数有不同的表现形式。这些具体分析，请参见《宏观经济学》教科书，本书不再赘述。"

高鸿业（1996，2002）主编的《西方经济学》教材给出的定义是，"平衡预算乘数是指政府收入和支出同时以相等的数量增加或减少时国民收入变动与政府收支变动的比率。"但是，关于平衡预算乘数的表达式是最具争议的。第一版（1996）给出的比率税制条件下税收乘数公式为 $K_T = -b/[1-b(1-t)]$，平衡预算乘数为 $K_B = (1-b)/[1-b(1-t)]$，其值是小于1的；但在第二版（第11次印刷）给出的比率税制条件下税收乘数公式为 $K_T = -b(1-t)/[1-b(1-t)]$，在第2版（第7次印刷）给出平衡预算乘数值是等于1的。

尹伯成（1995，2003）主编的《西方经济学简明教程》的理解是，"政府支出增加和税收增加同一数目，是一种平衡预算。""平衡预算乘数＝政府支出（购买）乘数－税收乘数绝对值。"该教材关于"平衡预算乘数"的表达式也有一个变化的过程。第2版（1995）给出的政府购买性支出乘数 $K_G = 1/[1-b(1-t)]$，税率不变时的税收乘数 $K_T = -b/[1-b(1-t)]$，政府转移性支出乘数 $K_{TR} = b/[1-b(1-t)]$，平衡预算乘数为 $K_B = (1-b)/[1-b(1-t)]$。而且强调，"由于政府支出（这里仅指政府购买）乘数大于税收乘数，因此，如果政府增加支出和增加一笔与支出相同数额的税收时，国民收入一定会增加。"但是，在第4版（2003）给出的税收乘数 $K_T = -b(1-t)/[1-b(1-t)]$，政府购买支出乘数 $K_G = 1/[1-b(1-t)]$，由此决定的平衡预算乘数 $K_B = K_G + K_T = 1/[1-b(1-t)] - b(1-t)/[1-b(1-t)] = 1$。

陆长平（2004）认为，"平衡预算乘数是指政府税收和购买支出同时以相等数量增加或减少时，国民收入变动的数量与政府购买支出（或等额税收）变动量的比率。它描述的是增加或者减少政府的财政税收和财政购买支出即政府保持预算平衡时国民收入的变动程度。"通过推导，得出的结论是：在三部门比率税制条件下，平衡预算乘数"一般情况下是一个小于1的乘数，而不应该是一个等于1的数值。"

宁凌（2005）认为，"平衡预算乘数是指政府收入和支出同时以相等数量增加或减少（$\Delta G = \Delta T$），而其他条件不变时，国民收入变动对政府收入或支出变动的比率。""必须强调的是,此时的自变量是政府购买 G 和政府税收 T 的同时变化,因此,此时的 K_G^* 和 K_T^* 并不等于政府购买或政府税收单独变化时的乘数 K_G 和 K_T。"而且通过数理推导得出的结论是,三部门经济比率税的平衡预算乘数等于1。

李致平(2006)认为,"平衡预算是指政府税收变化等于政府支出变化时的预算,平衡预算乘数是政府税收与政府支出同时且相等变化所产生的总需求(国民收入)变化,而不是政府税收与政府购买支出相等条件下的国民收入变化。""平衡预算乘数是指在政府转移支付不变的条件下,政府支出与税收同时且相等变化所产生的总需求变化。"

二、几点疑问

(一)平衡预算乘数的定义是什么?

上述各种定义之间存在差别,关键在于对"政府公共支出"作怎样的理解。如果以 E 代表公共支出,那么,公共支出应该等于购买性支出与转移性支出之和,即 $E = G + TR$。有的学者认为,平衡预算乘数是指政府税收和购买支出同时以相等数量增加或减少所产生的国民收入变化,有的却认为是政府收入和政府支出同时以相等数量增加或减少所产生的国民收入变化。如果是前者,意味着平衡预算的表达式是 $dy/dG = dy/dT$;如果是后者,意味着平衡预算的表达式是 $dy/dE = dy/d(G+TR) = dy/dTR$。

还有一种情况,平衡预算乘数的定义是,"政府收入和支出同时以相等的数量增加或减少时国民收入变动与政府收支变动的比率。"但是,在推导平衡预算乘数表达式时,仍然用政府购买支出乘数加税收乘数的原理而获得,如高鸿业的教材。

(二)税收乘数与自发税收乘数是否是同一个概念?

从上述引文看,即便是比率税制条件下的税收乘数,也有两个表达式:一个是 $K_T = -b/[1-b(1-t)]$,另一个是 $K_T = -b(1-t)/[1-b(1-t)]$。或许第一个表达式是自发税收乘数,因为根据均衡国民收入模型 $Y = (C_0 + I + G - bT_0)/[1-b(1-t)]$ 可以推算出。第二个表达式才是真正的税收乘数。因为这个表达式相对应的均衡国民收入模型是 $Y = (C_0 + I + G - bT_0 + bTR)/[1-b(1$

$-t)$]。两者的区别在于，后一个均衡国民收入模型考虑了增加转移支付对国民收入的影响（减税也一样），而前者忽略了这一点，这就是说，前一个均衡国民收入模型是残缺不全的。

（三）比率税条件下，购买性支出乘数与税收乘数是单独变化的还是同时变化的？

尹伯成教材关于"平衡预算乘数＝政府支出（购买）乘数－税收乘数绝对值"的观点，是否适用于比率税条件？因为在固定税条件下，税收 T_0 是自发变量，不是国民收入 Y 的直接函数，此时平衡预算乘数是购买性支出乘数与税收乘数单独变化的结果；但是，在比率税条件下，税收是国民收入的直接函数，所以，平衡预算乘数不再是购买性支出乘数与税收乘数单独变化的结果，而是购买性支出乘数与税收乘数同时变化的结果。正因为这样，学者陈咸奖（2007）强调，"在比率税的情况下，把平衡预算乘数看作政府购买乘数和税收乘数之和是错误的，并且真正的平衡预算乘数等于 1。"

三、我的看法

根据《新帕尔格雷夫经济学大辞典》的定义，"平衡预算乘数定理是关于政府支出与税收同时且相等的变化所产生的总需求变化的理论？"[1] 按照这个权威的定义，平衡预算乘数是政府支出与税收同时以相等的数量同方向变化所产生的国民收入变化量与政府支出量或税收量之比。

高鸿业的教科书《西方经济学》（1996 年 2 月第 1 版第 3 次印刷）与《新帕尔格雷夫经济学大辞典》关于平衡预算乘数的定义是一致的，但是，在进一步解释时写出了 $\Delta Y/\Delta G = \Delta Y/\Delta T$ 作为平衡预算的定义式。政府支出包括购买性支出和转移性支出，只有在转移性支出不变的条件下，政府支出变动才等于购买性支出变动。显然，应该使用 $\Delta Y/(\Delta G + \Delta TR) = \Delta Y/\Delta T$ 作为平衡预算的定义式。倘若用 $\Delta G = \Delta T$ 表示平衡预算，继而用 $\Delta Y/\Delta G = \Delta Y/\Delta T$ 定义平衡预算乘数，只有在转移性支出不变或者 ΔT 被理解为净税收（即税收减去转移性支出）的变动的条件下才是无可置疑的。

---

[1] 约翰·伊特韦尔，默里·米尔盖特，彼得·纽曼. 新帕尔格雷夫经济学大辞典（第一卷）[Z]. 北京：经济科学出版社，1996：191.

在固定税制条件下，$C = C_0 + b(Y - T)$

由于 $Y = C + I + G$

因而均衡国民收入为

$Y = (C_0 + I + G - bT)/(1 - b)$

通过这一公式，就可求得：

购买性支出乘数 $K_G = \Delta Y/\Delta G = 1/(1 - b)$

税收乘数 $K_T = \Delta Y/\Delta T = -b/(1 - b)$

平衡预算乘数 $K_B = K_G + K_T = 1/(1 - b) - b/(1 - b) = 1$

在比率税制条件下，三部门经济均衡国民收入决定模型为：

$C = C_0 + bY_d$

$Y_d = Y - T + TR$

$T = T_0 + tY$

$I = I_0$

$Y = C + I + G$

解上述方程组，可得均衡的国民收入为：

$Y = (C_0 + I_0 + G - bT_0 + bTR)/[1 - b(1 - t)]$ ①

①式两边分别对 G 和对 TR 求导，可得出购买性支出乘数 k_G 和转移性乘数 k_{TR}：

$k_G = 1/[1 - b(1 - t)]$

$k_{TR} = b/[1 - b(1 - t)]$

如果①式两边对 T_0 求导，得出的仅仅是自发税收乘数

$k_{T0} = -b/[1 - b(1 - t)]$

将 $T_0 = T - tY$ 代入①式，得：

$Y = (C_0 + I_0 + G - bT + btY + bTR)/[1 - b(1 - t)]$ ②

根据平衡预算的定义，将 $T = G + TR$ 代入②式，得：

$Y = [C_0 + I_0 + G - b(G + TR) + btY + bTR]/[1 - b(1 - t)]$

$ = [C_0 + I_0 + (1 - b)G + btY]/[1 - b(1 - t)]$

整理后，得：

$(1 - b)Y = C_0 + I_0 + (1 - b)G$ ③

对③式求偏导数，得：

$(1 - b)dY = (1 - b)dG$

整理后的平衡预算乘数为：

$$K_B = dY/dG = (1-b)/(1-b) = 1$$

四、延伸思考

早年的高鸿业和尹伯成都认为平衡预算乘数小于1,但是后来都改成等于1。陆长平认为平衡预算乘数小于1,而宁凌、陈咸奖、李致平都认为等于1。多恩布什(R. Dornbusch)和费希尔(S. Fisher)所著的《宏观经济学》对平衡预算乘数小于1的结论也提出不同的看法,认为在比率税制情况下平衡预算乘数仍为1。看来,多数学者认同平衡预算乘数仍为1的观点。那么,平衡预算乘数等于1的条件是什么?

前面的分析以三部门经济比率税制为条件,实际上,还有一些条件。佩斯顿(M. H. Peston, 2001)认为,假如存在商品的进出口,政府支出倾向改变,直接税、间接税结构发生变化,那么,平衡预算乘数可能不一定等于1,甚至可能为负值。

除此之外,还有没有条件?笔者的回答时肯定的。例如,购买性支出必须用于购买本国经济系统中新生产出来的产品;经济系统中,无论是纳税人还是公共支出的受益人,他们的边际消费倾向和边际储蓄倾向都相等;预算规模变化并不改变对私人投资的刺激,等等。

五、基本结论

平衡预算乘数应该被理解为在转移性支出不变的条件下,政府税收和政府支出同时以相等数量增加或减少时,国民收入变动的数量与政府支出(或等额税收)变动量的比率。

学术界出现争论和分歧的根源在于对"平衡预算"的理解和界定,平衡预算的表达式是指 $dy/dE = dy/d(G+TR) = dy/dTR$,而不是 $dy/dG = dy/dT$。

主要参考文献

1. 杨志勇,张馨. 公共经济学 [M]. 清华大学出版社,2005.
2. 高鸿业. 西方经济学:宏观部分 [M]. 北京:中国经济出版社,1996.

3. 高鸿业.西方经济学：宏观部分［M］.北京：中国人民大学出版社，2002.

4. 尹伯成.西方经济学简明教程（第二版）［M］.上海人民出版社，1999.

5. 尹伯成.西方经济学简明教程（第四版）［M］.上海人民出版社，2003.

6. 陆长平.平衡预算乘数新探［J］.数量经济技术经济研究，2004（7）.

7. 宁凌.比率税制的税收？政府转移支付和平衡预算乘数的理论推导［J］.湛江海洋大学学报，2005（5）.

8. 李致平.平衡预算乘数究竟是否为1［J］.经济理论与经济管理，2006（11）.

9. 陈咸奖.比率税制下的乘数：理论推导和探讨［J］.数量经济技术经济研究，2007（3）.

10. 多恩布什，费希尔著.王志伟译.宏观经济学（第六版）［M］.中国人民大学出版社，1998.

11. 多恩布什，费希尔，斯塔兹著.王志伟译.宏观经济学（第七版）［M］.中国人民大学出版社，2000.

12. Peston，M.H.平衡预算乘数.新帕尔格雷夫经济学大辞典（第一卷）［Z］.经济科学出版社，2001.

35 事权：还是"事务"？

"事权"一词，起源于何时，似乎不易考证。从国内公开出版的文献看，较早出现于 1984 年。在许毅和陈宝森合著的教材《财政学》中，有这样一段话："国营企业和事业归哪一级管理，即事权放在哪一级，财权也相应放在哪一级。……地方财权的大小和中央划给地方的事权应当一致起来……。地方财权的大小，表现在事权的划分上，反映在各项支出的支配权上。"①

之后，人们常提到"事权"（Duties and Responsibilities）一词，但是，在概念的理解上并不统一。官方文件的说法也不一致。1994 年实行分税制改革时提出"事权与财权相匹配"的原则，学术界也一直有"事权与财权相匹配"的呼吁。2007 年党的十七大报告正式确立了"事权与财力相匹配"的原则。2013 年党的十八届三中全会审议通过的《中共中央关于全面深化改革若干重大问题的决定》，又提出了"事权与支出责任相适应"的新原则。这一概念究竟该怎样理解？有必要作一番评述与辨析。

---

① 许毅，陈宝森. 财政学 [M]. 北京：中国财政经济出版社，1984.

一、他人观点

(一) 将事权界定为政府所承担的义务和责任

倪红日(2006)认为,事权概念是有其特定历史含义的,那就是各级政府对其治下的国营企事业单位的行政管理权,它反映的是各级政府管理职能的划分,突出的是行政隶属关系。事实上在现行政府间财政关系中,仍然保留着按照行政隶属关系来划分支出责任的做法,但是随着市场经济条件下政府与国有企业职能的转换以及管理型政府向服务型政府的转变,尤其是以收入划分为特点的分税制财政体制的形成,使得原有"事权"概念与新体制发生了明显的不协调和理念上的激烈碰撞。因此,应该将事权概念改变为公共服务职责。"公共服务职责"是指各级政府承担的由本级政府提供的公共服务供给的职能和责任。

郑毅(2011)认为,应当主要从广义的方面来界定"事权"的内涵,即一国内部不同层级(中央与地方各级)、不同类型区域(中央与地方、民族自治地方以及特别行政区)所拥有的公共权力和所应履行的公共服务职责。

刘剑文、陈立诚(2013)认为,必须弄清"财权"、"财力"、"事权"与"支出责任"等概念。从法学视角观察,财权是指各级政府筹集与获得财政资金的权力,其本质是一种权利;财力是指各级政府可支配的财政资金,即财政资源分配的最终结果;事权是指各级政府所承担的公共职能,其本质是一种义务和责任;支出责任则是指各级政府为履行职能而承担的财政支出,也被称作"事责"。形象地说,财力是"钱",而财权是"获得钱的权利";事权意味着负责"请客",而支出责任则是为请客而"埋单"。

(二) 事权即职权,是处理事情的权力

宋卫刚(2003)认为,政府事权可以定义为依据政府职能产生的,通过法律授予的,管理国家具体事务的权力。

谭建立、杨晓宇(2008)认为,事权是指国家及各级地方政府根据宪法规定所拥有的权限,包括其管理范围的财权。而财权是国家及各级财政在事权基础上的财政收支范围划分和财力使用权限。所谓事权的外延是根据事权基本内涵而派生的一系列事务。事权内涵是基本事务,而事权外延则是拓展后的相

关派生事务。事权内涵是小口径事权，而事权外延则是大口径事权。谭建立（2010）在出版的一部专著中，更明确地说，"事权即职权，是处理事情的权力，包括国家事权、政府事权和财政事权三个部分。"

（三）将事权的性质界定为"支出责任"

黄卓恕（2004）认为，从政府间事权划分看，国防事务是中央政府的事权，辖区内的社会治安是地方政府的事权。上级的事务上级财政支出负担，下级的事务下级财政支出负担，上下级共同的事务按比例共同负担。……这种事权的划分，勾画出政府间财政支出界限。

张永生（2008）认为，由于分权涉及事权和财权两个概念，在讨论分权化时，人们往往对分权的概念缺乏明确的定义。事权通常指支出责任（Expenditure Responsibility），即哪些支出应由哪一级政府来承担。财权则包括两部分：一是自有收入；二是转移支付收入（这里不考虑地方债等收入）。因此，如果分权是指事权的话，那就意味着支出责任向下一级政府下放。如果分权是指财权的话，则有两种情形。一种是下级政府自有收入（即自有税收）比重增加，一种是转移支付的比重增加。

张震华（2008）认为，"事权是指政府的职责或职能、政府提供的公共服务，换一个角度讲，指政府的支出责任。"

吴迪（2010）认为，"事权通常指支出责任，即哪些支出应由哪一级政府来承担或者说某项事务归哪一级政府管理。事权的特定含义是各级政府对所管理的国有企业或事业单位的行政管理权，它反映的是各级政府管理职能的划分，突出的是行政隶属关系。"

二、几点疑问

（一）如果"事权"中的"事"是指政府职责，那为何还要与"权"字搭配在一起？

倪红日（2006）将"事权"界定为政府承担的公共服务职责，应该是比较恰当的，因为政府的职责是提供公共服务。可是，这个解释并没有揭示出事权中"权"字的含义，为何在概念要素中出现"权"字？直截了当地说政府职责不就可以了吗？

郑毅（2011）将"事权"界定为国内不同级别、不同类型区域所拥有的公共权力和所应履行的公共服务职责，这是一个进步。实际上他把"事"和"权"分开来解释，"事"是指责任、职责；"权"是指决策权力。问题在于，将"事"和"权"搭配在一起，又该怎样解释？

（二）如果把"事权"理解为处理事情的权力或权限，那财权与事权又是一种怎样的关系？

宋卫刚（2003）认为，政府事权是依据政府职能产生的，通过法律授予的，管理国家具体事务的权力。谭建立、杨晓宇（2008）也认为事权即职权，是处理事情的权力。

与前面偏重于"事"字的理解相反，这是一种偏重于"权"字的理解。权力应该包括治理权、决策权、控制权、监督权等等，处理事情的权力，究竟是指哪一种权力？或者说应包括上述之全部？按照谭建立的看法，事权还"包括其管理范围的财权"，既然财权已经包含在事权中，为何还要提财权与事权相匹配？

谭建立（2010）又称事权"包括国家事权、政府事权和财政事权三个部分"，这种划分的依据是什么？通常，人们把国家权力划分为立法权、行政权和司法权，中国虽然不搞三权分立制，但是，这三种权力事实上同样存在。照此推断，国家事权、政府事权和财政事权并不是并列的，而是包含与被包含的关系，即财政事权是政府事权的一个部分，政府事权是国家事权的一个部分。

（三）如果把"事权"理解成"支出责任"，那"事权与支出责任相适应"的原则不就失去了意义？

张永生（2008）认为，事权通常指支出责任，即哪些支出应由哪一级政府来承担。张震华（2008）认为，"事权是指政府的职责或职能、政府提供的公共服务，换一个角度讲，指政府的支出责任。"在这里，既将"事权"理解为政府的职责，又将"事权"理解为"政府的支出责任"，那么，问题就转化为：事权或者政府的职责，是否就等同于支出责任？在已经把支出责任等同于政府职责的前提下，再来说"事权与支出责任相适应"，是否失去了意义？

三、我 的 看 法

（一）摒弃"事权"的说法，直接说"政府事务"

《现代汉语词典》收录了"事权"一词，词义为"处理事情的权力；职权。"再查"职权"一词，词义为"职务范围以内的权力。"[①] 显然，该词典侧重于把事权界定为一种权力，这与宋卫刚（2003）及谭建立、杨晓宇（2008）等学者的看法是一致的。但是，联系到公共产品的供给或者公共服务的提供，政府所具有的更多的是一种职责，而非拥有某种权力。《现代汉语词典》对于"权力"一词的解释是：政治上的强制力量；职权范围内的支配力量。而对于"职责"一词的解释是：职务和责任。

以地方政府为例，拓宽道路、清淤内河、美化外墙、清理卫生死角、增加公共绿地、安装健身设施、整治背街小巷、提供公共自行车、铺设游人步行道路等，办理诸如此类的事项，都是职责的体现，没有什么权力可言。就算交警对违法停车行为人进行罚款，表面看来是一种"权力"，非交警人员不能开具罚单，但是，换一个角度看，仍然是职责。既然有违法行为，交警为什么不履行自己的职责？而非交警人员并没有这种职责，所以毋须去开具什么罚单。

必须承认，政府的确拥有一些法律授予的权力，如征税、铸币等，而且它是独一无二的主体。然而，这里所讨论的内容，主要不是这种含义上的权力。

笔者查阅一些国外的原版教材，如 Public Economics（Myles, 1995）、Economics of The Public Sector（Joseph E. Stiglitz, 2005）、Public Finance（Harvey S. Rosen, 2006），找不到与"事权"相对应的词，只有"Duty and Responsibility"、"Obligation and Responsibility"、"Spending Responsibility"这样的表述，直译含义是"职责"、"支出责任"。再查阅中译本的一些教材，如《公共部门经济学》（布朗、杰克逊，中国人民大学出版社，2000年），《现代公共经济学》（拉本德拉·贾，中国青年出版社，2004年）和公共财政与公共政策（A.L.希尔曼，中国社会科学出版社，2006年），也都没有"事权"的说法。

笔者主张，摒弃事权的说法，直接说政府事务。在"事务"这个提法中，不存在"权"的含义，倒有"责"的意思。这个提法，接近于倪红日

[①] 中国社会科学院语言研究所词典编辑室.现代汉语词典［Z］.北京：商务印书馆，1996.

(2006)把事权理解成"公共服务职责"样的说法。笔者之所以不愿意直接接受"公共服务职责"这样的提法,一是因为公共服务的供给主体未必是政府,第三部门乃至私人部门也可以在一定范围内、一定程度上提供公共服务,政府事务的提法更加明确谁是行为的主体;二是因为"公共服务职责"的提法比较抽象,"政府事务"的指向更为具体。

(二) 构成"政府事务"的三个基本要素

所谓的"政府事务"不是包罗万象的,其外延是有边界的。如果下一个定义,所谓政府事务是指各级政府在法律允许的前提下,遵循市场经济的规律,根据民众的意愿所承担的事项。这个定义有三个要素:

第一,构成政府事务的"事",必须在法律许可的前提下。政府处于社会管理者的地位,其权力凌驾于公众之上,但是其行为必须接受法律的规范。例如,道路建设会涉及拆迁,拆迁行为不能随便损害私人的利益,如果触及,那就必须征得被拆迁人的同意并给予合理的补偿。

第二,构成政府事务的"事",必须符合市场经济规律。凡是市场有缺陷的领域,政府才能有所作为。所以,首先必须判断,一项事务是否可以通过市场的方式去提供,或者通过第三部门去提供,如果是,就不构成政府事务。这是追求资源配置的效率目标所决定的。

第三,构成政府事务的"事",必须服从民众的意愿。事务的处理有轻重缓急之分,某一个时期或具体到某一年某一月,政府承担哪些事务,何时承担,以什么方式承担,这些都是由公共选择的结果,由不得政府官员随意决策。

四、延伸思考

(一) 关于财权、财力与支出责任

说到"事权",必然涉及财权、财力和支出责任这样三个概念以及相互的关系。

财权是指征集、分配和使用财力的权力。从收入维度看,包括征税权、收费权和发债权;从支出维度看,包括支配权和消耗权。拥有财权的主体可以是私人部门(家庭和居民),也可以是公共部门,甚至可以是第三部门。

财力是指特定主体所拥有的钱财，其数额的大小代表可以配置的资源多少。如果主体是指政府，则所指的财力就是财政的钱。政府财力有多个统计口径，全口径财政收入、政府财政收入、一般公共预算收入、地方一般预算收入等等，真正为政府所关注的，也最有实质意义的是可用财力，又称可支配财力，通常是指本级政府实际可以使用的财力，包括自有财力和上级补助财力两大部分。①

支出责任是指一级政府为履行某种事务所承担的安排财力的义务。可以说，支出责任是政府事务的财政表象，本身就包含了"事"与"钱"要匹配的意思。既然如此，为何还要强调"事权和支出责任相适应"？后者更多的是指，某级政府要履行事务，这一级政府就必须安排相应的财力。虽说制度规定，"属于中央地方共同事权的，由中央和地方共同分担支出责任，中央分担部分通过专项转移支付委托地方实施。"② 实际上，经常有上级办事却让下级埋单的现象。

（二）政府共有事务的承担

以省——市、县财政体制为例，省与市、县（市）政府之间独有事务的划分基本上是清楚的，但共有事务常常纠缠不清。一些事务需要各级政府合作承担，因此共有事务总是存在的。改革的着重点在于按照比较优势原理和公平、效率原则，明确划分各级政府的承担份额。如表 35-1 所示。

表 35-1　　　　　　　部分共有政府事务的纵向配置

事务名称	省级	市县级	配置理由
全省专项普查（如人口普查、经济普查、国土资源调查）	为主	为辅	工作量大，与当地经济发展程度无关，所得信息用于宏观调控。符合整体谋划原则。
军队转业干部、退伍军人安置	为主	为辅	军人服役，更多的居民受益。如果归市县级，有悖于公平原则。

---

① 财政部门在体制结算中的"可用财力"比较复杂，用公式表示：可用财力＝地方财政收入＋返还性补助收入＋一般性转移支付收入－增收上解－固定上解－超基数上解－总额分成上解－混库上解－出口退税

② 国务院关于改革和完善中央对地方转移支付制度的意见（国发［2014］71号）。

续表

事务名称	省级	市县级	配置理由
自然生态保护、跨区域主要水系的管理、标准海塘建设和养护	为主	为辅	外溢性很强，主要归省级，符合正外部性项目成本补偿原则。
省道的建设和养护	为主	为辅	既然属于省道，受益的是全省范围的居民。符合与辖区居民受益紧密衔接原则。
食品药品监督管理	为主	为辅	食品、药品的流动性很强，归省级，符合与调控能力匹配原则。
义务教育、基础研究、大众文化、文物保护、疾病预防控制	为主	为辅	外溢性很强，主要归省级，符合正外部性项目成本补偿原则。
社会救济、社会福利、社会优抚	为辅	为主	在户籍制度没有被取消的前提下，主要归市县，符合行政效率原则。
环境污染的预防与整治	为辅	为主	谁污染谁治理，符合负外部性内部化原则。如果归省级，市县可能置环境污染于不顾。
市政基础设施建设	为辅	为主	城市居民受益更多，符合与辖区居民受益紧密衔接原则。
流动人口计划生育管理和服务	为辅	为主	流动人员的计划生育往往与就业相联系，归市县级，符合因地制宜原则。
信访事务	为辅	为主	上访与基层政府业绩有关。如果主要归省级，上访就会增加。符合行政效率原则。

上表所述依然是原则性的，实践中，共同事务必须"一事一议"。举例来说，某地发现了一座古墓，文物资源的挖掘、整理、保护等事务即相应的经费落实归哪一级政府？实践中只能根据作业量、文物价值、挖掘难度等进行协商。假如是类似于"马王堆汉墓"的墓，具有很高的文物价值，国家文物局也会承担；如果只是晚清某员外的墓，至多当地文物保护所介入了事。

（三）"事权和支出责任相适应"

1994年分税制改革时提出的原则是"事权与财权相匹配"。这一原则强调一级政府要办事，就要拥有支配相应财力的权力。这个原则比较适用于征税权的划分。但是，不利于政府办好事。因为有财权未必有财力，反之，无财权却未必无财力。这是由财政体制所造成的，经济发达地区的政府征集了很多财政收入，但是相当大的部分须解缴到上级政府，本级可用财力并不多，有充裕的财力却没有足够的财权；经济欠发达地区则相反，征集不到太多的财政收入，却可能因为转移支付，获得可观的可用财力。举例来说，2013年四川省仁寿县财政总收入与可用财力为19亿元和53亿元，比例为1∶2.79。而浙江省义乌市为110亿元和61亿元，比例为1∶0.55。

基于这样的背景，党的十七大报告提出了"事权与财力相匹配"的原则。这个原则强调一级政府要办事，就要拥有足够的可支配财力。它比较适用于财力的划分。然而，"事权与财力相匹配"的原则仍然有不足，即没有解决安排财力的主动性和责任性问题。某一级政府想办事，也有充裕的财力，却不主动安排财力，而是利用其地位和权力让下级政府安排财力。

党的十八届三中全会提出"事权和支出责任相适应"的原则，强调某一级政府要办事，就必须担当支出责任，这是一种义务。但是，光有义务、责任，如果没有足够的可用财力，仍然是无济于事的。

笔者认为，完整、健全的原则应当是："政府事务与支出责任相适应、支出责任与可用财力相匹配"。

"政府事务与支出责任相适应"，强调一级政府要办事，就要承担支出责任。如果政府事务界定清楚了，却不愿承担支出责任，最终政府事务处于相互推诿状态，难以顺利完成。通俗地说，就是谁"请客"谁"埋单"。

"支出责任与可用财力相匹配"，强调一级政府承担了支出责任，就要给予财力保障。如果愿意承担支出责任，却没有必需的财力，政府事务依然无法完成。这种财力保障，一是来源于自身，通过合法的手段去征集，也即与财权相对应；二是来源于上级补助，在依靠自身的财权征集到的财力不足以履行支出责任的前提下，上级政府就要通过转移支付等方式予以解决。因此，这一条原则，既有支出责任与财权（自有财力）相匹配的含义，也有支出责任与上级补助财力相匹配的意思，而且前后是递进的关系。实际上，前一层含义是支出责任与可用财力的初次匹配（"埋单"与"可收钱"相匹配），后一层意思是支出责任与可用财力的二次匹配（"埋单"与"给足钱"相匹配）。

"政府事务与支出责任相适应、支出责任与可用财力相匹配"，这一原则涉及三个主体。即人大、政府和财政部门。"政府事务"的界定不是由政府自身完成的,而是由人大在尊重民意的基础上通过公共选择的方式作出决定的;"支出责任"是由政府承诺和承担的,上下级政府分别为民众所期盼并即将实施的政府事务而埋单;"可用财力"则由财政部门去统筹、安排和落实,如果自有财力不足,还必须向上级政府申请补助,甚至争取横向的转移支付。当然,从中国国情出发,上述三个主体的行为都是在党的领导下进行。

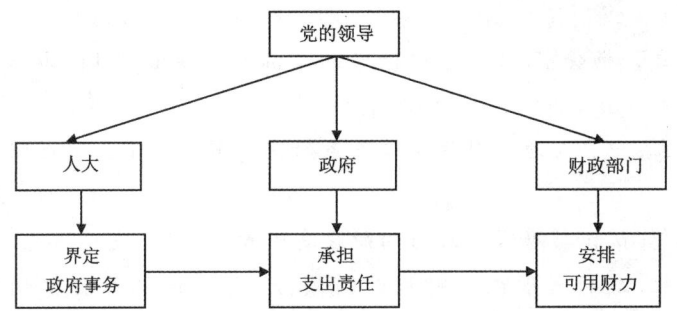

图 35-1　政府事务、支出责任与可用财力之间的关系

归结起来说,如果撇开财力,强调支出责任与财权相匹配是不妥当的;反之,如果撇开财权,强调支出责任与财力相匹配也是不妥当的。

五、基 本 结 论

"事权"是一个在逻辑上存在问题的提法,"事"和"权"分开来都可以解释,但是合起来,无法统一。建议以"政府事务"的提法取代"事权"的说法。所谓政府事务,是指各级政府在法律允许的前提下,遵循市场经济的规律,根据民众的意愿所承担的事项。

从"事权与财权相匹配"到"事权与财权相匹配",再到"事权与支出责任相适应",不是简单的否定——肯定关系,而是不断完善的过程。既要肯定其合理、进步的一面,又要认识到其内在的缺陷。完整而健全的原则应当是:"政府事务与支出责任相适应、支出责任与可用财力相匹配"。

主要参考文献

1. 倪红日.应该更新"事权与财权统一"的理念 [J].涉外税务,2006(5).

2. 郑毅.中央与地方事权划分基础三题——内涵、理论与原则［J］.云南大学学报（法学版），2011（4）.

3. 刘剑文，陈立诚.财税体制改革：新使命、新思维、新路径［J］.社会观察，2013（12）.

4. 宋卫刚.政府间事权划分的概念辨析及理论分析［J］.经济研究参考，2003（27）.

5. 谭建立，杨晓宇.关于事权概念的几点理论认识［J］.山东经济，2008（6）.

6. 谭建立.中央与地方财权事权关系研究［M］.北京：中国财政经济出版社，2010.

7. 黄卓恕.认识与思考：政府的财政支出责任［J］.发展研究，2004（8）.

8. 张永生.政府间事权与财权如何划分［J］.经济社会体制比较，2008（2）.

9. 张震华.关于中央与地方事权划分的几点思考［J］.海南人大，2008（7）.

10. 吴迪.中央与地方事权与财权的划分与改革思路［J］.合肥工业大学学报（社科版），2010（2）.

11. 陈颂东.我国分税制原则的争议与启示［J］.地方财政研究，2015（1）.

36 财政分权：
分什么"权"及怎样"分"？

"财政分权理论作为公共产品理论的一个重要分支，利用公共产品、税收和公债影响的理论、政治过程的公共选择理论等各种观点，对单一制和联邦制国家中产生的具体财政问题进行分析"[①] 从20世纪50年代起，许多经济学家从不同角度对财政分权进行了研究。同时，发达国家大部分都实行财政分权。在人口超过500万的75个发展中国家中，有63个国家实施了一定程度的财政分权。[②] 然而，对于什么是财政分权（Fiscal Decentralization），人们却存在不同的认识。

一、他人观点

（一）财政分权的含义

方晓利、周业安（2001）认为，所谓"财政联邦主义"其实就是指分权的财政体制，但其中有一些本质上的差异，即"财政联邦主义"中的分权特指地方政府或地方立法机关具有相对独立的税权。税权是政府拥有的与

[①] [英] 约翰·伊特韦尔、默里·米尔盖特、彼得·纽曼.新帕尔格雷夫经济学大辞典（第二卷）[Z].经济科学出版社，1996：391.

[②] Dillinger, R. Decentralization and Its Implications for Urban Service Delivery [M]. Washington, D.C.: The World Bank, 1994: 1 – 39.

征税有关的一系列权利,包括税收立法权、税收政策制定权和税收征管权三个方面。

乔治·马丁·瓦克斯等学者(Martinez-Vazquez and McNab,2003)认为,财政分权是指中央政府向地方政府下放一部分财政管理与决策权的过程。

杨灿明与赵福军(2004)认为,财政分权是指中央政府给予地方政府一定的税收权和支出责任范围,允许地方政府自主决定其预算支出规模和结构。财政分权的核心是,地方政府有一定的自主权。

张靖华(2005)认为,财政分权是指中央政府赋予地方政府在债务安排、税收管理和预算执行方面一定的自主权。

张永生(2008)认为,由于分权涉及事权和财权两个概念,在讨论分权化时,人们往往对分权的概念缺乏明确的定义。事权通常指支出责任(Expenditure Responsibility),即哪些支出应由哪一级政府来承担。财权则包括两部分:一是自有收入;二是转移支付收入(这里不考虑地方债等收入)。因此,如果分权是指事权的话,那就意味着支出责任向下一级政府下放。如果分权是指财权的话,则有两种情形。一种是下级政府自有收入(即自有税收)比重增加,一种是转移支付的比重增加。

龚锋、雷欣(2010)认为,财政分权是中央政府将财政权利和责任向下级政府转移的系统制度安排。

杰米·波伊克斯(Jamie Boex,2011)认为,财政分权通常是指将财政权力及资源从中央政府向下级或地方政府转移的一个过程。

周中胜(2011)认为,所谓财政分权(Fiscal Decentralization)是指中央政府给予地方政府一定的税收权和支出责任范围,允许地方政府自主决定其预算支出规模和结构。其预期结果是地方政府能够更有效率地提供当地居民所需要的地方性公共物品或服务。

李一花(2013)认为,财政分权一般被界定为有关财政决策制定权下移到次级政府的过程。通常认为,财政决策权包括收入筹集、支出安排以及对收支的管理控制权力。

(二)财政分权的种类

英曼和鲁宾菲尔德(Inman 和 Rubinfeld,1997)按中央政府政策的决策方式把联邦主义分为三种:经济联邦主义、合作联邦主义和民主联邦主义。经济联邦主义的中央政府政策由被选举或被任命的中央计划者决定,这种联邦主义把经济效率目标放在政府目标的首位;合作联邦主义的中央政府政策由从基层政府选出的代表全体一致同意决定,合作联邦主义把经济效率目标作为中心目标,并鼓励地方政府在提供拥挤的公共服务中发挥作用;民主联邦主义的中央政府政策由从基层政府选出的代表大多数同意决定。

钱颖一(2003)按地方政府拥有权力的大小把分权化划分为三种类型:不伴随权力下放的行政代理、权力分散化的联邦制和完全的分权化。最极端的分权化形式是完全的分权化,即国家把一切政治经济权力完全下放到地方,包括国防、财政、货币等。分权化程度最低的一种类型是不伴随权力下放的行政代理,它仅仅把贯彻执行政策的任务放给了地方,却不给地方制定计划和选择政策的权力。介于这两种极端的类型之间的是一种在政府层级体系内部的权力划分,这就是各种各样的联邦制。

伯德和伊贝尔(Bird和Ebel,2006)认为,为了确定一国的财政分权水平,研究者应当回答如下五个问题:"1. 谁决定谁得到什么收入?2. 谁负责什么支出?3. 政府间转移是如何运作的?4. 在借贷上,次国家政府具有多大的自由裁量权?5. 回答这些问题的制度框架是由谁来决定的?"

(三) 财政分权理论的演进

马斯格雷夫(Musgrave)、蒂博特(Tiebout)和奥茨(Oates)等学者在20世纪50年代创建了传统财政分权理论,又称财政联邦主义,它以古典经济学的规范理论作为分析框架,建立在"仁慈政府"(Benevolent Government)的假设之上。他们认为政府的功能在于最大限度地提供公共福利,因此其财政分权理论的核心问题在于考察不同层级政府应该承担的责任以及使用怎样的财政手段最有利于这些责任的实现。

钱颖一和罗兰(Roland)、温格斯特(B. Weingast)与怀尔德森(D. E. Wildasin)于20世纪90年代中期以后将激励相容与机制设计学说引入了财政分权理论当中,他们都假定政府并不是普济众生式的救世主,政府官员也有自己的物质利益,只要缺乏约束就有可能从政治决策中寻租。一个有效的政府结构应该实现官员和地方居民福利之间的激励相容。第二代财政分权理论站在公共选择视角考察公共部门,委托代理关系成为考察政府制度设计合理与否的出发点,经济增长成为与财政分权相关的政策目标。

二、几点疑问

（一）上级政府对下级政府的分散、委派还是授权都属于财政分权吗？

龚锋、雷欣（2010）指出，财政分权是中央政府将财政权利和责任向下级政府转移的系统制度安排。但是，杰米·波伊克斯（2011）认为，财政分权通常是指将财政权力及资源从中央政府向下级或地方政府转移的一个过程。这两种表述有一定的区别，前者是指中央政府的财政权力和责任下移，后者是指中央政府的财政权力和资源下移。产生这种疑问不是简单地纠缠于"权利"与"权力"在字面上的区别，而是在其背后涉及分权的实质是分散、授权还是下放的问题。钱颖一的三种分类及伯德和伊贝尔所列的五个问题就与此有关，是值得认真思考的。

（二）财政分权的内容是税权还是同时包含预算执行和债务安排？

方晓利、周业安（2001）认为，"财政联邦主义"中的分权特指地方政府或地方立法机关具有相对独立的税权；杨灿明，赵福军（2004）的定义中，已经扩大到支出责任范围；张靖华（2005）的定义，将分权的范围进一步扩大到债务安排。下级政府的自主权究竟包含哪些内容？

还有，责任下放是否也属于分权？

（三）财政分权的目的是什么？

两代财政分权理论都赞同给地方政府一定的自主权，尽管在假设前提（对政府的认识上）、分析视角、理论框架等方面有很大的区别，但是二者最大的差异在于分权的目的。第一代财政分权理论在于考察不同层级政府应该承担的责任（资源配置、收入分配和经济稳定）以及使用怎样的财政手段最有利于这些责任的实现，第二代财政分权理论则增添了对财政分权与经济增长、政府规模、地区差别及腐败行为等相关性的研究。

三、我的看法

(一) 实质性的权力下移才称得上"分权"

经常为人们所使用三个词：分散、授权与下放，都与"分权"有关。"分散"（Decentralization）是指将集中在一个中心或顶端的权力向相关平行部门、下属区域进行分配、转移的过程。"授权"（Delegation）是指上级政府将一定的权力或职权授予下级政府以及其他组织，后者在上级政府的监督下处理相关事务的过程。"下放"（Devolution）是指单一制国家的中央政府将某些政府权力交给地方政府。

其实，三者之间的区别并不是非常明显。"分散"侧重于权力转移的对象，即由中央政府转移到中层和低层政府、准政府组织和（或）私营部门，奥斯特罗姆（2000）有详细的描述：从中央政府及其机构向中央政府的部门或机构的地域单位、附属单位或各级政府，准自治性的公共当局或公司，区域性的、地区性的或职能性的管理当局，或非政府的私人企业或自愿组织。① "授权"和"下放"侧重于权力转移的途径或形式，"授权"比较谨慎的方式，上级政府授予下级政府以及其他组织一定的权力，但同时后者又要接受前者的监督（体现一种责任）；而"下放"是比较直接的方式，让下级政府以及其他组织拥有较大的自主权。

还有两种情况属于财政分权：一是事务上收，即上级政府将某些或某种政府事务从下级政府移至本级政府，例如，某一经济欠发达地区，原先开放性的公路、桥梁等设施建设事务，归当地政府，如今该事务划归上级政府，建设资金也由上级政府承担；二是财力下划，即某些或某种政府事务依然归下级政府，但是，所需经费由上级政府划拨。从这个意义上说，杰米·波伊克斯（2011）所言的定义是可以包含在分权概念之中的。

(二) 财政分权的内容不仅仅是税权

财政分权分什么？当然是财政权力。责任的下放不能算是分权。如果是指政府事务的下放，那简直就是集权的体现；如果是指支出责任的下放，只要不

---

① 埃莉诺·奥斯特罗姆.制度激励与可持续发展 [M].上海三联书店，2000.

伴随财力的下划，那也是一种集权。

下级政府以及其他组织拥有的财政自主权，大体包含以下几种：

一是预算审查权。地方议会（人大）有权对辖区范围内的财政预算执行情况及预算草案进行审议及批准。

二是预算草案编制权。地方政府及其部门和单位有权编制一个财政年度内的预算收支草案。

三是地方税费的立法权、政策制定权和征收管理权。地方政府拥有对地方税种开征、停征的权力，调整税基、税率的力权，收入征收管理的权力；还拥有规费、使用费的立项权、征收管理权等。

四是财政支出执行权。地方政府及其部门和单位有权为地方性公共产品的提供而支配、使用财政经费。

五是政府举债权。为平衡预算收支，地方政府按照法律规定或者在中央政府授权额度内，自行举借债务。

六是财政监督权。通过审计甚至司法部门的力量，对财政收入收缴及经费使用状况进行监督。

可见，分权不仅包括中央政府将财力下放给地方政府及其他部门，而且赋予后者一定的决策权，这种决策权包含预算权、税权、经费支配权、举债权等多个方面。这就说明，如果要测度财政分权的程度，必须建立起多维度的指标体系。学术界已经有人进行了有益的尝试，如张晏（2005）构建了12个财政分权衡量指标（总量和人均指标各6个）；沈坤荣和付文林（2005）提出了7个测度财政分权水平的指标；龚锋、雷欣构建了由财政收入自治率、财政收入占比、财政支出自给率、财政支出占比、税收管理分权度、行政管理分权度6个指标组成的多维财政分权衡量指标体系。

（三）财政分权是为了履行公共部门职能

马斯格雷夫于20世纪50年代提出三大财政职能理论，即（参与）资源配置、（协调）收入分配、（促进）经济稳定。实际上，这也是市场经济条件下公共部门应该履行的三大职能。三大职能的履行，一方面不能完全依靠中央政府，因为公共产品大多是地方性的公共产品，地方政府在提供地方性公共产品方面具有优势；另一方面又不能完全依靠地方政府因为全国性公共产品的提供，跨区域性外部效应的矫正，收入再分配，以及宏观经济政策等，由中央政府承担更合适。三大职能的层次性决定，上下级政府之间必须划分财权及相应的财力。客观上，无论是集权状态还是分权状态各有优势，如集权有利于宏观调控、矫正外部性、体现规模经济效应，而分权有利于发挥信息优势、增加居民承诺与决策的机会、推动制度创新等。

尽管从20世纪90年代以后出现了所谓的第二代财政分权理论，但是，第一代财政分权理论并没有过时，分权理论的核心问题仍然在于考察不同层级政府应该承担的职能。第二代财政分权理论的主题没有发生根本性的变化，改变的只是研究的范式，如假设条件、分析视角、理论框架。

如果说二者的区别，第一代财政分权理论是应然的分析，第二代财政分权理论是实然的分析。具体地说，第一代财政分权理论侧重于通过逻辑分析论证中央与地方各自拥有多大的财政自主权才能履行公共部门职能，蒂博特模型、奥茨定理等，都是一种逻辑的分析。而第二代财政分权理论侧重于研究分权对于经济增长、政府规模、地区差别及腐败行为等产生多大的相关性影响程度怎么样，试图通过实证分析得出最佳分权状态的结论。遗憾的是，上述几个领域中虽然出现了不少研究成果，但是都没有得出一致的结论。

综上所述，财政分权是指为使不同层级得政府履行其承担的职能，上级政府通过事务上收、财力下划、行政授权等方式，允许下级政府及相关机构自主拥有一定财政权力（预算权、税权、经费支配权、举债权）的过程。

四、延伸思考

是否存在最优财政分权度？

许多学者研究了财政分权的后果，如关于财政分权与经济增长的关系。但是，得出的结论迥然不同：如张涛和邹恒甫（Zhang & Zou，1998）利用中国1978—1992年的数据得出结论：中国财政分权与经济增长之间呈负相关关系，特别是在过渡时期（1985—1989年）更为明显。林毅夫和刘志强（Lin & Liu，2000）采用中国大陆28个省份1970—1993年的截面数据，考察了财政分权对人均GDP的影响，得出结论：20世纪80年代中期以来的财政分权提高了经济效率，促进了经济增长。在研究财政分权与经济结构、政府规模、地区差别及腐败行为的关系时，同样出现正、反两个方面的影响。

笔者认为，出现这样不同的结论是不奇怪的，一方面，学者们所采用的指标并不相同，数据口径及年限也不相同。另一方面，样本差异很大，因为每个国家所处的发展阶段不同，制度环境不同，经济水平不同，文化基础不同等等，依靠高度抽象的指标数据进行分析，自然难以得出一致的结论。

以公共产品为例，不同国家由于领土面积、收入水平、国体政体、民族习惯等因素的差异，民众对于全国性公共产品和地方性公共产品的需求结构会有很大的不同。大国在国防、区域利益协调及宏观调控等方面的事务比小国更多，中央政府拥有较多的财权，但同样是大国，如果地区差别很大，分权的程度就应该高一些。总之，中央与地方之间所提供的是极为复杂的组合性公共产品，简单的财政集权或分权标准无法适用。

理论上，最优财政分权度是存在的，如图 36-1 所示，假设有甲、乙两国分别实行两种制度，即甲国崇尚中央集权，乙国崇尚地方分权，从效率角度分析，中央集权与地方分权的各种组合，对社会福利发挥最大的边界是 TT（见图 36-1）。

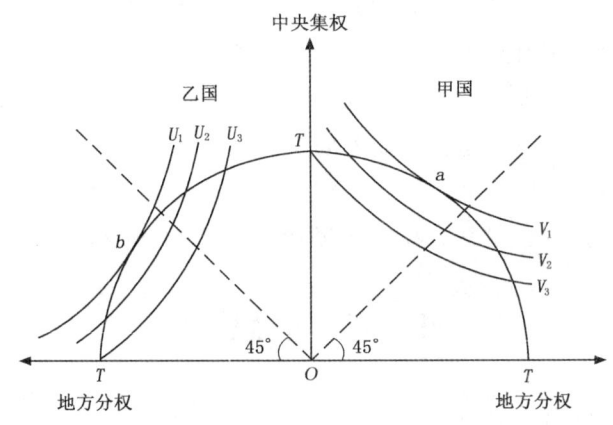

图 36-1　中央集权与地方分权的组合

假定在正常的经济状态下，两国的社会福利函数分别为甲国的 V_1、V_2、$V_3 \cdots$，和乙国的 U_1、U_2、$U_3 \cdots$，由于 $V_1 > V_3$，$U_1 > U_3$，所以由最适解的切点 a 和 b 获知，极度的中央集权和极度的地方分权，均不足以带来社会福利的最大化，集权和分权都必须兼顾。

但是，图中甲国和乙国集权—分权的最佳组合点究竟是多少，不会有一个确定的量。这个点只能是通过试错（Trial and Error）的方式找到。

英国科学哲学家卡尔·波普尔（Karl R. Popper）认为，要判断一个理论是否是科学理论，重点并不在它能被证实，而是在于它能被证伪。试错法是在证伪过程中使用的方法。试错法的要义在于为寻求某种理想的结果而实施分权措施时，如果没有达到该目标，就要视结果与目标之差距而改进、调整所使用的手段。这种改进可能循环往复，直到最终结果与目标之间的缝隙最小为止。

理性的财政分权试错法是，在调整分权方案之前，即在尝试解决问题之前，提出尽可能多的备选方案，然后对各个方案进行预测和评估，再从多个维度比较各个方案，选择最佳方案。

20世纪80年代初，鉴于原计划经济体制下中央集权过多不利于地方积极性的发挥，对广东、福建实行财政大包干体制，到1988年全国实行六种不同形式的地方财政包干体制，这是最典型的财政分权过程。分权的结果，一方面新增财政收入大部分（约90%）归地方政府所有，另一方面中央财政收入增长极为缓慢，占全国财政收入之比降到历史最低点（1993年为22%），分权过度引起政治家的担忧，于是从1994年起实行分税制财政体制，中央财政收入占全国财政收入的比重明显提高到50%以上，中央本级财政支出占全国财政支出的比重只有15%左右。在城市化程度提高，中西部人口大量流入的情况下，集权过度的结果是东部经济发达地区的市、县（市）和乡镇财政陷入困境，对土地和债务的依赖度逐渐提高。新一轮财政体制改革，又要重新调整上下级政府之间的财政关系，或增加地方可用财力，或减轻地方政府支出压力。

可见，中国改革开放以来财政体制变迁的历史就是一个不断试错的过程。经过多次调整和修改，从分权不足到分权过度，不断调整，最后会找到一个分权适度的状态。但是，这种适度不是一个简单的指标和数据能够描述的，随着影响因素的变化，还要进行新的调整。多次调整和修改就是多次试错。适度分权的含义是在特定环境的约束下，财政分权所对应的结果与所追求的目标最接近时所处的体制状态。

五、基本结论

财政分权是指为使不同层级得政府履行其承担的职能，上级政府通过事务上收、财力下划、行政授权等方式，允许下级政府及相关机构自主拥有一定财政权力（预算权、税权、经费支配权、举债权）的过程。

理论上说必定存在一个最优财政分权度，但是在实践上，由于每个国家所处的发展阶段、制度环境、经济水平、文化基础等各不相同，难以通过指标数据的量化分析，得出一致的结论。适度分权的含义是在特定环境的约束下，通过多次试错，找到分权所对应的结果与所追求的目标之间的缝隙最小的状态。

主要参考文献

1. 方晓利，周业安.财政分权理论述评［J］.教学与研究，2001（3）.
2. Martinez – Vazquez and McNab. "Fiscal Decentralization and Economic Growth", World Development, Vol.31. 2003.
3. 杨灿明，赵福军.财政分权理论及其发展述评［J］.中南财经政法大学学报，2004（4）.
4. 张靖华.西方财政分权理论综述［J］.开发研究，2005（2）.
5. 张永生.政府间事权与财权如何划分［J］.经济社会体制比较，2008（2）.
6. 龚锋，雷欣.中国式财政分权的数量测度［J］.统计研究，2010（10）.
7. 杰米·波伊克斯.苏丽文译.论作为国际发展战略的财政分权和政府间财政改革［J］.经济社会体制比较，2011（1）.
8. 周中胜.国外财政分权理论研究的进展与启示［J］.国外社会科学.2011（2）.
9. 李一花.财政分权中的中央集中度：评价、问题与改革［J］.当代财经，2013（9）.
10. Inman M and Rubinfeld. D. Re thinking Federalism［J］. Journal of Economic Perspective, 1997（4）.
11. 钱颖一.现代经济学与中国经济改革［M］.北京：中国人民大学出版社，2003.
12. Jorge Martinez – Vazquez. Decentralization Measures Revisited［J］. Public Finance and Management, 2010（10）: 13 – 47.
13. Bird, R. & R. D. Ebel. Fiscal Fragmentation in Decentralized Countries. Cheltenham UK: Edward Elgar. 2006.
14. Wallace Oates. An Essay on Fiscal Federalism［J］. Journal of Economic Literature, 1999（9）.
15. Qian Yingyi & Roland. Federalism and the Soft Budget Constraint［J］. American Economic Review, 1998（December）88（5）.
16. Qian & Weingast. B. Federalism as a Commitment to Preserving Market

Incentives [J]. Journal of Economic Perspectives, 1997 (11).

17. 张晏. 分权体制下的财政政策与经济增长 [M]. 上海：上海人民出版社, 2005.

18. 沈坤荣, 付文林. 中国的财政分权制度与地区经济增长 [J]. 管理世界, 2005 (1).

19. Zhang & Zou. Fiscal Decentralization, Public Spending and Economic Growth in China [J]. Jo urnal of Public Economics, 1998 (67).

20. Lin & Liu. Fiscal Decentralization and Economic Growth in China [J]. Economic Development and Culture Change, 2000 (49).

37 财政均等化：
何种含义上的"均等"？

理论界在探讨基本公共服务均等化和转移支付功能时，经常提及"财政均等化"。然而，学者们对于这一基本概念的理解见仁见智。本文试图在财政均等化（Fiscal Equity）的定义、目的、实质等方面作一番梳理和探究。

一、他人观点

布坎南（J. Buchanan，1950）认为，财政均等化是指具有相似状况的个人能够获得相等的净财政剩余（NFS，Net Fiscal Surplus），即每个人从公共产品中获得的收益与其所承担的税负之差都相等。他认为财政均等应建立在更基本的、被一般所接受的横向均衡原则之上，以使每一个处于平等地位的人都得到"平等的财政对待"（Equal Fiscal Treatment）。即使一国实行统一的税率，因居民的收入不同，缴纳的税款不相等，所获得的净财政剩余也就不同。中央或联邦政府的转移支付不是为了使各州拥有均等的财政能力，而是使独立的居民个人能够得到相同的净财政剩余。

格拉罕姆（Graham，1964）虽然认同均衡性转移支付必须考虑个人的目标和效用，但又认为个人的福利收益不能仅定义为收益与成本的差额，还应取决于其绝对水平。尤其是当个人发现财政剩余在地区 A 和地区 B 间相同时，但如果服务水平存在差距，他们仍会认为居住在 A 地区或 B 地区更符合自身的要求。换言之，在按照布坎南方法计算的净收益相同的情况下，不同个体的福利收益仍可能存在差异。

斯科特（Scott，1964）也质疑净财政剩余，认为均等了个人的净财政剩余，并非均等了他们的效用。由于不同的人对效用价值观可能完全不同，也不一定能实现公共服务效用的均等。

鲍德威和弗莱特（Boadway & Flatters，1982）则指出，即使水平均等化可行，实施个人间的均等化也是不理想的，因为这会干涉地方政府再分配标准的确定和中央与地方政府间的垂直公平，进而破坏联邦政府体制的本质。

庄乾志（1995）是国内较早也较系统阐述财政均等化概念的学者，他认为，财政均等化是基于存在着上下级政府之间财政能力的差异和同级政府之间财政能力的差异而试行的一种处理上下级政府之间财政关系的制度。财政均等化的内涵是，假如每一个地区（州省、市县等）都具有平等的工作效率，并从自有收入来源中组织收入时作出了同等程度的努力，中央政府应通过一套完备的制度保证国土上自然、经济环境迥异的地区的公民，却能享受到水平相同（既指数量，也指质量）的公共服务（包括教育、医疗、保健、环境保护、公用设施等各个方面）。财政均等化的目的，主要是调节地区间财政收入（税源）能力及公共服务成本差异，而不是追求地区间人均收入的均等。均等化制度的实质是由中央（联邦）政府出面，把人口稠密、收入水平较高、公共服务成本较低的地区取得的财政收入，转移到人烟稀少、收入水平较低、公共服务成本较高的地区。

阎坤（2006）认为，财政均等化一般定义为保证各级政府有较均衡或均等的财政能力以提供全国范围内较均等的基本公共服务。

王雍君（2006）认为，"财政均等化"这一术语包括两个层面：（1）财政能力均等化——定义为一国内部各辖区为其支出融资的能力大体均等；（2）基本公共服务的均等化——定义为一国内部即便是贫困人口也有机会享受国家最低标准的基本公共服务。简言之，财政均等包括"能力均等"与"服务均等"两个方面。

谷成（2007）认为，作为处理政府间财政分配关系的基本制度，财政均等化是中央政府以减轻各级政府通过自身收入工具取得收入的不均等程度为目标，对低级次政府提供资金的过程。

王莹（2009）认为，在财政联邦主义下，联邦政府与州政府之间的垂直财政差距以及州政府之间的水平财政差距引致了地方公共服务的供给差异，财政均等化最直接的目标是通过保证州政府的财政收入水平来减少州际间公共服务供给的不均等，促进区域横向均衡。

二、几点疑问

从上述代表性观点可以看出，关于财政均等化形成了一些共识，如最终目的是为了在全国范围内提供较为均等的基本公共服务，采用的手段是中央政府实施纵向的转移支付。尽管如此，还是有一些问题需要推敲。

（一）净财政剩余怎样测度？

布坎南认为，具有相似状况的个人能够获得相等的净财政剩余即为财政均等化，他进一步解释，净财政剩余均等是指每个人从公共产品中获得的收益与其所承担的税负之差都相等。

如果只停留于理论层面，这样的解释已经很清楚了。然而，从操作层面看，"每个人从公共产品中获得的收益与其所承担的税负之差都相等"，那是不易测度的。早在1919年，瑞典学者林达尔（Lindahl）就认为，如果每个社会成员从公共产品中获得的边际收益与其分摊的边际成本即税收相一致，那么公共产品的供给是有效率的。这就是公共经济学中的"林达尔均衡"。然而，近一个世纪来，"林达尔均衡"始终是一种美好的设想，可以说从来就没能付诸实践。因为政治市场上的纳税人或者投票人，面对公共产品和税收，总是隐瞒而非真实地披露自己的偏好，既会隐瞒从公共产品中的获益，也会夸大自己承担的税收。

公共产品的特性决定，每个社会成员面对的数量是一样的，要区分收益差异非常困难。即便以地区之间人均公共支出来测度，还是有缺陷。因为从政府公共支出到居民的公共产品获益，中间有诸多影响因素，如公共支出结构、公共支出效率等等。

税收的测度同样是困难的。在直接税占主导地位的发达国家，每个社会成员的税负比较容易判断。但是，在间接税占主导地位的发展中国家，税收转嫁是非常普遍的现象，加之，这类国家还有许多收费、摊派项目，也是代表政府或者以政府的名义征收的，要弄清实际税负是多少，绝非易事。

（二）均等化只是纵向维度的还是包含纵向、横向两个维度的？

布坎南（J. Buchanan，1950）、鲍德威和弗莱特（Boadway & Flatters，1982）等外国学者及阎坤（2006）、谷成（2007）等国内学者倾向于缩小垂直的财政差距；而庄乾志（1995）、王莹（2009）等学者主张既缩小垂直的财政差距，又缩小水平的财政差距。从实践上看，多数国家追求的是中央对地方的转移支付，实现纵向的均等化；但是也有一些国家，如澳大利亚、德国等同时实行横向的转移支付，实现水平的均等化。

实际上，问题的关键是，"均等化"一词是否仅仅是指纵向维度的还是包含纵向和横向两个维度的？

（三）财政均等化是否包含服务的均等化？

王雍君（2006）认为，"财政均等化"这一术语包括两个层面：财政能力均等化和基本公共服务的均等化。这样理解的好处是明确缩小不同辖区之间财政差距的目的是为了保障基本公共服务的均等化。

但是，如果把"财政均等化"的外延拓展到基本公共服务的均等化，是否显得过于宽泛？第一，基本公共服务均等化比财政能力均等化更为复杂，任务更为艰巨。以基本医疗服务的均等化为例，除了必备的财力保证，还需要有医生、护士等工作人员。第二，中央对地方的转移支付，功能是多方面的，保障受补助地区的政府有能力提供基本公共服务只是其中之一，还包括对不同辖区公共产品供给成本的调节，以及辖区之间外部性的矫正，等等，尤其是专项转移支付，更偏重于后面两个功能或目标。

三、我的看法

笔者认为，财政均等化是上级政府基于辖区之间存在财政差距，对下级政府提供补助，以实现各辖区人均财政支出大体均等的制度。

这个定义包含了几层意思：

（一）只强调辖区之间的横向均等

转移支付作为一种平衡财政差距的手段，有纵向与横向之分，但是，"均等化"作为一种目标或者结果，只有横向层面的，纵向层面上是不存在的。

当然，横向的均等化，又是有不同层级的，如省与省之间，市与市之间、县与县之间等，不同层级的辖区，只要存在财政差距，上级政府都可以采取均等化措施。

广义地看，均等化的实现手段，一是纵向的，即上级政府对下级政府的转移支付，包括中央政府对地方政府的转移支付和地方上级政府对下级政府的转移支付；二是横向的，即富裕辖区的政府对贫困辖区的政府提供的转移支付。

横向转移支付有两种具体的类型：一种是德国州际间横向转移支付制度，通过法律规定，富裕州对贫穷州提供财政援助，先测量财力指数与平衡指数，然后进行平衡关系的比较，并通过富裕州向贫穷州的横向拨款，实现各州之间财力水平的基本接近。① 另一种是中国式的"对口帮扶"制度，自1996年起，中央要求北京、上海、广东等9个东部沿海省市和深圳等5个计划单列市对口帮扶西部的内蒙古、云南、广西和贵州等10个贫困省区，双方本着"优势互补、互惠互利、长期合作、共同发展"的原则，在扶贫援助、经济技术合作和人才交流等方面展开多层次、全方位的协作。有的省如浙江省，内部也建立了"对口帮扶"制度，自2002年起实施"山海协作工程"，"山"主要指以浙西南山区和舟山海岛为主的欠发达地区，"海"主要指沿海发达地区和经济发达的县（市、区），通过政府的鼓励、引导和推动，促使发达地区的企业和欠发达地区开展优势互补的经济合作，促使省直有关部门和社会各界从科技、教育、卫生等方面帮扶支持欠发达地区。虽说全国范围内的"对口帮扶"和浙江省范围内的"山海协作工程"不完全是财政层面上的转移支付，但是，直接和间接的财政补助仍然是最主要的内容。

（二）衡量均等化的指标是人均财政支出

摒弃多数学者所持的"财政均等化是财政能力的均等化"观点。这是因为，"财政能力"这个说法包含的内容太庞杂，而且不容易测度。通常的理解，"财政能力"有两种意思：一是指财政收入规模太小，二是指相对于当地的自然条件、社会环境等，财政收入不足以抵补公共服务的供给成本。从财政收入角度看，与经济水平有关，还与课税努力程度有关，课税努力的主观性、隐蔽性都很强；从公共服务成本角度看，与面积、海拔、气候、人口、物价等

---

① 详见葛乃旭，宋静. 德国转移支付制度改革及对我国的启示与借鉴［J］. 地方财政研究，2013（6）.

客观因素有关，也跟当地政府的工作效率、经费节省程度等主观因素有关。

人均财政支出是一个比较明确的指标，"财政支出"可以锁定为一般公共预算支出；"人"可以是常住人口。考虑"人均"因素有其合理性，因为无论是经济总量、税收规模还是基本公共服务成本，都与人口多少直接关联。世界上最早的财政均衡制度操作形式是1886年英国的高森公式（Goschen Formula），公式中包含的按人均进行税收分配的思想。当时的财政大臣乔治·高森提出了以公式计算为基础的对英格兰（包括威尔士）、苏格兰和爱尔兰的税收分享建议。根据1881年三个地区的人口比例80∶11∶9，确定了中央政府对三个地区的税收分享比例为80∶11∶9，后该公式进一步演变为均衡补偿的公式，并从教育领域逐步扩展到其他政府公共服务补助领域。

一些地方已经以人均财政支出作为均等化程度的判别依据。例如，2006年浙江省财政对市、县（市）的转移支付之前，欠发达县与发达县（市）人均地方财政收入之比为1∶2.17；转移支付后，欠发达县与发达县（市）人均财政支出之比为1∶1.02。

（三）只是大体的均等而非绝对的平均

"均等化"是要将差距控制在人们可以接受的范围内，而不是绝对意义上的"平均化"。保持一定程度的差距，反而可能刺激经济欠发达的辖区培植财源，同时也防止经济发达的辖区放松课税努力。

通过不同层级的纵向转移支付，辖区之间的人均财政支出水平比较接近了，是否就意味着基本公共服务均等化了？不能保证。如前所述，基本公共服务均等化是一个更为复杂的问题。但是，人均财政支出的大体均等，体现出"使每一个处于平等地位的人都得到平等的财政对待"的原则。

在纵向转移支付框架内，如果通过一般性转移支付，人均财政支出在相同层级的辖区之间大体均等了，基本公共服务的供给成本仍有较大的差距，或者辖区间的外部性没有得到矫正，那就要依靠专项转移支付。由此可见，专项转移支付是对以追求公平为目的的一般性转移支付的一个补充。

四、延伸思考

如前所述，人均财政支出是均等化的结果，如果一般转移支付之后，离均等化的要求还有距离，再通过专项转移支付补充。那么，在一般转移支付之前,以什么指标衡量辖区之间的财政差距呢?

人均地方财政收入是一个选择。一是因为这是一个官方的数据指标,比较容易获得;二是地方财政收入已经剔除了上解收入的部分。

为防止课税努力不够的道德风险,应该保留一个落差,而不是完全拉平。借鉴德国的做法,笔者提出一个设想。

由财政部和省级财政部门分别测算出"全国人均财政收入"和"本省人均地方财政收入",以人均地方财政收入占全国人均财政收入之比为依据,分成三种类型:

某省"人均地方财政收入"超过"全国人均财政收入"2%以上,属于富裕省;某省"人均地方财政收入"相当于"全国人均财政收入"95%以下,属于贫困省;某省"人均地方财政收入"相当于"全国人均财政收入"95%—102%,既不上缴也不补助。

富裕省,如果超过幅度在2%—10%的,[(超出部分×该省常住人口)×70%]上缴中央,其余30%留用;超过幅度在10%以上的,超出部分全部上缴中央。

贫困省,幅度<92%的,将其收入补足到92%;幅度在92%—100%的,差额×系数37.5%,两部分相加就是应该得到的补助额。

这样,贫困省最多补助到全国人均财政收入的95%(92%+8%×37.5%);富裕省的人均财政支出最多不超过"全国人均财政收入"的104.4%(102%+8%×30%)。最高与最低之间相差9.4个百分点。

财政平衡的操作以划拨方式通过中央和各省份的财政结算中心来完成。当然,对于特殊地区可以采用特别政策。

五、基本结论

财政均等化是上级政府基于辖区之间存在财政差距,对下级政府提供补助,以实现各辖区人均财政支出大体均等的制度。这个定义只强调辖区之间的横向均等,衡量均等化的指标是人均财政支出,只是大体的均等而非绝对的平均。

之所以摒弃多数学者所持的"财政均等化是财政能力的均等化"观点,是因为"财政能力"这个说法包含的内容太庞杂,而且不容易测度。

辖区之间财政差距的衡量,用人均地方财政收入指标。如果通过一般性转移支付，人均财政支出在相同层级的辖区之间大体均等了，基本公共服务的供给成本仍有较大的差距，或者辖区间的外部性没有得到矫正，那就要依靠专项转移支付。所以，专项转移支付是对以追求公平为目的的一般性转移支付的一个补充。

主要参考文献

1. Buchanan, J. M. Federalism and Fiscal Equity. American Economic Review. 1950, Vol.40 (4).

2. Graham F. John, International Fiscal Relationships: Fiscal Adjustment in a Federal Country, Canadian TaxFoundation Tax Papers, 1964 (40): 3 – 34.

3. Scott D. Anthony, The Economic Goals of Federal Finance, Public Finance, 1964, 241 – 288.

4. Boadway Robin, Frank R. Flatters, Equalization in a Federal State: an Economic Analysis, Ottawa: EconomicCouncil of Canada, 1982.

5. 庄乾志.中国财政均等化问题研究 [J].财政研究, 1995 (8).

6. 阎坤.国外财政均衡制度考察与借鉴 [J].经济研究参考, 2006 (10).

7. 王雍君.中国的财政均等化与转移支付体制改革 [J].中央财经大学学报, 2006 (9).

8. 谷成.财政均等化：理论分析与政策引申 [J].经济理论与经济管理, 2007 (10).

9. 王莹.财政均等化理论与实践 [M].北京：中国财政经济出版社, 2009.

38 基本公共服务均等化：
何种层面上的均等化？

党的十六届六中全会通过的《关于构建社会主义和谐社会若干重大问题的决定》要求，完善公共财政制度，逐步实现基本公共服务均等化。此后，基本公共服务均等化（Equalization of Basic Public Services）问题成为人们关注的焦点。学者们从不同角度提出见解，地方政府纷纷制订并落实措施。

其实，"基本公共服务均等化"这一命题，仍有许多值得深入推敲的地方。举例来说，城市的道路大多用水泥、沥青铺成，平坦、整洁，却经常拥挤、堵塞；农村的道路虽然用沙石铺成，但十分畅通，也不拥堵。再如城市垃圾的处理比较及时，但空气混浊、噪声烦人；农村的垃圾得不到及时处理，但空气清新，环境幽静。如果说基本公共服务均等化主要是指城乡之间，那么，究竟是农村向城市看齐还是农村向城市看齐？答案似乎并不直观。

名不正言不顺。理论的模糊可能影响政策的架构及其实施效果。因此，有必要对"基本公共服务均等化"作一番探究。

一、他人观点

马凯（2005）认为，"长期以来，政府为城市居民提供的公共服务较多，而农村居民享受到的公共服务较少，在义务教育、公共卫生、公共文化、公共安全和社会保障等方面与城市居民存在差距。建设社会主义新农村，就是要逐步解决农村公共服务严重滞后的问题，扩大公共财政覆盖农村的范围，强化政府对农村的公共服务，逐步使农村居民与城市居民一样，公平地享有均等化的公共服务。"

于吉（2006）认为，基本公共服务均等化"是政府为社会公众提供基本的、在不同阶段具有不同标准的、最终大致均等的公共物品和公共服务"。

唐钧（2006）认为，基本公共服务均等化是指"在基本的公共服务领域应该尽可能地使全国人民（不分城乡）享有的同样的权利，或者说，政府应该尽可能地满足全国人民在公共服务领域的基本的物质需求。""那么，在公共服务领域究竟有哪些'权利'是需要保障的？""这就是生存权、健康权、居住权、受教育权、工作权和资产形成权。"

迟福林（2007）认为，"基本公共服务均等化是指一国范围内的全体居民应当享有水平大致相当的基本公共服务，包括义务教育、基础卫生医疗、就业和社会保障等。"

常修泽（2007）认为，对基本公共服务均等化的内涵，可以从三个方面来理解。第一，全体公民享有基本公共服务的机会应该均等；第二，全体公民享有基本公共服务的结果应该大体相等；第三，在提供大体均等的基本公共服务的过程中，尊重社会成员的自由选择权。

二、几点疑问

（一）公共服务是不是公共产品？

"政府为社会公众提供基本的、在不同阶段具有不同标准的、最终大致均等的公共物品和公共服务"（于吉，2006）。这句话中"公共物品"和"公共服务"是并列的关系，这就引人思考了："公共物品和公共服务"之间是什么关系？

理论界和政府文件中并未对公共服务的内涵给出一个统一的、准确的定义。目前大体有以下两种说法：

一是公共服务就是公共产品，没有本质差异。非竞争性和非排他性是其基本特征。"当谈到公共产品时，其中是包含了公共服务的；而谈到公共服务时，其中也是包含了公共产品的。""萨缪尔逊在分析公共产品这一概念时，不是将公共服务而是将私人产品作为其对应概念。"（赵黎青，2005）

二是公共服务与公共产品一样,都具有非竞争性和非排他性。但是,有形的被称为公共产品,无形的就叫公共服务。"公共服务是公共产品的一部分,是以服务形式存在的公共产品。"(娄成武、尹涛,2003)

笔者认为,公共服务与公共产品没有实质性的区别,都是供一个辖区(可以扩大到一个国家)范围内的社会成员共同消费的,在效用上具有不可分割性的产品或劳务。判别一种产品或劳务属于公共服务还是私人服务,其依据仍然是在消费上是否具有竞争性和排他性。

(二) 哪些公共服务是"基本的"?

唐钧(2006)强调,"政府应该尽可能地满足全国人民在公共服务领域的基本的物质需求。""在公共服务领域究竟有哪些'权利'是需要保障的?""这就是生存权、健康权、居住权、受教育权、工作权和资产形成权。"笔者认为,从权利角度去分析,就与人的基本需求相衔接,这是有意义的。问题是,把包括资产形成权在内的六项公民权利视为基本的公共服务是否妥当?

"基本公共服务"从消费的角度看,类似于马斯洛解释人的基本需求,吃饱、穿暖是最基本的需求,安全、行路等也属于基本需求。可以认为,基本公共服务是指那些与低层次消费需要有直接关联、又必须由政府部门提供的产品或劳务,如行走需要的道路、识字需要的学校、无传染病流行的环境等。如果没有这种产品或劳务,人就难以正常生存。而这种产品或劳务的非竞争性和非排他性决定,它们是无法通过市场机制提供的。

(三) 均等化是指谁与谁之间的均等化以及什么程度上的均等化?

谁与谁之间的均等化,似乎多数观点都指向城乡之间。如迟福林(2007)强调"一国范围内的全体居民",不分城市居民和乡村居民,这是值得肯定的。马凯(2005)强调均等化的目标是政府对农村居民提供较多的公共服务,也明确基本公共服务主要是指义务教育、公共卫生、公共文化、公共安全和社会保障等方面。但是,城市之间居民享受的基本公共服务水平并不统一,以城市居民的水平为标杆是否妥当?

常修泽(2007)强调,均等化的实质是公民应该享有机会的均等,并且要"尊重社会成员的自由选择权"。这一论述对于促进居民在辖区之间的流动具有现实意义。只是"享有基本公共服务的结果大体相等"该怎样理解?另外,机会均等能否保证结果相等?如果不一定,那么是优先保证"机会均等"

还是优先保证"结果相等"?

迟福林(2007)用了"水平大致相当"的提法。那么,"水平大致相当"的衡量指标什么?参照的标杆是指绝对水平还是相对水平,国内水平还是国外水平?

如果均等化是指货币形态上的,制订一些指标似乎不算太难,如人均财政支出。问题是,基本公共服务是共同消费的,要求农村居民获得与城市居民同样的人均财政支出水平,是否合理?

如果均等化是指物质形态上的,那就更难界定了。有人专门研究过公共服务水平考评指标体系,其中有"人均公共绿地面积"、"平均每万人拥有铺装道路长度"、"犯罪降低率"、"公务员占管辖人口比率"等指标。(李寅权,2006)由于自然、经济、社会、历史的原因,这些指标值在全国各地区之间的差别是很大的,均等化的参照值难以确定,事实上,要求这种参照值在城乡之间的一致也是没有意义的。

三、我的看法

笔者认为,基本公共服务均等化的实质是不同区域居民所感受的基本公共服务性价比水平大体相当。

(一) 基本公共服务性价比的含义

性价比是指性能—价格之比,即用最少的钱买到最"好"的商品。基本公共服务性价比(Price Performance Ratio of Basic Public Service)是指公众消费基本公共服务所获得的满足程度与交纳税费所承受的牺牲程度之比。

基本公共服务的性能是指基本公共服务给消费者所产生的效用。实际上就是基本公共服务的效用,是消费者在消费基本公共服务时所感受的满足程度,是一种主观的心理评价结果。

基本公共服务的价格可以理解为税费负担。从基本公共服务与税收的关系看,政府供给基本公共服务的总成本,最终都是通过两个途径得以补偿的,一是向纳税人征税,二是向使用者收费。因此,公众所承担的税费就是他们消费基本公共服务的成本。

那么,基本公共服务性价比与基本公共服务供给水平、基本公共服务供给效率、财政支出绩效等概念之间又有什么联系与区别呢?

公共经济学
若干概念辨析

第一，基本公共服务性价比与基本公共服务供给水平。在公共管理研究中，人们会就基本公共服务供给水平进行测评。基本公共服务供给水平主要反映基本公共服务的供求均衡状况。供给水平的高低，是与需求水平相对应的。

基本公共服务性价比不是为了反映供求总量是否均衡，而是为了反映基本公共服务的供给质量，即站在公众的角度，判断纳税的负效用与消费基本公共服务的正效用是否相匹配。不难看出，如果基本公共服务处于短缺状态，公众得不到需求的满足，性价比也就无从谈起；但是，如果基本公共服务处于过剩状态，公众会觉得交纳了不必交纳的税费，因而，性价比也不可能高。

第二，基本公共服务性价比与基本公共服务供给效率。基本公共服务供给效率是公共经济学中的重要问题，但它立足于基本公共服务的供给方，主要关注政府在供给过程中，投入与产出的对比关系。如，消耗了多少资源，生产了多少产品，是否存在资源浪费和管理费用过高现象，等等。

基本公共服务性价比将着眼点放在公众身上，研究公众从基本公共服务中获得的效用与其付出的税费是否合算，也即满足程度与牺牲程度的对比。供给效率与性价比有较多的联系，如果供给效率高，说明政府以较低的税费成本提供较多的基本公共服务。不过，供给效率侧重于对供给方的研究，而性价比侧重于个人即需求方的研究。

第三，基本公共服务性价比与财政支出绩效。如果说"效率"所强调的是经费使用所导致的产出（Output），那么，绩效更强调结果（Outcome），即目标的实现程度。财政支出绩效是指财政支出活动所取得的实际效果是否符合某种社会期望的目标。比如，警察局在花费一定数量的经费之后，是否使某一辖区的犯罪率下降到某个百分点；卫生局在花费一定数量的经费之后，是否使某一辖区的某种流行病发病率下降到某个百分点。

财政支出绩效是公共部门自身的内部评价，基本公共服务性价比是来自公众的外部评价。

（二）基本公共服务性价比的性质

基本公共服务性价比，不仅仅是一个数学公式的把握问题。这一概念内在地蕴含着一种经济学的理念。即政府在供给基本公共服务时，应以消费者为着眼点，通过合理配置和利用资源，以更低的成本和更高的质量供给基本公共服务，使消费者感到物有所值。怎样理解"物有所值"呢？

设 $\max S$ 为一定资源约束条件下的最大化社会福利函数，P 为私人产品，G

为基本公共服务，MC_P 为私人产品的边际成本，MC_G 为基本公共服务的边际成本，M 为社会最大产出量，那么就有：

$$\max S = U(P, G)$$

$$MC_P \cdot P + MC_G \cdot G \leq M$$

运用拉格朗日乘数法，可得

$$\max S = U(P, G) - \lambda(MC_P \cdot P + MC_G \cdot G - M) \tag{1.1}$$

由（1.1）式可得

$$\frac{\partial S}{\partial P} = \frac{\partial U(P, G)}{\partial P} - \lambda \cdot MC_P = 0 \tag{1.2}$$

$$\frac{\partial S}{\partial G} = \frac{\partial U(P, G)}{\partial G} - \lambda \cdot MC_G = 0 \tag{1.3}$$

由（1.2）、（1.3）两式可知，社会福利函数最大化的条件应为：

$$\frac{\dfrac{\partial U(P, G)}{\partial P}}{\dfrac{\partial U(P, G)}{\partial G}} = \frac{MC_P}{MC_G} \tag{1.4}$$

（1.4）式左端即为 P 与 G 的边际效用 MU_P 与 MU_G 之比，故可改写为：

$$\frac{MU_P}{MU_G} = \frac{MC_P}{MC_G} \tag{1.5}$$

将（1.5）式变形，可得

$$\frac{MU_G}{MC_G} = \frac{MU_P}{MC_P} \tag{1.6}$$

（1.6）式左端即为基本公共服务性价比，右端为私人产品性价比。

显然，从经济学角度看，基本公共服务性价比是指基本公共服务的边际效用与基本公共服务的边际成本之比。

（三）基本公共服务性价比水平的评议

要实现基本公共服务均等化，必须弄清基本公共服务性价比的差异程度。笔者构建了一个评议模型，暂且命名为"三环四要素评议模型"（见图38-1）。

"三环"是指基本公共服务性价比评议的三个环节：采集评议信息、反馈评议结果和运用评议结果；"四要素"是指公众、政府、评议机构和基本公共服务。"三环四要素评议模型"只是一个理论框架，在实际评议时，还需要解

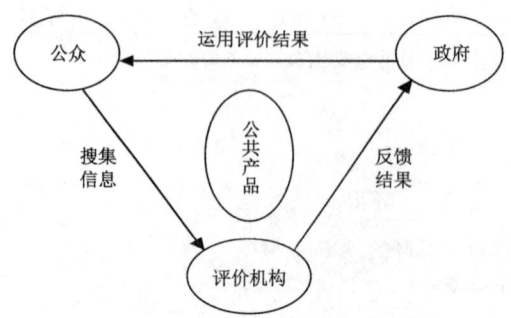

图 38-1 三环四要素模型

决一些具体问题。择其要者而论,至少有以下几点。

第一,评议指标的确定。目前似乎没有看到专门评议基本公共服务性价比的指标体系。根据前面的分析,笔者初步设计了一个较为简洁的针对基本公共服务性价比的评议指标体系(见表 38-1)。

表 38-1　　基本公共服务性价比评议指标

一、基本公共服务的性能							
评议指标	评议要素	得分				权重	评议分
		非常满意 5	比较满意 4	一般 3	不太满意 2	很不满意 1		
公共安全(S)	犯罪事件出现频率,警察巡防次数,报警便利程度,警察对突发事件的应变情况。						0.2	
环境卫生(H)	垃圾清理,河道清淤,污水治理,空气质量,绿化程度,对非法广告的整治,传染病预防与控制。						0.2	
公共交通(T)	道路布局,路面宽度和平整度,背街小巷通畅程度,交通拥堵状况。						0.1	
基础教育(E)	学校分布状况,免费上学机会,教师素质,学生活动场所,社区教育设施和活动。						0.1	

续表

一、基本公共服务的性能							
评议指标	评议要素	得分				权重	评议分
		非常满意5	比较满意4	一般3	不太满意2	很不满意1		
大众文化（C）	博物馆、纪念馆、文化宫、公共图书馆的数量与分布，爱国主义和传统文化教育基地，社区电影放映和文艺演出场次。						0.1	
公共信息（I）	公共信息栏的数量，获取免费信息的难易程度。						0.1	
公共行政（A）	制度框架的合理程度，政策失误次数，行政透明度，廉洁程度，公务员和政府雇员人数，工作人员服务态度，办事效率。						0.2	
	加权统计						1	

二、基本公共服务的价格							
指标	评议依据	得分				权重	评议分
		非常合理1	比较合理2	一般3	不太合理4	很不合理5		
税收负担（D）	有精确数据表示的缴纳的个人所得税、契税、房产税、车辆购置税、车船使用税、印花税等，大体估算的承担的增值税、消费税、城市维护建设税、教育附加费等。						0.8	
收费负担（F）	大体估算的承担的垃圾处理费、义务教育学杂费、机场建设费、国道省道过路费等行政事业性收费。						0.2	
	加权统计						1	

公众对基本公共服务性能的评价，按照评价从高到低对"非常满意"、

"比较满意"、"一般"、"不太满意"、"很不满意"分别赋值 5、4、3、2、1；同时对基本公共服务价格的评价，按照评价从高到低对"非常合理"、"比较合理"、"一般"、"不太合理"、"很不合理"分别赋值 1、2、3、4、5。所有因素的权重总和等于 1，权重的获得是根据因素在基本公共服务性能和基本公共服务价格中的重要程度赋予。

评分值的统计公式是：

$$\frac{纯公共产品性价比} = \frac{\sum(0.2S + 0.2H + 0.1T + 0.1E + 0.1C + 0.1I + 0.2A)}{\sum(0.8D + 0.2F)}$$

第二，评议方法的选择。由于公众是评议的主体，因而就有很多种评议方法，如深度访谈、入户访问、拦截访问、电话访问、邮寄访问、网上调查等。这些方法各有利弊，从基本公共服务性价比评议的特点看，入户访问和网上调查是比较好的方法。

入户访问就是访问员找到符合条件的受访者，直接进行面对面的交流。由于受访者对自己所处的环境熟悉，加上访问员可以随时向受访者解释各种疑难，所以，这种方式能使访问的准确性得到提高，降低调查的误差率。但是，这种方法的拒访率可能比较高，另外，交通费、礼品费等访问成本也不低。

网上调查就是通过互联网发布调查问卷，采集所需要的信息。网民数量的快速增长为网上调查提供了基础。选择网上调查的优势是组织简单、费用低廉。不必派遣调查人员、不受天气和距离的限制、不必印刷调查问卷，信息提供和录入工作分布到众多网上用户的终端上完成，可以无人值守和不间断地接受填表，信息检验和信息处理由计算机自动完成。网上调查最大的缺点是样本对象仅局限于网民，另外，信息的真实程度也会受到干扰。

（四）基本公共服务性价比评议结果的质量

基本公共服务性价比评议会受到多种因素的影响，因而，有可能使评价结果与实际情况发生一定的偏差。以下这些因素可能会影响评议的结果。

第一，政府故意隐瞒信息。比较容易被隐瞒的信息是借公共服务之名行私人服务之实。例如，一些警员可能会利用警车接送儿女上学，而把相关费用计入巡逻成本之中。

第二，公众有"理性忽视"的倾向。政府故意隐瞒相关信息，公众就干脆采取"知道多少就算多少"的态度，即理性的无知（Rational Ignorance）。

性价比评议涉及税费负担的分摊，而在间接税为主体税的国家，公众并不了解自己实际承受的税费究竟是多少，而他们又不愿意花费高昂的成本，去搜集全部的信息和知识。

第三，公众缺乏必要的专业知识。如公众对于警察的服务态度能真真切切地感受到，但是，对其工作效率却因缺乏必要的专业知识难以判断。

第四，公众有归因错误的可能。像公共安全这样的基本公共服务，具有无形的特点，公众看不见、摸不着。公共安全受多种因素的影响，如人口的流动性、收入分配差距、警力配备状况、心理健康状况等等。也许政府一直致力于对犯罪行为的预防和打击，但是只要发生一次偷盗行为或刑事案件，公众就会觉得政府没有作为。

第五，基本公共服务的可度量性低。有些基本公共服务的效果与提供者的行为之间的因果关系模糊，如环卫工人的数量和清扫次数与环境卫生状况之间，因为环境卫生状况还取决于居民的习惯、道德风尚等因素。

四、延伸思考

新古典经济学是建立在效用理论基础之上的。正如富有者未必比贫穷者幸福一样，生活在基本公共服务较多地区的居民未必比生活在基本公共服务较少地区的居民更幸福。"基本公共服务均等化"这一命题理应建立在个人效用的基础上，每个社会成员不论性别、年龄、民族、地域、户籍，所获得的基本公共服务性价比水平大体相当，这才是基本公共服务均等化的应有之义。

这一理念所包含的政策建议是：为实现基本公共服务均等化，政府不应简单地通过转移支付体系，给经济不发达地区或农村地区增加财力补助。重要的是要构建公众的意愿表达机制，因为性价比高低只有公众自己最清楚。倘若政府在客观上难以直接提高基本公共服务性价比，那么，让公众迁居就成为基本公共服务均等化的最终选择，也许提供迁居机会比单纯增加财政转移支付更有效。

有些学者认为，实现公共服务均等化，关键是完善转移支付制度。如"政府间平等竞争和公共服务的均等化依赖于科学合理的转移支付制度。而我国现行的转移支付制度存在许多局限性，难以对公共服务均等化和政府公平竞争产生有力的支持。所以，改革和完善现行转移支付制度是必然的选择。"（王丙毅，2007）

这种观点有一定的道理，但是未必完全正确。

第一，转移支付的功能不完全局限于基本公共服务均等化。上级政府为什么向下级政府补助？理论上有四种理由：促使外部性内部化，鼓励提供优值品（Merit goods），弥补财政缺口和实现横向财政公平。（拉本德拉·贾，2004）矫正区域之间的外部性是转移支付的重要功能之一。即便在中国，类似于退耕还林补助这样的转移支付，就不是出于基本公共服务均等化的目的。

第二，基本公共服务均等化并不完全是财力问题。比如义务教育服务和公共卫生服务，没有足够的财力，政府就无法充分供给。但是，没有合格的教师和医生，财力再多也不会有效率。山区、边远地区，工资再高也留不住人才，因为教师、医生是人，他们自己也有消费基本公共服务的诉求。

近几年，中西部地区大量务工人员进入东部沿海地区，直接的动机固然是为了挣钱，但是，从公共经济视角看，这是一种迁居行为。许多迁入地政府特别是城市政府为他们提供了与当地居民一样的基本公共服务。以宁波市为例，截至2006年底，宁波市吸收的务工人员达到300万人左右。政府让公办学校招收务工人员子女入学，或者专门建立务工人口子女学校；对于所有登记在册的务工人员免费提供卡介苗、脊灰疫苗、乙肝疫苗等"七苗"服务，对于患有传染病的务工人员实行强制隔离免费治疗。可见，通过迁居，能提高基本公共服务性价比，也是实现均等化的途径之一。

诚然，性价比是一个涉及面较广而且比较复杂的问题。基本公共服务的满足程度如何反映？交纳税费的牺牲程度又怎么衡量？在性价比评价过程中，又如何识别和剔除政府故意隐瞒信息、公众"理性忽视"及归因错误等因素？这些都有待于进一步研究。

五、基 本 结 论

基本公共服务均等化的实质是不同区域居民所感受的基本公共服务性价比水平大体相当，也即公众消费基本公共服务所获得的满足程度与交纳税费所承受的牺牲程度之比。每个社会成员不论性别、年龄、民族、地域、户籍，所获得的基本公共服务性价比水平大体相当，这才是基本公共服务均等化的应有之义。

基本公共服务性价比与基本公共服务供给水平、基本公共服务供给效率、财政支出绩效等概念之间既有联系又有区别。

基本公共服务性价比，这一概念内在地蕴含着一种经济学的理念，即政府在供给基本公共服务时，应以消费者为着眼点，通过合理配置和利用资源，以更低的成本和更高的质量供给基本公共服务，使消费者感到物有所值。

主要参考文献

1. 迟福林.公共服务均等化与人的全面发展［N］.中国网，2007－01－19.
2. 于吉.关于加强政府公共服务职能的几点认识.中国（海南）改革发展研究院编：聚焦中国公共服务体制［M］.北京：中国经济出版社，2006：71.
3. 唐钧."公共服务均等化"，保障6种基本权利［N］.时事报告.2006－7－7.
4. 常修泽.逐步实现基本公共服务均等化［N］.东北新闻网.2007－02－02.
5. 马凯.如何理解"十一五"时期若干重大战略任务［N］.经济日报.2005－11－4.
6. 赵黎青."公共服务"与"基本公共服务"是并列的吗？［J］.学习时报，2005（1）.
7. 娄成武，尹涛.论政府在公共服务民营化中的作用［J］.东北大学学报，2003（5）.
8. 王丙毅.转移支付制度与政府间非公平竞争问题的消解［J］.改革与战略，2007（6）.
9. （英）拉本德拉·贾.王浦劬等译.现代公共经济学［M］.北京：中国青年出版社，2004.

39 Block Transfer Payment：合适的译名是什么？

2009年6月，浙江省人民政府办公厅发布了《关于清理整合和规范财政专项资金管理的意见》，开始对专项拨款进行改革，改革内容主要包括：整合归并现有财政专项转移支付项目，对于支持方向、扶持对象和用途相同或相近的项目，予以归并和整合。

《新理财（政府理财）》发表文章，称"目前我国一般性转移支付较少，专项转移支付数量庞大、名目繁多，却不能由地方财政支配，无法弥补地方的财力缺口。近年来，浙江省财政厅在财政专项转移支付资金管理上进行了大胆改革，敢于整合，勇于创新，大大促进了财政专项转移支付资金绩效的提高，并开创出'专项性一般转移支付'的新思路。"[①]

财政学通常将转移支付分为一般性转移支付和专项转移支付两大类，如今浙江省创设了一个"专项性一般转移支付"的名称，这究竟是什么？有必要进行探索。

一、他人观点

浙江省财政厅主要负责人在接受《中国财经报》记者采访时，对"专项

---

① 冯一凡."一般性专项转移支付"的浙江思维 [J]. 新理财（政府理财），2011（2）.

性一般转移支付"有一番解释。

钱巨炎（2012）同志认为，"从资金性质看，这类资金有其特定的政策目标和相对确定的使用范围，属于专项资金；但同时这些资金又是财力性补助，具有一般性转移支付的优点，所以叫专项性一般转移支付。"他强调，这项改革通过分配因素的政策性、导向性作用，既可以更有效地推动上级政府的政策意图、目标的落实，又同时实现了财政分配职能的回归，大大增强了政府的财政调控能力，有利于地方和部门集中财力办大事。

罗石林（2012）同志形象地说，专项性一般转移支付同时兼顾了一般和专项性转移支付的特点。简单打个比方，就是实现了从"四菜一汤"式的专项转移支付（专款专用）到"自助餐"式（定范围方向、不定具体项目）的专项性一般转移支付。

那么，浙江省财政厅所称的"专项性一般转移支付"，学术界是否有其他对应的说法呢？

刘溶沧（1996）称之为"分类转移支付"。"将转移支付分为一般性转移支付、专项转移支付和分类转移支付三类，并认为我国应以一般性转移支付为重点，以专项转移支付相配合，以特殊性转移支付作补充。"

S. J. Bailey（1999）、Boadway 和 Shah（2009）将分类拨款纳入一般性拨款中，因为与项目拨款相比，该类拨款在用途指定上较为宽泛，而且在资金分配方式上与均等化转移支付有相似性。

由王晓光执笔的课题报告（2002）对美国的"分类补助"作了陈述：这类补助的使用范围较宽，只规定某一类支出项目的补助总额，而不规定具体用途和要求，在该类范围内由州、地方政府自行决定具体使用项目。例如，拨款指定用于教育部门，但具体是用于教材、教员薪金、校舍建筑还是用于学生午餐则不加干预。这类补助的分配也是通过公式计算的，确定设立某类补助时由国会提出一个以该类需要为基础的计算公式。分类补助一般需向联邦主管部门提交有关补助款使用情况的书面报告。

李炯（2004）也对美国的"分类补助"做了介绍，不过，他称之为"分类拨款"。"在美国政府间转移支付中，有条件拨款规模很大，其占总拨款数的比重可达98%以上，有条件拨款要求接受拨款的政府须按拨款政府指定的用途和方式使用拨款。美国的有条件拨款可分为专项拨款（Categorical Grants）和分类拨款（Block Grants），其中专项拨款对拨款的用途和方式作了严格的限制，相比之下，分类拨款的限制程度要小得多，一般只对资金的用途范围有所限制。"

　　由王元执笔的课题报告（2009）提出了"整块转移支付"的概念：是指虽然在使用上有一定限制，但规定的使用范围较宽，在规定范围内，地方政府可以自主安排支出的具体项目和数额。他们主张整合专项转移支付，引入整块拨款的专项转移支付形式，由指定具体支出项目的专项转移支付转为指定支出方向、具体分配和管理的权利，由地方政府自主掌握的整块转移支付，这样的安排更能适应不同地区的实际需求。

　　贾晓俊、岳希明、王怡璞（2015）认为，专项拨款包括分类拨款和项目专项拨款两部分，而一般性拨款或一般性转移支付则专指不指定用途的转移支付。并且认为，浙江将改革之后的转移支付项目称为"专项性一般转移支付"，实际上就是分类拨款。

二、几点疑问

（一）是否有比"专项性一般转移支付"更合适的名称？

　　"专项性一般转移支付"，相当于国外的分类转移支付。但是，将这类转移支付称为"专项性一般转移支付"似有不妥。因为"一般"与"专项"是相对应的两个词，"专项性一般"的提法如同"方形的圆"或者"圆形的方"，有些令人费解。

　　学者们所用的"分类转移支付"、"分类补助"、"分类拨款"以及"整块转移支付"等提法，是否存在什么不足？

（二）将一般性转移支付和专项转移支付的部分内容归类为"专项性一般转移支付"，依据和特点是什么？

　　"专项性一般转移支付"，从资金分配方式上看，与一般性转移支付有共同之处；从受补助政府的决定权看，与专项转移支付有共同之处。将一些转移支付项目归类为"专项性一般转移支付"，归类的依据是什么？

三、我 的 看 法

（一）建议称为"切块转移支付"

1. "Transfer Payment"和"Grant"的区别

"Transfer Payment"和"Grant"是两种常见的英文表述，前者是转移支付，后者是拨款、补助。二者之间是否存在区别？

对于"Transfer Payment"，联合国《1990年国民账户制度修订案》中给出了一个宽泛的定义："转移支付是指货币资金、商品、服务或金融资产的所有权由一方向另一方的无偿转移。"《新帕尔格雷夫经济学大辞典》对"转移支付"的解释是，"捐赠者放弃某种有价值之物，但并不收取任何回报。""主要限于由政府和企业向个人或居民户的支付。""政府支付包括现金福利支付和某些实物发放，企业对个人的转移支付（比政府）要小得多"。①

虽然转移支付的主体与客体未必是政府，但是，通常人们将转移支付理解成政府间财政资金的无偿转移，而且将上级政府看作转出方，下级政府为接纳方。但是，有时候转移支付还包括不同辖区的政府之间资金或实物的转出——接纳行为。

另外，转移支付与转移支出（Transfer Expenditure）不一样，后者属于财政支出的一部分，是政府对企业、家庭的无偿补助。它与购买支出相对应，但是，转移支出是一种价值的单方面转移，购买支出的结果，政府能获得相应价值的商品或劳务。

"Grant"有补助、拨款的含义，但是，"拨款"通常是指政府对企业、家庭的支出，既包括购买支出，也包括转移支出；"补助"通常指政府对企业、家庭的无偿支出，也即转移支出。虽说转移支出与转移支付都是价值的单方面转移，但是，转移支出的内容一般是社会救济福利性支出、公债利息支出及对外捐赠支出（见表39-1）。

---

① 约翰·伊特韦尔，默里·米尔盖特，彼得·纽曼. 新帕尔格雷夫经济学大辞典（第四卷）[Z]. 北京：经济科学出版社，1996：735.

若干概念辨析

表 39 – 1　　　　　"Transfer Payment" 和 "Grant" 的比较

	含义	细分	转出方	接纳方	特点
Transfer Payment	转移支付	纵向转移支付	上级政府	下级政府	价值的单方面转移
		横向转移支付	辖区 A 政府	辖区 B 政府	价值的单方面转移
Grant	拨款	购买支出	政府	企业或家庭	获得相应商品或劳务
		转移支出	政府	企业或家庭	价值的单方面转移
	补助	转移支出	政府	企业或家庭	价值的单方面转移

学者们所用的中文词，有"转移支付"、"拨款"、"补助"等，从上表看，如果称为"拨款"、"补助"，容易产生误解。既然所讨论的是上下级政府之间的价值转移，那选用"转移支付"一词较为合适。

2. "Block Transfer Payment" 翻译成什么？

一般说来，各国转移支付大致可分为三种："General Transfer Payment"，"Specific Transfer Payment"，"Block Transfer Payment"。前两种分别译为一般性转移支付和专项转移支付，不会有什么异议。比较棘手的是第三种。

《英汉大词典》对"Block"的解释，有"大块"、"障碍物"、"街区"、"一排房屋"、"一片土地"、"大宗"等多种意思。因此，将 Block Transfer Payment 翻译成分类转移支付，并不妥当。李炯（2004）所言的专项拨款（Categorical Grants），恰恰就是分类拨款，因为"Categorical"有"无条件的"、"分类的"意思。既然 Block 有"整块"的含义，因而，由王元执笔的课题报告（2009）采用"整块转移支付"的提法是贴切的。

笔者认为，一般性转移支付，是不附带使用条件或无指定用途的转移支付，其目标是重点解决各级政府之间财政收入能力与支出责任的不对称问题，使接受转移支付的地区能有足够的财力履行政府的基本职能，提供与其他地区大致相等的公共服务。专项转移支付大多带有定向支援、定向加强、委托办理的性质和特点，接受转移支付的地区必须按照规定的方式和用途使用资金。"Block Transfer Payment"介于一般性转移支付和专项转移支付之间，拨款者只是规定转移资金的大体使用方向，而不规定具体的使用项目，接受此种转移支付的政府拥有一定的自主权。所以，如果是直译，同意采用"整块转移支付"的提法；如果是意译，可以考虑称为"切块下达的转移支付"，简称"切块转移支付"。

(二) 设置"切块转移支付"的预期目标是激励相容

一般性转移支付按"因素法"分配,由地方政府自主安排资金的使用。但是,由于不规定具体用途,下级政府往往倾向于将资金用于实现自身目标。专项转移支付规定具体的用途,资金接受者需按规定项目使用资金,可以准确贯彻上级政府特定政策意图;但是地方政府自主性不高。

"切块转移支付"正好弥补前两类转移支付的不足。它把资金的用途限定在某一类公共服务上(如教育或医疗等),至于资金在该类公共服务内部各种具体支出项目之间的分配,与专项转移支付相比较,下级政府拥有更大的自主决定权。在资金分配方式上,"切块转移支付"与一般性转移支付基本相同,上级政府通常采用"因素法",地区间公共服务提供成本差异和财力差异是最主要的决定因素(见表39-2)。

表39-2 三类转移支付特点比较

类型	分配方式	用途范围	下级政府自主权
一般性转移支付	由上级政府采用因素法决定	非常宽泛。不规定具体用途	很高。可能背离上级政府的意图
切块转移支付	由上级政府采用因素法决定	较宽。规定资金使用的大类或方向	适中。有可能实现激励相容
专项转移支付	由上级政府根据施政意图决定	狭窄。明确规定每一笔资金的用途	很低。地方政府无权进行余缺调剂

哈维茨(Hurwiez)创立的机制设计理论中"激励相容"是指,在市场经济中,每个理性"经济人"都会有自利的一面,其个人行为会按自利的规则行为行动;如果能有一种制度安排,使行为人追求个人利益的行为,正好与组织实现集体价值最大化的目标相吻合,这一制度安排就是"激励相容"。现代经济学理论与实践表明,贯彻"激励相容"原则,能够有效地解决个人利益与集体利益之间的矛盾冲突,使行为人的行为方式、结果符合集体价值最大化的目标,即个人价值与集体价值的两个目标函数实现一致化。

政府间转移支付制度的设计,难点之一就在于如何实现上下级政府之间的激励相容。一般性转移支付有利于下级政府利益诉求的满足,而专项转移支付有利于于上级政府施政意图的实现。"切块转移支付"最大的特点是下级政府拥有较大的自主权，可以根据当地的实际情况决定具体用途及分配资金，而这种权限来源于上级政府对资金使用范围的限定较为宽泛。这样，"切块转移支付"适合于同时满足上下级政府的目标，这样就能实现激励相容。

（三）转移支付体系的重新建构

我国财政转移支付制度改革的方向是："合理划分中央和地方事权与支出责任，逐步推进转移支付制度改革，形成以均衡地区间基本财力、由地方政府统筹安排使用的一般性转移支付为主体，一般性转移支付和专项转移支付相结合的转移支付制度。"①

如果引入"切块转移支付"的概念，现行转移支付体系就要重新建构，即要形成以一般性转移支付为重点、切块转移支付和专项转移支付为补充的复合体系。现以2014年中央对地方的转移支付为例，作一番简单的梳理。一个耐人寻味的现象是，现行体系中一般性转移支付的很多项目其实属于专项转移支付；与此同时，专项转移支付中的项目，除"其他支出"之外，所有项目恰恰属于切块转移支付。如表39-3所示。

表39-3 转移支付的重新分类

（以2014年为例） 单位：亿元

现行分类	决算数	笔者的分类	理由
（一）一般性转移支付	27568.37		
均衡性转移支付	10803.81	一般性转移支付	以实现公共服务均等化为目标。
固定数额补助	4095.79		消除地区间公共服务供给能力。
体制结算补助	1865.26		消除地区间公共服务供给能力。
革命老区、民族和边境地区转移支付	697.02	专项转移支付	促进老少边地区的发展。
成品油税费改革转移支付	740.00		矫正因成品油税费调整引起的价格偏差。

---

① 参见2015年2月2日，《国务院关于改革和完善中央对地方转移支付制度的意见》（国发〔2014〕71号）。

续表

现行分类	决算数	笔者的分类	理由
资源枯竭城市转移支付	178.00	专项转移支付	矫正特定城市提供矿产资源的正外溢性。
基层公检法司转移支付	431.30	专项转移支付	完善基层公检法司系统的建设。
义务教育等转移支付	1611.97	专项转移支付	支持义务教育事业的发展
基本养老金和低保等转移支付	4942.06	专项转移支付	支持养老等事业的发展。
农村综合改革转移支付	322.70	专项转移支付	促进农村地区的发展。
城乡居民医疗保险等转移支付	1880.46	专项转移支付	支持医疗保险事业的发展。
(二) 专项转移支付	18941.12		
一般公共服务支出	200.91	切块转移支付	这些项目都与一般公共预算的支出项目相对应,是为了弥补地方财力不足,以确保实现公共服务均等化为目标。但是,又允许使用者有一定的自主权。
国防支出	27.74	切块转移支付	
公共安全支出	211.21	切块转移支付	
教育支出	1236.00	切块转移支付	
科学技术支出	105.15	切块转移支付	
文化体育与传媒支出	285.47	切块转移支付	
社会保障和就业支出	1424.14	切块转移支付	
医疗卫生与计划生育支出	960.55	切块转移支付	
节能环保支出	1688.29	切块转移支付	
城乡社区支出	74.96	切块转移支付	
农林水支出	5611.89	切块转移支付	
交通运输支出	3538.63	切块转移支付	
资源勘探信息等支出	345.25	切块转移支付	
商业服务业等支出	346.40	切块转移支付	
金融支出	2.97	切块转移支付	
国土海洋气象等支出	177.90	切块转移支付	
住房保障支出	2124.37	切块转移支付	
粮油物资储备支出	378.81	切块转移支付	
其他支出	200.48	专项转移支付	可能有特定的用途。

四、延伸思考

切块转移支付既有大体的使用方向，又允许下级政府拥有一定的自主权。这样，如何体现硬约束与自主性相结合的原则，就成为一个需要解决的问题。

一是实行"因素法"分配。在这方面，浙江省已经积累了一些经验。如政法体制保障项目，省财政以各地业务量、工作绩效、地方财力状况、机构人员、当地经费保障努力程度、财务管理绩效等因素，确定权重系数后，对转移支付资金设置公式计算分配，由市县统筹安排，确保政法经费的保障。近几年省委省政府出台的重大政策，如欠发达地区特别扶持资金、中心镇发展、海洋经济发展专项等，都采用了专项性一般转移支付"因素法"分配办法。

二是可以与中期财政规划相结合。切块转移支付具有财力补助的特点，同时又具有特定政策目标和相对确定的使用范围，因此，上级政府在确定额度时可以考虑跨越预算年度，以三年或五年为一个周期通盘安排。例如，上级政府对下级政府有一个五年期的转移支付限额（Ceilings）。该限额与跨越前后若干年的平滑 GDP 增长率、以往年度转移支付的使用绩效等因素挂钩。经过双方讨论，由上级政府"切块"下达至下级政府。

在转移支付限额内，下级政府可以在规定的范围内使用，具体支出项目可以自行设立。如果在五年内，某下级政府当年的转移支付预算超过了限额，它可以"借用"未来年份的转移支付额度，当然未来年份的转移支付额度就要相应减少；如果当年转移支付预算没有用完，可以放在未来年份继续使用，而不会被上级政府收回。上级政府要对下级政府的切块转移支付开展严格的绩效评价，如果使用绩效没有通过评估，就要扣减下一轮的转移支付限额。

五、基本结论

"Transfer Payment"和"Grant"是常见两种的英文表述，前者是转移支付，后者是拨款、补助。如果所讨论的是上下级政府之间的价值转移，那选用"转移支付"一词较为合适。

浙江省在财政转移支付制度改革中，创设了一种"专项性一般转移支付"，其实就是"Block Transfer Payment"。如果是直译，同意采用"整块转移支付"的提法；如果是意译，可以考虑称为"切块下达的转移支付"，简称

"切块转移支付"。

"切块转移支付"介于一般性转移支付和专项转移支付之间，拨款者只是规定转移资金的大体使用方向，而不规定具体的使用项目，接受此种转移支付的政府拥有一定的自主权。所以，能同时满足上下级政府的目标，这样就能实现激励相容。

如果引入"切块转移支付"的概念，现行转移支付体系就要重新建构，即要形成以一般性转移支付为重点、切块转移支付和专项转移支付为补充的复合体系。

主要参考文献

1. 陈清华等.共尝改革"甜头"——浙江财政实施"专项性一般性转移支付"制度改革纪实[N].中国财经报，2012-7-10.

2. 刘溶沧.重建中国政府间财政转移支付制度的总体构想[J].管理世界，1996（4）.

3. Bailey, S.J., Local Government Economics: Principles and Practice [J]. London: Macmillan, 1999.

4. Boadway, R., and Shah, A., Fiscal Federalism: Principles and Practice of Multiorder Governance [J]. Cambridge: Cambridge University Press, 2009.

5. 王晓光.国外转移支付制度的借鉴[J].经济研究参考，2002（16）.

6. 李炯.国外政府间财政转移支付模式及启示[J].资料通讯，2004（9）.

7. 王元.改革完善统一规范透明的财政转移支付制度[J].经济研究参考，2009（27）.

8. 贾晓俊、岳希明、王怡璞.分类拨款、地方政府支出与基本公共服务均等化——兼谈我国转移支付制度改革[J].财贸经济，2015（4）.

40 公共企业：
与国有企业区别何在？

"公共企业"一词，在英文文献中主要有"Public Enterprise public"和"Government Corporation"等表述方式。在中文文献中，还有公营企业、政府企业、公企业等译名。不仅称谓不同，而且缺乏统一的定义。

一、他人观点

英国《牛津法律指南》（1980）将"Public Corporation"解释为"根据英国成文法设立的占有、管理和经营具有公益性设施和资产的法人公司，它不以营利为目的，资本不划分为股份，也没有股东决策机构"。

欧共体法规指南（1980）的解释，"公营企业"是指那样一些企业，"政府当局（中央政府和地方政府）可以凭它对企业的所有权、控股权或管理条例，对其施加直接或间接支配性影响。"

美国《韦氏英语词典》将"Public Corporation"简单地解释为"为管理特定的公共项目而建立的政府所有和经营的企业。"

世界银行政策报告（1997）将公共企业界定为"政府拥有或政府控制的经济实体，这些经济实体通过产品和服务的销售获得收入。"

陈佳贵等（2004）认为，国有企业在各个国家和地区的称谓不尽相同。例如，在美国称为政府企业，在欧洲称为公共企业，日本则称为公营企业。

庄序莹（2005）认为，"广义地来看，公共企业就是由政府部门出资兴办的各类企业。""只要是政府部门出资的企业（出资额可以从1%到100%），都是公共企业。但是，从狭义的角度来理解，公共企业是政府100%控股企业；而从中义的角度来理解，凡是政府部门有控股权的企业，则都可以看作公共企业。"

黄健荣等（2005）认为，"所谓公共企业就是指不完全以营利为目的，还负有特殊的公共政策义务的国有企业。"

叶常林（2005）认为，公共企业是指持续存在的、以为社会提供具有公共性质的产品和服务为主要经营活动的、且具有一定盈利目标、受到政府特殊管制措施制约的组织化经济实体，而不论这些经济实体是否与国家或政府之间存在资本联系。

罗辉（2006）认为，只有从企业产品的特色出发来定义公共企业，才能抓住公共企业的本质。也就是说，公共企业就是生产经营准公共产品、具有企业法人地位的经济实体。

二、几点疑问

（一）公共企业与国有企业是什么关系？

按照陈佳贵等学者（2004）的说法，国有企业与公共企业只是称谓不同而已；庄序莹（2005）也认为，凡是政府部门出资兴办的企业都是公共企业。这个说法同样令人迷惑不解：国有企业与公共企业的区别何在？

（二）"营利"与"盈利"有什么区别？公共企业究竟是营（盈）利的还是不营（盈）利的？

英国《牛津法律指南》（1980）明确指出，公共企业不以营利为目的；黄健荣等（2005）认为，公共企业不完全以营利为目的。叶常林（2005）却认为，公共企业具有一定盈利目标。两个问题：第一，"营利"与"盈利"有什么区别？第二，公共企业是营（盈）利的还是非营（盈）利的？

（三）公共企业与政府之间是否存在资本联系？

多数学者强调公共企业由政府所有或拥有或出资兴办，但是，叶常林

(2005) 认为，被称为公共企业的经济实体，不一定与国家或政府之间存在资本联系。这是否意味着，即便不是政府出资兴办的，也可能是公共企业？

(四) 公共企业是否一定经营准公共产品？

叶常林 (2005) 认为，公共企业以为社会提供具有公共性质的产品和服务为主要经营活动。罗辉 (2006) 也强调，只有从企业产品的特色出发来定义公共企业，才能抓住公共企业的本质。那么，公共企业一定生产经营准公共产品吗？

三、我的看法

(一) 公共企业属于国有企业，但是国有企业并不都是公共企业

"国有企业 (State Enterprise)"，最早叫"国营企业"，其实是一个特定历史时期的叫法，确切的名称是全民所有制企业，是一种生产资料归全体人民所有，并通过国家共同占有的并由政府（中央政府和地方政府）直接经营的公有制企业形式。

国有企业往往存在于战争时期或经济恢复时期，也可能是服从于意识形态的需要，因而它的经营范围很广泛，涉及国民经济的各个领域。公共企业的存在源于市场机制有缺陷，因而它的经营范围就局限于某些特殊的领域。在市场经济条件下，有些经济活动虽然是社会发展所不可或缺的，但因其营利性较差，私人企业不愿经营；也有些经济活动有较高的营利性，但其资本需要量太大或技术要求很高，私人企业无力经营；还有一些经济活动营利性较高，投资不多，风险也不大，私人企业愿意也有能力经营，但因涉及非经济性因素，政府不允许私人企业经营。在这三种情况下，就需要创建公共企业。

还有一个名词——"国有经济"，容易与公共企业纠缠在一起。公共企业是具有法人资格的。但是并非由政府出资的生产经营机构都具备法人资格。政府出资的非法人经营机构，如造币厂、邮政局等，可能有生产车间，也有完整的管理班子，但它不具有法人性质。可能出于政治稳定、国家主权、经济秩序等方面的考虑，政府不允许这类非法人经营机构市场化，而是通过财政拨款维持其生存。政府对于公共企业的控制比私人企业严密得多，而对这类非法人经营机构的控制又比公共企业严密得多。这表明，"国有经济"的范围比公共企

业要广,即"国有经济"至少应包括政府出资的非法人经营机构在内。当然,一旦政府出资的非法人经营机构取得了法人资格,那就成了公共企业。

(二) 公共企业从事经营活动但不以营利为目的

"营利"、"盈利"、"赢利"这三个词语不仅发音相同,词义也极容易产生混淆。

按照《现代汉语词典》(2005年第5版)的解释,"营利"是指谋求利润,作动词用。"营"有"谋取、寻求"的意思。因此,Non-Profit Organization (NPO) 应该翻译成"非营利组织",按照国际惯例,对于 NPO 的界定,最重要的一条就是不得以谋求利润为目的。[①] 至于"盈利",《现代汉语词典》说"也可以写成'赢利'","赢利"的意思是扣除成本获得的利润。

可见,"营利"并不要求一定获得实际利润,而"盈利"(或"赢利")必须有净利润。显然,当用来表述经营者一种不确定的心理状态时,"营利"更为准确。

公共企业并不是不会产生利润,而是指它的设立并不是为了取得利润,而是为了其他目的,如弥补市场缺陷。据此分析,笔者认为叶常林(2005)关于"公共企业具有一定盈利目标"的说法不妥当,黄健荣等(2005)认为"公共企业不完全以营利为目的"的说法是正确的。

站在资源配置效率角度,有些经济活动必须只能由公共企业来承担,但不适宜于由政府部门本身来经营。一方面,政府部门是一种政治机构,完全依靠财政拨款维持其正常运转,这一质的规定性使它只能向社会公众免费提供公共服务,不能像私人企业那样,通过市场直接从事商品和劳务的生产与销售,通俗地说,就是"从政者不能经商"。设立公共企业之后,就可以经济实体这样一种组织形式从事经济活动,也即以厂商的身份与社会公众发生关系,从而使政治家和官员免遭纳税人的不满。另一方面,由于公共企业作为资产的经营者直接向社会提供商品与劳务,价格的高低也在一定程度上受市场机制的影响,并在原料采购、财产处置、人事配备、产品定价等方面拥有一定的自主权,因此,相比于政府部门本身,采取公共企业的形式从事经济活动更有利于提高资

[①] 关于非营利组织的定义,较为流行的是美国莱斯特.萨拉蒙(Lester Salamon)提出的五特征法,即将具有以下5个特征的组织界定为非营利组织:组织性、非政府性、非营利性、自治性和志愿性。

源配置的效率。

公共企业不能营利。公共企业的产权特征，使政企不分成为它有别于私人企业的特点之一。政企分离与政企不分的一个重要标志在于，政府是否直接控制企业的管理层。对于私人企业，法律规定政府公务人员尤其是政府官员不得担任法定代表人或其他主要管理人员；而对于公共企业，法定代表人和其他主要管理人员大多由政府来任命，有些甚至直接由政府官员来担任。但政企不分并非指政府把公共企业作为政府部门的一部分，也不是指政府直接从事生产经营活动，而是指公共企业必须按照政府的要求去经营。这就意味着私人企业只需接受政府以社会管理者身份的一般管理；而公共企业不仅要服从于政府的一般管理，而且要在人事管理、经营决策、产品定价等方面接受来自政府作为资产所有者身份的特殊管理。

（三）公共企业未必都由政府出资

公共企业的活动之所以体现出公共利益，是因为从产权关系看，公共企业的注册资本全部或者大部分由政府出资。设立公共企业，其资本金来源有两个：一是政府出资，二是民间出资。政府出资是主渠道，其中政府独资经营的公共企业，其资本金全部由政府出资；政府控股经营的公共企业，其资本金中有一部分是民间出资，但政府出资部分仍是主要来源，否则就不能称之为公共企业，只能称之为含有政府投资的私人企业。在这里，政府不是代表其他市场主体出资，而是本身就作为一种市场主体而存在，因而，它与公共企业之间是一种出资者与经营者的关系。可见，公共企业具有特殊法人的性质。

如果完全由民间出资，又按照商业从事公益活动，那是社会企业（Social Enterprise）。社会企业从事的是公益性事业，它通过市场机制来调动社会力量，将商业策略最大程度地运用于改善人类和环境生存条件，不只是为了股东或者企业的拥有者谋取最大的利润而运作。

（四）公共企业经营的未必都是准公共产品

公共企业与政府部门一样，都服从于公共需要。从经济学角度看，这种公共性主要体现在市场缺陷的弥补上。公共部门存在的前提是，有那么一些经济活动私人部门不愿承办或无力承办。公共企业之所以存在，仍然要遵循这一理论依据进行阐述。当然，不能把所有以弥补市场缺陷为目的的经济活动都交给公共企业去承办，政府部门依然要承担很多任务。一种经济活动适宜于由政府部门承办还是适宜于由公共企业承办，界定的标准是居民从这种经济活动中所获得的收益能否量化。若其收益能量化，表明这种经济活动适宜于由公共企业来经营。以公共产品的供给为例，纯公共产品的收益不能量化，因而只能由政府部门提供；混合产品的收益基本上能量化，其大部分供给成本可以通过市场得到补偿，因而公共企业可以参与提供。纯公共产品与混合产品在性质上的区别，就成为政府部门与公共企业不能相互取代的重要原因。

从各国的实践看，公共企业的经营范围主要局限在两个领域：一是非竞争性领域，如自然垄断行业、军品生产、物资储备企业等；二是部分基础产业和基础设施领域，如国土整治、矿山开发、地质勘探、交通建设等。公共企业不必像私人企业那样单纯地追求利润目标，因为它具有私人企业所不具有的种种优势，比如它以政府为后盾容易获得大量的贷款，即便发生亏损也能获得财政补贴等。当然，私人企业与公共企业之间在一定条件下也可以相互转化，一旦某些社会目标实现之后，政府可能通过出售资产的方式使公共企业私有化；同样，有些私人企业濒临破产时，政府为维持就业水平，也可能出面收购或接管，使之成为公共企业。

公共企业主要分布在自然垄断行业，包括：电力，电信，铁路，民航，高速公路，水运港口设施，邮政行业，天然气生产和管道运输，城市自来水，城市燃气供给，城市居民供热，城市排污。

那么，为什么公共企业主要分布在自然垄断行业呢？原因有三：

第一，存在网络业务性质。电力、电信、铁路、民航、高速公路、水运、邮政、天然气、自来水、燃气、供热、排污等产品的生产经营必须依赖网络才能得以完成。这种对网络的依赖性说明，一方面，网络建设是固定成本的主要部分，具有显著的规模经济性质；另一方面，产品生产的主要环节高度垂直相关（如自来水的制水、供水、排水、污水处理），主要产品结合紧密，又具有明显的范围经济性质。这两个方面共同决定产品生产经营的成本劣可加性，即由一家企业生产全部产品（或多种产品）比由两家以上企业生产成本更低。这就要求在某一特定区域内维持垄断的市场结构，以保证较低的生产成本。同时，为了提高资源配置效率，政府往往在市场准入、产品价格、产品质量等方面进行规制。

第二，具有一定的公益性。电力、电信、铁路、民航、高速公路、水运、邮政、天然气、自来水、燃气、供热、排污等，是一种介于公共产品和私人产品之间的准公共产品。作为最终消费品，与城市居民的收入水平、消费水平、生活质量直接相关；作为要素投入，不仅关系到其他生产者成本状况，还关系到能否正常、稳定地组织生产活动。也就是说，公共企业与生产生活的费用和生产生活的连续性、便捷性直接紧密地联系在一起。产品的公益性特征，要求企业以合理的价格、优良的质量、较为充足的数量向社会稳定安全地提供，从而促进社会总体经济效率的提高及社会福利的增加。

第三，具有一定的区域性。电力、电信、铁路、民航、高速公路、水运、邮政、天然气、自来水、燃气、供热、排污等产品的生产经营，受到人口集中程度限制，在人口高度密集的地区建设网络是可行的，而在人口密度较小的地区建设网络是不经济的。因此，不可能建设一个全国性的网络系统，只能是以单个城市为基础形成区域性的网络。政府为保证当地社会群体的公共利益，往往对这些行业进行一定程度的补贴，这种补贴的直接受益者无法延伸到其他地区，致使其他地区的社会群体的社会福利间接受损。而且，受益者（如城市居民）往往是强势群体，受损者（如农村居民）则往往是弱势群体。从公平角度来看，这在一定程度上加剧了社会不公平现象。因此，需要政府从全局出发，通过各种手段来防止或矫正由此造成的后果。

四、延伸思考

公共企业的效率往往没有私人企业的效率高。这是因为私人企业的治理结构不同于公共企业。具体来说：

私人企业为个人所有，在法律制度的框架内，这些个人可以自由地使用和处置他们的私有财产，并享有私有财产的剩余索取权。因此，私有财产使用的结果与私有财产所有者的财富之间有着密切的联系。当私人企业以低于市场价格的成本生产出消费者所需要的产品时，利润就产生了。结果，私人企业财产所有者的财富就增加了。相反，如果私人企业的生产成本高于市场价格，就会产生亏损；如果亏损不能逆转，最终会导致财产所有者破产。

由于利润来源于商品的市场价格与其生产成本之间的正数差额，这个差额越大，企业的营利能力就越强，企业在市场上就越有竞争力。在一个完全竞争的市场上，每一个私人企业都是"价格接受者"，而不是"价格制定者"，因此，企业要增加利润，只有降低生产成本。降低生产成本的主要途径是采用新技术、进行规模生产、降低资源消耗和改善经营管理。这就使得企业获得技术进步的动力，消费者获得质优价廉的商品和服务。

在公司制下，私人企业的财产所有权与使用权是分离的，私人企业的财产所有者不再是企业的经营管理者，财产所有者成了企业的股东，经营管理者成了受雇于全体股东的经理。在"两权"分离的情况下，什么东西能保证私人企业的效率呢？私有产权制度构建了私有财产使用的结果与私有财产所有者的财富之间的联系，这就为私人企业的所有者监管其经理和雇员的行为提供了刺激；所有者通过合同约束和辞退威胁力图使经理和雇员的行为符合企业的利润最大化目标，劳动纪律和奖惩措施约束了经理和雇员采用与增加企业的价值或利润不一致的行为。

股票市场强化了私有产权制度的刺激机制。在股票市场上，企业的管理行为和绩效的预期结果被资本化为股票现值。如果现行的管理行为不当，企业绩效不好，这个企业的股票价格就会下跌，这就是股东的"以足投票"，于是公司接管（或购并）就会发生。一旦公司接管发生，被接管企业的经理的人力资本价值在经理市场上就会大大贬值。因此，这种公司接管的威胁是一种对经理人员的行为的潜在约束，它保证了经理行为不会偏离所有者的目标。

五、基 本 结 论

综上所述，公共企业，又称公营企业，是指所有权或控股权归属于政府，并受其直接控制，具有企业法人地位的经济实体。这一概念实际上包含了公共企业的基本性质，即公共企业是一种融"公共性"与"企业性"于一体的特殊法人。

公共企业的"公共性"和"企业性"缺一不可，因为仅有"公共性"还不是公共企业，政府部门本身就具有"公共性"；仅有"企业性"也不是公共企业，因为私人企业更具有企业性。只有融"公共性"和"企业性"于一体的经济实体，才是公共企业。

主要参考文献

1. Dvaid M. Wlkerl Carendon. The Oxford Companion to law. Press Oxford. 1980：1013.

2. 转引自胡希宁，李晓浩.西方发达国家国有企业的重要作用及其启示[J].国际社会与经济，1996（5）.

3. Webster's Encyclopedic Unabridged Dictionary of the English Language. Gramercy Books. Press. LTD. 1994：1162.

4. 世界银行.官方企业研究［M］.中国财政经济出版社，1997.

5. 陈佳贵，杜莹芬，黄慧群.国有企业经营者的激励与约束——理论、实证与政策［M］.北京：经济管理出版社，2004.

6. 庄序莹.公共管理的经济学基础分析［M］.上海：复旦大学出版社，2005.

7. 黄健荣等.公共管理新论［M］.北京：社会科学文献出版社，2005.

8. 叶常林.公共企业：涵义、特征和功能［J］.中国行政管理，2005（10）.

9. 罗辉.试论公共企业的性质［J］.经济研究参考，2006（48）.